FOURTH EDITION

Imagina

Español sin barreras

Curso intermedio de lengua española

José A. Blanco

C. Cecilia Tocaimaza-Hatch

VISTA®
HIGHER LEARNING

Boston, Massachusetts

Publisher: José A. Blanco

Editorial Development: Judith Bach, Deborah Coffey, María Victoría Echeverri, Jo Hanna Kurth

Project Management: Sally Giangrande, Faith Ryan

Rights Management: Jorgensen Fernandez, Ashley Poreda

Technology Production: Egle Gutiérrez, Paola Ríos Schaaf

Design: Radoslav Mateev, Sara Montoya, Gabriel Noreña, Andrés Vanegas

Production: Oscar Díez, Sebastián Díez Pérez

Student Text (Casebound SMIRA-compliant): 978-1-68005-673-0
Student Text (Perfectbound): 978-1-68005-674-7
Student Text (Loose-Leaf): 978-1-68005-675-4

Instructor's Annotated Edition ISBN: 978-1-68005-676-1

Library of Congress Control Number: 2017949823

2 3 4 5 6 7 8 9 WC 22 21 20 19 18

Bienvenidos a

IMAGINA, an exciting intermediate Spanish program designed to provide you with an active and rewarding learning experience as you continue to strengthen your language skills and develop cultural competency.

Here are some of the key features you will find in **IMAGINA**:

- A cultural focus integrated throughout the entire lesson

- Authentic **Flash Cultura** video, **Cultura en pantalla** TV clips, and dramatic short films by contemporary Hispanic filmmakers that carefully tie in the lesson theme and grammar structures

- A fresh, magazine-like design and lesson organization that both support and facilitate language learning

- A highly structured, easy-to-navigate design, based on spreads of two facing pages

- An abundance of illustrations, photos, charts, and graphs, all specifically chosen or created to help you learn

- An emphasis on authentic language and practical vocabulary for communicating in real-life situations

- Abundant guided and communicative activities

- Clear and well-organized grammar explanations that highlight the most important concepts in intermediate Spanish

- Short and comprehensible literary and cultural readings that recognize and celebrate the diversity of the Spanish-speaking world

- A built-in **Manual de gramática** for reference, review, and additional practice

- A complete set of print and technology program components to equip you with the materials you need to make learning Spanish easier

CONTENIDO

CONTENIDO

ESTRUCTURAS	MANUAL DE GRAMÁTICA Optional Sequence	CULTURA	LITERATURA

CONTENIDO

	PARA EMPEZAR	CORTOMETRAJE	IMAGINA
Lección 9 **Escapar y divertirse**	Las diversiones . . . . .306 los deportes el tiempo libre	*No me ama* (15 min). . . . . . .308 Argentina 2009 Director: Martín Piroyanski	Argentina y Uruguay . . . . .314 GALERÍA DE CREADORES: Julio Bocca, Jorge Luis Borges, Julio Sosa, Cristina Peri Rossi . .316 FLASH CULTURA: Lo mejor de Argentina. 319
Lección 10 **Herencia y destino**	Nuestro futuro . . . . .342 los cambios los problemas y las soluciones las tendencias	*La boda* (12 min) . . . . .344 España 2012 Directora: Marina Seresesky	España. . . . . .350 GALERÍA DE CREADORES: Ferran Adrià, Santiago Calatrava, Isabel Coixet, Ana María Matute. .352 FLASH CULTURA: Machu Picchu: encanto y misterio 355

Icons

Familiarize yourself with these icons that appear throughout **IMAGINA**.

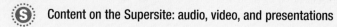

   Content on the Supersite: audio, video, and presentations

   Activity on the Supersite

   Pair activity

   Group activity

   Partner Chat activity

Additional practice on the Supersite, not included in the textbook, is indicated with this icon feature:

Practice more at
vhlcentral.com.

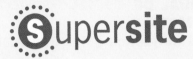

Each section of the textbook comes with resources and activities on the **IMAGINA** Supersite, many of which are auto-graded with immediate feedback. Plus, the Supersite is iPad®-friendly*, so it can be accessed on the go! Visit **vhlcentral.com** to explore this wealth of exciting resources.

PARA EMPEZAR
- Audio of the **Vocabulary** with recording activity for oral practice
- Textbook and extra practice activities
- Partner Chat and Virtual Chat activities for increased oral practice

CORTOMETRAJE
- Streaming video of the short film with instructor-controlled options for subtitles
- Pre- and post-viewing activities
- Partner Chat and Virtual Chat activities for increased oral practice

IMAGINA
- Main **IMAGINA** cultural reading
- Streaming video of **Flash Cultura** cultural video
- Auto-graded textbook and extra practice activities
- Virtual Chat activity for increased oral practice

ESTRUCTURAS
- Textbook grammar presentations
- Animated grammar tutorials
- Textbook and extra practice activities
- Partner Chat activities for increased oral practice
- **Repaso** self-test

CULTURA
- Audio-synced reading of the main **CULTURA** text
- Textbook and extra practice activities
- Partner Chat and Virtual Chat activities for increased oral practice
- Streaming video of **Cultura en pantalla** TV clips

LITERATURA
- Audio-synced reading of the literary text
- Textbook and extra practice activities
- Partner Chat and Virtual Chat activities for increased oral practice
- **Plan de redacción** composition activity

VOCABULARIO
- Vocabulary list with audio
- Vocabulary Tools: customizable word lists, flashcards with audio

MANUAL DE GRAMÁTICA
- Textbook grammar presentations
- Practice activities with immediate feedback

Plus! Also found on the Supersite:
- Lab audio MP3 files
- Forums for oral assignments, group presentations, and projects
- Live Chat tool for video chat, audio chat, and instant messaging without leaving your browser
- Communication center for instructor notifications and feedback
- A single gradebook for all Supersite activities
- WebSAM online Student Activities Manual (Workbook, Lab Manual)
- **v̂Text** online, interactive student edition with access to Supersite activities, audio, and video.

Supersite features vary by access level.
*Students must use a computer for audio recording and select presentations.

Program Components

Student Edition vText

This virtual, interactive student edition provides a digital text, plus links to Supersite activities and media.

Student Activities Manual (SAM)

The **Student Activities Manual** consists of two parts: the **Workbook** and the **Lab Manual**.

- **Workbook**

  The **Workbook** activities provide additional practice of the vocabulary and grammar for each textbook lesson. They also reinforce the content of the **Imagina** section.

- **Lab Manual**

  The **Lab Manual** activities focus on building your pronunciation and listening comprehension skills in Spanish. They provide additional practice of the vocabulary and grammar of each lesson. They also revisit the **Literatura** reading with dramatic recordings and activities.

WebSAM

Completely integrated with the **IMAGINA** Supersite, the **WebSAM** provides access to online **Workbook** and **Lab Manual** activities with instant feedback and grading for select activities. The complete audio program is accessible online in the **Lab Manual** and features record-submit functionality for select activities. The MP3 files can be downloaded from the **IMAGINA** Supersite and can be played on your computer, portable MP3 player, or mobile device.

IMAGINA, Fourth Edition, Supersite

Included with the purchase of every new student edition, the passcode to the Supersite (**vhlcentral.com**) gives you access to a wide variety of interactive activities for each section of every lesson of the student text, including auto-graded activities for extra practice with vocabulary, grammar, video, and cultural content; reference tools; the **Cultura en pantalla** TV clips; the short films, **Flash Cultura** videos; News and Cultural Updates; the Lab Program MP3 files, and more.

CONTENIDO

outlines the content and themes of each lesson.

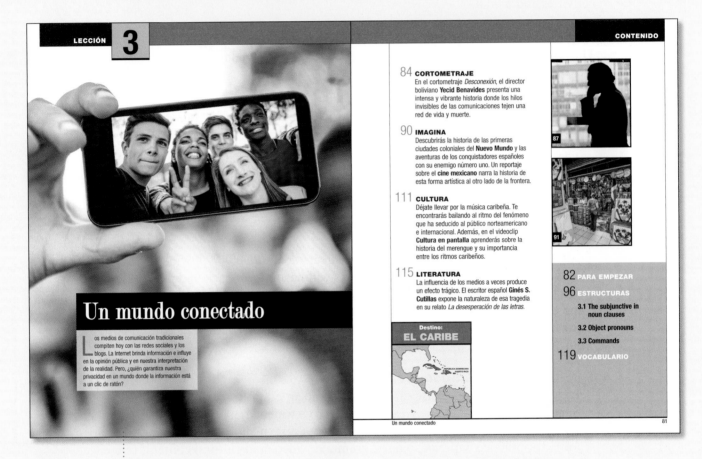

Lesson opener The first two pages introduce you to the lesson theme. Dynamic photos and brief descriptions of the theme's film, culture topics, and readings serve as a springboard for class discussion.

Lesson overview A lesson outline prepares you for the linguistic and cultural topics you will study in the lesson.

ⓢupersite

Supersite resources are available for every section of the lesson at **vhlcentral.com.** Icons show you which textbook activities are also available online, and where additional practice activities are available. The description next to the ⓢ icon indicates what additional resources are available for each section: videos, audio recordings, readings and presentations, and more!

Supersite features vary by access level.

PARA EMPEZAR

practices the lesson vocabulary with thematic activities.

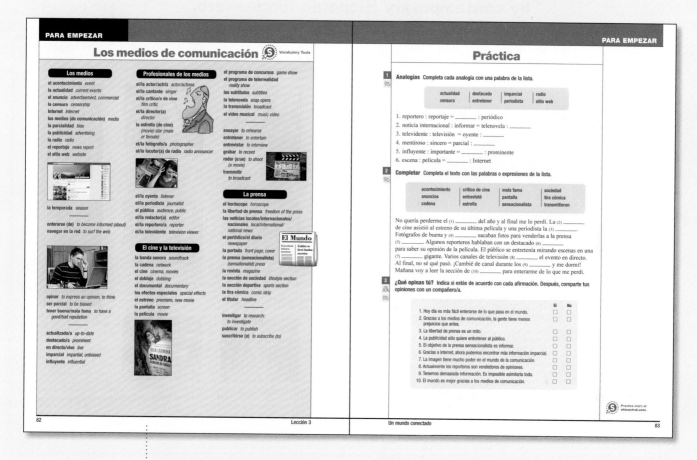

Vocabulary Easy-to-study thematic lists present useful vocabulary.

Photos and illustrations Dynamic, full-color photos and art illustrate selected vocabulary terms.

Práctica This set of activities practices vocabulary in diverse formats and engaging contexts.

Ⓢupersite

• Audio recordings of all vocabulary items

• All textbook activities including Partner Chat activities

• Additional online-only Virtual Chat activities and practice activities

Supersite features vary by access level.

CORTOMETRAJE

features award-winning short films
by contemporary Hispanic filmmakers.

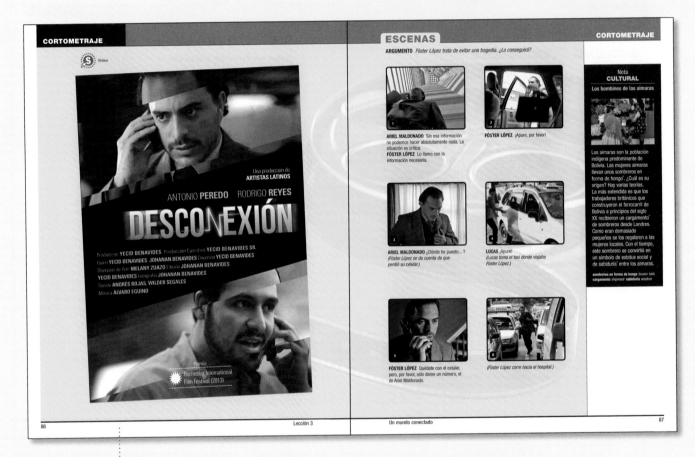

Films Compelling short films from four different countries let you see and hear Spanish in its authentic contexts. Films are thematically linked to the lessons.

Escenas Video stills with captions from the film prepare you for the film and introduce some of the expressions you will encounter.

Notas culturales These sidebars with cultural information related to the **Cortometraje** help you understand the cultural context and background surrounding the film.

Supersite

- Streaming video of short films with instructor-controlled subtitle options

Supersite features vary by access level.

PREPARACIÓN and ANÁLISIS

provide pre- and post-viewing support for each film.

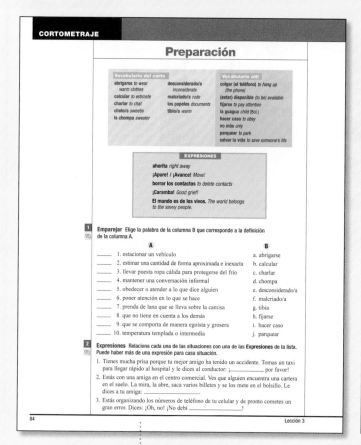

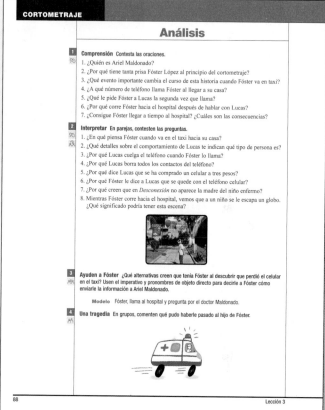

Preparación Pre-viewing activities set the stage for the film by providing vocabulary support, background information, and opportunities to anticipate the film content.

Análisis Post-viewing activities check your comprehension and allow you to explore broader themes from the film in relation to your own life.

Supersite

- All textbook activities including Partner Chat activities
- Additional online-only Virtual Chat and practice activities

Supersite features vary by access level.

IMAGINA

simulates a voyage to the featured country or region.

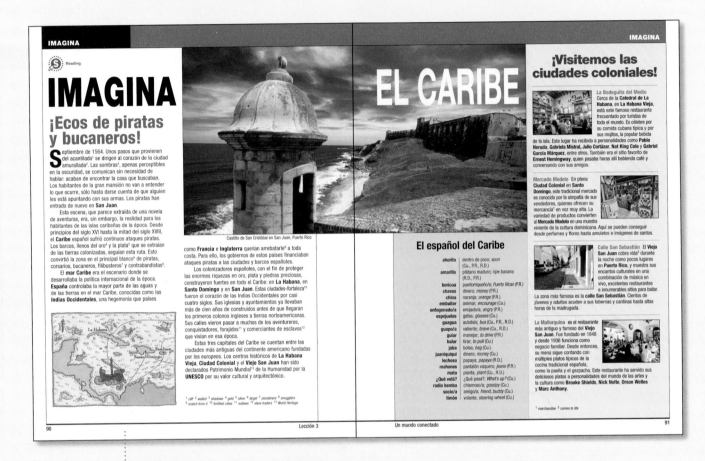

Magazine-like design Each reading is presented in the attention-grabbing visual style you would expect from a magazine.

Readings Dynamic readings draw your attention to culturally significant locations, traditions, and monuments of the country or region.

El español de... Terms and expressions specific to the country or region are highlighted in easy-to-reference lists.

Supersite

- All reading selections

GALERÍA DE CREADORES

profiles important cultural and artistic figures from the region.

Profiles and dramatic images Brief descriptions provide a synopsis of the featured person's life and cultural importance. Colorful photos show you their faces and artistic creations.

Activities **¿Qué aprendiste?** activities check your comprehension of the **Imagina** and **Galería de creadores** readings and lead you to further exploration.

Flash Cultura Each lesson features a video shot in the form of a news broadcast. Video stills and activities provide visual and linguistic cues to help prepare you for watching the video. Comprehension and expansion activities help you get the most out of it.

Supersite

- All reading selections
- Streaming video of **Flash Cultura**
- Textbook activities and online-only Virtual Chat and comprehension activities

Supersite features vary by access level.

ESTRUCTURAS

presents key intermediate grammar topics
with detailed visual support.

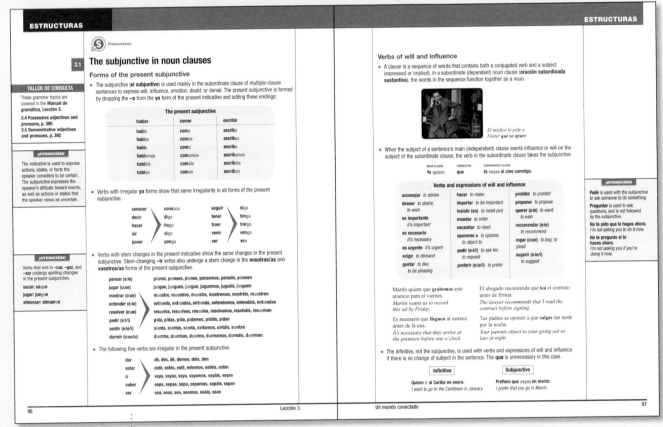

Integration of Cortometraje Photos with quotes or captions from the lesson's short film show the new grammar structures in meaningful contexts.

Charts and diagrams Colorful, easy-to-understand charts and diagrams highlight key grammar structures and related vocabulary.

Grammar explanations Explanations are written in clear, easy-to-understand language for reference both in and out of class.

Atención These sidebars expand on the current grammar point and call attention to possible sources of confusion.

Taller de consulta These sidebars reference relevant grammar points presented actively in **Estructuras**, and refer you to the supplemental **Manual de gramática** found at the end of the book.

Supersite

- Grammar presentations
- Animated grammar tutorials

Supersite features vary by access level.

ESTRUCTURAS

progresses from directed to communicative practice.

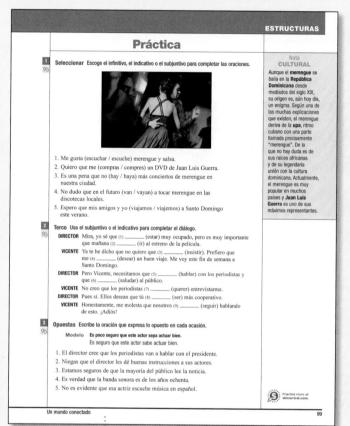

ESTRUCTURAS

Práctica

1 Seleccionar Escoge el infinitivo, el indicativo o el subjuntivo para completar las oraciones.

1. Me gusta (escuchar / escuche) merengue y salsa.
2. Quiero que me (compras / compres) un DVD de Juan Luis Guerra.
3. Es una pena que no (hay / haya) más conciertos de merengue en nuestra ciudad.
4. No dudo que en el futuro (van / vayan) a tocar merengue en las discotecas locales.
5. Espero que mis amigos y yo (viajamos / viajemos) a Santo Domingo este verano.

2 Terco Usa el subjuntivo o el indicativo para completar el diálogo.

DIRECTOR Mira, yo sé que (1) _____ (estar) muy ocupado, pero es muy importante que mañana (2) _____ (ir) al estreno de la película.

VICENTE Ya te he dicho que no quiero que (3) _____ (insistir). Prefiero que me (4) _____ (desear) un buen viaje. Me voy este fin de semana a Santo Domingo.

DIRECTOR Pero Vicente, necesitamos que (5) _____ (hablar) con los periodistas y que (6) _____ (saludar) al público.

VICENTE No creo que los periodistas (7) _____ (querer) entrevistarme.

DIRECTOR Pues sí. Ellos desean que tú (8) _____ (ser) más cooperativo.

VICENTE Honestamente, me molesta que nosotros (9) _____ (seguir) hablando de esto. ¡Adiós!

3 Opuestas Escribe la oración que expresa lo opuesto en cada ocasión.

Modelo Es poco seguro que este actor sepa actuar bien.
Es seguro que este actor sabe actuar bien.

1. El director cree que los periodistas van a hablar con el presidente.
2. Niegas que el director les dé buenas instrucciones a sus actores.
3. Estamos seguros de que la mayoría del público lee la noticia.
4. Es verdad que la banda sonora es de los años ochenta.
5. No es evidente que esa actriz escuche música en español.

Nota CULTURAL

Aunque el **merengue** se baila en la **República Dominicana** desde mediados del siglo XIX, su origen es, aún hoy día, un enigma. Según una de las muchas explicaciones que existen, el merengue deriva de la **upa**, ritmo cubano con una parte llamada precisamente "merengue". De lo que no hay duda es de sus raíces africanas y de su legendaria unión con la cultura dominicana. Actualmente, el merengue es muy popular en muchos países y **Juan Luis Guerra** es uno de sus máximos representantes.

Practice more at vhlcentral.com.

Un mundo conectado

99

ESTRUCTURAS

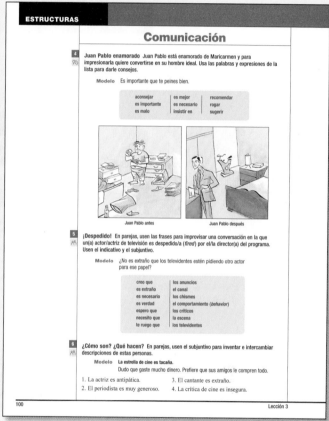

Comunicación

4 Juan Pablo enamorado Juan Pablo está enamorado de Maricarmen y para impresionarla quiere convertirse en su hombre ideal. Usa las palabras y expresiones de la lista para darle consejos.

Modelo Es importante que te peines bien.

aconsejar	es mejor	recomendar
es importante	es necesario	rogar
es malo	insistir en	sugerir

Juan Pablo antes   Juan Pablo después

5 ¡Despedido! En parejas, usen las frases para improvisar una conversación en la que un(a) actor/actriz de televisión es despedido/a (*fired*) por el/la director(a) del programa. Usen el indicativo y el subjuntivo.

Modelo ¿No es extraño que los televidentes estén pidiendo otro actor para ese papel?

creo que	los anuncios
es extraño	el canal
es necesario	los chismes
es verdad	el comportamiento (*behavior*)
espero que	los críticos
necesito que	la escena
te ruego que	los televidentes

6 ¿Cómo son? ¿Qué hacen? En parejas, usen el subjuntivo para inventar e intercambiar descripciones de estas personas.

Modelo La estrella de cine es tacaña.
Dudo que gaste mucho dinero. Prefiere que sus amigos le compren todo.

1. La actriz es antipática.
2. El periodista es muy generoso.
3. El cantante es extraño.
4. La crítica de cine es insegura.

100   Lección 3

Práctica Directed exercises support you as you begin working with the grammar structures, helping you master the forms you need for personalized communication.

Comunicación Open-ended, communicative activities help you internalize the grammar point in a range of contexts involving pair and group work.

Manual de gramática Practice for grammar points related to those taught in **Estructuras** are included for review and/or enrichment at the end of the book.

Supersite

- All textbook activities including Partner Chat activities
- Additional online-only practice activities
- **Manual de gramática** with corresponding activities

Supersite features vary by access level.

SÍNTESIS

brings together the lesson grammar and vocabulary themes.

Reading Theme-related readings, realia, and charts reinforce the grammar structures and lesson vocabulary in engaging formats.

Activities This section integrates the three grammar points of the lesson, providing built-in, consistent review and recycling as you progress through the text.

Supersite

• **Repaso** self-tests

CULTURA

features a dynamic cultural reading.

Readings Brief, comprehensible readings present you with additional cultural information related to the lesson theme.

Design Readings are carefully laid out with line numbers, marginal glosses, pull quotes, and box features to help make each piece easy to navigate.

Photos Vibrant, dynamic photos visually illustrate the reading.

Cultura en pantalla TV clips related to the culture readings can be found online.

Supersite

• Audio-sync technology for the cultural reading that highlights text as it is being read

• All textbook activities including one Partner Chat activity

• Additional online-only Virtual Chat activity

• Streaming video of **Cultura en pantalla** TV clips and online-only comprehension activities

Supersite features vary by access level.

LITERATURA

showcases literary readings by well-known writers from across the Spanish-speaking world.

Literatura Comprehensible and compelling, these readings present new avenues for using the lesson's grammar and vocabulary.

Design Each reading is presented in the attention-grabbing visual style you would expect from a magazine, along with glosses of unfamiliar words.

Supersite

- Audio-sync technology for the literary reading that highlights text as it is being read

Supersite features vary by access level.

PREPARACIÓN and ANÁLISIS

activities provide in-depth pre- and post-reading support for each selection in Literatura and Cultura.

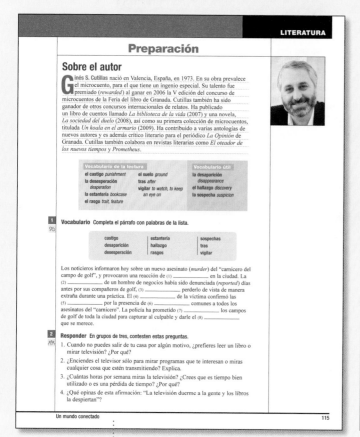

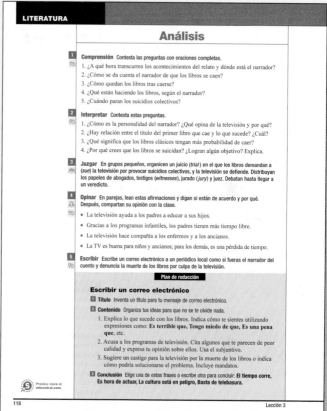

Preparación Vocabulary presentation and practice, author biographies, and pre-reading discussion activities prepare you for the reading.

Análisis Post-reading activities check your understanding and guide you to discuss the topic of the reading, express your opinions, and explore how it relates to your own experiences.

Plan de redacción A guided writing assignment concludes every **Literatura** section.

Supersite

- All textbook activities including one Partner Chat activity
- Additional online-only Virtual Chat and comprehension activities
- Composition engine for **Plan de redacción** writing activity
- **Sobre el autor** reading

Supersite features vary by access level.

VOCABULARIO

summarizes the active vocabulary in each lesson.

VOCABULARIO

Los medios de comunicación

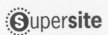 Vocabulary Tools

Los medios

el acontecimiento *event*
la actualidad *current events*
el anuncio *advertisement, commercial*
la censura *censorship*
Internet *Internet*
los medios (de comunicación) *media*
la parcialidad *bias*
la publicidad *advertising*
la radio *radio*
el reportaje *news report*
el sitio web *website*
la temporada *season*

enterarse (de) *to become informed (about)*
navegar en la red *to surf the web*
opinar *to express an opinion, to think*
ser parcial *to be biased*
tener buena/mala fama *to have a good/bad reputation*

actualizado/a *up-to-date*
destacado/a *prominent*
en directo/vivo *live*
imparcial *impartial, unbiased*
influyente *influential*

Profesionales de los medios

el/la actor/actriz *actor/actress*
el/la cantante *singer*
el/la crítico/a de cine *film critic*
el/la director(a) *director*
la estrella (de cine) *(movie) star*
el/la fotógrafo/a *photographer*
el/la locutor(a) de radio *radio announcer*
el/la oyente *listener*
el/la periodista *journalist*
el público *audience, public*
el/la redactor(a) *editor*
el/la reportero/a *reporter*
el/la televidente *television viewer*

El cine y la televisión

la banda sonora *soundtrack*
la cadena *network*
el cine *cinema, movies*
el doblaje *dubbing*
el documental *documentary*

los efectos especiales *special effects*
el estreno *premiere, new movie*
la pantalla *screen*
la película *movie*
el programa de concursos *game show*
el programa de telerrealidad *reality show*
los subtítulos *subtitles*
la telenovela *soap opera*
la transmisión *broadcast*
el video musical *music video*

ensayar *to rehearse*
entretener *to entertain*
entrevistar *to interview*
grabar *to record*
rodar (o:ue) *to shoot (a movie)*
transmitir *to broadcast*

La prensa

el horóscopo *horoscope*
la libertad de prensa *freedom of the press*
las noticias locales/internacionales/
nacionales *local/international/
national news*
el periódico/el diario *newspaper*
la portada *front page, cover*
la prensa (sensacionalista) *(sensationalist) press*
la revista *magazine*
la sección de sociedad *lifestyle section*
la sección deportiva *sports section*
la tira cómica *comic strip*
el titular *headline*

investigar *to research; to investigate*
publicar *to publish*
suscribirse (a) *to subscribe (to)*

Cortometraje

la chompa *sweater*
la guagua *child*
los papeles *documents*

abrigarse *to wear warm clothes*
calcular *to estimate*
charlar *to chat*
colgar (el teléfono) *to hang up (the phone)*
(estar) disponible *(to be) available*
fijarse *to pay attention*

hacer caso *to obey*
parquear *to park*
salvar la vida *to save someone's life*

chato/a *sweetie*
desconsiderado/a *inconsiderate*
malcriado/a *rude*
tibio/a *warm*

no más *only*

Cultura

el bajo *bass*
el crecimiento *growth*
el estilo *style*
el éxito *success*
la fama *fame*
la flauta *flute*
el género *genre*
la letra *lyrics*
la pista de baile *dance floor*
el ritmo *rhythm*
el tambor *drum*
el violonchelo *cello*

golpear *to beat (a drum)*
salir a la venta *to go on sale*
tocar *to play (an instrument)*

controvertido/a *controversial*

Literatura

el castigo *punishment*
la desaparición *disappearance*
la desesperación *desperation*
la estantería *bookcase*
el hallazgo *discovery*
el rasgo *trait, feature*
el suelo *ground*
la sospecha *suspicion*

vigilar *to watch, to keep an eye on*

tras *after*

Un mundo conectado
119

Vocabulario All the lesson's active vocabulary is grouped in easy-to-study thematic lists and tied to the lesson section in which it was presented.

ⓢupersite

- Audio for all vocabulary items
- Vocabulary Tools: customizable word lists, flashcards with audio

Supersite features vary by access level.

IMAGINA Film Collection

The **IMAGINA** Film Collection features dramatic short films by Hispanic filmmakers. These films are a central feature of the lesson, providing opportunities to review and recycle vocabulary from **Para empezar**, and previewing and contextualizing the grammar from **Estructuras**. The films are available for viewing on the Supersite.

LECCIÓN 1
NEW! Café para llevar
(España; 13 minutos)

A man and a woman run into each other long after they broke up. Will their love be rekindled?

LECCIÓN 2
Adiós mamá
(México; 8 minutos)

In this award-winning short film, a man is grocery shopping alone on an ordinary day when a chance meeting makes him the focus of an elderly woman's existential conflict.

LECCIÓN 3
NEW! Desconexión
(Bolivia; 19 minutos)

A desperate man is in a race against the clock. Can he save his nearest and dearest?

LECCIÓN 4
NEW! Sin palabras
(España; 13 minutos)

Forced to spend a week with his grandfather, David has to learn how to navigate the generation gap.

LECCIÓN 5
Raíz
(España; 17 minutos)

An older couple joyfully awaits the visit of the son they haven't seen in some time.

LECCIÓN 6
Hiyab
(España; 8 minutos)

Fátima's teacher is concerned that her wearing a headscarf will make the student stand out at her new school. How far will she go to fit in?

LECCIÓN 7
Recursos humanos
(España; 14 minutos)

A woman goes on a job interview. But her interviewer isn't who he appears to be.

LECCIÓN 8
El clon
(España; 12 minutos)

A troubled writer decides to get himself cloned, setting in motion a series of events with a nightmarish outcome.

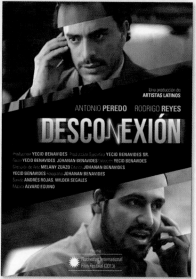

LECCIÓN 9
No me ama
(Argentina; 15 minutos)

A young Argentine couple goes on vacation in Uruguay.

LECCIÓN 10
NEW! La boda
(España; 12 minutos)

A busy mother of the bride encounters more than the usual obstacles. Will she miss her daughter's wedding?

The overwhelmingly popular **Flash Cultura** video provides an entertaining and authentic complement to the **Imagina** section of each lesson. Correspondents from various Spanish-speaking countries report on aspects of life in their countries, conducting street interviews with residents along the way. These episodes draw attention to similarities and differences between Spanish-speaking countries and the U.S., while highlighting fascinating aspects of the target culture. These videos are available for viewing on the Supersite.

LECCIÓN 1	LECCIÓN 2
Las relaciones personales	**El metro del D.F.**
(España)	(México)

LECCIÓN 3	LECCIÓN 4	LECCIÓN 5	LECCIÓN 6
El cine mexicano	**De compras en Barcelona**	**Un bosque tropical**	**Puerto Rico: ¿nación o estado?**
(México)	(España)	(Puerto Rico)	(Puerto Rico)

LECCIÓN 7	LECCIÓN 8	LECCIÓN 9	LECCIÓN 10
El mundo del trabajo	**Inventos argentinos**	**Lo mejor de Argentina**	**Machu Picchu: encanto y misterio**
(Ecuador)	(Argentina)	(Argentina)	(Perú)

Cultura en pantalla

This online-only component features authentic TV clips related to the **Cultura** reading in each **IMAGINA** lesson. The clips, many new to the Fourth Edition, are available for viewing on the Supersite.

Online-only activities support each TV clip.

LECCIÓN 1	LECCIÓN 2	LECCIÓN 3	LECCIÓN 4	LECCIÓN 5
Estados Unidos	**México**	**El Caribe**	**Puerto Rico**	**Paraguay**
Hispanos e inmigración en los Estados Unidos	Mujeres triquis de Oaxaca	Festival de merengue en la República Dominicana	Sonia Sotomayor habla sobre su condición de latina	Plantas medicinales

LECCIÓN 6	LECCIÓN 7	LECCIÓN 8	LECCIÓN 9	LECCIÓN 10
Chile	**Bolivia**	**Perú**	**Argentina/ Uruguay**	**España**
Chile y la Operación Cóndor	Indígenas bolivianos y el negocio de los hidrocarburos	Machu Picchu	Cruzar 9 de julio	Lavapiés: un barrio de inmigrantes en medio de Madrid

Reviewers

On behalf of its writers and editors, Vista Higher Learning expresses its sincere appreciation to the many instructors nationwide who reviewed **IMAGINA**. Their insights, ideas, and detailed comments were invaluable to the final product.

Erinne R. Aponte
North Forsyth High School, GA

Sara Blossom Bostwick
Lansing Community College, MI

Jeanne Boettcher
Madison Area Technical College, WI

Jessica Bontrager, MEd
Northridge High School, IN

A. Bowen
Marymount University, VA

Carrie A. Bramlet
University of Virginia, VA

Katherine Brink
Miss Porter's School, CT

Rebecca Camacho
San Joaquin Delta College, CA

Dr. Maria Cristina Campos Fuentes
DeSales University, PA

Martin Camps
University of the Pacific, CA

Marcelo Carosi
New York University, NY

Isabel Castro
Towson University, MD

Arleen Chiclana, PhD
Ponte Vedra High School, FL

Rebekah Coble
University of Virginia, VA

David Counselman
Ohio Wesleyan University, OH

Dr. Sarah J. Cyganiak
Carthage College, WI

Juanita Devereaux
University of Oregon, OR

Pamela DeVries Rini
University of Virginia, VA

Guadalupe Dhanani
Leigh High School, CA

Nayibe Díaz
Northern Arizona University, AZ

Patricia G. Diaz Suzarte
The Catholic University of America, DC

Paul Diehl
University of Detroit Jesuit High School, MI

K. Drief
Granada High School, CA

Florence Dwyer, PhD
Thomas More College, KY

Lisa A. Dyer
Chesterton High School, IN

Verónica Enamorado Díaz
The Catholic University of America, DC

Monica Escudero Moro
Colgate University, NY

Maria Esparza
University of Virginia, VA

Dina A. Fabery
University of Central Florida, FL

Jeff D. Farris
Dover-Sherborn High School, MA

Diana Figarella-Zawil
Brooks School, MA

Laura Frese
Ardsley High School, NY

C. Garcia
Laguna Beach High School, CA

Gina Gattuso-Espinel
Montverde Academy, FL

Linda B. Gillespie, MA
Creekside High School, FL

Wendy R. Girgan
Pinewood Preparatory School, SC

Jennifer Carolina Gomez Menjivar
University of Minnesota, Duluth, MN

Windy González Roberts
University of Minnesota, Morris, MN

Kate Grovergrys
Madison Area Technical College, WI

Connie Gutierrez
Porterville College, CA

Sandra Hancock Martin
Ramapo College of New Jersey, NJ

David Hanson
University of Puget Sound, WA

Mark Harpring
University of Puget Sound, WA

Ricardo Huamán
University of Virginia, VA

Ann Kalscheur Suárez
Soka University of America, CA

Andrea Krauss Lucas
Sacramento City College, CA

Lina Lee
University of New Hampshire, NH

Anne Leister
University of Virginia, VA

Maryanne L. Leone
Assumption College, MA

Kenneth V. Luna
California State University, Northridge, CA

Scott Maddox
Howard Community College, MD

ACKNOWLEDGMENTS

Mark Malin
Randolph-Macon College, VA

Sandra Martinez-Franco
University of Alabama, AL

Theresa McBreen
Middle Tennessee State University, TN

Megan McDonald
Lewis & Clark College, OR

Monica Montalvo
University of Central Florida, FL

Sayo Murcia
University of Oregon, OR

Mashidu Ndoley
Santa Monica College, CA

Maria Nunez
Molloy College, NY

Claes Magnus Olander
Kapiolani Community College, HI

Viola Olsen
Southern Oregon University, OR

Patricio Orellana
New York University, NY

M. Patricia Orozco
University of Mary Washington, VA

Jamilet R. Ortiz
Housatonic Community College, CT

Ana Palomar
Soka University of America, CA

Maria R. Paniagua-Tejo
Rollins College, FL

Robert A. Parsons
University of Scranton, PA

Ted Peebles
University of Richmond, VA

Dr. Graciela Pérez Boruszko
Fresno Pacific University, CA

Julie Pomerleau
University of Central Florida, FL

Ali Posey
University of Virginia, VA

Dr. Alberto Prieto-Calixto
Rollins College, FL

Anne Prucha
University of Central Florida, FL

Alejandro Puga
DePauw University, IN

Patricio Quiroz
Pope John XXIII Regional High School, NJ

Matthieu P. Raillard
Lewis & Clark College, OR

Jessica Rangel
College of DuPage, IL

Heather L. Reigelsperger
Wayland-Cohocton High School, NY

Mary Rice
Concordia College, MN

Pascal Rollet
Carthage College, WI

Erick Romig
University of Virginia, VA

Leticia I. Romo
Towson University, MD

Anita K. Saalfeld
Nebraska Wesleyan University, NE

Margarita Sánchez
Wagner College, NY

Bethany J. Sanio
University of Nebraska-Lincoln, NE

Sabrina Spannagel Bradley
University of Washington, WA

Beth Stapleton, PhD
Mississippi College, MS

Holly M. Stein, MA
Highland School, VA

Belkis Suárez
Mount Mercy University, IA

Hannah Sullivan
Tuscaloosa Academy, AL

Christine Swoap
Warren Wilson College, NC

Kacie Tartt
University of Central Florida, FL

Titania Vargas
Illinois Central College, IL

Alberto Vílchez
University of Washington, WA

Sara Villa
The New School, NY

Claudia Villavicencio
Community School of Naples, FL

Eric J. Warner, PhD
Ferris State University, MI

Ingrid Watson-Miller
Norfolk State University, VA

Nathan Whalen
University of Oregon, OR

L. A. Whartenby
Pace University, NY

Bretton White
Colby College, ME

Georgina Whittingham
State University of New York at Oswego, NY

Jennifer Williams
Methodist University, NC

Susan Williams
Jackson Liberty High School, NJ

Michele Wisskirchen
Heritage High School, VA

James A. Wojtaszek
University of Minnesota, Morris, MN

Kemen Zabala
Staples High School, CT

Emilio Zarco
Greens Farms Academy, CT

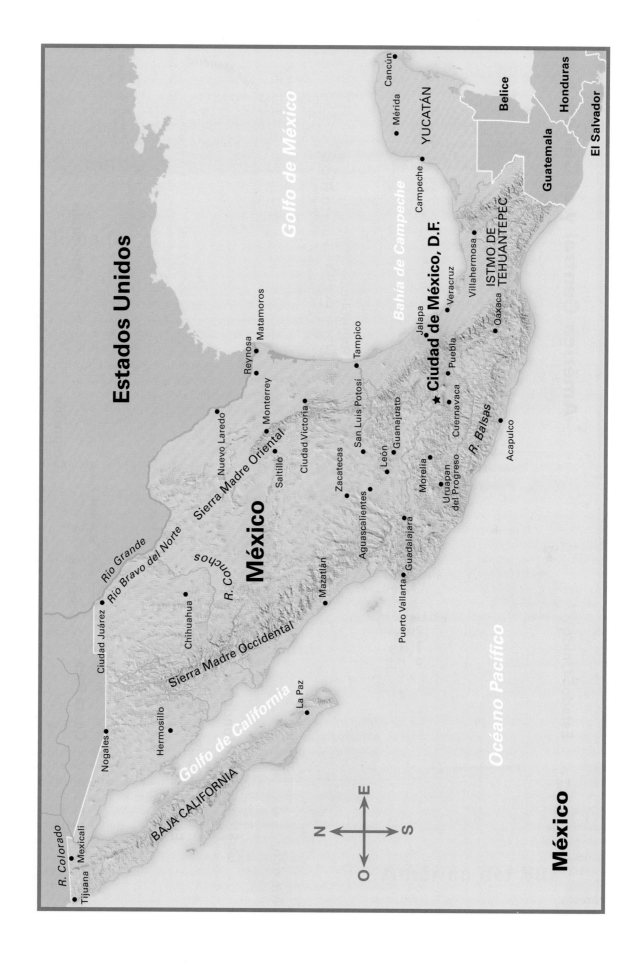

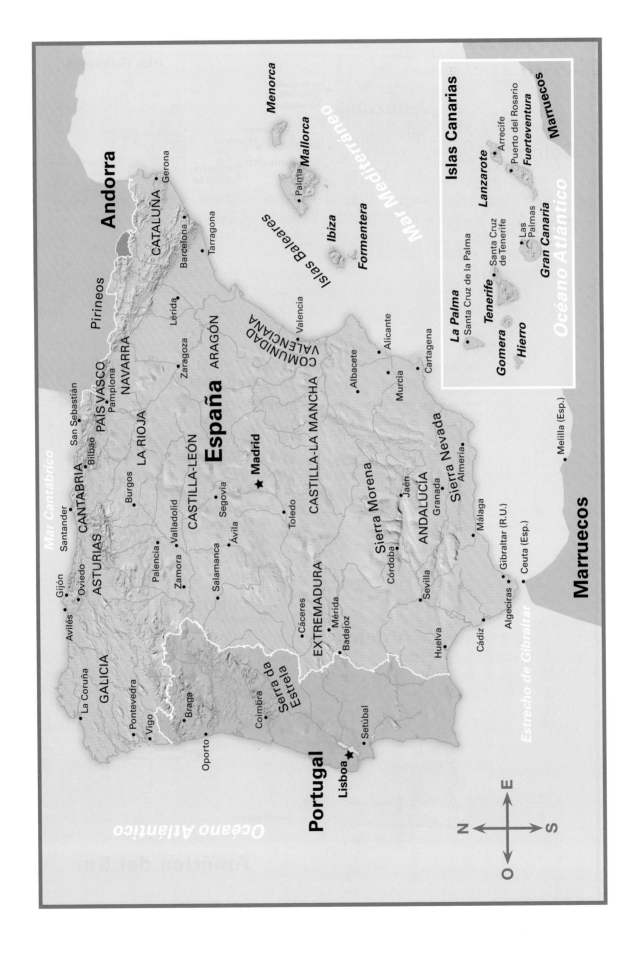

FOURTH EDITION

Imagina

Español sin barreras

Curso intermedio de lengua española

Sentir y vivir

El deseo de vivir y el instinto de supervivencia son razón suficiente para seguir adelante. Ésta es una de las cualidades que compartimos los seres humanos independientemente de nuestras circunstancias, nuestros sueños o nuestros objetivos. Gracias a esa motivación nos lanzamos, enamorados, ilusionados, indecisos, a vivir sin tenerle miedo al futuro.

9

32

Destino:
ESTADOS UNIDOS

Las relaciones personales

 Vocabulary Tools

Las relaciones

el alma gemela *soul mate*
la amistad *friendship*

el ánimo *spirit; mood*
el chisme *gossip*
la cita (a ciegas) *(blind) date*
el compromiso *commitment; engagement*
el deseo *desire*
el divorcio *divorce*
la (in)fidelidad *(un)faithfulness*
el matrimonio *marriage*
la pareja *couple*
el riesgo *risk*

---

compartir *to share*
confiar (en) *to trust (in)*
contar (o:ue) con *to rely on, to count on*
coquetear *to flirt*
dejar a alguien *to leave someone*
dejar plantado/a *to stand (someone) up*
discutir *to argue*

engañar *to cheat; to deceive*
ligar *to flirt; to hook up*
merecer *to deserve*
romper (con) *to break up (with)*
salir (con) *to go out (with)*

Los sentimientos

enamorarse (de) *to fall in love (with)*
enojarse *to get angry*
estar harto/a *to be fed up (with); to be sick (of)*
llevarse bien/mal/fatal *to get along well/badly/terribly*
odiar *to hate*
ponerse pesado/a *to become annoying*
querer(se) (e:ie) *to love (each other); to want*
sentir(se) (e:ie) *to feel*
soñar (o:ue) con *to dream about*

tener celos (de) *to be jealous (of)*
tener vergüenza (de) *to be ashamed (of)*

Los estados emocionales

agobiado/a *overwhelmed*
ansioso/a *anxious*
celoso/a *jealous*

deprimido/a *depressed*
disgustado/a *upset*
emocionado/a *excited*
enojado/a *angry, mad*
pasajero/a *fleeting*
preocupado/a (por) *worried (about)*

Los estados civiles

casarse (con) *to get married (to)*
divorciarse (de) *to get a divorce (from)*

---

casado/a *married*
divorciado/a *divorced*

separado/a *separated*
soltero/a *single*
viudo/a *widowed*

Las personalidades

cariñoso/a *affectionate*

cuidadoso/a *careful*
falso/a *insincere*
genial *wonderful*
gracioso/a *funny*
inolvidable *unforgettable*
inseguro/a *insecure*
maduro/a *mature*
mentiroso/a *lying*
orgulloso/a *proud*
seguro/a *secure; confident*
sensible *sensitive*
tacaño/a *cheap; stingy*
tempestuoso/a *impulsive; stormy*

tímido/a *shy*
tranquilo/a *calm*

Práctica

1

Definiciones Completa las oraciones con el adjetivo correcto.

1. Miente para mantener las apariencias. Es _____.	a. tacaño
2. Murió su mujer y vive solo. Es _____.	b. falso
3. No le gusta gastar su dinero. Es _____.	c. deprimido
4. Se siente mal y está triste. Está _____.	d. viudo
5. No vive con su esposa. Está _____.	e. ansioso
6. Tiene pánico al examen de mañana. Está _____.	f. gracioso
	g. separado

2

Identificar Indica la palabra que no pertenece al grupo.

1. deprimido • tranquilo • preocupado • enojado
2. ligar • discutir • enamorarse • coquetear
3. pareja • compromiso • ánimo • matrimonio
4. casado • disgustado • viudo • soltero
5. inseguro • fabuloso • maravilloso • genial
6. almas gemelas • pareja • chisme • matrimonio

3

¿Cómo eres? Trabaja con un(a) compañero/a.

A. Contesta las preguntas del test.

	Sí	A veces	No	Clave
1. ¿Te pones nervioso/a cuando estás con otras personas?				**Sí** = 0 puntos **A veces** = 1 punto **No** = 2 puntos
2. ¿Te incomoda expresar tus emociones?				
3. ¿Te parece difícil iniciar una conversación?				
4. ¿Te ponen nervioso/a las citas a ciegas?				**Resultados**
5. ¿Te sientes inseguro/a cuando te critican?				**0 a 3** Eres muy introvertido/a.
6. ¿Tienes vergüenza de hablar en público?				**4 a 7** Tiendes a ser introvertido/a.
7. ¿Piensas mucho antes de tomar una decisión?				**8 a 11** No eres ni introvertido/a ni extrovertido/a.
8. ¿Piensas que, si eres muy simpático/a, las personas pueden creer que eres falso/a?				
9. ¿Piensas que coquetear es inmaduro?				**12 a 16** Tiendes a ser extrovertido/a.
10. ¿Te llevas bien con las personas muy tímidas?				**17 a 20** Eres muy extrovertido/a.

B. Ahora suma (*add up*) los puntos. ¿Cuál es el resultado? ¿Estás de acuerdo? Comenta tu resultado y tu opinión con tu compañero/a.

Practice more at **vhlcentral.com.**

Preparación

Vocabulario del corto

enhorabuena *congratulations*

la época *season*

la imprenta *printer*

liado/a (inf.) *busy*

un rato *a while*

tener prisa *to be in a hurry*

el/la trotamundos *globetrotter*

Vocabulario útil

arrepentirse *to regret*

el/la prometido/a *fiancé(e)*

reprochar *to blame*

la reseña *review*

el rompimiento *breakup*

EXPRESIONES

café para llevar *coffee to go*

de vez en cuando *every once in a while*

echar de menos *to miss someone*

estar embarazada *to be pregnant*

ponerte en mi lugar *to put yourself in my place*

¡Quién lo iba a decir! *Who would have thought!*

se me da bien… *I am good at...*

Te lo mereces. *You deserve it.*

tener la culpa *to be at fault*

---

1 **Definiciones** Empareja cada definición con la palabra correcta.

_____ 1. temporada   a. época

_____ 2. viajero   b. enhorabuena

_____ 3. felicitaciones   c. liado

_____ 4. ocupado   d. reseña

_____ 5. comentario   e. trotamundos

2 **Diálogo** Ana acaba de llegar a casa de Eva. Completa el diálogo con palabras y expresiones del vocabulario.

EVA ¿Dónde estabas? Llevo (1) _____ llamándote.

ANA Perdona, estoy (2) _____ buscando vestidos de novia.

EVA ¿Vas a casarte? (3) _____ ¿Y te vas a Texas con Andrés?

ANA Sí, a Texas. (4) _____, con lo poco que me gusta el calor.

ANA ¡Ay, qué lejos, te voy a (5) _____!

EVA ¡Me alegro por ti, Ana! Y además (6) _____, Andrés es genial.

ANA Sí, y le encanta viajar. Él es todo un (7) _____. Por cierto, necesito ropa adecuada para el calor.

EVA ¿Te ayudo a buscar? A mí (8) _____ vestir a los demás.

ANA Bueno, tengo que ir a la (9) _____ a encargar las invitaciones.

EVA Ah, pues debes (10) _____, la imprenta cierra a las ocho.

3 **Sentimientos** En parejas, observen los fotogramas y comenten los sentimientos que expresan los rostros de estos dos personajes.

Modelo **Columna 1:**
ELLA: Parece graciosa y contenta.
ÉL: Parece estar feliz.

4 **La pareja imperfecta** En parejas, escojan uno de los atributos y contrasten cómo sería su pareja ideal según las cualidades seleccionadas.

Modelo Prefiero una pareja tacaña a una falsa.

¿sensible o seguro?	¿tímido o cariñoso?
¿generoso o gracioso?	¿orgulloso o tranquilo?
¿falso o tacaño?	¿mentiroso o tempestuoso?

5 **Dilemas de la vida** En parejas, lean las situaciones y comenten qué harían en cada una de ellas.

Modelo No me importa si a mi familia no le cae bien mi novia. Es mi novia, no la novia de ellos.

- Te enamoras de una persona, pero por alguna razón, a tu familia no le cae bien.
- Tienes pareja, pero te enamoras de otra persona que vive a miles de millas de distancia.
- Eres feliz en tu comunidad con tus familiares y amigos. Tu pareja se va a vivir en otro país y te pide que vayas con él/ella.
- Tú pareja y tú se quieren mucho pero tiene planes diferente para el futuro.
- Después de muchos años de estar con tu pareja te das cuenta de que ya no es igual y no te sientes enamorado/a.

6 **Relaciones personales** En parejas, respondan las preguntas.

1. ¿Creen que es posible seguir siendo sólo amigos/as de sus exnovios/as? ¿Por qué?
2. ¿Cuáles creen que son las razones por las que rompen las parejas?
3. ¿Creen que las relaciones de pareja son fáciles o difíciles? ¿Por qué?
4. ¿Creen que las parejas son más felices antes de casarse o después? ¿Por qué?

Video

ARGUMENTO *Alicia y Javi se encuentran dos años después de haber terminado su relación.*

JAVI Sí, ya me han dicho que te casas. Enhorabuena.
ALICIA Gracias. Me voy corriendo que tengo mucha prisa.

JAVI ¿Por qué no te tomas ese café conmigo?
ALICIA Bueno.

JAVI Bueno, estuve un año dando vueltas por el mundo y cuando volví a mi casa no tenía nada. Necesitaba trabajar.
ALICIA ¡Pues quién lo iba a decir!
JAVI Eso no es todo. He dejado de fumar.

ALICIA ¿Y de dónde es?
JAVI De Buenos Aires.
ALICIA ¿Pero se ha venido a vivir aquí, por ti?
JAVI Sí.

(Alma saluda desde la ventana.)
ALMA Hola.

JAVI Alicia...
(Javi y Alicia se abrazan.)

Análisis

1 **Comprensión** Contesta cada pregunta con una oración completa.

1. ¿Por qué se conocen Javi y Alicia?
2. ¿Qué tiene tan ocupada a Alicia?
3. ¿En qué trabaja Javi?
4. ¿Qué ha pasado en la vida laboral de Alicia?
5. ¿Qué le ha pasado a la madre de Alicia?
6. ¿Quién es Marcos?
7. ¿Qué hizo Javi después de separarse de Alicia?
8. ¿Dónde conoció Javi a Alma?
9. ¿De dónde es la novia de Javi?
10. Javi le dice a Alicia que tiene algo que contarle, ¿qué es?

2 **¿Qué pensarán?** En parejas, basándose en lo que saben de los personajes, relacionen cada uno de estos pensamientos con uno de ellos.

1. "¿Pero por qué me toma de la mano? ¡Ya no somos novios!" _____
2. "¡Lo he hecho todo mal! Trabajo con mi padre y perdí a la mujer de mi vida". _____
3. "Tiene el cabello bonito esa española". _____
4. "Ojalá pudiera volver al pasado". _____
5. "Decía que no quería tener hijos. No entiendo nada. Me voy". _____
6. "Ella tuvo su oportunidad, pero ahora él está conmigo!" _____
7. "Marcos es un hombre afortunado. ¡Cómo lo envidio!" _____
8. "¡Él quería ser libre y míralo!, trabajando con su papá en la imprenta". _____

Alicia

Alma

Javi

3 **Interpretar** En parejas, contesten las preguntas.

1. ¿Qué crees que siente Javi cuando se encuentra con Alicia en la cafetería? ¿Y Alicia?
2. ¿Por qué Alicia duda cuando Javi la invita a tomarse un café con él?
3. ¿De qué hablan primero Javi y Alicia? ¿Por qué?
4. ¿Por qué decide Alicia tomarse el café con Javi?
5. ¿Cómo crees que ha cambiado Javi desde que él y Alicia fueron novios?
6. ¿Qué esperaba Alicia de Javi cuando eran novios? ¿Qué deseaba él?
7. ¿Cómo imaginaba Javi que iba a ser su vida? ¿Lo consiguió?
8. ¿Qué crees que opina Alicia de que Javi trabaje con su padre? ¿Por qué?
9. ¿Qué piensas que siente Alicia cuando ve entrar a Alma? ¿Por qué?
10. ¿Cómo interpretarías la frase final "no entiendo por qué no puedo tener dalias el día de mi boda; me da igual que no sea la época"?

4

¿Qué piensas? En parejas, respondan las preguntas.

1. ¿Cómo crees que se sintió Javi cuando se vieron Alma y Alicia?
2. ¿Qué pensó Alma al ver a Alicia y a Javi juntos?
3. ¿Qué les deseó Alicia a Javi y a Alma? ¿Por qué?

5

Reproches En parejas, comenten sobre el rompimiento de Alicia y Javi. Respondan las preguntas.

1. ¿Quién creen que tuvo la culpa de que rompieran Alicia y Javi? ¿Por qué?
2. ¿Cuál de los dos personajes crees que tomó las mejores decisiones en su vida? ¿Por qué?
3. ¿Quién crees que se reprochó más la pérdida del otro? ¿Alicia o Javi? ¿Por qué?
4. ¿Crees que Alicia hace lo correcto casándose con Marcos? ¿Por qué?

6

Puntos de vista En parejas, lean estas dos reseñas ficticias de la película. Elijan una y defiéndanla.

A

"En *Café para llevar*, Javi representa al típico hombre inmaduro que toma las decisiones equivocadas en su juventud y luego mira atrás con melancolía. Alicia, sin embargo, es madura y trabajadora. La película es real como la vida misma". Juana de Mier, *El faro de Cartagena*

B

"*Café para llevar* es otro ejemplo de cómo las mujeres tratan de controlar la vida de los hombres. Primero, Alicia intenta que Javi abandone sus sueños; luego, tiene que trabajar con su padre para mantener a su nueva familia. ¡Pobre Javi!" – Miño Meilán, *La voz de Santiago*

7

Volver a empezar En parejas, elijan una de estas situaciones e improvisen un diálogo. Utilicen seis palabras o expresiones de la lista. Después, represéntenlo delante de la clase.

de vez en cuando	la imprenta	¡Quién lo iba a decir!
echar de menos	liado/a	se me da bien
enhorabuena	para llevar	te lo mereces
la época	ponerte en mi lugar	tener la culpa
la horterada	(tener) prisa	el/la trotamundos

A

Después de romper con su novia de muchos años, tu mejor amigo se va a Santiago de Chile. Lleva dos meses de relación con una chica que conoció en este lugar pero se da cuenta de que cometió un error porque extraña mucho a su exnovia y quiere regresar con ella.

B

Llega el día de la boda y tu mejor amiga va a decirle a su novio que no puede casarse con él porque todavía está enamorada de su exnovio.

Practice more at
vhlcentral.com.

Reading

IMAGINA

Cuando se presentó como candidato para gobernador de **California**, **Arnold Schwarzenegger** se despidió de los reporteros con una de sus famosas frases de la película *Terminator 2: Judgment Day: "¡Hasta la vista, baby!"*. Miles y miles de niños pequeños repiten frases en español que aprendieron de *Dora, la exploradora*. Éstos no son ejemplos aislados. Hoy día, en todo el territorio de los **Estados Unidos**, personas de todas las edades, profesiones y razas utilizan frases en español, a veces sin saber de qué idioma vienen o qué significan. Seguramente tú también has escuchado con frecuencia frases como: *"Hola"*, *"Mi casa es su casa"*, *"Vamos"*, *"Adiós, amigo"* y muchas otras expresiones de boca de personas que no saben español.

ESTADOS

¡EL ESPAÑOL ESTÁ DE MODA!

¿A qué se debe la creciente popularidad del español en los Estados Unidos? La respuesta es sencilla[1]: a la progresiva influencia de este idioma en la cultura y en la vida diaria de este país. Hoy, en los Estados Unidos viven más de 53 millones de hispanohablantes que utilizan el español a diario. Se estima que para el año 2060 la población latina llegará a casi 120 millones. Además del hecho[2] de que el número de latinos ha aumentado, hay que señalar que la población latina se ha extendido cada vez más por todo el país: podemos encontrar comunidades de hispanohablantes desde Florida hasta Alaska y desde Hawái hasta Maine. Actualmente, por lo menos una de cada seis personas en los Estados Unidos es de origen hispano.

Los efectos del rápido crecimiento de la población latina son palpables en la cotidianidad[3] de todos los habitantes de los Estados Unidos. ¿Cuántas veces el cajero automático[4] te dio la opción de escoger entre inglés y español? ¿Cuántas veces llamaste a un contestador automático[5] de atención al cliente y te dieron la opción de seguir el menú en español? ¿Has notado los anuncios[6] en español en aeropuertos, estaciones de tren, hospitales y otros lugares públicos?

Ya son millones los estadounidenses que están aprendiendo español en instituciones educativas de todo el país. En la actualidad[7], el 70% de los estudiantes de secundaria eligen español como segunda lengua y más de 790.000 estudiantes universitarios se matriculan[8] todos los años en cursos de español. De hecho, el español es el idioma más solicitado[9] en los departamentos de lenguas extranjeras. No cabe duda de que el español es el idioma extranjero de mayor impacto en la cultura estadounidense actual, lo cual se refleja constantemente en la calle, en el cine, en Internet y en los medios de comunicación en general.

Signos vitales

Los **Estados Unidos** es el quinto país con mayor población hispanohablante en el mundo. Algunos argumentan que la cantidad de hispanohablantes podría reducirse a medida que el inglés se convierte en el primer idioma de hijos y nietos de inmigrantes. Sin embargo, algunas estadísticas, como las del US Census Bureau, contradicen este argumento. Según ellas, el número de hispanohablantes se mantiene vivo, e incluso aumenta, gracias a la constante inmigración.

[1] *simple* [2] *fact* [3] *everyday life* [4] *ATM* [5] *answering machine* [6] *announcements*
[7] *At present* [8] *enroll* [9] *in demand; popular*

UNIDOS

Latinos en los Estados Unidos

Jorge Ramos nació en la Ciudad de México el 16 de marzo de 1958. Desde noviembre de 1986, es el conductor[1] titular del **Noticiero Univisión** en los Estados Unidos. Es el personaje de la televisión estadounidense en español que más tiempo ha estado en el aire en un mismo programa o noticiero. Además de presentador, Ramos es columnista y autor.

America Ferrera nació en los Estados Unidos el 18 de abril de 1984, pero sus padres son de **Honduras**. Comenzó a actuar desde muy pequeña en la escuela, y luego pasó al cine y a la televisión. En 2007 ganó los premios **Globo de Oro**, **EMMY** y **Alma** por su papel de Betty Suárez en la serie *Ugly Betty*. Es la voz en inglés de Astrid en la saga *How to Train Your Dragon*, que llegará a su tercera entrega en el 2018.

César Pelli, arquitecto argentino graduado de la **Universidad de Tucumán** en 1949. Viajó a los Estados Unidos en 1952 para realizar una maestría en Arquitectura en la Universidad de Illinois y luego se radicó[2] en este país. En 1977 creó su propia firma y ese mismo año fue nombrado decano[3] de la **Escuela de Arquitectura de Yale**, puesto que mantuvo hasta 1984.

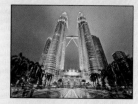

De su trabajo podemos mencionar el **World Financial Center** en **Nueva York**, las **Torres Petronas** en **Kuala Lumpur**, **Malasia** y la **terminal norte del aeropuerto Ronald Reagan National** de **Washington, D.C.**

Susana Martínez, abogada y política estadounidense, nacida el 14 de julio de 1959. A finales del año 2010 fue elegida gobernadora del estado de **Nuevo México**, lo que la convirtió en la primera mujer en gobernar este estado y también en la primera gobernadora de origen hispano en la historia de los Estados Unidos. En noviembre

de 2014 fue reelegida para continuar en el cargo por un segundo período. Es la sucesora de Bill Richardson, otro político de descendencia hispana, quien gobernó el mismo estado hasta diciembre de 2010.

[1] anchor [2] settled [3] dean

El español en los Estados Unidos

Expresiones del español de uso común en inglés

Adiós, amigo.	*Goodbye, my friend.*
fiesta	*party, celebration*
gracias	*thank you*
Hasta la vista.	*See you later.*
Mi casa es su casa.	*My house is your house.*
número uno	*the best (lit. number one)*
plaza	*plaza; shopping mall*
pronto	*now; quick*
salsa	*sauce; Latin music*
sombrero	*hat*
Vamos.	*Let's go.*

Influencia del inglés en el español

Muchas palabras de uso común en español, especialmente palabras relacionadas con tecnología, están adaptadas del inglés.

chatear	*to chat (online)*
clic	*click*
computadora	*computer*
escáner	*scanner*
esnob	*snob*
flirtear	*to flirt*
gol	*goal (in sports)*

GALERÍA DE CREADORES

LITERATURA Julia Álvarez

La escritora Julia Álvarez nació en Nueva York, pero pasó su niñez en la República Dominicana. Su familia se exilió en los Estados Unidos cuando Julia tenía diez años. Algunos de los temas de sus libros son sus experiencias derivadas de la dictadura en su país, su proceso de adaptación a una cultura desconocida y la importancia de la identidad. Es autora de *¡Yo!, A cafecito story, En el tiempo de las mariposas, De cómo las muchachas García perdieron el acento, En el nombre de Salomé, Para salvar el mundo,* entre otras obras. También escribió la serie *Tía Lola* para lectores más jóvenes.

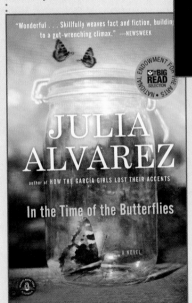

"Wonderful . . . Skillfully weaves fact and fiction, building to a gut-wrenching climax." —NEWSWEEK

JULIA ALVAREZ
author of HOW THE GARCÍA GIRLS LOST THEIR ACCENTS

In the Time of the Butterflies

A NOVEL

DISEÑO Y MODA Narciso Rodríguez

En 1996, Narciso Rodríguez causó sensación con el vestido de novia (*wedding gown*) que diseñó (*designed*) especialmente para Carolyn Bessette, quien lo lució (*wore*) el día de su boda con John F. Kennedy, Jr. En el mundo de la moda (*fashion*), este elegante y sencillo traje fue uno de los diseños más comentados de la década. Desde entonces, el diseñador de ascendencia cubana ha tenido por clientes a Salma Hayek, Sarah Jessica Parker, Anna Paquin, Michelle Obama y Charlize Theron. Las características de sus creaciones son la simplicidad, el uso de materiales ligeros (*lightweight*) y la influencia latina.

PINTURA Carmen Lomas Garza

Esta artista chicana pinta escenas de la vida cotidiana mexicano-americana inspiradas en recuerdos (*memories*) y experiencias de su niñez en Kingsville, Texas. El objetivo de su arte es mostrar el valor y la humanidad de su cultura. Celebraciones, historias familiares, rituales, preparación de comidas, mitos, tradiciones, juegos, remedios caseros (*home remedies*) y sueños forman parte de ese paisaje cotidiano. *Earache Treatment* es el título de este cuadro (*painting*). Aquí vemos una práctica antigua, pero todavía muy común entre muchas familias latinoamericanas y chicanas para curar el dolor de oído (*earache*).

CINE Robert Rodríguez

En veinte días y con sólo siete mil dólares, Robert Rodríguez filmó *El mariachi*, la película que ganó el Premio (*Award*) del Público del Festival de Cine de Sundance de 1993. Las aventuras de *El mariachi* continuaron con *Desperado* y *Once Upon a Time in Mexico*, películas en las cuales actuaron sus amigos Antonio Banderas, Quentin Tarantino y Johnny Depp. El joven tejano forma parte del grupo de directores que han ganado más de $100 millones por película, gracias al éxito (*success*) de su serie *Spy Kids*. Es autor, productor y director de la película *Machete Kills* (2013), secuela de *Machete* (2010), y de la serie *From Dusk till Dawn*.

¿Qué aprendiste?

1 **Cierto o falso** Indica si estas afirmaciones son ciertas o falsas. Corrige las falsas.

1. El español es el segundo idioma más solicitado en las universidades, después del francés.
2. Muchos niños aprenden frases en español gracias a los dibujos animados.
3. Es difícil encontrar compañías que ofrecen atención al cliente en español.
4. America Ferrera ganó el Globo de Oro por hacer la voz de Astrid en *How to Train Your Dragon*.
5. Hoy por hoy, el español es el idioma extranjero de mayor impacto en la cultura estadounidense.
6. El español es el idioma elegido como segunda lengua por el 70% de los estudiantes universitarios en los Estados Unidos.

2 **Preguntas** Contesta las preguntas.

1. ¿Quién popularizó en los Estados Unidos la frase "Hasta la vista, baby"?
2. ¿Cuántos millones de latinos se calcula que habrá para el año 2060 en los Estados Unidos?
3. ¿En qué lugares es común encontrar mensajes o avisos bilingües?
4. ¿Quién fue la primera estadounidense de origen hispano en ser elegida gobernadora de un estado?
5. ¿Qué artista de la Galería te interesa más? ¿Por qué?

3 **Identificar** En parejas, cada uno elija un personaje de la sección **Latinos en los Estados Unidos** sin decir a quien escogieron. Después, hagan a su compañero tres de estas preguntas para tratar de identificar el personaje.

1. ¿Qué edad aproximada tiene el personaje que escogiste?
2. ¿En qué parte de la industria del espectáculo se mueve el personaje? ¿En el cine?, ¿en el teatro?, ¿en la música?, ¿en la televisión?, ¿en ninguno de ellos?
3. ¿Tu personaje nació en los Estados Unidos o en algún país de Latinoamérica? Si nació en Latinoamérica, ¿puedes decir en cuál país?
4. ¿Por qué el personaje latino que escogiste es tan reconocido en los Estados Unidos? ¿Ha ganado algún premio? ¿Cuál?
5. ¿Consideras que el papel del personaje es importante y reconocido en los Estados Unidos?

Practice more at
vhlcentral.com.

PROYECTO

En los EE.UU.

¿Qué sabes de la cultura latina en los EE.UU.? Escoge un tema e investiga toda la información que necesites en la biblioteca o en Internet para preparar un folleto promocional.

a. una comunidad latina
b. una celebración hispana
c. un lugar para el arte y la cultura latinoamericanos

- Escribe la información que consideras importante e incluye fotos.
- Presenta tu folleto a la clase. Explica por qué escogiste ese tema.

Las relaciones personales

 Video

¿No es ideal utilizar el tiempo libre para encontrarse con amigos, familiares, parejas…? Los lugares donde puedes reunirte a hablar o a comer se vuelven especiales porque forman parte del placer de compartir el tiempo con tu gente. En este episodio de **Flash Cultura**, te llevamos a visitar los lugares de encuentro de Madrid.

Vocabulario

el amor a primera vista *love at first sight*

el callejón *alley*

la campanada *tolling of the bell*

datar de *to date from*

el pasacalles *marching parade*

el pendiente *earring*

el punto de encuentro *meeting point*

la uva *grape*

1 **Preparación** Cuando tienes tiempo libre, ¿te reúnes con tus amigos? ¿Cuáles son los lugares donde te encuentras habitualmente con ellos? ¿En qué momentos del día y de la semana pueden verse? ¿Por qué?

2 **Comprensión** Indica si estas afirmaciones son ciertas o falsas. Después, en parejas, corrijan las falsas.

1. Es tradición tomar doce uvas el 31 de diciembre mientras suena el famoso reloj de la Puerta del Sol en el corazón de Madrid.

2. La Plaza Mayor es la plaza más conocida y se encuentra en el Madrid Moderno.

3. En la confluencia actual de las calles Toledo y Atocha, se celebraban antiguamente partidos de fútbol.

4. El barrio de La Latina se caracteriza por callejones estrechos, plazoletas, cafés y bares de ambiente muy dinámico.

5. Ninguno de los entrevistados cree en el amor a primera vista.

6. En El Rastro puedes comprar ropa, pendientes, cuadros, etc.

3 **Expansión** En parejas, contesten estas preguntas.

- Imagina que estás en Madrid. ¿Cuál de los lugares mostrados prefieres para comer algo o pasear? ¿Por qué?

- ¿Estás de acuerdo con las personas que creen en el amor a primera vista o con las que no creen? Justifica tu respuesta.

- ¿Te gustan los domingos en Madrid: levantarse tarde, comer en un bar de La Latina con amigos y pasear por El Rastro? ¿Cómo son tus domingos?

Corresponsal: Miguel Ángel Lagasca
País: España

(En la Plaza Mayor) los niños juegan, las madres conversan°, los padres hablan de fútbol y política, los jóvenes se juntan, las parejas se miran a los ojos y los turistas admiran el espectáculo°.

La Latina, así como la Plaza Mayor y Puerta del Sol, pertenecen al llamado Madrid Antiguo.

Siempre los celos son una parte importante de la relación, sobre todo cuando se está empezando.

conversan *chat* **espectáculo** *show*

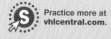 Practice more at
vhlcentral.com.

 Presentation

1.1

The present tense

Regular –*ar*, –*er*, –*ir* verbs

- The present tense (**el presente**) of regular verbs is formed by dropping the infinitive ending **–ar, –er,** or **–ir** and adding personal endings.

TALLER DE CONSULTA

These grammar topics are covered in the **Manual de gramática, Lección 1**.

1.4 Nouns and articles, p. 382
1.5 Adjectives, p. 384

For more stem-changing verbs, see the **Verb conjugation tables, pp. 416–426**.

The present tense of regular verbs

	hablar	beber	vivir
yo	hablo	bebo	vivo
tú	hablas	bebes	vives
Ud./él/ella	habla	bebe	vive
nosotros/as	hablamos	bebemos	vivimos
vosotros/as	habláis	bebéis	vivís
Uds./ellos/ellas	hablan	beben	viven

- The present tense is used to express actions or situations that are going on at the present time and to express general truths.

¿Por qué **rompes** conmigo?
Why are you breaking up with me?

Porque no te **amo**.
Because I don't love you.

- The present tense is also used to express habitual actions or actions that will take place in the near future.

Mis padres me **escriben** con frecuencia.
My parents write to me often.

Mañana les **mando** una carta larga.
Tomorrow I'm sending them a long letter.

Stem-changing verbs

- Some verbs have stem changes in the present tense. In many **–ar** and **–er** verbs, **e** changes to **ie** and **o** changes to **ue**. In some **–ir** verbs, **e** changes to **i**. The **nosotros/as** and **vosotros/as** forms never have stem changes in the present tense.

Stem-changing verbs

e → ie	o → ue	e → i
pensar *to think*	**poder** *to be able to, can*	**pedir** *to ask for*
pienso	puedo	pido
piensas	puedes	pides
piensa	puede	pide
pensamos	podemos	pedimos
pensáis	podéis	pedís
piensan	pueden	piden

¡ATENCIÓN!

Subject pronouns are normally omitted in Spanish. They are used to emphasize or clarify the subject.

—**¿Viven en California?**
Do they live in California?

—**Sí, ella vive en Los Ángeles, y él vive en San Francisco.**
Yes, she lives in Los Angeles, and he lives in San Francisco.

¡ATENCIÓN!

Jugar changes its stem vowel from **u** to **ue**. **Construir, destruir, incluir,** and **influir** add a **y** before the personal endings. As with other stem-changing verbs, the **nosotros/as** and **vosotros/as** forms do not change.

jugar
juego, juegas, juega, jugamos, jugáis, juegan

incluir
incluyo, incluyes, incluye, incluimos, incluís, incluyen

Irregular *yo* forms

- Many **–er** and **–ir** verbs have irregular **yo** forms in the present tense. Verbs ending in **–cer** or **–cir** change to **–zco** in the **yo** form; those ending in **–ger** or **–gir** change to **–jo**. Several verbs have irregular **–go** endings, and a few have individual irregularities.

<table>
<tr><td colspan="2">Ending in –go</td></tr>
<tr><td>caer to fall</td><td>yo caigo</td></tr>
<tr><td>distinguir to distinguish</td><td>yo distingo</td></tr>
<tr><td>hacer to do, to make</td><td>yo hago</td></tr>
<tr><td>poner to put, to place</td><td>yo pongo</td></tr>
<tr><td>salir to leave, to go out</td><td>yo salgo</td></tr>
<tr><td>traer to bring</td><td>yo traigo</td></tr>
<tr><td>valer to be worth</td><td>yo valgo</td></tr>
</table>

<table>
<tr><td colspan="2">Ending in –zco</td></tr>
<tr><td>conducir to drive</td><td>yo conduzco</td></tr>
<tr><td>conocer to know</td><td>yo conozco</td></tr>
<tr><td>crecer to grow</td><td>yo crezco</td></tr>
<tr><td>obedecer to obey</td><td>yo obedezco</td></tr>
<tr><td>parecer to seem</td><td>yo parezco</td></tr>
<tr><td>producir to produce</td><td>yo produzco</td></tr>
<tr><td>traducir to translate</td><td>yo traduzco</td></tr>
</table>

<table>
<tr><td colspan="2">Ending in –jo</td></tr>
<tr><td>dirigir to direct, manage</td><td>yo dirijo</td></tr>
<tr><td>escoger to choose</td><td>yo escojo</td></tr>
<tr><td>exigir to demand</td><td>yo exijo</td></tr>
<tr><td>proteger to protect</td><td>yo protejo</td></tr>
</table>

<table>
<tr><td colspan="2">Other verbs</td></tr>
<tr><td>caber to fit</td><td>yo quepo</td></tr>
<tr><td>saber to know</td><td>yo sé</td></tr>
<tr><td>ver to see</td><td>yo veo</td></tr>
</table>

- Verbs with prefixes follow the same patterns.

<table>
<tr><td>reconocer to recognize</td><td>yo reconozco</td><td>oponer to oppose</td><td>yo opongo</td></tr>
<tr><td>deshacer to undo</td><td>yo deshago</td><td>proponer to propose</td><td>yo propongo</td></tr>
<tr><td>rehacer to remake, redo</td><td>yo rehago</td><td>suponer to suppose</td><td>yo supongo</td></tr>
<tr><td>aparecer to appear</td><td>yo aparezco</td><td>atraer to attract</td><td>yo atraigo</td></tr>
<tr><td>desaparecer to disappear</td><td>yo desaparezco</td><td>contraer to contract</td><td>yo contraigo</td></tr>
<tr><td>componer to make up</td><td>yo compongo</td><td>distraer to distract</td><td>yo distraigo</td></tr>
</table>

Irregular verbs

- Other commonly used verbs in Spanish are irregular in the present tense or combine a stem-change with an irregular **yo** form or other spelling change.

dar *to give*	decir *to say*	estar *to be*	ir *to go*	oír *to hear*	ser *to be*	tener *to have*	venir *to come*
doy	**digo**	**estoy**	**voy**	**oigo**	**soy**	**tengo**	**vengo**
das	**dices**	**estás**	**vas**	**oyes**	**eres**	**tienes**	**vienes**
da	**dice**	**está**	**va**	**oye**	**es**	**tiene**	**viene**
damos	**decimos**	**estamos**	**vamos**	**oímos**	**somos**	**tenemos**	**venimos**
dais	**decís**	**estáis**	**vais**	**oís**	**sois**	**tenéis**	**venís**
dan	**dicen**	**están**	**van**	**oyen**	**son**	**tienen**	**vienen**

Práctica

1 **Un apartamento infernal** Beto no se siente bien en su apartamento. Completa el párrafo con las palabras de la lista.

caber	hacer	oír	tener
estar	ir	ser	ver

Mi apartamento (1) _____ en el quinto piso. El edificio no (2) _____ ascensor y, para llegar al apartamento, (3) _____ que subir por la escalera. El apartamento es tan pequeño que mis cosas no (4) _____. Las paredes (*walls*) (5) _____ muy delgadas. A todas horas (6) _____ la radio o la televisión de algún vecino. El apartamento siempre (7) _____ oscuro y no puedo (8) _____ cuando (9) _____ la tarea. ¡(10) _____ a buscar otro apartamento!

2 **¿Qué haces?** Haz preguntas basadas en estas opciones y contéstalas con una explicación.

> **Modelo** **vivir / en la residencia estudiantil**
> —¿Vives en la residencia estudiantil?
> —No, vivo en un apartamento con mis dos mejores amigos, Pablo y Julián.

1. salir / con amigos todas las noches

2. decir / mentiras

3. conducir / estar cansado

4. tener / miedo de ser antipático/a con los amigos

5. dar / consejos sobre asuntos personales

6. venir / a clase tarde con frecuencia

3 **¿Qué hacen los amigos?** Escribe cinco oraciones completas usando los sujetos y los verbos de las columnas.

> **Modelo** Tú traduces el libro.

Sujetos	Verbos	
yo	compartir	exigir
tú	creer	pensar
un(a) buen(a) amigo/a	deber	poner
nosotros/as	desear	traducir
los/las malos/as amigos/as		

1. _____
2. _____
3. _____
4. _____
5. _____

Practice more at
vhlcentral.com.

Comunicación

4 **En el café** Carola está en el Nuyorican Poets Café con unos amigos. En parejas, escriban ocho oraciones en las que Carola describe lo que hace cada persona. Usen algunos verbos de la lista.

beber	estar	oír	ser
decir	hablar	pedir	traer

5 **Sueños cumplidos** Un nuevo *reality show* tiene como objetivo cumplir los sueños de los participantes.

A. En parejas, lean los sueños de algunos posibles participantes y preparen una lista de preguntas que el/la presentador(a) o el público puede hacerle a cada uno. Usen verbos en presente y el vocabulario de la lección.

María, 21 años
Sus padres la adoptaron cuando era niña. Cuando cumplió los veintiún años, sus padres le contaron que tiene una hermana melliza (*twin*). María quiere conocerla.

Pedro, 35 años
Vive en los Estados Unidos desde los cuatro años. No ve a sus abuelos desde entonces. Se acerca el cumpleaños número noventa de su abuela.

Francisco, 50 años
A los diez y ocho años, Francisco emigró a los Estados Unidos. Su hermana, Sofía, emigró a España. Se hablan por teléfono pero hace treinta y dos años que no se ven.

B. Elijan al primer participante del programa e improvisen la primera entrevista. Uno/a de ustedes es el/la presentador(a) y el/la otro/a es el/la participante.

1.2

 Presentation

Ser and *estar*

—Sí, bueno, es que **estoy** preparando mi boda.

—Oh, pues sí que **es** difícil de creer, sí.

Uses of *ser*

Nationality and place of origin	Mis padres **son** argentinos, pero yo **soy** de Florida.
Profession or occupation	El Sr. López **es** periodista.
Characteristics of people, animals, and things	El clima de Miami **es** caluroso.
Generalizations	Las relaciones personales **son** complejas.
Possession	La guitarra **es** del tío Guillermo.
Material of composition	El suéter **es** de pura lana.
Time, date, or season	**Son** las doce de la mañana.
Where or when an event takes place	La fiesta **es** en el apartamento de Carlos; **es** el sábado a las nueve de la noche.

Uses of *estar*

Location or spatial relationships	La clínica **está** en la próxima calle.
Health	Hoy **estoy** enfermo. ¿Cómo **estás** tú?
Physical states and conditions	Todas las ventanas **están** limpias.
Emotional states	¿**Está** Marisa contenta con Javier?
Certain weather expressions	¿**Está** nublado o **está** despejado hoy en Miami?
Ongoing actions (progressive tenses)	Paula **está** escribiendo invitaciones para su boda.
Results of actions (past participles)	La tienda **está** cerrada.

Ser and *estar* with adjectives

- **Ser** is used with adjectives to describe inherent, expected qualities. **Estar** is used to describe temporary or variable qualities, or a change in appearance or condition.

La casa **es** muy pequeña.	¡**Están** tan enojados!
The house is very small.	*They're so angry!*

- With most descriptive adjectives, either **ser** or **estar** can be used, but the meaning of each statement is different.

Julio **es alto**.	¡Ay, qué **alta estás**, Adriana!
Julio is tall. (that is, a tall person)	*How tall you're getting, Adriana!*
Dolores **es alegre**.	El jefe **está alegre** hoy. ¿Qué le pasa?
Dolores is cheerful. (that is, a cheerful person)	*The boss is cheerful today. What's up with him?*
Juan Carlos **es** un hombre **guapo**.	¡Manuel, **estás** tan **guapo**!
Juan Carlos is a handsome man.	*Manuel, you look so handsome!*

- Some adjectives have two different meanings depending on whether they are used with **ser** or **estar**.

ser + [*adjective*]	estar + [*adjective*]
Laura **es aburrida**. *Laura **is boring**.*	Laura **está aburrida**. *Laura **is bored**.*
Ese chico **es listo**. *That boy **is smart**.*	**Estoy listo** para todo. *I'm **ready** for anything.*
No **soy rico**, pero vivo bien. *I'm **not rich**, but I live well.*	¡El pan **está** tan **rico**! *The bread **is delicious**!*
La actriz **es mala**. *The actress **is bad**.*	La actriz **está mala**. *The actress **is ill**.*
El coche **es seguro**. *The car **is safe**.*	Creo que puedo ir pero **no estoy seguro**. *I think I can go but **I'm not sure**.*
Los aguacates **son verdes**. *Avocados **are green**.*	Esta banana **está verde**. *This banana **is not ripe**.*
Javier **es** muy **vivo**. *Javier **is very sharp**.*	¿Todavía **está vivo** el autor? *Is the author still **living**?*
Pedro **es** un hombre **libre**. *Pedro **is a free** man.*	Esta noche no **estoy libre**. ¡Lo siento! *Tonight I **am** not available. Sorry!*

TALLER DE CONSULTA

Remember that adjectives must agree in gender and number with the person(s) or thing(s) that they modify. See **Manual de gramática, 1.4 p. 382**, and **1.5 p. 384**.

¡ATENCIÓN!

Estar, not **ser**, is used with **muerto/a**.

Bécquer, el autor de las *Rimas*, está muerto.
Bécquer, the author of Rimas, *is dead.*

Práctica

1

La boda de Emilio y Jimena Completa cada oración de la primera columna con la terminación más lógica de la segunda columna.

1. La boda es ＿＿＿
2. La iglesia está ＿＿＿
3. El cielo está ＿＿＿
4. La madre de Emilio está ＿＿＿
5. El padre de Jimena está ＿＿＿
6. Todos los invitados están ＿＿＿
7. El mariachi que toca en la boda es ＿＿＿
8. En mi opinión, las bodas son ＿＿＿

a. de San Antonio, Texas.
b. deprimido por los gastos.
c. en la calle Zarzamora.
d. esperando a que entren la novia (*bride*) y su padre.
e. contenta con la novia.
f. a las tres de la tarde.
g. muy divertidas.
h. totalmente despejado.

2

La luna de miel Completa el párrafo con las formas apropiadas de **ser** y **estar**.

Emilio y Jimena van a pasar su luna de miel en Miami, Florida. Miami (1) ＿＿＿＿ una ciudad preciosa. (2) ＿＿＿＿ en la costa este de Florida y tiene playas muy bonitas. El clima (3) ＿＿＿＿ tropical. Jimena y Emilio (4) ＿＿＿＿ interesados en visitar la Pequeña Habana. Jimena (5) ＿＿＿＿ fanática de la música cubana. Y Emilio (6) ＿＿＿＿ muy entusiasmado por conocer el parque Máximo Gómez, donde las personas van a jugar dominó. Los dos (7) ＿＿＿＿ aficionados a la comida caribeña. Quieren ir a todos los restaurantes que (8) ＿＿＿＿ en la Calle Ocho. Cada día van a probar un plato diferente. Algunos de los platos que piensan probar (9) ＿＿＿＿ el congrí, los tostones y el bistec palomilla. Después de pasar una semana en Miami, la pareja va a (10) ＿＿＿＿ cansada pero muy contenta.

Comunicación

3

Entrevistas

A. En parejas, usen la lista como guía para entrevistarse. Usen **ser** o **estar** en las preguntas y respuestas.

- origen
- nacionalidad
- personalidad
- personalidad de los padres
- salud

- estudios actuales
- sentimientos actuales
- lugar donde vive/trabaja
- actividades actuales

B. Cambien de pareja y cuéntenle a su compañero/a lo que descubrieron (*found out*) sobre el compañero/a entrevistado/a.

4

¿Dónde estamos? En parejas, elijan una ciudad en la que supuestamente están de viaje. Sus compañeros deberán adivinar de qué ciudad se trata. Pueden elegir una de las ciudades de las fotos u otra ciudad importante.

Buenos Aires, Argentina

Quito, Ecuador

Madrid, España

Lima, Perú

San José, Costa Rica

México, D.F., México

- Hagan cinco afirmaciones usando **ser** o **estar** para dar pistas (*clues*) a sus compañeros. Sean creativos.

- Si las pistas no son suficientes, sus compañeros pueden hacer preguntas con **ser** o **estar**, cuya respuesta sea **sí** o **no**.

- Algunos temas para las afirmaciones o las preguntas pueden ser: ubicación, comida, características de la ciudad, actividades, sentimientos de los viajeros, personajes representativos del lugar, etc.

1.3

Presentation

Gustar and similar verbs

*—Hombre, cuando te hacen sentir culpable por hacer lo que te **gusta**, pues...*

Using the verb *gustar*

TALLER DE CONSULTA

See **3.2, p. 102** for object pronouns.

- Though **gustar** is translated as *to like* in English, its literal meaning is *to please*. **Gustar** is preceded by an indirect object pronoun indicating *the person who is pleased*. It is followed by a noun indicating *the thing or person that pleases*.

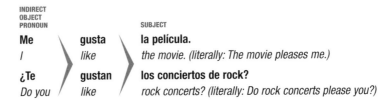

INDIRECT OBJECT PRONOUN		SUBJECT
Me	**gusta**	**la película.**
I	*like*	*the movie. (literally: The movie pleases me.)*
¿Te	**gustan**	**los conciertos de rock?**
Do you	*like*	*rock concerts? (literally: Do rock concerts please you?)*

- Because *the thing or person that pleases* is the subject, **gustar** agrees in person and number with it. Most commonly the subject is third person singular or plural.

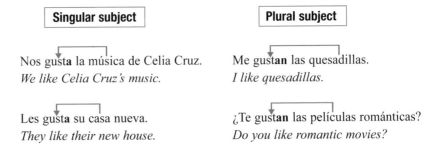

Singular subject	**Plural subject**
Nos gus**ta** la música de Celia Cruz. *We like Celia Cruz's music.*	Me gus**tan** las quesadillas. *I like quesadillas.*
Les gus**ta** su casa nueva. *They like their new house.*	¿Te gus**tan** las películas románticas? *Do you like romantic movies?*

- When **gustar** is followed by one or more verbs in the infinitive, the singular form of **gustar** is always used.

  No nos **gusta** llegar tarde.
  We don't like to arrive late.

  Les **gusta** cantar y bailar.
  They like to sing and dance.

- **Gustar** is often used in the conditional (**gustaría**) to soften a request.

  Me **gustaría** un refresco, por favor.
  I would like a soda, please.

  ¿Te **gustaría** ir a una cita con mi amigo?
  Would you like to go on a date with my friend?

Verbs like *gustar*

- Many verbs follow the same pattern as **gustar**.

aburrir *to bore*	**hacer falta** *to miss; to need*
caer bien/mal *to (not) get along well with*	**importar** *to be important to; to matter*
disgustar *to upset*	**interesar** *to be interesting to; to interest*
doler *to hurt; to ache*	**molestar** *to bother; to annoy*
encantar *to like very much*	**preocupar** *to worry*
faltar *to lack; to need*	**quedar** *to be left over; to fit (clothing)*
fascinar *to fascinate*	**sorprender** *to surprise*

Me fascina el cine francés.
I love French movies.

¿**Te molesta** si voy contigo?
Will it bother you if I come along?

A Sandra **le disgusta** esa situación.
That situation upsets Sandra.

Me duelen sus mentiras.
Her lies hurt me.

- The construction **a** + [*prepositional pronoun*] or **a** + [*noun*] can be used to emphasize who is pleased, bothered, etc.

A ella no le gusta bailar, pero **a él** sí.
She doesn't like to dance, but he does.

A Felipe le molesta ir de compras.
Shopping bothers Felipe.

TALLER DE CONSULTA

See **3.2, p. 103,** for prepositional pronouns.

- **Faltar** expresses what someone or something lacks and **quedar** expresses what someone or something has left. **Quedar** is also used to talk about how clothing fits or looks on someone.

Le falta dinero.
He's short of money.

Le falta sal a la comida.
The food needs some salt.

A la impresora no **le queda** papel.
The printer is out of paper.

Esa falda **te queda** bien.
That skirt fits you well.

DISCOTECA
PALADIO
¿Qué te hace falta en la vida?

Práctica

1 **Completar** Completa la conversación con la forma correcta de los verbos entre paréntesis.

MIGUEL Mira, César, a mí (1) _____ (encantar) vivir contigo, pero la verdad es que (2) _____ (preocupar) algunas cosas.

CÉSAR De acuerdo. A mí también (3) _____ (molestar) algunas cosas de ti.

MIGUEL Bueno, para empezar (4) _____ (disgustar) que pongas la música tan alta cuando vienen tus amigos. Tus amigos (5) _____ (caer) muy bien, pero a veces hacen mucho ruido y no me dejan dormir.

CÉSAR Sí, claro, lo entiendo. Pues mira, Miguel, a mí (6) _____ (preocupar) que no laves los platos después de comer. Además, tampoco sacas la basura.

MIGUEL Es verdad. Pues... vamos a intentar cambiar estas cosas. ¿Te parece?

CÉSAR (7) _____ (gustar) la idea. Yo bajo la música cuando vengan mis amigos y tú lavas los platos y sacas la basura más a menudo. ¿De acuerdo?

2 **Preguntar** En parejas, túrnense para hacerse preguntas sobre estas personas.

Modelo fascinar / a tu padre
—¿Qué crees que le fascina a tu padre?
—Pues, no sé. Creo que le fascina dormir.

1. preocupar / al presidente
2. encantar / a tu hermano/a
3. gustar hacer los fines de semana / a ti
4. importar / a tus padres
5. interesar / a tu profesor(a) de español
6. aburrir / a tu novio/a y a ti
7. molestar / a tu mejor amigo/a
8. faltar / a ustedes

3 **¿Qué te gustaría hacer el fin de semana?** En parejas, pregúntense si les gustaría hacer las actividades relacionadas con las fotos. Utilicen los verbos **aburrir, disgustar, encantar, fascinar, interesar** y **molestar**. Sigan el modelo:

Modelo —¿Te molestaría ir al parque de atracciones?
—No, me encantaría.

Comunicación

4 **¿Te gusta?** En parejas, pregúntense si les gustan o no estas personas y actividades. Utilicen verbos similares a **gustar**.

Benicio del Toro	ir a discotecas
Sofía Vergara	las películas de misterio
los discos de Christina Aguilera	las películas extranjeras
dormir los fines de semana	practicar algún deporte
hacer bromas	salir con tus amigos

5 **¿Cómo son?** Elige uno de los personajes de la lista. Luego escribe cuatro oraciones usando los verbos indicados. Dile a tu compañero/a lo que escribiste sin decirle el nombre del personaje. Él/Ella tiene que adivinar de quién se trata. Túrnense para describir por lo menos seis personajes.

> **Modelo** —Le gusta mucho cantar. Le preocupan los problemas sociales
> y ambientales. No le caen bien los *papparazzi*. Es muy rico.
> —¡Es Bono!

- América Ferrera
- Barack Obama
- Tom Cruise
- Eva Longoria
- Jessica Alba
- David Beckham
- Usain Bolt
- Javier Bardem
- Steve Carell

aburrir	encantar	hacer falta	molestar
caer bien/mal	faltar	importar	preocupar
disgustar	fascinar	interesar	quedar

6 **Veinte datos** Haz preguntas a por lo menos diez de tus compañeros para completar la tabla. Debes crear los últimos cinco datos de la tabla usando los verbos sugeridos. Luego, comenta con la clase las tres respuestas que más te sorprendieron.

Encuentra a alguien que/a quien...	Nombre	Encuentra a alguien que/a quien...	Nombre
le gusta el francés		le molesta levantarse temprano	
le encanta nadar		ama ir a la playa	
le disgusta tener mascotas (*pets*)		le gusta chatear por Internet	
no le gusta manejar		odia viajar en avión	
ama los helados		le interesa la política	
le encanta la música clásica		(encantar) _____	
no le gusta el deporte		(caer bien) _____	
le gusta comprar cosas por Internet		(molestar) _____	
le fascina ir a conciertos de rock		(preocupar) _____	
no le interesa viajar		(sorprender) _____	

Síntesis

Un consejo sentimental

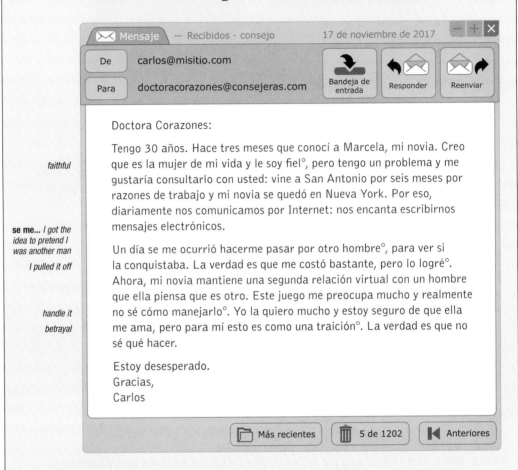

faithful

se me... *I got the idea to pretend I was another man*

I pulled it off

handle it
betrayal

Mensaje — Recibidos - consejo   17 de noviembre de 2017

De   carlos@misitio.com

Para   doctoracorazones@consejeras.com

Bandeja de entrada   Responder   Reenviar

Doctora Corazones:

Tengo 30 años. Hace tres meses que conocí a Marcela, mi novia. Creo que es la mujer de mi vida y le soy fiel°, pero tengo un problema y me gustaría consultarlo con usted: vine a San Antonio por seis meses por razones de trabajo y mi novia se quedó en Nueva York. Por eso, diariamente nos comunicamos por Internet: nos encanta escribirnos mensajes electrónicos.

Un día se me ocurrió hacerme pasar por otro hombre°, para ver si la conquistaba. La verdad es que me costó bastante, pero lo logré°. Ahora, mi novia mantiene una segunda relación virtual con un hombre que ella piensa que es otro. Este juego me preocupa mucho y realmente no sé cómo manejarlo°. Yo la quiero mucho y estoy seguro de que ella me ama, pero para mí esto es como una traición°. La verdad es que no sé qué hacer.

Estoy desesperado.
Gracias,
Carlos

Más recientes   5 de 1202   Anteriores

1 La carta Trabajen en grupos pequeños. Lean la carta dirigida a la doctora Corazones, consejera sentimental, y luego contesten las preguntas.

1. ¿Por qué Carlos y su novia se comunican por Internet?

2. ¿Qué hizo Carlos?

3. ¿Cuál es el resultado?

4. ¿Cómo se siente él ahora?

2 Comentar Con el grupo, comenten el problema de Carlos y propongan una solución. Elijan a un miembro del grupo para presentar la solución a la clase.

3 La solución Con toda la clase, escuchen y comenten las soluciones propuestas por los grupos, pensando en las siguientes preguntas. Entre todos, deben proponer una solución al problema de Carlos.

1. ¿Cómo reaccionan los grupos ante el problema de Carlos?

2. ¿Propone cada grupo una solución distinta?

3. ¿Cuál es la mejor solución?

Preparación

Vocabulario de la lectura	Vocabulario útil
ayudarse *to help one another*	**abandonar** *to leave*
la calidad de vida *standard of living*	**cuidar** *to take care of*
los familiares *relatives*	**emigrar** *to emigrate*
fortalecerse *to grow stronger*	**el/la inmigrante** *immigrant*
por su cuenta *on his/her own*	**el lazo** *bond, tie*
la red de apoyo *support network*	**mudarse** *to move*
la voluntad *will*	**la patria** *home country*

1

Vocabulario Completa el diálogo utilizando palabras y expresiones de la lista.

abandonar	ciudad	por su cuenta
ayudarse	familiares	red de apoyo
calidad de vida	lazo	voluntad

LUISA Mañana vamos a tener una gran fiesta y van a venir todos mis (1) _____: mis tíos, mis primos y mis abuelos.

CATI Pero ¿de qué fiesta estás hablando? No tenía ni idea.

LUISA Es la despedida de mi primo Carlos. Se va a vivir a Chicago. Dice que allí va a mejorar su (2) _____.

CATI ¿Qué me dices? ¿Conoce a alguien en Chicago? ¿Tiene una (3) _____?

LUISA Sí, tenemos allí unos primos. La familia está para (4) _____.

CATI Es cierto, aunque desgraciadamente hay veces en que cada uno va (5) _____. Esperemos que no sea el caso.

2

La inmigración En parejas, contesten las preguntas.

1. ¿Por qué la gente decide emigrar? Comenta por lo menos tres razones.

2. ¿Alguien de tu familia inmigró a los Estados Unidos o a otro país? ¿Por qué decidió hacerlo?

3. De estar forzado/a a abandonar tu patria, ¿adónde irías? ¿Por qué?

4. ¿Cómo crees que cambiaría tu vida al vivir en otro país?

3

Encuesta Indica si estás de acuerdo con estas afirmaciones o si no lo estás. Cuando termines, comparte tu opinión sobre cada afirmación con la clase.

	Sí	No
1. Es importante vivir siempre cerca de los familiares.	☐	☐
2. Es bueno mantener las tradiciones y costumbres de nuestras familias.	☐	☐
3. Es necesario ser económicamente independiente de los padres.	☐	☐
4. Es bueno que los familiares se ayuden mutuamente.	☐	☐
5. Se aprende mucho más de la vida cuando uno se muda a otra ciudad o a otro país para estudiar o trabajar.	☐	☐

CORRIENTE
Latina

Las tendencias de la inmigración hispana han variado de manera considerable en los últimos años. El perfil del inmigrante ha cambiado y con mayor frecuencia el latino llega a los Estados Unidos con un nivel de estudios más alto y mejor preparado para ejercer° trabajos bien remunerados°.

También está cambiando el destino que elige para empezar su nueva vida. Si antes se establecía en las grandes ciudades y en los estados del suroeste°, ahora busca oportunidades en pueblos y ciudades del centro y norte del país.

La distribución de la inmigración se debe en parte a la disponibilidad° de trabajo y en parte a que los inmigrantes que llegan necesitan una red de apoyo. Muchos de ellos no pueden recurrir° a la ayuda que ofrecen los estados por su desconocimiento del inglés y de la cultura estadounidense. Los familiares y amigos son los responsables de ayudar a los miembros de su círculo y les facilitan casa y trabajo hasta que se puedan establecer por su cuenta. De esa forma, se han producido y se siguen produciendo grandes concentraciones de hispanos del mismo país de origen en áreas donde su presencia antes era escasa° o inexistente.

Un ejemplo de esto es Central Falls, en el estado de Rhode Island. Hoy, más de la mitad de sus habitantes° son de origen colombiano, específicamente del departamento° de Antioquia. Todo empezó en 1964, cuando el antioqueño° Pedro Cano llegó a Central Falls. Vino con la ilusión de tener una vida mejor y con la voluntad de trabajar duro° para cumplir sus sueños. Una vez establecido e integrado a la comunidad, fue acogiendo° a sus familiares y a personas conocidas que huían° de la difícil situación socioeconómica y política colombiana. En los Estados Unidos iban encontrando el apoyo que necesitaban y podían, de esa forma, mejorar su calidad de vida a la vez que mantenían sus tradiciones y costumbres.

El nacimiento de estos microcosmos también está cambiando el paisaje urbano. Una visita a Central Falls lleva al viajero a un mundo nuevo: las tiendas especializadas en música hispana, los restaurantes de comida colombiana y los establecimientos para realizar giros° de dinero a otros países conviven mano a mano con los símbolos de la cultura estadounidense. ■

Márgenes:
to carry out
well-paid
southwest
availability
rely on
scarce
inhabitants
state, province
from **Antioquia**
hard
taking in
were fleeing
remittances

> **Pedro Cano vino con la ilusión de tener una vida mejor y con la voluntad de trabajar duro para conseguir sus ideales.**

EE.UU. latino

17,4% Porcentaje de población hispana en los EE.UU.

8 Número de estados en los que viven más de 1.000.000 de hispanos.

54% Porcentaje de la población hispana de los EE.UU. que vive en los estados de California, Texas y Florida.

120.000.000 Número de hispanos en los EE.UU. proyectado para el año 2060.

Análisis

1 **Comprensión** Elige la opción correcta.

1. El perfil del inmigrante hispano _____.
   a. es el mismo b. ha cambiado c. es diferente al de otros inmigrantes

2. Existe una razón principal por la que los inmigrantes latinos no recurren a la ayuda de los estados y es _____.
   a. el desconocimiento del inglés y de la cultura estadounidense
   b. la búsqueda de oportunidades en el centro y en el norte del país
   c. las concentraciones de hispanos en nuevos lugares

3. Pedro Cano vino a los EE.UU. con la ilusión de _____.
   a. establecer una comunidad colombiana
   b. ahorrar para después volver a su país
   c. mejorar su calidad de vida

4. Muchos de los colombianos que viven en Central Falls, Rhode Island, emigraron por _____.
   a. la situación política y económica de su patria
   b. las oportunidades de trabajo en Central Falls
   c. la posibilidad de mantener sus tradiciones y su cultura

2 **Micrófono abierto** En parejas, escriban una entrevista imaginaria a un(a) hispano/a que lleva veinte años viviendo en los Estados Unidos. Uno/a de ustedes es el/la periodista y el/la otro/a es el/la inmigrante. Consideren estas preguntas y añadan otras.

- ¿Por qué decidió venir a los Estados Unidos?
- ¿Cómo es su vida aquí?
- ¿Cómo era su vida antes de venir?
- ¿Cuántos años tenía cuando llegó aquí?
- ¿Dónde está su familia?
- ¿Piensa regresar algún día a su país de origen?

3 **Carta** En grupos de tres, imaginen que son inmigrantes y que acaban de llegar a los Estados Unidos o Canadá. Escriban una carta a su familia incluyendo la información que responde a las preguntas. Cuando terminen, lean la carta delante de la clase.

- ¿Dónde están?
- ¿Cómo es la ciudad?
- ¿Qué les fascina de la ciudad? ¿Qué les molesta?
- ¿Están emocionados/as o disgustados/as con el nuevo lugar?

> 6 de septiembre
>
> Queridos padres:
> ¡Estamos en . . . ! ¿Pueden creerlo?
> Es una ciudad interesante, con . . .

S Practice more at vhlcentral.com.

Preparación

Sobre el autor

Ya de muy joven, el chileno **Pablo Neruda** (1904–1973) mostraba inclinación por la poesía. En 1924, a sus veinte años, publicó el libro que lo lanzó (*launched*) a la fama: *Veinte poemas de amor y una canción desesperada*. Además de poeta, fue diplomático y político. El amor fue sólo uno de los temas de su extensa obra: también escribió poesía surrealista y poesía de temática histórica y política. Su *Canto general* lleva a los lectores a un viaje por la historia de América Latina desde los tiempos precolombinos hasta el siglo XX. En 1971, recibió el Premio Nobel de Literatura.

Vocabulario de la lectura	
el alma	*soul*
besar	*to kiss*
contentarse (con)	*to be contented/satisfied (with)*
el corazón	*heart*
el olvido	*forgetfulness, oblivion*

Vocabulario útil	
el/la amado/a	*beloved, sweetheart*
amar(se)	*to love (each other)*
los celos	*jealousy*
enamorado/a	*in love*
el sentimiento	*feeling*

1 **Vocabulario** Completa este párrafo sobre una nueva película romántica usando palabras del vocabulario.

Amor sin fronteras es más que una película de amor. En la primera escena, Francisco le dice a Fernanda que él está (1) _____ de ella. La joven, sin embargo, no comparte el (2) _____, ya que ama en secreto a Javier, el hermano de Francisco, que emigró a Texas hace dos años. Francisco la (3) _____ y la abraza, pero confunde su frialdad con timidez. Sin embargo, cuando Francisco le ofrece llevarla a Texas con él, Fernanda no puede contener la emoción. Es su oportunidad de volver a ver a Javier. La historia de estas dos (4) _____ confundidas se complica cuando, una vez en Texas, Francisco descubre que su (5) _____ en realidad ama a su hermano y lo invaden los (6) _____.

2 **Preparación** En parejas, contesten las preguntas.

1. ¿Han estado enamorados/as alguna vez?
2. ¿Les gusta leer poesía?
3. ¿Han escrito alguna vez una carta o un poema de amor?
4. ¿Se consideran románticos/as?
5. ¿Comparten sus sentimientos por escrito? ¿A través de qué medio?
6. ¿Creen que el romanticismo es necesario en el amor?
7. ¿Cuál es su historia de amor favorita? ¿Por qué?
8. ¿Qué consejo le darían a alguien que tiene un amor imposible?
9. ¿Qué medio de comunicación usarían para una declaración de amor? ¿Qué palabras/imágenes/sonidos usarían? ¿Por qué?
10. ¿Han visto películas que tratan sobre hacer películas o han leído libros en los que el narrador habla sobre personajes que a su vez escriben libros? Den ejemplos.

Practice more at vhlcentral.com.

POEMA 20

Pablo Neruda

 Audio: Dramatic Reading

Puedo escribir los versos más tristes esta noche.

Escribir, por ejemplo: "La noche está estrellada°,   *starry*
y tiritan°, azules, los astros°, a lo lejos°".   *blink, tremble / stars / in the distance*

El viento de la noche gira° en el cielo y canta.   *turns*

5   Puedo escribir los versos más tristes esta noche.
Yo la quise, y a veces ella también me quiso.

En las noches como ésta la tuve entre mis brazos.
La besé tantas veces bajo el cielo infinito.

Ella me quiso, a veces yo también la quería.
10   Cómo no haber amado sus grandes ojos fijos°.   *fixed*

Puedo escribir los versos más tristes esta noche.
Pensar que no la tengo. Sentir que la he perdido.

Oír la noche inmensa, más inmensa sin ella.
Y el verso cae al alma como al pasto el rocío°.   **como al...** *like the dew on the grass*

15   Qué importa que mi amor no pudiera guardarla°.   *keep, protect*
La noche está estrellada y ella no está conmigo.

Eso es todo. A lo lejos alguien canta. A lo lejos.
Mi alma no se contenta con haberla perdido.

Como para acercarla° mi mirada la busca.   *to bring closer*
20   Mi corazón la busca, y ella no está conmigo.

La misma noche que hace blanquear° los mismos árboles.   *to whiten*
Nosotros, los de entonces, ya no somos los mismos.

Ya no la quiero, es cierto, pero cuánto la quise.
Mi voz° buscaba el viento para tocar su oído.   *voice*

25   De otro. Será de otro. Como antes de mis besos.
Su voz, su cuerpo claro. Sus ojos infinitos.

Ya no la quiero, es cierto, pero tal vez la quiero.
Es tan corto el amor, y es tan largo el olvido.

Porque en noches como ésta la tuve entre mis brazos,
30   mi alma no se contenta con haberla perdido.

Aunque éste sea el último dolor que ella me causa,
y éstos sean los últimos versos que yo le escribo. ■

Análisis

1

Comprensión Contesta las preguntas con oraciones completas.

1. ¿Quién habla en este poema?
2. ¿De quién habla el poeta?
3. ¿Cuál es el tema del poema?
4. ¿Sigue enamorado el poeta? Explica tu respuesta.

2

Interpretar Contesta las preguntas con oraciones completas.

1. ¿Cómo se siente el poeta? Da algún ejemplo del poema.
2. ¿Es importante que sea de noche? Razona tu respuesta.
3. ¿Cómo interpretas este verso: "Ya no la quiero, es cierto, pero tal vez la quiero."?
4. Explica el significado de estos versos y su importancia en el poema. ¿Por qué escribe el poeta un verso entre comillas?

> Puedo escribir los versos más tristes esta noche.
>
> Escribir, por ejemplo: "La noche está estrellada,
> y tiritan, azules, los astros, a lo lejos".
>
> El viento de la noche gira en el cielo y canta.

3

Metaficción En grupos de tres, lean esta definición y busquen ejemplos de metaficción en el poema de Neruda. ¿Qué efecto tiene este recurso en el poema?

> **La metaficción consiste en reflexionar dentro de una obra de ficción sobre la misma obra.**

4

Escribir Escribe una carta dirigida a un(a) amigo/a, a tu novio/a o a un(a) desconocido/a (*stranger*) expresando lo que sientes por él o ella. Sigue el **Plan de redacción**.

Plan de redacción

Escribir una carta

1 Encabezamiento Piensa a quién quieres dirigirle la carta: ¿a un(a) amigo/a? ¿a tu pareja? ¿a alguien que no te conoce? ¿a una estrella de cine? Elige un saludo apropiado: **Estimado/a**, **Querido/a**, **Amado/a**, **Amor mío**, **Vida mía**.

2 Contenido Organiza las ideas que quieres expresar en un esquema (*outline*) y después escribe la carta. Utiliza estas preguntas como guía.

1. ¿Sabe esta persona lo que sientes? ¿Es la primera vez que se lo dices?
2. ¿Cómo te sientes?
3. ¿Por qué te gusta esta persona?
4. ¿Crees que tus sentimientos son correspondidos?
5. ¿Cómo quieres que sea tu relación en el futuro?

3 Firma Termina la carta con una frase de despedida (*farewell*) adecuada. Aquí tienes unos ejemplos: **Un abrazo**, **Besos**, **Te quiero**, **Te amo**, **Tu eterno/a enamorado/a**.

Practice more at
vhlcentral.com.

Las relaciones personales

Vocabulary Tools

Las relaciones

el alma gemela *soul mate*
la amistad *friendship*
el ánimo *spirit; mood*
el chisme *gossip*
la cita (a ciegas) *(blind) date*
el compromiso *commitment; engagement*
el deseo *desire*
el divorcio *divorce*
la (in)fidelidad *(un)faithfulness*
el matrimonio *marriage*
la pareja *couple*
el riesgo *risk*

compartir *to share*
confiar (en) *to trust (in)*
contar (o:ue) con *to rely on, to count on*
coquetear *to flirt*
dejar a alguien *to leave someone*
dejar plantado/a *to stand (someone) up*
discutir *to argue*
engañar *to cheat; to deceive*
ligar *to flirt; to hook up*
merecer *to deserve*
romper (con) *to break up (with)*
salir (con) *to go out (with)*

Los sentimientos

enamorarse (de) *to fall in love (with)*
enojarse *to get angry*
estar harto/a *to be fed up (with);
   to be sick (of)*
llevarse bien/mal/fatal *to get along
   well/badly/terribly*
odiar *to hate*
ponerse pesado/a *to become annoying*
querer(se) (e:ie) *to love (each other);
   to want*
sentir(se) (e:ie) *to feel*
soñar (o:ue) con *to dream about*
tener celos (de) *to be jealous (of)*
tener vergüenza (de) *to be ashamed (of)*

Los estados emocionales

agobiado/a *overwhelmed*
ansioso/a *anxious*
celoso/a *jealous*
deprimido/a *depressed*
disgustado/a *upset*
emocionado/a *excited*
enojado/a *angry, mad*
pasajero/a *fleeting*
preocupado/a (por) *worried (about)*

Los estados civiles

casarse (con) *to get married (to)*
divorciarse (de) *to get a divorce (from)*

casado/a *married*
divorciado/a *divorced*
separado/a *separated*
soltero/a *single*
viudo/a *widowed*

Las personalidades

cariñoso/a *affectionate*
cuidadoso/a *careful*
falso/a *insincere*
genial *wonderful*
gracioso/a *funny*
inolvidable *unforgettable*
inseguro/a *insecure*
maduro/a *mature*
mentiroso/a *lying*
orgulloso/a *proud*
seguro/a *secure; confident*
sensible *sensitive*
tacaño/a *cheap; stingy*
tempestuoso/a *impulsive; stormy*
tímido/a *shy*
tranquilo/a *calm*

Cortometraje

la época *season*
la imprenta *printer's*
liado/a *busy*
el/la prometido/a *fiancé(e)*
un rato *a while*
la reseña *review*
el rompimiento *breakup*
el/la trotamundos *globetrotter*

arrepentirse *to regret*
tener prisa *to be in a hurry*

reprochar *to blame*
enhorabuena *congratulations*

Cultura

la calidad de vida *standard of living*
los familiares *relatives*
el/la inmigrante *immigrant*
el lazo *bond, tie*
la patria *home country*
la red de apoyo *support network*
la voluntad *will*

abandonar *to leave*
ayudarse *to help one another*
cuidar *to take care*
emigrar *to emigrate*
fortalecerse *to grow stronger*
mudarse *to move*

por su cuenta *on his/her own*

Literatura

el alma *soul*
el/la amado/a *loved one, sweetheart*
los celos *jealousy*
el corazón *heart*
el olvido *forgetfulness, oblivion*
el sentimiento *feeling*

amar(se) *to love (each other)*
besar *to kiss*
contentarse (con) *to be contented/
   satisfied (with)*

enamorado/a *in love*

Vivir en la ciudad

Movimiento, comunicación, convivencia. Estos elementos definen la vida en la gran ciudad, donde el espacio es limitado y hay que ser flexible y tolerante. En **Madrid**, **Buenos Aires**, **Bogotá** o **Lima**, conviven culturas diversas que dan vida a esos espacios de convivencia. En esta lección te invitamos a conocer la historia y la cultura de **México**, el país hispanohablante más grande del mundo.

Destino:
MÉXICO

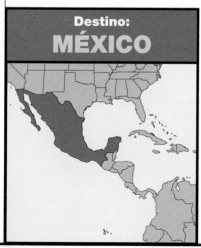

En la ciudad

 Vocabulary Tools

Lugares

las afueras *suburbs*
los alrededores *the outskirts*
el ayuntamiento *city hall*
el barrio *neighborhood*
el centro comercial *(shopping) mall*
el cine *movie theater*

la ciudad *city*
la comisaría *police station*
la discoteca *dance club*
el edificio *building*
la estación (de trenes/de autobuses) *(train/bus) station*
la estación de bomberos *fire station*
la estación de policía *police station*
el estacionamiento *parking lot*
el estadio *stadium*
el metro *subway*
el museo *museum*
la parada (de metro/de autobús) *(subway/bus) stop*
la plaza *square*
el rascacielos *skyscraper*

el suburbio *suburb*
la vivienda *housing; home*

Indicaciones

la acera *sidewalk*
la avenida *avenue*

la calle *street*
la cuadra *city block*
la dirección *address*
la esquina *corner*
el letrero *sign, billboard*
el puente *bridge*
el semáforo *traffic light*
el tráfico *traffic*
el transporte público *public transportation*

cruzar *to cross*
doblar *to turn*
estar perdido/a *to be lost*
indicar el camino *to give directions*
parar *to stop*
preguntar el camino *to ask for directions*

Gente

el/la alcalde(sa) *mayor*
el/la ciudadano/a *citizen*
el/la conductor(a) *driver*
la gente *people*
el/la pasajero/a *passenger*
el peatón/la peatona *pedestrian*
el policía/la (mujer) policía *policeman/woman*

Actividades

la vida nocturna *nightlife*

bajar *to go down; to get off (a bus)*
construir *to build*
conversar *to talk*
convivir *to live together; to coexist*
dar un paseo *to take a stroll*
dar una vuelta *to take a walk/ride*
dar una vuelta en bicicleta/carro/ motocicleta *to take a bike/car/ motorcycle ride*
disfrutar (de) *to enjoy*
hacer diligencias *to run errands*
pasarlo/la bien/mal *to have a good/bad time*
poblar *to settle; to populate*
quedar *to be located; to arrange to meet*
quedarse *to stay*
recorrer *to travel (around a city)*
relajarse *to relax*
residir *to reside*
subir *to go up; to get on (a bus)*

Para describir

atrasado/a *late, behind schedule*
cotidiano/a *everyday*
inesperado/a *unexpected*
lleno/a *full*
ruidoso/a *noisy*
vacío/a *empty*

Práctica

1

¿Qué significa? Empareja cada palabra con su definición.

_____ 1. no saber cómo llegar a un lugar

_____ 2. construcción que conecta
dos lugares

_____ 3. persona que toma el metro

_____ 4. todos los días

_____ 5. reducir la tensión que
uno tiene

_____ 6. vivir (en un apartamento)

_____ 7. pasarlo bien

_____ 8. anuncio escrito

a. puente

b. residir

c. relajarse

d. letrero

e. pasajero

f. cotidiano

g. estar perdido

h. ruidoso

i. disfrutar

j. la cuadra

2

Titulares Completa estos titulares (*headlines*) con las palabras o expresiones de la lista.

alrededores	discoteca	hace diligencias
ciudadanos	estacionamientos	suburbio
construyen	está perdida	tráfico

1. Encuentran tesoro (*treasure*) escondido en un _____ de la ciudad

2. Hombre muere en un accidente de _____

3. Pareja baila sin parar 24 horas en una _____

4. Los _____ creen que el transporte público debe ser barato

5. _____ rascacielos de más de cien pisos

6. Una familia de turistas _____ en el metro; nadie los ayuda

7. No hay suficiente espacio en los _____ para tantos automóviles

3

La ciudad Indica si estás de acuerdo con estas afirmaciones. Después, compara tus opiniones con las de un(a) compañero/a y explica por qué piensas así. ¿Tienen las mismas preferencias?

	Sí	No
1. Vivir en el centro de la ciudad es mejor que vivir en las afueras.	☐	☐
2. Nunca se debe hablar con desconocidos (*strangers*).	☐	☐
3. Es mejor convivir con alguien que vivir solo.	☐	☐
4. Es mejor vivir en una calle pequeña que en una avenida.	☐	☐
5. Se deben eliminar los parques para construir más edificios.	☐	☐
6. En una ciudad es más cómodo manejar que tomar transporte público.	☐	☐

4

En el ayuntamiento Imagina que eres el/la alcalde(sa) de una ciudad. ¿Cómo puedes mejorar la vida de los ciudadanos? ¿Qué cambios quieres hacer? Compara tus ideas con las de tus compañeros/as.

Practice more at
vhlcentral.com.

Preparación

Vocabulario del corto	Vocabulario útil
afligirse *to get upset*	**el/la cajero/a** *cashier*
borracho/a *drunk*	**el/la desconocido/a** *stranger*
el choque *crash*	**la fila** *line*
las facciones *features*	**ingenuo/a** *naïve*
parecerse *to look like*	**valorar** *to value*
repentino/a *sudden*	

EXPRESIONES

Pero... si sólo es/son... *But... it's only...*

¿Sabe(s)? *You know?*

¿Y a mí, qué? *What do I care?*

1

Vocabulario Completa el artículo con el vocabulario que acabas de aprender.

Robo en supermercado

Ayer un (1) _____ robó en el supermercado ESTRELLA. El hombre entró en la tienda a las nueve de la noche y esperó en la (2) _____ cinco minutos. Después, empezó a hablar del tiempo con la (3) _____. De repente, las luces se apagaron (*went out*) y él se fue con el dinero de la caja. Salió del estacionamiento tan rápido que tuvo un (4) _____ con otro carro. Se fue corriendo, pero la policía lo encontró. Había tomado tequila y estaba (5) _____. Cuando dijeron que lo iban a llevar a la cárcel (*jail*), dijo: "¿(6) _____?" y saltó al río. No se sabe si está vivo. Este hombre (7) _____ mucho a Simon Cowell. Según la gente, tiene las (8) _____ idénticas.

2

Preguntas En parejas, contesten las preguntas.

1. ¿Hablan con desconocidos en algunas ocasiones? ¿Les gusta hacerlo?

2. Den ejemplos de dos o tres lugares donde es más fácil o frecuente hablar con gente que no conocen.

3. Según el título del cortometraje, *Adiós mamá,* ¿de qué creen que va a tratar la historia?

4. ¿Les parece sencillo comenzar una conversación con un(a) desconocido(a)? ¿Tienen alguna técnica para romper el hielo?

5. ¿Alguna vez les sucedió algo interesante o divertido en un supermercado? ¿Qué sucedió?

3 **Fotogramas** En parejas, observen los fotogramas e imaginen lo que va a ocurrir en el cortometraje. Después, compartan sus ideas.

4 **¿Eres ingenuo?** En parejas, hagan el test de personalidad.

A. Marquen sus respuestas para saber si son ingenuos/as.

TEST DE ☹ 😊 PERSONALIDAD ☹ 😊

1. **Tu compañero/a de apartamento tiene que ir a una conferencia durante el fin de semana y te vas a quedar solo/a.**

   a. Organizas una gran fiesta. Seguro que no lo va a descubrir.

   b. Invitas a unos amigos y se lo cuentas a tu compañero/a cuando regresa.

   c. Limpias la casa. Él/Ella está trabajando y tú debes hacer lo mismo.

2. **¿Con qué afirmación te identificas?**

   a. Debes creer en la gente y pensar bien de todos.

   b. Hay que esperar a conocer a las personas para tener una opinión de ellas.

   c. Todo el mundo es muy egoísta. Hay que tener cuidado.

3. **Un(a) desconocido/a te manda un mensaje de texto y quiere verte para tomar un café por la tarde.**

   a. ¿Quién será? ¡Qué emoción! ¿Será el/la chico/a tan guapo/a de la clase?

   b. Borras el mensaje inmediatamente. ¡Qué manera de perder el tiempo!

   c. ¡Caramba, seguro que es Amalia para pedir dinero! ¡Siempre igual!

4. **¿Con qué personaje de ficción te identificas?**

   a. El Hombre Araña

   b. Darth Vader

   c. Bart Simpson

5. **Un(a) amigo/a te cuenta que el fin de semana pasado estuvo cenando con tu actor/actriz favorito/a.**

   a. No le crees y le preguntas a todo el mundo si es verdad.

   b. Estás muy contento/a y le pides que te cuente todo.

   c. Le cuentas que el fin de semana pasado tú estuviste en Buenos Aires.

6. **Si les preguntamos a tus mejores amigos/as cuál es tu mejor cualidad, ¿qué contestarán?**

   a. Sin duda, eres la mejor persona del grupo.

   b. Eres inteligente como Einstein.

   c. Eres muy divertido/a y aventurero/a.

B. Ahora, intercambien (*exchange*) sus respuestas y díganle a su compañero/a si creen que es ingenuo/a y por qué.

Video

Premio especial del Jurado, Semana Internacional de Cine Experimental de Valladolid 1997, España

Una producción de CONACULTA/INSTITUTO MEXICANO DE CINEMATOGRAFÍA Guion y Dirección ARIEL GORDON
Producción JAVIER BOURGES Producción ejecutiva PATRICIA RIGGEN
Fotografía SANTIAGO NAVARRETE Edición CARLOS SALCES Música GERARDO TAMEZ
Sonido SANTIAGO NUÑEZ/NERIO BARBERIS
Arte FERNANDO MERI/AARÓN NIÑO CÁMARA
Actores DANIEL GIMÉNEZ CACHO/DOLORES BERISTAIN/PATRICIA AGUIRRE/PACO MORAYTA

ARGUMENTO *Un hombre está en el supermercado. En la fila para pagar, la señora que está delante de él le habla.*

SEÑORA Se parece a mi hijo. Realmente es igual a él.
HOMBRE Ah pues no, no sé qué decir.

SEÑORA Murió en un choque. El otro conductor iba borracho. Si él viviera, tendría la misma edad que usted.
HOMBRE Por favor, no llore.

SEÑORA ¿Sabe? Usted es su doble. Bendito sea el Señor (*Blessed be the Good Lord*) que me ha permitido ver de nuevo a mi hijo. ¿Le puedo pedir un favor?
HOMBRE Bueno.

SEÑORA Nunca tuve oportunidad de despedirme de él. Su muerte fue tan repentina. ¿Al menos podría llamarme mamá y decirme adiós cuando me vaya?

SEÑORA ¡Adiós hijo!
HOMBRE ¡Adiós mamá!
SEÑORA ¡Adiós querido!
HOMBRE ¡Adiós mamá!

CAJERA No sé lo que pasa, la máquina desconoce el artículo. Espere un segundo a que llegue el gerente.
El gerente llega y ayuda a la cajera.

Análisis

1 **Comprensión** Lee cada párrafo y decide cuál resume mejor el cortometraje.

1. Los personajes están en un supermercado. Ellos no se conocen, pero la señora dice que el hombre se parece a un hijo del que nunca pudo despedirse porque murió en un accidente de tráfico. Por eso, la señora le pide al hombre que le diga "adiós mamá" al salir. El hombre se da cuenta de la trampa (*trap*).

2. Los personajes están en un supermercado. Ellos no se conocen y, aunque parece que el hombre no tiene ganas de hablar con la señora, ella insiste. Ella le cuenta que estuvo hace poco en un accidente de tráfico y que perdió a su hijo. Le pide al hombre que le diga "adiós mamá" al salir. La señora le cae tan bien al hombre que a él no le importa pagar por lo que ella compró.

2 **Ampliar** En parejas, háganse las preguntas.

1. ¿Qué verdaderos motivos tendría la señora para engañar (*deceive*) al hombre?
2. ¿Qué creen que aprendió el hombre con esta experiencia?
3. ¿Les pasó a ustedes o a alguien que conocen algo similar alguna vez? Expliquen.
4. Si alguien se les acerca (*approach*) en el supermercado y les pide este tipo de favor, ¿qué hacen?

3 **Detective** El hombre está contándole a un(a) detective lo que pasó en el supermercado. En parejas, uno/a de ustedes es el/la detective y el/la otro/a es el hombre. Preparen el interrogatorio y represéntenlo delante de la clase.

4 **Notas** Ahora, imagina que eres el/la detective y escribe un informe (*report*) de lo que pasó. Tiene que ser lo más completo posible. Puedes inventar los datos que tú quieras.

5 **Inventar** Primero, lean lo que dice la madre. Después, en parejas, imaginen que el hijo ficticio nunca tuvo un accidente y, por lo tanto, no murió. ¿Qué pasó con él? ¿Cómo fue su vida? ¿Visitaba a su madre con frecuencia? Escriban un párrafo de unas diez líneas.

> "Murió en un choque. El otro conductor iba borracho.
> Si él viviera, tendría la misma edad que usted.
> Se habría titulado y probablemente tendría una familia.
> Yo sería abuela".

6 **Imaginar** En parejas, imaginen la vida de uno de los personajes del corto. Escriban por lo menos cinco oraciones usando como base las preguntas.

- ¿Cómo es?
- ¿Con quién vive?
- ¿Qué no le gusta?
- ¿Dónde vive?
- ¿Qué le gusta?
- ¿Tiene dinero?

7 **Sociedad** En grupos, conversen sobre estas preguntas. Después, compartan sus ideas con la clase.

1. ¿Creen que se cometen más delitos (*crimes*) ahora que hace diez años? ¿Por qué?
2. ¿Son más frecuentes en pueblos pequeños o en grandes ciudades? ¿Por qué?
3. ¿Creen que la televisión y el cine son malas influencias para los jóvenes? Expliquen su respuesta.
4. ¿Cómo piensan que se puede eliminar este tipo de conducta criminal? ¿Con más justicia social? ¿Con castigos (*punishments*) más severos?

8 **Directores** En parejas, imaginen que tienen que hacer su propio (*own*) cortometraje. Contesten las preguntas y luego compartan sus respuestas con la clase.

- ¿De qué trata?
- ¿Por qué les interesa ese tema?
- ¿Quiénes son los protagonistas?
- ¿Qué género (*genre*) prefieren usar (comedia, drama, suspenso, etc.)? ¿Por qué?

9 **¿Y tú?** En parejas, elijan una de las situaciones y escriban un diálogo. Cuando terminen, represéntenlo delante de la clase.

A

Necesitan mucho dinero y están desesperados porque no saben dónde conseguirlo. ¿Qué hacen? ¿Por qué? ¿Con quién hablan?

B

Su mejor amigo/a les pidió mucho dinero el mes pasado; les dijo que se lo iba a devolver en dos días. No se lo ha devuelto todavía y saben que está comprando muchas cosas inútiles.

Practice more at vhlcentral.com.

Reading

IMAGINA

México es un país muy rico por su geografía, sus tradiciones, sus recursos y su gente. Sólo en este país se concentra más de la quinta parte de la población mundial de hispanohablantes. Sus habitantes pertenecen a numerosos grupos étnicos, entre los que hay más de sesenta pueblos indígenas autóctonos[1]. Su territorio abarca[2] áridos desiertos, densas selvas tropicales y extensas cordilleras[3]. Para el turista, México ofrece atractivos y modernos balnearios[4] en **Acapulco**, **Mazatlán**, **Cabo San Lucas** y **Cancún**; reconocidos sitios arqueológicos, como los de **Chichén Itzá**, **Teotihuacán** y **Palenque**, donde se conservan las ruinas de civilizaciones prehispánicas como los mayas y los aztecas; y grandes ciudades cuya riqueza cultural y artística se refleja[5] en su arquitectura colonial y moderna. Algunas fiestas tradicionales, como el **Día de los muertos**, han trascendido fronteras y ahora se festejan también en los Estados Unidos.

MÉXICO

Templo de Kukulcán, en Chichén Itzá

Ciudad de México: el corazón de México

La **Ciudad de México**, o **México, D.F.** (Distrito Federal), es el centro cultural, gubernamental[6] y comercial de México. Con casi nueve millones de habitantes, es una de las ciudades más pobladas del mundo. El carácter contemporáneo de Ciudad de México se entrelaza[7] día a día con las profundas tradiciones prehispánicas que conservan sus habitantes. La variedad de atractivos que ofrece es innumerable: desde la **Alameda Central**, antiguo parque que ha sido centro de actividades culturales y recreativas desde la época de los aztecas, hasta **Polanco**, una de las zonas de tiendas y restaurantes más elegantes de la ciudad.

Catedral Metropolitana en el Zócalo de Ciudad de México

El corazón de la Ciudad de México es la **Plaza de la Constitución**, más conocida como el **Zócalo**. Esta plaza es el punto de encuentro de diversas manifestaciones artísticas[8] y de movimientos sociales. A su alrededor se encuentran varias de las instituciones más importantes del país. En un costado[9] del Zócalo está el **Palacio Nacional**, donde el presidente mexicano tiene sus oficinas y donde **Diego Rivera** pintó algunos de sus famosos murales sobre la historia de México. En otro costado de la plaza se encuentra la **Catedral Metropolitana**, cuya construcción fue ordenada por el conquistador español **Hernán Cortés** en el siglo XVI.

Signos vitales

Con más de 122 millones de habitantes, **México** es el primer país en población del mundo hispanohablante. Sin embargo, el 6% de los mexicanos mayores de cinco años también hablan alguna lengua indígena, de las 94 que existen en el territorio. Las más habladas son el náhuatl y el maya.

[1] native [2] covers [3] mountain ranges [4] resorts [5] is reflected [6] governmental
[7] intertwines itself [8] **manifestaciones**... artistic expressions [9] side

¡Conozcamos el D.F.!

Bosque de Chapultepec Es el parque más extenso de la **Ciudad de México**, con un área de más de seis kilómetros cuadrados. En **Chapultepec** se encuentran algunos de los mejores museos de la ciudad, incluyendo el **Museo Nacional de Antropología**,

el **Museo de Arte Moderno** y el **Museo Rufino Tamayo**. La riqueza artística también se puede apreciar al aire libre gracias a la fascinante arquitectura, escultura y, por supuesto, naturaleza del bosque.

Tianguis Ya desde la época de los aztecas se organizaban los llamados **tianguis**, mercados tradicionales al aire libre. Allí se vendían e intercambiaban toda clase de productos, desde comida y animales, hasta canastas[1] y tapetes[2]. Hoy los tianguis se pueden ver por toda la ciudad.

Paseo de la Reforma Es una de las principales avenidas de la ciudad y va desde la **Alameda Central** hasta el **Bosque de Chapultepec**. Aquí encontramos, además de museos, importantes bancos y edificios históricos, así como hoteles,

almacenes y restaurantes. Cerca del corredor turístico conocido como la **Zona Rosa** se encuentra el **Monumento a la Independencia**, donde está la escultura del **Ángel de la Independencia**. Este monumento fue construido en 1910 para conmemorar el centenario de la independencia mexicana.

El Metro Es la manera más eficaz[3] y económica de moverse por toda la ciudad. Con doce líneas diferentes que cubren 226 kilómetros, aproximadamente cinco millones de personas lo utilizan todos los días.

En las horas de mayor congestión no está permitido llevar maletas o equipaje[4] por encima de cierto tamaño[5] para facilitar el movimiento de los pasajeros.

[1] baskets [2] rugs (Col.; Méx.) [3] efficient [4] baggage [5] size

El español de México

alberca	piscina; *pool*
aventarse	atreverse; *to dare*
botana(s)	aperitivos; *appetizers*
camión	autobús; *bus*
chacharear	comprar cosas pequeñas; *to shop for trinkets*
chavo/a	chico/a; *kid*
colonia	barrio; *neighborhood*
platicar	conversar; *to chat*
sale	de acuerdo; *OK*

Palabras derivadas de lenguas indígenas

guajolote	pavo; *turkey*
huaraches	sandalias; *sandals*
jorongo	poncho; *poncho*
papalote	cometa; *kite*

Expresiones y coloquialismos

¡Órale, pues!	*OK!, Let's do it!*
¡Es/Está padre/padrísimo!	¡Es/Está muy bueno!; *It's great!, It's cool!*
¿Qué onda?	¿Qué pasa?, ¿Qué tal?; *What's up?*

GALERÍA DE CREADORES

LITERATURA/PERIODISMO
Elena Poniatowska

Hija de madre mexicana y padre polaco, nació en París en 1932 y reside en México desde 1942. Escritora activa y multifacética, Elena Poniatowska es también una intelectual pública y figura política. Ha escrito para muchos periódicos y colaboró en la fundación del diario mexicano *La Jornada*. Como autora, ha escrito en casi todos los géneros: novela, cuento, poesía, ensayo, crónica y entrevista. Algunas de sus obras más conocidas son *La noche de Tlatelolco*, *Tinísima*, *La piel del cielo* y el libro *Leonora* sobre la pintora Leonora Carrington. Entre sus libros más recientes se encuentran dos antologías de cuentos titulados *Llorar en la sopa* y *Hojas de papel volando*.

PINTURA **Frida Kahlo**

Considerada la mayor representante de la pintura introspectiva mexicana del siglo XX, Frida Kahlo es conocida principalmente por sus autorretratos (*self-portraits*), en los que expresa, a menudo con dolor, los acontecimientos y emociones de su vida personal. En 1929 se casó con el pintor y muralista Diego Rivera, con quien compartía el deseo de afirmar (*assert*) su identidad mexicana por medio del arte. Aquí aparece en su obra *Autorretrato con mono*.

CINE/DRAMA Gael García Bernal

Gael García Bernal nació en 1978 en Guadalajara, México, y actualmente es una figura del cine internacional. Hijo de actores, empezó actuando en teatro y apareció en telenovelas y cortometrajes antes de triunfar con la película *Amores perros* (2000). También ha trabajado en *Y tu mamá también* (2001), *La mala educación* (2004), *Babel* (2006), *Blindness* (2008) y *Letters to Juliet* (2010). García Bernal debutó como director con la película *Déficit* (2007), en la cual también interpreta uno de los papeles (*roles*). En el año 2016 ganó el Globo de Oro en la categoría de mejor actor de serie de televisión (comedia o musical), por su papel como Rodrigo de Souza en *Mozart in the Jungle*.

PINTURA/MURALISMO Diego Rivera

Diego Rivera es uno de los pintores mexicanos más reconocidos. Sus murales y frescos relatan la historia y los problemas sociales de su país. Pintó muchas de sus composiciones en techos y paredes de edificios públicos para que la clase trabajadora también pudiera tener acceso al arte. Su obra también cuenta con acuarelas (*watercolors*) y óleos (*oil paintings*) que han sido expuestos en todo el mundo. Aquí se ve un detalle de su fresco *Cruzando la Barranca*, pintado en el Palacio de Cortés, en Cuernavaca, estado de Morelos.

¿Qué aprendiste?

1 **Cierto o falso** Indica si estas afirmaciones son ciertas o falsas. Corrige las falsas.

1. En México vive más de la quinta parte de los hispanohablantes del mundo.
2. En Chichén Itzá, Teotihuacán y Palenque se conservan los restos de edificios coloniales.
3. Elena Poniatowska es una escritora mexicana que nació en Francia.
4. La Alameda Central es una catedral de la época azteca.
5. El Paseo de la Reforma es un mercado tradicional al aire libre medio azteca y medio maya.
6. Diego Rivera se preocupó por los problemas sociales de su país, pero no los retrató en su obra.

2 **Preguntas** Contesta las preguntas.

1. ¿Qué expresa Frida Kahlo en sus autorretratos?
2. ¿Cuáles son las dos lenguas indígenas más habladas en México?
3. ¿Qué son los tianguis?
4. ¿En qué edificio público a un costado del Zócalo se pueden ver murales de Diego Rivera? ¿Quién trabaja allí?
5. ¿Qué hizo Gael García Bernal por primera vez en la película *Déficit*?
6. ¿Qué artista de la Galería te interesa más? ¿Por qué?

3 **Confusión** En parejas, busquen los lugares que no corresponden con la descripción y comenten lo que se puede hacer en ellos, según la lectura.

Lugar turístico	Descripción
El Zócalo	Avenida principal del D.F.
Paseo de la Reforma	Balneario
Acapulco	Tiendas y restaurantes
Palacio Nacional	Sede presidencial
Chichén Itzá	Parque más grande de la capital
Polanco	Sitio arqueológico
Bosque de Chapultepec	Corazón de la Ciudad de México

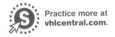
Practice more at
vhlcentral.com.

PROYECTO

Un viaje a México

Imagina que vas a hacer un viaje a México. Investiga toda la información que necesites en Internet. Después, prepara tu viaje según los siguientes puntos:

• Selecciona los lugares que quieres visitar y recopila fotos.

• Dibuja un mapa para mostrar tu itinerario.

• Presenta tu plan de viaje a tus compañeros/as de clase. Explícales por qué escogiste los lugares adonde vas a ir.

El metro del D.F.

Ya has leído sobre Ciudad de México, una de las ciudades más grandes del mundo. Ahora mira este episodio de **Flash Cultura** para descubrir una de las mayores obras de ingeniería civil de toda Hispanoamérica: el metro del D.F.

Vocabulario

concurridos *crowded*
las exposiciones *exhibitions*
gratuito *free*
imponente *imposing*
la red *network*
repartidas *distributed*
el transbordo *transfer*

1

Preparación ¿Has visitado alguna vez una gran ciudad? ¿Había mucho tráfico? ¿Qué medio de transporte usaste para ir de un sitio a otro?

2

Comprensión Indica si estas afirmaciones son ciertas o falsas. Después, en parejas, corrijan las falsas.

1. El metro del D.F. es rápido pero demasiado caro para la gente.

2. Sólo hay dos sistemas de metro en el mundo que lleven más viajeros que el metro del D.F.

3. El metro del D.F. empezó a funcionar en 1920.

4. La plaza más importante de Ciudad de México se llama Chapultepec.

5. El metro del D.F. también se conoce como Metrobús.

6. Todo el metro del D.F. es subterráneo.

3

Expansión En parejas, contesten estas preguntas.

- ¿Qué ciudades de Estados Unidos tienen un sistema de transporte público comparable al de Ciudad de México?

- ¿Qué ventajas tiene el transporte público sobre el transporte privado? ¿Cuáles son los principales inconvenientes?

- Millones de personas utilizan el metro del D.F. todos los días. ¿Qué pasaría si el metro dejara de funcionar de repente?

Corresponsal: Carlos López
País: México

Nos encontramos en el Bosque de Chapultepec, en pleno centro de la ciudad, y uno de los lugares más concurridos.

Algunas de las estaciones son de una sola línea y otras se llaman de transbordo, precisamente porque sirven para cambiar de trenes para ir a diferentes puntos de la ciudad.

Para la gente de pelo blanco, de edad, mayor de sesenta años, el transporte es totalmente gratuito.

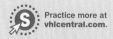

Practice more at
vhlcentral.com.

Presentation

2.1

The preterite

- Spanish has two simple tenses to indicate actions in the past: the preterite (**el pretérito**) and the imperfect (**el imperfecto**). The preterite is used to describe actions or states that began or were completed at a definite time in the past.

TALLER DE CONSULTA

These additional grammar topics are covered in the **Manual de gramática, Lección 2.**

2.4 Progressive forms, p. 386
2.5 Telling time, p. 388

The preterite of regular *–ar*, *–er*, and *–ir* verbs		
comprar	vender	abrir
compré	vendí	abrí
compraste	vendiste	abriste
compró	vendió	abrió
compramos	vendimos	abrimos
comprasteis	vendisteis	abristeis
compraron	vendieron	abrieron

- The preterite tense of regular verbs is formed by dropping the infinitive ending (**–ar, –er, –ir**) and adding the preterite endings. Note that the endings of regular **–er** and **–ir** verbs are identical in the preterite tense.

- The preterite of all regular and some irregular verbs requires a written accent on the endings in the **yo, usted, él**, and **ella** forms.

Ayer **empecé** un nuevo trabajo.	Mi mamá **preparó** una cena deliciosa.
Yesterday I started a new job.	*My mom prepared a delicious dinner.*

- Verbs that end in **–car, –gar**, and **–zar** have a spelling change in the **yo** form of the preterite. All other forms are regular.

buscar	busc–	–qu–	yo busqué
llegar	lleg–	–gu–	yo llegué
empezar	empez–	–c–	yo empecé

- **Caer, creer, leer,** and **oír** change **–i–** to **–y–** in the **usted, él,** and **ella** forms and in the **ustedes, ellos,** and **ellas** forms of the preterite. They also require a written accent on the **–i–** in all other forms.

caer	caí, caíste, cayó, caímos, caísteis, cayeron
creer	creí, creíste, creyó, creímos, creísteis, creyeron
leer	leí, leíste, leyó, leímos, leísteis, leyeron
oír	oí, oíste, oyó, oímos, oísteis, oyeron

- Verbs with infinitives ending in **–uir** change **–i–** to **–y–** in the **usted, él,** and **ella** forms and in the **ustedes, ellos,** and **ellas** forms of the preterite.

construir	construí, construiste, construyó, construimos, construisteis, construyeron
incluir	incluí, incluiste, incluyó, incluimos, incluisteis, incluyeron

- Stem-changing **–ir** verbs also have a stem change in the **usted, él,** and **ella** forms and in the **ustedes, ellos,** and **ellas** forms of the preterite.

Preterite of –ir stem-changing verbs

pedir		dormir	
pedí	pedimos	dormí	dormimos
pediste	pedisteis	dormiste	dormisteis
pidió	pidieron	durmió	durmieron

- Stem-changing **–ar** and **–er** verbs do not have a stem change in the preterite.

- A number of verbs, most of them **–er** and **–ir** verbs, have irregular preterite stems. Note that none of these verbs takes a written accent on the preterite endings.

—*Nunca **tuve** oportunidad de despedirme de él.*

Preterite of irregular verbs

infinitive	u-stem	preterite forms
andar	anduv–	anduve, anduviste, anduvo, anduvimos, anduvisteis, anduvieron
estar	estuv–	estuve, estuviste, estuvo, estuvimos, estuvisteis, estuvieron
poder	pud–	pude, pudiste, pudo, pudimos, pudisteis, pudieron
poner	pus–	puse, pusiste, puso, pusimos, pusisteis, pusieron
saber	sup–	supe, supiste, supo, supimos, supisteis, supieron
tener	tuv–	tuve, tuviste, tuvo, tuvimos, tuvisteis, tuvieron

infinitive	i-stem	preterite forms
hacer	hic–	hice, hiciste, hizo, hicimos, hicisteis, hicieron
querer	quis–	quise, quisiste, quiso, quisimos, quisisteis, quisieron
venir	vin–	vine, viniste, vino, vinimos, vinisteis, vinieron

infinitive	j-stem	preterite forms
conducir	conduj–	conduje, condujiste, condujo, condujimos, condujisteis, condujeron
decir	dij–	dije, dijiste, dijo, dijimos, dijisteis, dijeron
traer	traj–	traje, trajiste, trajo, trajimos, trajisteis, trajeron

- Note that not only does the stem of **decir (dij–)** end in **j**, but the stem vowel **e** changes to **i**. In the **usted, él,** and **ella** form of **hacer (hizo)**, **c** changes to **z** to maintain the pronunciation. Most verbs that end in **–cir** have **j**-stems in the preterite.

Other **–ir** stem-changing verbs include:

conseguir	repetir
consentir	seguir
hervir	sentir
morir	servir
preferir	

Ser, **ir**, and **dar** also have irregular preterites. The preterite forms of **ser** and **ir** are identical. Note that the preterite forms of **ver** are regular. However, unlike other regular preterites, they do not take a written accent.

ser/ir
*fui, fuiste, fue,
fuimos, fuisteis, fueron*

dar
*di, diste, dio,
dimos, disteis, dieron*

ver
*vi, viste, vio,
vimos, visteis, vieron*

The preterite of **hay** is **hubo**.

**Hubo dos conciertos
el viernes.**
*There were two concerts
on Friday.*

Note that the third person plural ending of **j**-stem preterites drops the **i**: **dijeron, trajeron.**

Práctica

1

Acapulco Escribe la forma correcta del pretérito de los verbos indicados.

1. El sábado pasado, mis compañeros de apartamento y yo _____ (ir) a Acapulco.

2. (Nosotros) _____ (quedarse) en un edificio muy alto y bonito.

3. En la playa, yo _____ (leer) un libro y Carlos _____ (tomar) el sol.

4. Mariela y Felisa _____ (caminar) mucho por la ciudad.

5. Una señora les _____ (indicar) el camino para ir a un restaurante muy conocido.

6. Por la noche, todos nosotros _____ (cenar) en el restaurante.

Playa de Acapulco

7. Después, en la discoteca, Carlos y Mariela _____ (bailar) toda la noche.

8. Y yo _____ (ver) a unos amigos de Monterrey. ¡Qué casualidad!

9. (Yo) _____ (hablar) con ellos un ratito.

10. Y (nosotros) _____ (llegar) al hotel a las tres de la mañana. ¡Qué tarde!

2

¿Qué hicieron? Combina elementos de cada columna para narrar lo que hicieron estas personas.

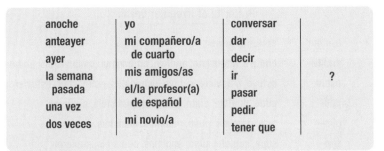

anoche	yo	conversar
anteayer	mi compañero/a de cuarto	dar
ayer		decir
la semana pasada	mis amigos/as	ir	?
	el/la profesor(a) de español	pasar
una vez		pedir
dos veces	mi novio/a	tener que

3

La última vez En parejas, indiquen cuándo hicieron por última vez estas cosas. Incluyan detalles en sus respuestas.

Modelo   **llorar viendo una película**

—La última vez que lloré viendo una película fue en 2010. La película fue *Biutiful*.
—Bueno, ¡yo lloré mucho viendo *Adiós mamá...*!

1. hacer diligencias
2. decir una mentira
3. olvidar algo importante
4. perderse en una ciudad
5. indicar el camino
6. oír una buena/mala noticia
7. hablar con un(a) desconocido/a
8. estar enfadado con un(a) amigo/a
9. ver tres programas de televisión seguidos
10. comer en un restaurante

Practice more at
vhlcentral.com.

Comunicación

4 **La semana pasada** Pasea por el salón de clase y haz preguntas a tus compañeros/as para averiguar qué hicieron la semana pasada. Anota el nombre de la primera persona que conteste que sí a las preguntas.

> **Modelo** **ir al cine**
> —¿Fuiste al cine la semana pasada?
> —Sí, fui al cine y vi una película muy buena./No, no fui al cine.

Actividades	Nombre
1. asistir a un partido de fútbol	_____
2. conducir tu carro a la universidad	_____
3. dar un consejo (*advice*) a un(a) amigo/a	_____
4. dormirse en clase o en el laboratorio	_____
5. estudiar toda la noche para un examen	_____
6. hablar con un policía	_____
7. hacer una tarea dos veces	_____
8. ir al centro comercial	_____
9. perder algo importante	_____
10. tomar un autobús	_____
11. viajar en transporte público	_____
12. visitar un museo	_____

5 **La ciudad** En parejas, túrnense para hablar de la última vez que visitaron una ciudad que no conocían.

> **Modelo** —¿Y qué hiciste en Taxco?
> —Pues muchas cosas… Visité la Iglesia de Santa Prisca, una de las más bellas de México, disfruté de la arquitectura colonial, anduve y anduve, tomé miles de fotos…

- ¿Adónde fuiste?
- ¿Por qué fuiste?
- ¿Quién planeó el viaje?
- ¿Cuándo fue?
- ¿Cuánto tiempo te quedaste?
- ¿Qué hiciste allí?
- ¿Quiénes fueron y quiénes no pudieron ir?
- ¿Te gustó? ¿Por qué?

6 **¿Qué haces para divertirte?**

A. Haz una lista de diez actividades divertidas que hiciste el mes pasado.

B. En parejas, túrnense para preguntarse qué hicieron y averigüen si hicieron lo mismo.

C. Describan a la clase lo que hizo su compañero/a.

D. Luego, la clase decide quién es el/la más activo/a.

Presentation

2.2

The imperfect

- The imperfect tense in Spanish is used to narrate past events without focusing on their beginning, end, or completion.

—*Mi hijo* **era** *tímido y de pocas palabras como usted.*

- The imperfect tense of regular verbs is formed by dropping the infinitive ending (**–ar, –er, –ir**) and adding personal endings. **–Ar** verbs take the endings **–aba, –abas, –aba, –ábamos, –abais, –aban. –Er** and **–ir** verbs take **–ía, –ías, –ía, –íamos, –íais, –ían**.

The imperfect of regular *–ar*, *–er*, and *–ir* verbs		
caminar	deber	abrir
caminaba	debía	abría
caminabas	debías	abrías
caminaba	debía	abría
caminábamos	debíamos	abríamos
caminabais	debíais	abríais
caminaban	debían	abrían

- **Ir, ser,** and **ver** are the only verbs that are irregular in the imperfect.

The imperfect of irregular verbs		
ir	ser	ver
iba	era	veía
ibas	eras	veías
iba	era	veía
íbamos	éramos	veíamos
ibais	erais	veíais
iban	eran	veían

- The imperfect tense indicates how things were or what was happening at certain time in the past.

> Cuando yo **era** joven, **vivía** en una ciudad muy grande. Todas las semanas, mis padres y yo **visitábamos** a mis abuelos.
> *When I was young, I lived in a big city. Every week, my parents and I visited my grandparents.*

TALLER DE CONSULTA

To express past actions in progress, the imperfect or the past progressive may be used. See **Manual de gramática 2.4, p. 386.**

¿Qué hacías ayer cuando llamé?
What were you doing yesterday when I called?
Estaba estudiando.
I was studying.

- The imperfect of **haber** is **había**. There is no plural form.

  Había tres cajeros en el supermercado.
  There were three cashiers in the supermarket.

  Sólo **había** un mesero en el café.
  There was only one waiter in the café.

- These words and expressions, among others, are often used with the imperfect because they express habitual or repeated actions without reference to their beginning or end: **de niño/a** (*as a child*), **todos los días** (*every day*), **mientras** (*while*).

  De niño, vivía en un suburbio de la Ciudad de México.
  As a child, I lived in a suburb of Mexico City.

  Todos los días visitaba a mis primos en un pueblo cercano.
  Every day I visited my cousins in a nearby village.

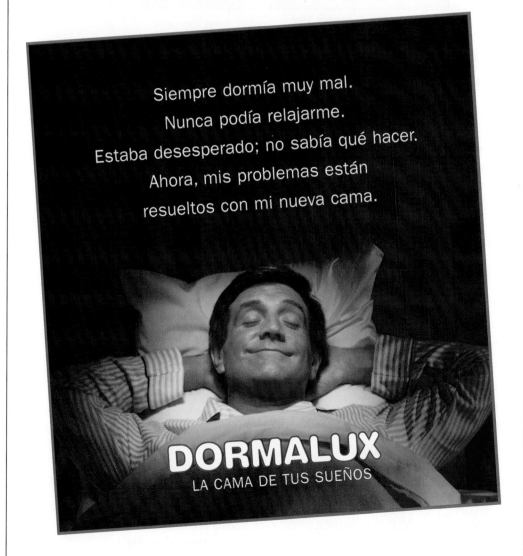

Siempre dormía muy mal.

Nunca podía relajarme.

Estaba desesperado; no sabía qué hacer.

Ahora, mis problemas están

resueltos con mi nueva cama.

DORMALUX
LA CAMA DE TUS SUEÑOS

Práctica

El Palacio de Cortés, Cuernavaca, México

1

Cuernavaca Escribe la forma correcta del imperfecto de los verbos indicados.

Cuando yo (1) _____ (tener) veinte años, estuve en México por seis meses. (2) _____ (vivir) en Cuernavaca, una ciudad cerca de la capital. (3) _____ (ser) estudiante en un programa de español para extranjeros. Entre semana mis amigos y yo (4) _____ (estudiar) español por las mañanas. Por las tardes, (5) _____ (visitar) los lugares más interesantes de la ciudad para conocerla mejor. Los fines de semana, nosotros (6) _____ (ir) de excursión. (Nosotros) (7) _____ (visitar) ciudades y pueblos nuevos. ¡Los paisajes (8) _____ (ser) maravillosos!

2

Antes En parejas, túrnense para hacerse preguntas usando estas frases.

> **Modelo** **tomar el metro**
> —¿Tomas el metro?
> —Ahora sí, pero antes nunca lo tomaba./Ahora no, pero antes siempre lo tomaba.

1. ir a las discotecas
2. tomar vacaciones
3. ir de compras al centro comercial
4. hacer diligencias los fines de semana
5. trabajar por las tardes
6. preocuparse por el futuro

3

Rutinas En parejas, un(a) compañero/a comienza la narración de alguna rutina que hacía en el pasado. El/La otro/a tiene que adivinar (*to guess*) cómo termina.

> **Modelo** —Mi madre me daba dinero y me llevaba al centro comercial.
> —Tú comprabas ropa y discos. Luego, tu madre te recogía y regresaban a casa.

Practice more at vhlcentral.com.

Comunicación

4

¿Y ustedes?

A. Pregunta a varios compañeros si hacían estas cosas cuando eran niños/as. Escribe el nombre de la primera persona que conteste afirmativamente cada pregunta.

Modelo   **ir mucho al cine**
—¿Ibas mucho al cine?
—Sí, iba mucho al cine.

¿Qué hacían?	Nombre
1. tener miedo de los monstruos y fantasmas de los cuentos	_____
2. llorar todo el tiempo	_____
3. siempre hacer su cama	_____
4. ser muy travieso/a (*mischievous*)	_____
5. romper los juguetes (*toys*)	_____
6. darles muchos regalos a sus padres	_____
7. comer muchos dulces	_____
8. pasear en bicicleta	_____
9. correr en el parque	_____
10. beber limonada	_____

B. Ahora, comparte con la clase los resultados de tu búsqueda.

5

Antes y ahora En parejas, comparen cómo ha cambiado este lugar en los últimos años. ¿Cómo era antes? ¿Cómo es ahora?

Antes

Ahora

6

Entrevista Trabajen en parejas. Uno/a de ustedes es una persona famosa y el/la otro/a es un(a) reportero/a que la entrevista para saber cómo era su vida de niño/a. Después, informen a la clase sobre la celebridad. Sean creativos.

Modelo   De niña, Salma Hayek viajaba todos los veranos al sureste de México. Le gustaba ir a las tiendas en el centro de Mérida...

 Presentation

2.3 The preterite vs. the imperfect

- Although the preterite and imperfect both express past actions or states, the two tenses have different uses. They are not interchangeable.

Uses of the preterite

- To express actions or states viewed by the speaker as completed.

  Viviste en ese barrio el año pasado.
  You lived in that neighborhood last year.

  Mis amigas **fueron** al centro comercial ayer.
  My girlfriends went to the mall yesterday.

- To express the beginning or end of a past action.

  La telenovela **empezó** a las ocho.
  The soap opera began at eight o'clock.

  Estas dos noticias **se difundieron** la semana pasada.
  These two news items were broadcast last week.

—Mi hijo **murió** en un choque.

- To narrate a series of past actions.

  Salí de casa, **crucé** la calle y **entré** en el edificio.
  I left the house, crossed the street, and entered the building.

  Llegó al centro, le **dieron** indicaciones y **se fue**.
  He arrived at the center, they gave him directions, and he left.

Uses of the imperfect

- To describe an ongoing past action without reference to beginning or end.

  No se podía parar delante de la comisaría.
  Stopping in front of the police station was not permitted.

  Juan **tomaba** el transporte público frecuentemente.
  Juan frequently took public transportation.

- To express habitual past actions.

  Me gustaba jugar al fútbol los domingos.
  I used to like to play soccer on Sundays.

  Solían hacer las diligencias los fines de semana.
  They used to run errands on weekends.

—El otro conductor **iba** borracho.

- To describe mental, physical, and emotional states or conditions.

  Estaba muy nerviosa antes de la entrevista.
  She was very nervous before the interview.

- To tell time.

  Eran las ocho y media de la mañana.
  It was eight thirty a.m.

TALLER DE CONSULTA

To review telling time, see
Manual de gramática 2.5,
p. 388.

The preterite and imperfect used together

- When narrating in the past, the imperfect describes *what was happening*, while the preterite describes the action that *interrupted* the ongoing activity. The imperfect provides background information, while the preterite indicates specific events that advance the plot.

> Mientras **estudiaba, sonó** la alarma contra incendios. Me **levanté** de un salto y **miré** el reloj. **Eran** las 11:30 de la noche. **Salí** corriendo de mi cuarto. En el pasillo **había** más estudiantes. La alarma **seguía** sonando. **Bajamos** las escaleras y, al llegar a la calle, me **di** cuenta de que **hacía** un poco de frío. No **tenía** un suéter. De repente, la alarma **dejó** de sonar. No **había** ningún incendio.

> *While I was studying, the fire alarm went off. I jumped up and looked at the clock. It was 11:30 p.m. I ran out of my room. In the hall there were more students. The alarm continued to blare. We rushed down the stairs and, when we got to the street, I realized that it was a little cold. I didn't have a sweater. Suddenly, the alarm stopped. There was no fire.*

Different meanings in the imperfect and preterite

- The verbs **querer**, **poder**, **saber**, and **conocer** have different meanings when they are used in the preterite. Notice also the meanings of **no querer** and **no poder** in the preterite.

infinitive	imperfect	preterite
querer	**Quería** acompañarte. *I **wanted** to go with you.*	**Quise** acompañarte. *I **tried** to go with you (but failed).*
		No quise acompañarte. *I **refused** to go with you.*
poder	Ana **podía** hacerlo. *Ana **could** do it.*	Ana **pudo** hacerlo. *Ana **succeeded** in doing it.*
		Ana **no pudo** hacerlo. *Ana **could not** (and did not) do it.*
saber	Ernesto **sabía** la verdad. *Ernesto **knew** the truth.*	Por fin Ernesto **supo** la verdad. *Ernesto finally **discovered** the truth.*
conocer	Yo ya **conocía** a Andrés. *I already **knew** Andrés.*	Yo **conocí** a Andrés en la fiesta. *I **met** Andrés at the party.*
	María y Andrés **se conocían.** *María and Andrés **knew** each other.*	María y Andrés **se conocieron** en Acapulco. *María and Andrés **met** in Acapulco.*

¡ATENCIÓN!

Here are some transitional words useful for clarity when narrating past events.

primero *first*
al principio *in the beginning*
antes (de) *before*
después (de) *after*
mientras *while*
entonces *then*
luego *then, next*
siempre *always*
al final *finally*
la última vez *the last time*

¡ATENCIÓN!

Saber and **conocer** are not usually interchangeable. **Saber** means *to know* (facts, information, or how to do something), while **conocer** means *to know* or *to be familiar/acquainted with* (a person, place, or thing).

Some contexts, however, lend themselves to either verb.

La policía sabía/conocía el paradero del sospechoso.

The police knew of the suspect's whereabouts.

Práctica

1 El centro Elena y Catalina prometieron llevar a su amigo Daniel a una entrevista de trabajo. Completa las oraciones con el imperfecto o el pretérito de estos verbos.

conducir	desayunar	llamar
construir	estar	llegar
cruzar	haber	salir
dar	leer	ser
decir	levantarse	ver

Eran las ocho cuando Catalina y Elena (1) _____ para ir al centro. Elena (2) _____ cuando Daniel la (3) _____ para decir que estaba listo. Le (4) _____ otra vez que la cita (5) _____ a las diez y media. Ellas (6) _____ a las nueve y media. Todavía era temprano y (7) _____ tiempo. Elena (8) _____ mientras Catalina (9) _____ las indicaciones para llegar. Había mucho tráfico cuando (10) _____ el puente. No (11) _____ el edificio de oficinas porque (12) _____ perdidas. (13) _____ muchas vueltas y por fin (14) _____. Ya eran las once menos cuarto. ¡Pero no (15) _____ nadie allí!

2 Interrupciones Combina palabras y frases de cada columna para contar lo que hicieron las siguientes personas. Usa el pretérito y el imperfecto.

Modelo Ustedes miraban la tele cuando el médico llamó.

yo	dormir	usted	~~llamar por teléfono~~
tú	comer	~~el médico~~	salir
Marta y Miguel	escuchar música	c u a n d o	la policía	sonar
nosotros	~~mirar la tele~~	el/la profesor(a)	recibir el correo electrónico
Pablo	conducir	los amigos	ver el accidente
~~ustedes~~	ir a...	Shakira	
		la alarma	

3 Las fechas importantes

A. Escribe cuatro fechas importantes en tu vida y explica qué pasó.

Fecha	¿Qué pasó?	¿Con quién estabas?	¿Dónde estabas?	¿Qué tiempo hacía?
Modelo				
el 6 de agosto de 2017	Conocí a Dave Navarro.	Estaba con un amigo.	Estábamos en el gimnasio Vida.	Llovía mucho.

B. Intercambia tu información con tres compañeros/as. Ellos te van a hacer preguntas para conocer más detalles sobre lo que te pasó.

Practice more at vhlcentral.com.

Comunicación

4

La mañana de Esperanza

A. En parejas, observen los dibujos. Escriban lo que le pasó a Esperanza después de abrir la puerta de su casa. ¿Cómo fue su mañana? Utilicen el pretérito y el imperfecto en la narración.

1.

2.

3.

4.

B. Con dos parejas más, túrnense para presentar las historias que han escrito. Después, combinen sus historias para hacer una nueva.

5

Crónicas En grupos de tres, pongan estos fragmentos de oraciones en una secuencia lógica. Después, completen las oraciones y añadan otras para crear una historia. Usen el pretérito y el imperfecto.

1. Con frecuencia, mis amigos/as …
2. El sábado pasado, …
3. Regularmente, en la plaza de …
4. Anoche, un conductor …
5. Generalmente, los pasajeros …
6. Ayer en la ciudad …

6

Cambios En parejas, díganse en qué ciudad crecieron. Luego, describan los cambios actuales en esa ciudad y cómo se vivía antes. Por último, en pocas palabras, presenten a la clase la descripción de su compañero/a.

> **Modelo** Hace cinco años, construyeron un nuevo rascacielos.
> Antes, podíamos ver las montañas desde nuestro jardín.

Síntesis

La ciudad es mía

Esta mañana abrí la ventana de la habitación. Hacía calor. En un instante decidí no leer el periódico, es más, decidí no ir al trabajo. Salí a la calle sin desayunar y, sin dudar, me subí al primer autobús que paró. Había muchos asientos libres, elegí uno sin prisa y me senté.

El autobús avanzaba° y yo observaba escenas cotidianas. Estuve en el autobús un buen rato° y después bajé. Crucé la calle, empecé a caminar y llegué a una plaza inmensa. Había mucha gente. Hombres y mujeres de todas las edades iban y venían en todas direcciones. Me perdí entre la multitud. Estaba contento. Me gusta vagabundear° sin destino° por la ciudad. En una esquina me paré y tomé otra decisión.

Mientras caminaba, seguí a un grupo de jóvenes. Pensé que ellos iban a algún lugar interesante. ¡Y así fue! Yo no solía seguir a la gente, pero hoy era diferente; quería improvisar.

Empezaba a llover, pero las calles no estaban vacías. Yo quise terminar el día con un paseo bajo la lluvia, pero no pude. Algo inesperado° sucedió°. ■

was moving forward

a while

roam/destination

unexpected/ happened

1 🔗 **Preguntas** Contesta las preguntas.

1. ¿Qué decisiones tomó el protagonista ("P") de la historia?

2. ¿Qué transporte público tomó?

3. ¿A quién siguió? ¿Por qué?

2 👥 **Detalles** En parejas, inventen las respuestas para completar el día de P por las calles de la Ciudad de México. Utilicen la imaginación y su conocimiento de esta ciudad.

1. ¿A qué plaza llegó P? ¿Qué había? ¿Cómo era?

2. ¿Adónde fueron los jóvenes? ¿Qué hicieron? ¿Qué hizo P?

3. ¿Cómo fue el día de P? ¿Lo pasó bien? ¿Por qué?

3 👥 **Algo inesperado** P no pudo contarnos qué sucedió mientras regresaba a casa bajo la lluvia. En grupos de tres, inventen un final posible y después compártanlo con la clase.

Preparación

Vocabulario de la lectura

acostumbrar *to do as a custom/habit*
la costumbre *custom; habit*
el cuidado *care*
decidido/a *determined*
difundir (noticias) *to spread (news)*
el/la habitante *inhabitant*
el matriarcado *matriarchy*
el mito *myth*
permitir *to allow*

Vocabulario útil

el bienestar *well-being*
la característica *characteristic*
conservar *to preserve*
cooperar *to cooperate*
la influencia *influence*
justo/a *just, fair*
significar *to mean*

1

Vocabulario Completa cada oración con la palabra más adecuada.

1. Me caí dando una vuelta en bicicleta. Iba rápido y no tuve suficiente _____.
   a. cuidado   b. influencia   c. bienestar
2. La ley no _____ doblar cuando hay peatones en la esquina.
   a. significa   b. permite   c. coopera
3. Trata de relajarte un poco cada día. Tienes que pensar en tu _____ mental.
   a. bienestar   b. costumbre   c. mito
4. Supe del accidente porque _____ las imágenes en la televisión.
   a. significaron   b. acostumbraron   c. difundieron
5. Cada barrio es diferente y _____ sus tradiciones independientes.
   a. conserva   b. coopera   c. significa

2

Las mujeres de tu vida Contesta las preguntas y explica tus respuestas. También puedes añadir anécdotas y detalles.

1. ¿Qué mujeres ocupan un papel importante en tu vida personal?
2. ¿Qué mujeres tienen papeles importantes en tu comunidad?
3. ¿A qué mujer famosa admiras?
4. ¿Qué cualidades admiras más en la personalidad de una mujer? ¿Y en la de un hombre? ¿Son las mismas?

3

Hombres y mujeres En parejas, hagan dos listas: una con cinco cosas que creen que tienen en común los hombres y las mujeres; y otra con cinco cosas en las que son diferentes. Después, compartan sus listas con la clase. ¿Pueden llegar a alguna conclusión?

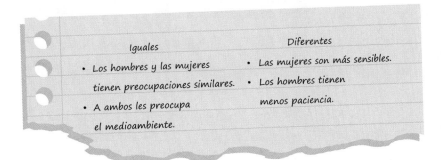

Iguales	Diferentes
• Los hombres y las mujeres tienen preocupaciones similares.	• Las mujeres son más sensibles.
• A ambos les preocupa el medioambiente.	• Los hombres tienen menos paciencia.

Juchitán:
La ciudad de las
mujeres

▶ **Cultura en pantalla**

Visita **vhlcentral.com** y conoce a **Las mujeres triquis de Oaxaca** y su rol en la sociedad actual.

CULTURA

Audio: Reading

mainly

ancient

habitantes de Juchitán
vestidos
carry themselves

poise
confidence

agricultural workers / fishermen / craftsmen

handle

Famosa por sus mujeres, fuertes y decididas, Juchitán es una ciudad mexicana mayoritariamente° indígena cuyos mitos y costumbres se resisten a la influencia del exterior.

Está en una zona de México llamada istmo de Tehuantepec, en el sur del estado de Oaxaca, muy cerca de la frontera con Guatemala. Sus habitantes son en su mayoría de la etnia zapoteca y, hasta hoy, todavía hablan su lengua ancestral°, el zapoteco.

Muchos afirman que en Juchitán existe un matriarcado por la presencia tan trascendental que las mujeres tienen en la economía y la sociedad en general. Además, ellas son las que toman las decisiones importantes en la familia; por ejemplo, si un hombre quiere comprar algo o salir a divertirse, tiene que pedirle dinero a la mujer de la casa.

Las mujeres juchitecas° son extrovertidas y acostumbran llevar trajes° de colores brillantes; además, se desenvuelven° con dignidad y siempre son directas al hablar. Aun las mujeres de mayor edad se visten con garbo°, confianza° y sin la intención de esconder su edad, porque ser "viejo" no tiene una connotación negativa en su cultura.

La estructura social de esta comunidad está claramente dividida. Los hombres trabajan en el sector de la producción: son campesinos°, pescadores°, artesanos° y también son los que toman las decisiones políticas. Por su parte, las mujeres manejan° la organización doméstica, la economía familiar, el comercio y el sistema festivo.

Las fiestas son parte importante de la vida en Juchitán, ya que duran varios días

Frida y Juchitán

La pintora mexicana Frida Kahlo admiraba mucho a las mujeres juchitecas. Tenía muchos vestidos bordados (*embroidered*) en Juchitán y los llevaba a diario; en varios de sus autorretratos (*self-portraits*) se pintó con estos vestidos.

y requieren de una compleja preparación. Las mujeres son las anfitrionas° y, a la hora del baile, hay más mujeres que hombres en la pista° bailando al ritmo de la música tradicional.

hostesses

dance floor

El mercado es un punto central en Juchitán, donde las mujeres venden los productos del campo o del mar que los hombres han traído a casa. Es también ahí donde se difunden las noticias entre todos y se arreglan asuntos° sociales y familiares.

issues are settled

> ## Las mujeres juchitecas son extrovertidas y acostumbran llevar trajes de colores brillantes.

Su capacidad económica le permite a la mujer juchiteca una gran autonomía en relación con el hombre. Ésta se refleja en una sólida autoestima°, en una presencia dominante dentro del sistema social de la comunidad y en una fuerte y aceptada autoridad en la familia.

self-esteem

Ningún hombre juchiteco se siente mal porque el sistema económico está dirigido por las mujeres. Aquí —al contrario del modelo occidental— las prioridades son la alimentación°, el cuidado de niños y ancianos°, y los banquetes colectivos. Nadie se queda con hambre en Juchitán. ¿Cuántas ciudades pueden decir esto en el llamado "mundo desarrollado°"? ■

comida

elderly people

developed

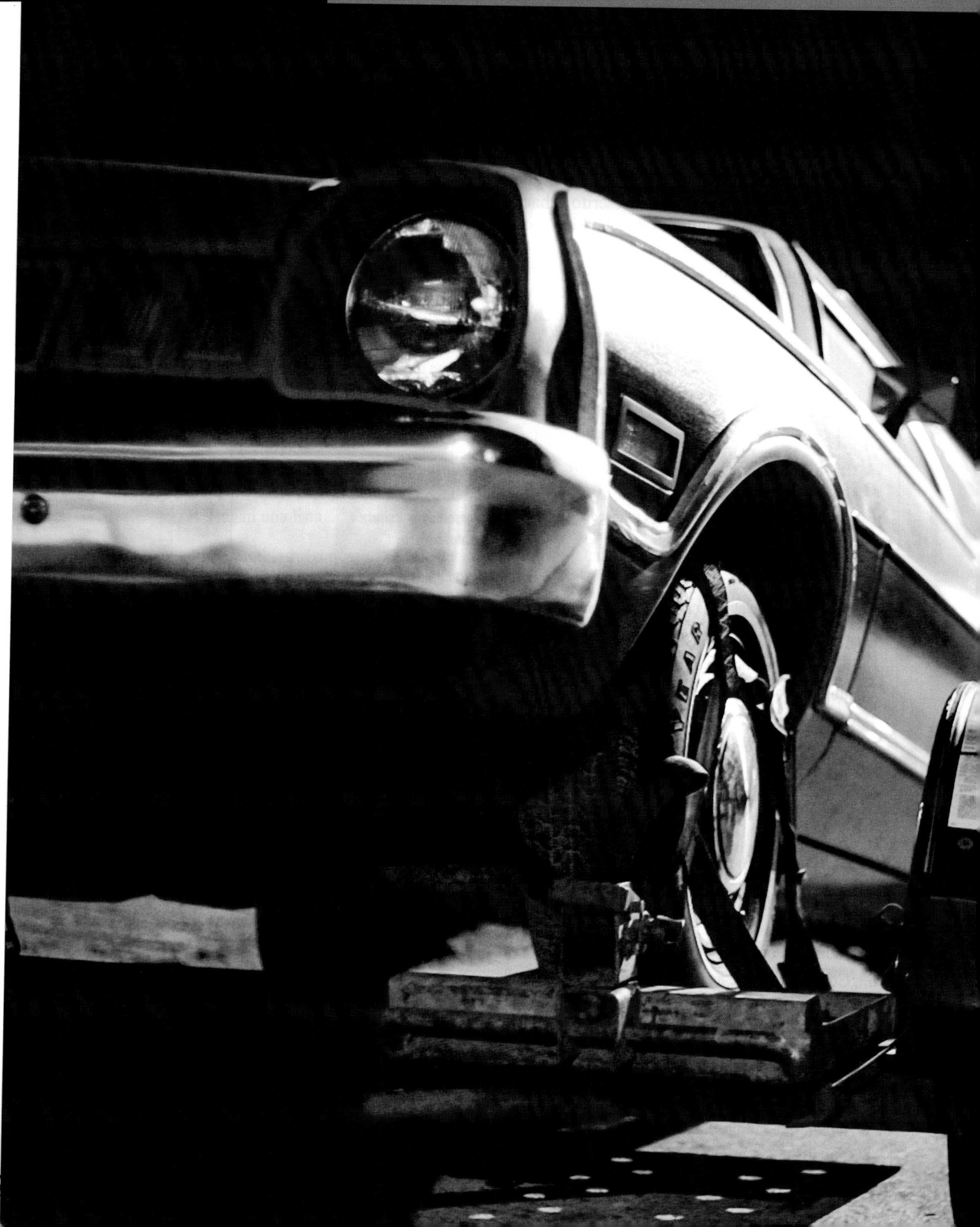

Una lucha muy personal

Mercè Sarrias

Depósito de la grúa°. Es un garaje inmenso. Hay una valla° que impide la salida de los coches y un mostrador grande, con un cristal grueso donde hay algunos anuncios y un cartel donde se indica que no se puede fumar. Una persiana, que en estos momentos está arriba, permite abrir y cerrar el servicio de mostrador. Es donde los "damnificados°" rellenan los papeles y pagan para recuperar su vehículo. Es domingo. Tras el mostrador, Sonia, una mujer rubia, teñida, alrededor de los cuarenta, mira impasible hacia delante. Está ausente. Entra Marta, también de cuarenta años, vestida elegantemente. Camina poco a poco con un zapato manchado de barro en la mano. Marta atraviesa todo el espacio y se dirige al mostrador. Coloca el zapato ante Sonia. Está furiosa. Sonia no se inmuta°. Se miran.

tow truck / gate

victims

no se inmuta
does not flinch

MARTA   Vengo a buscar el coche.

SONIA   ¿Quiere hacer el favor de dejar el zapato en el suelo?

Marta *no lo hace.*

MARTA   Me he caído. En las obras. Hay un agujero de más de un metro. Hace dos meses que hay un agujero de más de un metro. He retrocedido para ver mejor el vacío° que había dejado el coche y he caído. *(Levanta el zapato lleno de barro.)* Ciento veinticinco euros.

empty space

SONIA   No debería comprar zapatos tan caros. *(Le da unos papeles.)* Son ciento cincuenta euros.

Marta *firma los papeles y se queda mirando a **Sonia**.*

MARTA   No tengo el dinero.

Sonia recoge los papeles.

MARTA   No lo tendré hasta final de mes.

25   SONIA   Si deja el coche aquí hasta final de mes, le costará un ojo de la cara°. Tendrá que vender todos sus zapatos.

un ojo de la cara
an arm and a leg

MARTA   ¿Por qué es tan idiota?

*Suena un timbre. **Sonia** baja la persiana del mostrador.*

MARTA   ¿Pero qué hace?

30   SONIA   (*Tras la persiana.*) He acabado el turno°. Ahora vendrá mi compañero y discute con él.

shift

MARTA   ¿Pero dónde está?

SONIA   No lo sé. Siempre llega tarde. (*Pausa.*) ¿Se puede saber por qué siempre aparca el coche en el mismo sitio si sabe que está prohibido?

35   MARTA   Se equivoca. No está prohibido. Es la señal la que está mal puesta. Está desplazada hacia un lado porque hay un árbol que impide que esté en el sitio correcto, pero donde realmente no se puede aparcar es más a la derecha. ¿Lo entiende?

SONIA   Lo que no entiendo es cómo se ha dejado llevar el coche seis veces en un mes.

40

MARTA   Es cuestión de principios.

SONIA   Póngase el zapato, cogerá frío.

***Marta** se emociona, casi llora. **Sonia** la oye.*

SONIA   ¿Pero qué hace?

45   MARTA   Nada. Nada. No hago nada.

***Marta** coge el zapato del mostrador y se lo pone. **Sonia** sale de detrás del mostrador. Lleva el bolso, una bolsa y una mesa de camping con dos sillas plegables°. La abre, coloca las sillas y de dentro de la bolsa saca una botella de vino y dos copas. **Marta** la mira sorprendida. **Sonia** se sienta en una silla y*
50 *le hace una señal con la cabeza para que se siente en la otra. **Marta** lo hace. **Sonia** abre la botella sin prisas y sirve el vino. Saca un paquete de cigarrillos y le ofrece tabaco a **Marta**, que lo rechaza. Se enciende un cigarrillo, que fuma lentamente, mientras bebe. Es un momento de relax después del trabajo. **Marta** también bebe. Silencio.*

folding

55   SONIA   ¿Mejor?

***Marta** mueve afirmativamente la cabeza.*

MARTA   ¿Dejará que me lleve el coche?

SONIA   No puedo. No está permitido. Las normas° son las normas.

rules

MARTA   Pero…

| 60 | SONIA | No hay nada que hacer. |

Silencio.

	SONIA	Podemos tratar de conseguir el dinero.
	MARTA	¿Nosotras?
	SONIA	Vamos a ver. ¿Tiene familia?
65	MARTA	(*Incómoda.*) Tengo una hija. Tiene quince años.
	SONIA	¿Tendrá un padre?
	MARTA	No, en este sentido, no lo tiene.
	SONIA	¿Y ella, unos ahorros?
	MARTA	¿Pretende que le coja el dinero a mi hija?
70	SONIA	Oh, alguna solución tendremos que encontrar.

Entra el substituto de **Sonia.** *Es un hombre largo y delgado que lleva un mono° de trabajo y el periódico bajo el brazo. Saluda con la cabeza.*

coveralls

	SONIA	Tarde.
75	HOMBRE	Hoy prácticamente no hay servicio.
	MARTA	Entonces, ¿por qué han cogido mi coche?
	HOMBRE	Porque estaba provocando.

El hombre *desaparece tras el mostrador, abre un poco la persiana y coge el periódico y se pone a leer.*

| 80 | MARTA | Cabrones. |
| | SONIA | Debería mostrar signos de arrepentimiento°. |

remorse

	MARTA	Hablaré con mi hija.
	SONIA	Así me gusta.
	MARTA	Quiere que le compre una moto.
85	SONIA	Vamos mal.
	MARTA	¿Lo ve?
	SONIA	Sí, lo veo. ¿Más vino?
	MARTA	Y su padre le ha dicho que le compraba.
	SONIA	Cabrón.
90	MARTA	¿Lo ve?

Marta *se bebe el vino de golpe. Las dos se quedan en silencio. Se hace oscuro lentamente.* **Sonia** *se duerme.* **Marta,** *quieta, despierta. Se va.*

Sobre el oscuro total, se oye de golpe un coche que arranca a toda velocidad y una valla que se rompe. Y una risa.

| 95 | SONIA | (*Chillando°.*) ¡Eh! ■ |

shouting

Análisis
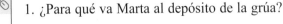

1 Comprensión Contesta las preguntas.

1. ¿Para qué va Marta al depósito de la grúa?

2. ¿Quién es Sonia?

3. ¿Por qué Marta lleva un zapato en la mano?

4. ¿Por qué se conocían antes Marta y Sonia?

5. ¿Por qué Marta no le paga a Sonia para llevarse su auto?

6. ¿Qué sucede al final de la obra de teatro?

2 Interpretar En parejas, contesten las preguntas.

1. Sonia está tranquila y Marta está furiosa, ¿por qué?

2. ¿Por qué crees que Marta estaciona junto a la señal, sabiendo que se pueden llevar su auto?

3. ¿Qué opinión crees que tiene Sonia de Marta? ¿Y Marta de Sonia?

4. ¿Piensas que Sonia debía permitir a Marta irse en el coche sin pagar? ¿Por qué?

5. ¿A qué se refiere el hombre cuando le dice a Marta que "estaba provocando"?

3 "Es cuestión de principios" En parejas, comenten la decisión de Marta de aparcar siempre donde la grúa se lleva el coche. Usen estas preguntas para guiar su conversación.

- ¿Qué relación tiene la decisión de Marta de aparcar siempre en ese lugar con la frase "es cuestión de principios"?

- ¿Qué crees que quería demostrar Marta?

- ¿Qué consejo le darías a Marta si fueras amiga suya?

4 La fuerza de la verdad En parejas, respondan las preguntas.

1. ¿Te identificas más con Sonia o con Marta? ¿Por qué?

2. ¿Qué hubieras hecho tú en lugar de Marta?

3. ¿Por qué nos resistimos a aceptar situaciones injustas?

4. ¿Crees que la justicia debe ser lo más importante en cualquier situación?

5 Escribir En parejas, escriban otra escena de la obra. Marta acaba de volver a casa después de pagar la multa por quinta vez. Se lo dice a su hija. Escriban la conversación entre ambas y represéntenla ante la clase.

Plan de redacción

Escribir una obra de teatro

1 Diálogo Decidan cuál va a ser la reacción de la hija. ¿Será comprensiva?

2 Acotaciones escénicas Recuerden que las obras de teatro se escriben para ser representadas. Describan el escenario y las reacciones de los personajes.

3 Ensayo Lean el diálogo en voz alta y hagan las correcciones oportunas. Luego, ensayen la obra y represéntenla ante la clase.

 Practice more at vhlcentral.com.

En la ciudad

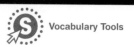 Vocabulary Tools

Lugares

las afueras *suburbs*
los alrededores *the outskirts*
el ayuntamiento *city hall*
el barrio *neighborhood*
el centro comercial *mall*
el cine *movie theater*
la ciudad *city*
la comisaría *police station*
la discoteca *dance club*
el edificio *building*
la estación (de trenes/de autobuses)
  (train/bus) station
la estación de bomberos *fire station*
la estación de policía *police station*
el estacionamiento *parking lot*
el estadio *stadium*
el metro *subway*
el museo *museum*
la parada (de metro, de autobús)
  (subway, bus) stop
la plaza *square*
el rascacielos *skyscraper*
el suburbio *suburb*
la vivienda *housing; home*

Indicaciones

la acera *sidewalk*
la avenida *avenue*
la calle *street*
la cuadra *city block*
la dirección *address*
la esquina *corner*
el letrero *sign, billboard*
el puente *bridge*
el semáforo *traffic light*
el tráfico *traffic*
el transporte público *public
  transportation*

cruzar *to cross*
doblar *to turn*
estar perdido/a *to be lost*
indicar el camino *to give directions*
parar *to stop*
preguntar el camino *to ask for directions*

Gente

el/la alcalde(sa) *mayor*
el/la ciudadano/a *citizen*
el/la conductor(a) *driver*
la gente *people*
el/la pasajero/a *passenger*
el/la peatón/peatona *pedestrian*
el policía/la mujer policía
  policeman/woman

Actividades

la vida nocturna *nightlife*

bajar *to go down; to get off (a bus)*
construir *to build*
conversar *to talk*
convivir *to live together; to coexist*
dar un paseo *to take a stroll*
dar una vuelta *to take a walk/ride*
dar una vuelta en bicicleta/carro/
  motocicleta *to take a bike/car/
  motorcycle ride*
disfrutar (de) *to enjoy*
hacer diligencias *to run errands*
pasarlo bien/mal *to have a good/bad time*
poblar *to settle; to populate*
quedar *to be located*
quedarse *to stay*
recorrer *to travel (around a city)*
relajarse *to relax*
residir *to reside*
subir *to go up; to get on (a bus)*

Para describir

atrasado/a *late, behind schedule*
cotidiano/a *everyday*
inesperado/a *unexpected*
lleno/a *full*
ruidoso/a *noisy*
vacío/a *empty*

Cortometraje

el/la cajero/a *cashier*
el choque *crash*
el/la desconocido/a *stranger*
las facciones *features*

la fila *line*

afligirse *to get upset*
parecerse *to look like*
valorar *to value*

borracho/a *drunk*
ingenuo/a *naïve*
repentino/a *sudden*

Cultura

el bienestar *well-being*
la característica *characteristic*
la costumbre *custom; habit*
el cuidado *care*
el/la habitante *inhabitant*
la influencia *influence*
el matriarcado *matriarchy*
el mito *myth*

acostumbrar *to do as a custom/habit*
conservar *to preserve*
cooperar *to cooperate*
difundir (noticias) *to spread (news)*
permitir *to allow*
significar *to mean*

decidido/a *determined*
justo/a *just, fair*

Literatura

el agujero *pothole*
el mostrador *counter*
la multa *fine*
la persiana *shutter*
el principio *principle*
la protesta *complaint*
la señal de tráfico *road sign*
el trato *treatment*

aparcar *to park*
impedir *to prevent*
indignarse *to be outraged*
rechazar *to turn down*
retroceder *to move backward*

desplazado/a *out of place*
impasible *impassively*
manchado/a *stained*
sorprendido/a *surprised*

Un mundo conectado

Los medios de comunicación tradicionales compiten hoy con las redes sociales y los blogs. La Internet brinda información e influye en la opinión pública y en nuestra interpretación de la realidad. Pero, ¿quién garantiza nuestra privacidad en un mundo donde la información está a un clic de ratón?

87

91

Destino:

EL CARIBE

CUBA

REPÚBLICA DOMINICANA
PUERTO RICO

Los medios de comunicación Vocabulary Tools

Los medios

el acontecimiento *event*
la actualidad *current events*
el anuncio *advertisement, commercial*
la censura *censorship*
Internet *Internet*
los medios (de comunicación) *media*
la parcialidad *bias*
la publicidad *advertising*
la radio *radio*
el reportaje *news report*
el sitio web *website*

la temporada *season*

enterarse (de) *to become informed (about)*
navegar en la red *to surf the web*

opinar *to express an opinion, to think*
ser parcial *to be biased*
tener buena/mala fama *to have a good/bad reputation*

---

actualizado/a *up-to-date*
destacado/a *prominent*
en directo/vivo *live*
imparcial *impartial, unbiased*
influyente *influential*

Profesionales de los medios

el/la actor/actriz *actor/actress*
el/la cantante *singer*
el/la crítico/a de cine *film critic*
el/la director(a) *director*
la estrella (de cine) *(movie) star (male or female)*
el/la fotógrafo/a *photographer*
el/la locutor(a) de radio *radio announcer*

el/la oyente *listener*
el/la periodista *journalist*
el público *audience, public*
el/la redactor(a) *editor*
el/la reportero/a *reporter*
el/la televidente *television viewer*

El cine y la televisión

la banda sonora *soundtrack*
la cadena *network*
el cine *cinema, movies*
el doblaje *dubbing*
el documental *documentary*
los efectos especiales *special effects*
el estreno *premiere, new movie*
la pantalla *screen*
la película *movie*

el programa de concursos *game show*
el programa de telerrealidad *reality show*
los subtítulos *subtitles*
la telenovela *soap opera*
la transmisión *broadcast*
el video musical *music video*

---

ensayar *to rehearse*
entretener *to entertain*
entrevistar *to interview*
grabar *to record*
rodar (o:ue) *to shoot (a movie)*
transmitir *to broadcast*

La prensa

el horóscopo *horoscope*
la libertad de prensa *freedom of the press*
las noticias locales/internacionales/nacionales *local/international/national news*
el periódico/el diario *newspaper*
la portada *front page, cover*
la prensa (sensacionalista) *(sensationalist) press*
la revista *magazine*
la sección de sociedad *lifestyle section*
la sección deportiva *sports section*
la tira cómica *comic strip*
el titular *headline*

---

investigar *to research; to investigate*
publicar *to publish*
suscribirse (a) *to subscribe (to)*

Práctica

1

Analogías Completa cada analogía con una palabra de la lista.

actualidad	destacado	imparcial	radio
censura	entretener	periodista	sitio web

1. reportero : reportaje = _____ : periódico

2. noticia internacional : informar = telenovela : _____

3. televidente : televisión = oyente : _____

4. mentiroso : sincero = parcial : _____

5. influyente : importante = _____ : prominente

6. escena : película = _____ : Internet

2

Completar Completa el texto con las palabras o expresiones de la lista.

acontecimiento	crítico de cine	mala fama	sociedad
anuncios	entrevistó	pantalla	tira cómica
cadena	estrella	sensacionalista	transmitieron

No quería perderme el (1) _____ del año y al final me lo perdí. La (2) _____
de cine asistió al estreno de su última película y una periodista la (3) _____.
Fotógrafos de buena y (4) _____ sacaban fotos para venderlas a la prensa
(5) _____. Algunos reporteros hablaban con un destacado (6) _____
para saber su opinión de la película. El público se entretenía mirando escenas en una
(7) _____ gigante. Varios canales de televisión (8) _____ el evento en directo.
Al final, no sé qué pasó. ¡Cambié de canal durante los (9) _____ y me dormí!
Mañana voy a leer la sección de (10) _____ para enterarme de lo que me perdí.

3

¿Qué opinas tú? Indica si estás de acuerdo con cada afirmación. Después, comparte tus
opiniones con un compañero/a.

	Sí	No
1. Hoy día es más fácil enterarse de lo que pasa en el mundo.	☐	☐
2. Gracias a los medios de comunicación, la gente tiene menos prejuicios que antes.	☐	☐
3. La libertad de prensa es un mito.	☐	☐
4. La publicidad sólo quiere entretener al público.	☐	☐
5. El objetivo de la prensa sensacionalista es informar.	☐	☐
6. Gracias a Internet, ahora podemos encontrar más información imparcial.	☐	☐
7. La imagen tiene mucho poder en el mundo de la comunicación.	☐	☐
8. Actualmente los reporteros son vendedores de opiniones.	☐	☐
9. Tenemos demasiada información. Es imposible asimilarla toda.	☐	☐
10. El mundo es mejor gracias a los medios de comunicación.	☐	☐

Practice more at
vhlcentral.com.

Preparación

Vocabulario del corto	
abrigarse *to wear warm clothes*	**desconsiderado/a** *inconsiderate*
calcular *to estimate*	**malcriado/a** *rude*
charlar *to chat*	**los papeles** *documents*
chato/a *sweetie*	**tibio/a** *warm*
la chompa *sweater*	

Vocabulario útil	
colgar (el teléfono) *to hang up (the phone)*	
(estar) disponible *(to be) available*	
fijarse *to pay attention*	
la guagua *child* (Bol.)	
hacer caso *to obey*	
no más *only*	
parquear *to park*	
salvar la vida *to save someone's life*	

EXPRESIONES

ahorita *right away*

¡Apure! / ¡Avance! *Move!*

borrar los contactos *to delete contacts*

¡Caramba! *Good grief!*

El mundo es de los vivos. *The world belongs to the savvy people.*

1 Emparejar Elige la palabra de la columna B que corresponde a la definición de la columna A.

A	B
_____ 1. estacionar un vehículo	a. abrigarse
_____ 2. estimar una cantidad de forma aproximada e inexacta	b. calcular
_____ 3. llevar puesta ropa cálida para protegerse del frío	c. charlar
_____ 4. mantener una conversación informal	d. chompa
_____ 5. obedecer o atender a lo que dice alguien	e. desconsiderado/a
_____ 6. poner atención en lo que se hace	f. malcriado/a
_____ 7. prenda de lana que se lleva sobre la camisa	g. tibia
_____ 8. que no tiene en cuenta a los demás	h. fijarse
_____ 9. que se comporta de manera egoísta y grosera	i. hacer caso
_____ 10. temperatura templada o intermedia	j. parquear

2 Expresiones Relaciona cada una de las situaciones con una de las **Expresiones** de la lista. Puede haber más de una expresión para casa situación.

1. Tienes mucha prisa porque tu mejor amigo ha tenido un accidente. Tomas un taxi para llegar rápido al hospital y le dices al conductor: ¡_____, por favor!

2. Estás con una amiga en el centro comercial. Ves que alguien encuentra una cartera en el suelo. La mira, la abre, saca varios billetes y se los mete en el bolsillo. Le dices a tu amiga: _____.

3. Estás organizando los números de teléfono de tu celular y de pronto cometes un gran error. Dices: ¡Oh, no! ¡No debí _____!

3

Preparación En grupos, comenten las preguntas.

1. ¿Qué harías si te encuentras en la calle algo que no te pertenece?

2. ¿Has perdido alguna vez algo valioso? ¿Conseguiste recuperarlo? ¿Cómo lo hiciste?

3. ¿Crees que debemos tratar a las personas que conocemos y a los desconocidos por igual? ¿Por qué?

4

Fotogramas Observa los fotogramas e imagina lo que va a ocurrir en el cortometraje.

1.

2.

3.

4.

5

Hacer lo correcto En parejas, comenten qué harían en cada una de estas situaciones.

1. Vas con prisa por la calle y un anciano te pide indicaciones para ir a la biblioteca.

2. Un señor te pide un dólar que, según él, le falta para comprar un billete de autobús.

3. La señora que está delante de ti en la cola del supermercado tiene que dejar la comida de su bebé porque le faltan ochenta centavos.

4. Ves a una chica distraída que va a cruzar una calle por la que viene un auto a toda velocidad.

5. Tu hermano debe lavar los platos y te pide que los laves tú porque tiene que estudiar para un examen.

6

Cada segundo cuenta En parejas, improvisen un diálogo sobre ciertas situaciones en las que sea necesario ir a contrarreloj (*race against time*) para solucionar una crisis.

1. Llegas al aeropuerto para viajar a Bolivia y te das cuenta de que no tienes el pasaporte.

2. Vas en transporte público a hacer un examen y tomas el autobús equivocado.

3. De camino a tu primera cita con tu novio/a, te das cuenta de que tu camisa está sucia.

Video

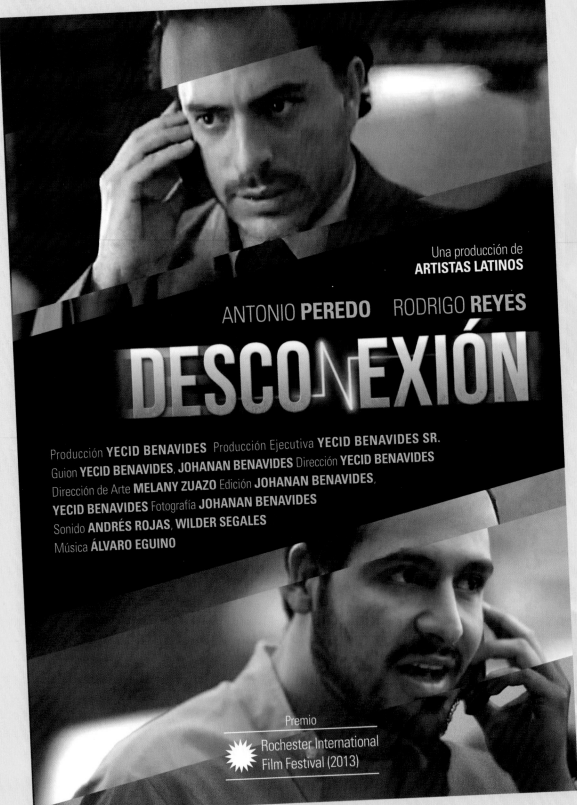

ARGUMENTO *Fóster López trata de evitar una tragedia. ¿Lo conseguirá?*

ARIEL MALDONADO Sin esa información no podemos hacer absolutamente nada. La situación es crítica.
FÓSTER LÓPEZ Lo llamo con la información necesaria.

FÓSTER LÓPEZ ¡Apure, por favor!

ARIEL MALDONADO ¿Dónde he puesto...?
(Fóster López se da cuenta de que perdió su celular.)

LUCAS ¡Apure!
(Lucas toma el taxi donde viajaba Fóster López.)

FÓSTER LÓPEZ Quédate con el celular, pero, por favor, sólo dame un número, el de Ariel Maldonado.

(Fóster López corre hacia el hospital.)

Nota CULTURAL

Los bombines de las aimaras

Los aimaras son la población indígena predominante de Bolivia. Las mujeres aimaras llevan unos sombreros en forma de hongo°. ¿Cuál es su origen? Hay varias teorías. La más extendida es que los trabajadores británicos que construyeron el ferrocarril de Bolivia a principios del siglo XX recibieron un cargamento° de sombreros desde Londres. Como eran demasiado pequeños se los regalaron a las mujeres locales. Con el tiempo, este sombrero se convirtió en un símbolo de estatus social y de sabiduría° entre los aimaras.

sombreros en forma de hongo *bowler hats*
cargamento *shipment* **sabiduría** *wisdom*

Análisis

1 **Comprensión** Contesta las oraciones.

1. ¿Quién es Ariel Maldonado?
2. ¿Por qué tiene tanta prisa Fóster López al principio del cortometraje?
3. ¿Qué evento importante cambia el curso de esta historia cuando Fóster va en taxi?
4. ¿A qué número de teléfono llama Fóster al llegar a su casa?
5. ¿Qué le pide Fóster a Lucas la segunda vez que llama?
6. ¿Por qué corre Fóster hacia el hospital después de hablar con Lucas?
7. ¿Consigue Fóster llegar a tiempo al hospital? ¿Cuáles son las consecuencias?

2 **Interpretar** En parejas, contesten las preguntas.

1. ¿En qué piensa Fóster cuando va en el taxi hacia su casa?
2. ¿Qué detalles sobre el comportamiento de Lucas te indican qué tipo de persona es?
3. ¿Por qué Lucas cuelga el teléfono cuando Fóster lo llama?
4. ¿Por qué Lucas borra todos los contactos del teléfono?
5. ¿Por qué dice Lucas que se ha comprado un celular a tres pesos?
6. ¿Por qué Fóster le dice a Lucas que se quede con el teléfono celular?
7. ¿Por qué creen que en *Desconexión* no aparece la madre del niño enfermo?
8. Mientras Fóster corre hacia el hospital, vemos que a un niño se le escapa un globo. ¿Qué significado podría tener esta escena?

3 **Ayuden a Fóster** ¿Qué alternativas creen que tenía Fóster al descubrir que perdió el celular en el taxi? Usen el imperativo y pronombres de objeto directo para decirle a Fóster cómo enviarle la información a Ariel Maldonado.

Modelo Fóster, llama al hospital y pregunta por el doctor Maldonado.

4 **Una tragedia** En grupos, comenten qué pudo haberle pasado al hijo de Fóster.

5 El mundo es de los vivos En parejas, vuelvan a ver el cortometraje e identifiquen situaciones en las que se muestran comportamientos poco éticos. Coméntenlas.

Modelo   Ellos aprovecharon que se le cayeron las naranjas a la mujer para robárselas.

6 Hacer lo correcto Algunos personajes secundarios del cortometraje hablan sobre acciones cometidas por otras personas. En parejas, escriban un diálogo a partir de una de las conversaciones. Sigan los pasos. Cuando terminen, interpreten el diálogo ante la clase.

"Cómo no pues... estás feliz, has hecho lo correcto".

"Mi vida, no hagas eso. Imagina que eso te pase a ti".

"Sí, he decidido devolvérselo, hermano".

1. Determinen con quién habla el personaje elegido.
2. Expliquen de qué conflicto están hablando.
3. Elijan, cada uno, uno de los dos personajes de la conversación.
4. Traten de convencer al otro de que su punto de vista es el correcto.

7 Diálogo En parejas, elijan una de las situaciones e improvisen un diálogo. Utilicen, por lo menos, cuatro palabras o expresiones de la lista. Después, represéntenlo delante de la clase.

¡Avance!	charlar	hacer caso
ahorita	desconsiderado	guagua
borrar los contactos	El mundo es de los vivos.	malcriado
calcular		papeles
caramba	fijarte	riesgo

A

Pierdes tu celular y llamas a tu número para recuperarlo. La persona que lo encontró dice que no va a devolverlo. Días después, reconoces en un ascensor la voz de la persona que lo tiene.

B

El mejor amigo de tu hermano quiere venderte un celular que se encontró en un taxi. Cuando te lo muestra, te das cuenta de que se trata del celular que perdiste días atrás.

Reading

IMAGINA

¡Ecos de piratas y bucaneros!

Septiembre de 1564. Unos pasos que provienen del acantilado[1] se dirigen al corazón de la ciudad amurallada[2]. Las sombras[3], apenas perceptibles en la oscuridad, se comunican sin necesidad de hablar: acaban de encontrar la casa que buscaban. Los habitantes de la gran mansión no van a entender lo que ocurre, sólo hasta darse cuenta de que alguien les está apuntando con sus armas. Los piratas han entrado de nuevo en **San Juan**.

Esta escena, que parece extraída de una novela de aventuras, era, sin embargo, la realidad para los habitantes de las islas caribeñas de la época. Desde principios del siglo XVI hasta la mitad del siglo XVIII, el **Caribe** español sufrió continuos ataques piratas. Los barcos, llenos del oro[4] y la plata[5] que se extraían de las tierras colonizadas, seguían esta ruta. Esto convirtió la zona en el principal blanco[6] de piratas, corsarios, bucaneros, filibusteros[7] y contrabandistas[8].

El **mar Caribe** era el escenario donde se desarrollaba la política internacional de la época. **España** controlaba la mayor parte de las aguas y de las tierras en el mar Caribe, conocidas como las **Indias Occidentales**, una hegemonía que países

Castillo de San Cristóbal en San Juan, Puerto Rico

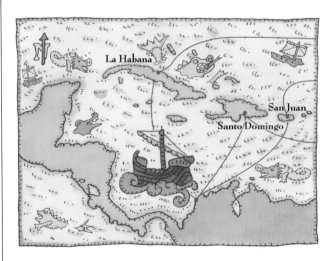

como **Francia** e **Inglaterra** querían arrebatarle[9] a toda costa. Para ello, los gobiernos de estos países financiaban ataques piratas a las ciudades y barcos españoles.

Los colonizadores españoles, con el fin de proteger las enormes riquezas en oro, plata y piedras preciosas, construyeron fuertes en todo el Caribe: en **La Habana**, en **Santo Domingo** y en **San Juan**. Estas ciudades-fortaleza[10] fueron el corazón de las Indias Occidentales por casi cuatro siglos. Sus iglesias y ayuntamientos ya llevaban más de cien años de construidos antes de que llegaran los primeros colonos ingleses a tierras norteamericanas. Sus calles vieron pasar a muchos de los aventureros, conquistadores, forajidos[11] y comerciantes de esclavos[12] que vivían en esa época.

Estas tres capitales del Caribe se cuentan entre las ciudades más antiguas del continente americano fundadas por los europeos. Los centros históricos de **La Habana Vieja**, **Ciudad Colonial** y el **Viejo San Juan** han sido declarados Patrimonio Mundial[13] de la Humanidad por la **UNESCO** por su valor cultural y arquitectónico.

[1] cliff [2] walled [3] shadows [4] gold [5] silver [6] target [7] plunderers [8] smugglers [9] snatch from it [10] fortified cities [11] outlaws [12] slave traders [13] World Heritage

EL CARIBE

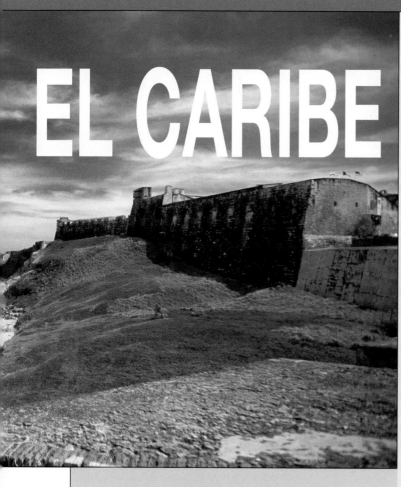

¡Visitemos las ciudades coloniales!

La Bodeguita del Medio
Cerca de la **Catedral de La Habana**, en **La Habana Vieja**, está este famoso restaurante frecuentado por turistas de todo el mundo. Es célebre por su comida cubana típica y por sus mojitos, la popular bebida de la isla. Este lugar ha recibido a personalidades como **Pablo Neruda, Gabriela Mistral, Julio Cortázar, Nat King Cole** y **Gabriel García Márquez**, entre otros. También era el sitio favorito de **Ernest Hemingway**, quien pasaba horas allí bebiendo café y conversando con sus amigos.

Mercado Modelo En plena **Ciudad Colonial** en **Santo Domingo**, este tradicional mercado es conocido por la simpatía de sus vendedores, quienes ofrecen su mercancía[1] en voz muy alta. La variedad de productos convierten al **Mercado Modelo** en una muestra viviente de la cultura dominicana. Aquí se pueden conseguir desde perfumes y flores hasta amuletos e imágenes de santos.

Calle San Sebastián El **Viejo San Juan** cobra vida[2] durante la noche como pocos lugares en **Puerto Rico**, y muestra sus encantos culturales en una combinación de música en vivo, excelentes restaurantes e innumerables sitios para bailar. La zona más famosa es la **calle San Sebastián**. Cientos de jóvenes y adultos acuden a sus tabernas y cantinas hasta altas horas de la madrugada.

La Mallorquina es el restaurante más antiguo y famoso del **Viejo San Juan**. Fue fundado en 1848 y desde 1936 funciona como negocio familiar. Desde entonces, su menú sigue contando con múltiples platos típicos de la cocina tradicional española, como la paella y el gazpacho. Este restaurante ha servido sus deliciosos platos a personalidades del mundo de las artes y la cultura como **Brooke Shields, Nick Nolte, Orson Welles** y **Marc Anthony**.

[1] *merchandise* [2] *comes to life*

El español del Caribe

ahorita	dentro de poco; *soon* (Cu., P.R., R.D.)
amarillo	plátano maduro; *ripe banana* (R.D., P.R.)
boricua	puertorriqueño/a; *Puerto Rican* (P.R.)
chavos	dinero; *money* (P.R.)
china	naranja; *orange* (P.R.)
embullar	animar; *encourage* (Cu.)
enfogonado/a	enojado/a; *angry* (P.R.)
espejuelos	gafas; *glasses* (Cu.)
guagua	autobús; *bus* (Cu., P.R., R.D.)
guapo/a	valiente; *brave* (Cu., R.D.)
guiar	manejar; *to drive* (P.R.)
halar	tirar; *to pull* (Cu.)
jaba	bolsa; *bag* (Cu.)
juaniquiqui	dinero; *money* (Cu.)
lechosa	papaya; *papaya* (R.D.)
mahones	pantalón vaquero; *jeans* (P.R.)
mata	planta; *plant* (Cu., R.D.)
¿Qué volá?	¿Qué pasa?; *What's up?* (Cu.)
radio bemba	chismoso/a; *gossipy* (Cu.)
socio/a	amigo/a; *friend, buddy* (Cu.)
timón	volante; *steering wheel* (Cu.)

GALERÍA DE CREADORES

LITERATURA Rosario Ferré

Esta reconocida puertorriqueña escribió cuentos, novelas, poemas, ensayos, biografías y artículos periodísticos. Uno de los temas centrales de sus obras es la lucha de la mujer en un mundo dominado y definido por los hombres.

Su primer libro, la colección de cuentos *Papeles de Pandora* (1976), recibió premios nacionales e internacionales. Ferré publicó obras tanto en español como en inglés. Es autora de *Maldito amor*, *La casa de la laguna*, *Las dos Venecias* y *Eccentric Neighborhoods*, entre otras obras.

PINTURA Wifredo Lam

El arte del pintor cubano Wifredo Lam es, como él, fruto de un sincretismo (*fusion*) de culturas. De padre chino y madre de descendencia europea, africana e india, Lam fue influyente en el arte del siglo XX. El arte africano y el arte primitivo fueron especialmente importantes en sus creaciones surrealistas. Trabajó varios años con Pablo Picasso en París y fue amigo de los mexicanos Frida Kahlo y Diego Rivera. Aquí vemos una pieza que se titula *Vegetación tropical*.

LITERATURA Julia de Burgos

Aunque vivió sólo 39 años, Julia de Burgos se destacó (*stood out*) como poeta ilustre no sólo en Puerto Rico, sino también en el resto de Latinoamérica. Sus poemas incluyen elementos caribeños, apasionados temas amorosos y fuertes cuestionamientos feministas. Sus obras incluyen *Poema en veinte surcos*, *Canción de la verdad sencilla* y *El mar y tú*, entre otras.

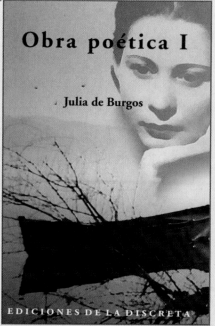

DISEÑO Y MODA Óscar de la Renta

Cuando las primeras damas de los Estados Unidos, como Nancy Reagan, Hillary Clinton y Laura Bush, necesitaban un vestido para una ocasión especial, llamaban a Óscar de la Renta. En Hollywood, actrices como Penélope Cruz, Sandra Bullock y Tina Fey visten sus creaciones. Desde los años sesenta, este diseñador dominicano ha sido una verdadera institución en el mundo de la moda. Sin embargo, aunque trabajó principalmente en su elegante estudio en Nueva York, de la Renta nunca olvidó sus orígenes. En la República Dominicana creó fundaciones para la enseñanza, la alimentación y el cuidado de niños de escasos recursos, y también participó en progamas de promoción del turismo, especialmente para la localidad de Punta Cana, lugar donde construyó su casa y donde pasaba temporadas enteras.

¿Qué aprendiste?

1

Cierto o falso Indica si estas afirmaciones son ciertas o falsas. Corrige las falsas.

1. Los piratas atacaban las ciudades y los barcos en el Caribe para robar joyas traídas de España.
2. Los gobiernos locales financiaban los ataques piratas.
3. El Caribe contaba con ciudades establecidas muchos años antes de la llegada de los ingleses a Norteamérica.
4. Óscar de la Renta creó fundaciones para ofrecer alimentación y enseñanza a niños pobres en la República Dominicana.
5. Célebres personalidades han visitado el restaurante La Bodeguita del Medio en La Habana Vieja.
6. Wifredo Lam no quiso conocer a otros artistas de su época.

2

Preguntas Contesta las preguntas.

1. ¿Qué buscaban los piratas ingleses y franceses en el Caribe?
2. ¿Qué elementos y temas se encuentran en la poesía de Julia de Burgos?
3. ¿Cuáles son las dos características que convierten al Mercado Modelo en una muestra de la cultura dominicana?
4. ¿De qué país son los platos típicos que ofrece La Mallorquina? ¿Cuáles son dos de estos platos?
5. ¿Qué artista de la Galería te interesa más? ¿Por qué?

3

Caracterizaciones Haz una lista de los personajes de la **Galería de creadores** y al frente de cada uno escribe una palabra que lo defina. Después, en parejas, intercambien definiciones y respondan estas preguntas: ¿Conocían a los personajes antes de estudiarlos en la Galería? ¿Qué aspectos destacó tu compañero/a? ¿Estás de acuerdo con él/ella? ¿Les faltó alguna otra característica para definir a algún personaje? ¿Cuál?

4

Ciudades del Caribe En grupos de tres, cada uno escoja una de las ciudades de la sección **Imagina**, hablen con sus compañeros sobre el lugar elegido e intenten convencerlos de ir. Usen estas preguntas para conversar: ¿Por qué quieren ir ahí? ¿Cuáles son sus atractivos, comodidades, ventajas? ¿Cómo imaginan ese lugar? ¿Qué esperan encontrar ahí? Después, presenten los resultados a la clase.

Practice more at vhlcentral.com.

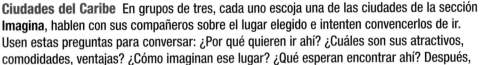

PROYECTO

Aventuras en el Caribe

Imagina que eres un(a) explorador(a) o pirata en el Caribe del siglo XVI. Investiga la información que necesites en Internet para escribir una entrada en tu diario explicando lo que sucedió durante el pasado mes.

- Inventa tu aventura y añade todos los detalles: ¿qué lugares visitaste?, ¿qué problemas tuviste?, ¿qué personas/peligros encontraste?, etc.
- Dibuja un mapa con las rutas de ese mes.
- Escribe la entrada en tu diario y preséntala a la clase.

El cine mexicano

 Video

Aunque hoy en día sólo sea una forma de entretenimiento, el cine es el primer gran medio de comunicación de masas de la historia. Este episodio de **Flash Cultura** trata sobre los orígenes del cine mexicano y sobre el gran desarrollo que ha experimentado durante los últimos años.

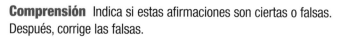
Vocabulario

el auge *boom, peak*
el ciclo *series*
difundir *to spread*
fomentar *to promote*
el guion *script*
la muestra *festival*
la sala *movie theater*
tener un papel *to play a role*

1 **Preparación** ¿Te gusta ir al cine? ¿Qué clase de películas prefieres ver? ¿Eres aficionado/a a algún género en especial?

2 **Comprensión** Indica si estas afirmaciones son ciertas o falsas. Después, corrige las falsas.

1. A los mexicanos no les gustan las películas nacionales, sino solamente las norteamericanas.

2. La Cineteca es una cadena de cines con salas en todo el país.

3. Cuando van al cine, los mexicanos comen palomitas.

4. En los ciclos, se presentan películas de un solo tema o un solo director.

5. El Instituto Mexicano de Cinematografía tiene como objetivo hacer famosos a los actores mexicanos.

6. En el año 1989, el cine mexicano no tenía salas ni público en México.

3 **Expansión** En parejas, contesten estas preguntas.

• ¿Te molesta tener que leer subtítulos en la pantalla cuando miras películas extranjeras?

• ¿Te sorprende que una película pueda ser un "hijo creativo", como dice la actriz Vanesa Bauche? Justifica tu respuesta.

• ¿Es importante para el cine de un país tener identidad propia? ¿Cómo se logra eso? Piensen en películas estadounidenses que cumplan con esas características y hagan una lista.

Corresponsal: Carlos López
País: México

En la Muestra Internacional de Cine que se lleva a cabo° en otoño se presentan películas de todo el mundo.

La Cineteca cuenta con° el Centro de Documentación e Investigación, donde puedes encontrar nueve mil libros, cinco mil guiones inéditos° y veinte años de notas de prensa.

Babel (2006)
dir. Alejandro Gonzáles Iñárritu

Las películas de este país se han vuelto realmente importantes gracias al trabajo de… actores y actrices como Salma Hayek, Gael García Bernal y Diego Luna, entre muchos otros.

se lleva a cabo *takes place* **cuenta con** *has* **guiones inéditos** *unpublished scripts*

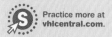
Practice more at vhlcentral.com.

 Presentation

3.1

The subjunctive in noun clauses

Forms of the present subjunctive

- The subjunctive (**el subjuntivo**) is used mainly in the subordinate clause of multiple-clause sentences to express will, influence, emotion, doubt, or denial. The present subjunctive is formed by dropping the **–o** from the **yo** form of the present indicative and adding these endings:

The present subjunctive		
hablar	**comer**	**escribir**
hable	coma	escriba
hables	comas	escribas
hable	coma	escriba
hablemos	comamos	escribamos
habléis	comáis	escribáis
hablen	coman	escriban

- Verbs with irregular **yo** forms show that same irregularity in all forms of the present subjunctive.

conocer	conozca	seguir	siga
decir	diga	tener	tenga
hacer	haga	traer	traiga
oír	oiga	venir	venga
poner	ponga	ver	vea

- Verbs with stem changes in the present indicative show the same changes in the present subjunctive. Stem-changing **–ir** verbs also undergo a stem change in the **nosotros/as** and **vosotros/as** forms of the present subjunctive.

pensar (e:ie)	piense, pienses, piense, pensemos, penséis, piensen
jugar (u:ue)	juegue, juegues, juegue, juguemos, juguéis, jueguen
mostrar (o:ue)	muestre, muestres, muestre, mostremos, mostréis, muestren
entender (e:ie)	entienda, entiendas, entienda, entendamos, entendáis, entiendan
resolver (o:ue)	resuelva, resuelvas, resuelva, resolvamos, resolváis, resuelvan
pedir (e:i/i)	pida, pidas, pida, pidamos, pidáis, pidan
sentir (e:ie/i)	sienta, sientas, sienta, sintamos, sintáis, sientan
dormir (o:ue/u)	duerma, duermas, duerma, durmamos, durmáis, duerman

- The following five verbs are irregular in the present subjunctive.

dar	dé, des, dé, demos, deis, den
estar	esté, estés, esté, estemos, estéis, estén
ir	vaya, vayas, vaya, vayamos, vayáis, vayan
saber	sepa, sepas, sepa, sepamos, sepáis, sepan
ser	sea, seas, sea, seamos, seáis, sean

¡ATENCIÓN!

The *indicative* is used to express actions, states, or facts the speaker considers to be certain. The *subjunctive* expresses the speaker's attitude toward events, as well as actions or states that the speaker views as uncertain.

¡ATENCIÓN!

Verbs that end in **–car, –gar,** and **–zar** undergo spelling changes in the present subjunctive.

sacar: saque
jugar: juegue
almorzar: almuerce

Verbs of will and influence

- A clause is a sequence of words that contains both a conjugated verb and a subject (expressed or implied). In a subordinate (dependent) noun clause (**oración subordinada sustantiva**), the words in the sequence function together as a noun.

*El médico le pide a Fóster **que se apure**.*

- When the subject of a sentence's main (independent) clause exerts influence or will on the subject of the subordinate clause, the verb in the subordinate clause takes the subjunctive.

MAIN CLAUSE	CONNECTOR	SUBORDINATE CLAUSE
Yo quiero	**que**	**tú** vayas **al cine conmigo.**

Verbs and expressions of will and influence

aconsejar *to advise*	**hacer** *to make*	**prohibir** *to prohibit*
desear *to desire, to wish*	**importar** *to be important*	**proponer** *to propose*
es importante *it's important*	**insistir (en)** *to insist (on)*	**querer (e:ie)** *to want; to wish*
es necesario *it's necessary*	**mandar** *to order*	**recomendar (e:ie)** *to recommend*
es urgente *it's urgent*	**necesitar** *to need*	**rogar (o:ue)** *to beg; to plead*
exigir *to demand*	**oponerse a** *to oppose; to object to*	**sugerir (e:ie/i)** *to suggest*
gustar *to like; to be pleasing*	**pedir (e:i/i)** *to ask for; to request*	
	preferir (e:ie/i) *to prefer*	

¡ATENCIÓN!

Pedir is used with the subjunctive to ask someone to do something.

Preguntar is used to ask questions, and is not followed by the subjunctive.

No te pido que lo hagas ahora.
I'm not asking you to do it now.

No te pregunto si lo haces ahora.
I'm not asking you if you're doing it now.

Martín quiere que **grabemos** este anuncio para el viernes.
Martín wants us to record this ad by Friday.

Es necesario que **lleguen** al estreno antes de la una.
It's necessary that they arrive at the premiere before one o'clock.

El abogado recomienda que **lea** el contrato antes de firmar.
The lawyer recommends that I read the contract before signing.

Tus padres se oponen a que **salgas** tan tarde por la noche.
Your parents object to your going out so late at night.

- The infinitive, not the subjunctive, is used with verbs and expressions of will and influence if there is no change of subject in the sentence. The **que** is unnecessary in this case.

Infinitive	**Subjunctive**
Quiero ir al Caribe en enero.	**Prefiero que vayas en marzo.**
I want to go to the Caribbean in January.	*I prefer that you go in March.*

Verbs of emotion

- When the main clause expresses an emotion like hope, fear, joy, pity, or surprise, the verb in the subordinate clause must be in the subjunctive if its subject is different from that of the main clause.

Espero que la película **tenga** subtítulos.
I hope the movie will have subtitles.

Es una lástima que no **puedas** ir a la fiesta.
It's a shame you can't go to the party.

Verbs and expressions of emotion

alegrarse (de) *to be happy (about)*	**es terrible** *it's terrible*	**molestar** *to bother*
es bueno *it's good*	**es una lástima** *it's a shame*	**sentir (e:ie/i)** *to be sorry; to regret*
es extraño *it's strange*	**es una pena** *it's a pity*	**sorprender** *to surprise*
es malo *it's bad*	**esperar** *to hope; to wish*	**temer** *to fear*
es mejor *it's better*	**gustar** *to like; to be pleasing*	**tener (e:ie) miedo (de)** *to be afraid (of)*
es ridículo *it's ridiculous*		

- The infinitive, not the subjunctive, is used with verbs and expressions of emotion if there is no change of subject in the sentence. The **que** is unnecessary in this case.

Infinitive	Subjunctive
No me gusta llegar **tarde.**	**Me molesta que la clase no** termine **a tiempo.**
I don't like to arrive late.	*It bothers me that the class doesn't end on time.*

Verbs of doubt or denial

- When the main clause implies doubt, uncertainty, or denial, the verb in the subordinate clause must be in the subjunctive if its subject is different from that of the main clause.

No creo que ella nos **quiera** engañar.
I don't think that she wants to deceive us.

Dudan que la novela **tenga** éxito.
They doubt that the novel will be successful.

Verbs and expressions of doubt and denial

dudar *to doubt*	**negar (e:ie)** *to deny*
es imposible *it's impossible*	**no creer** *not to believe*
es improbable *it's improbable*	**no es evidente** *it's not evident*
es poco cierto/seguro *it's uncertain*	**no es cierto/seguro** *it's not certain*
(no) es posible *it's (not) possible*	**no es verdad** *it's not true*
(no) es probable *it's (not) probable*	**no estar seguro (de)** *not to be sure (of)*

- The infinitive, not the subjunctive, is used with verbs and expressions of doubt or denial if there is no change in the subject of the sentence. The **que** is unnecessary in this case.

Es imposible **rodar** sin los permisos.
It's impossible to shoot the movie without the permits.

Es improbable que **rueden** sin los permisos.
It's unlikely that they'll shoot the movie without the permits.

¡ATENCIÓN!

The subjunctive is also used with expressions of emotion that begin with **¡Qué...** (*What a...!/ It's so...!*)

¡Qué pena que él no vaya!
What a shame he's not going!

¡ATENCIÓN!

The expression **ojalá** (*I hope; I wish*) is always followed by the subjunctive. The use of **que** with **ojalá** is optional.

Ojalá (que) no llueva.
I hope it doesn't rain.

Ojalá (que) no te enfermes.
I hope you don't get sick.

The subjunctive is also used after **quizás** and **tal vez** (*maybe, perhaps*) when they signal uncertainty.

Quizás vengan a la fiesta.
Maybe they'll come to the party.

Práctica

Nota
CULTURAL

Aunque el **merengue** se baila en la **República Dominicana** desde mediados del siglo XIX, su origen es, aún hoy día, un enigma. Según una de las muchas explicaciones que existen, el merengue deriva de la **upa**, ritmo cubano con una parte llamada precisamente "merengue". De lo que no hay duda es de sus raíces africanas y de su legendaria unión con la cultura dominicana. Actualmente, el merengue es muy popular en muchos países y **Juan Luis Guerra** es uno de sus máximos representantes.

1 **Seleccionar** Escoge el infinitivo, el indicativo o el subjuntivo para completar las oraciones.

1. Me gusta (escuchar / escuche) merengue y salsa.

2. Quiero que me (compras / compres) un DVD de Juan Luis Guerra.

3. Es una pena que no (hay / haya) más conciertos de merengue en nuestra ciudad.

4. No dudo que en el futuro (van / vayan) a tocar merengue en las discotecas locales.

5. Espero que mis amigos y yo (viajamos / viajemos) a Santo Domingo este verano.

2 **Terco** Usa el subjuntivo o el indicativo para completar el diálogo.

DIRECTOR Mira, yo sé que (1) _____ (estar) muy ocupado, pero es muy importante que mañana (2) _____ (ir) al estreno de la película.

VICENTE Ya te he dicho que no quiero que (3) _____ (insistir). Prefiero que me (4) _____ (desear) un buen viaje. Me voy este fin de semana a Santo Domingo.

DIRECTOR Pero Vicente, necesitamos que (5) _____ (hablar) con los periodistas y que (6) _____ (saludar) al público.

VICENTE No creo que los periodistas (7) _____ (querer) entrevistarme.

DIRECTOR Pues sí. Ellos desean que tú (8) _____ (ser) más cooperativo.

VICENTE Honestamente, me molesta que nosotros (9) _____ (seguir) hablando de esto. ¡Adiós!

3 **Opuestas** Escribe la oración que expresa lo opuesto en cada ocasión.

Modelo **Es poco seguro que este actor sepa actuar bien.**
Es seguro que este actor sabe actuar bien.

1. El director cree que los periodistas van a hablar con el presidente.

2. Niegas que el director les dé buenas instrucciones a sus actores.

3. Estamos seguros de que la mayoría del público lee la noticia.

4. Es verdad que la banda sonora es de los años ochenta.

5. No es evidente que esa actriz escuche música en español.

Practice more at vhlcentral.com.

Comunicación

4

Juan Pablo enamorado Juan Pablo está enamorado de Maricarmen y para impresionarla quiere convertirse en su hombre ideal. Usa las palabras y expresiones de la lista para darle consejos.

Modelo Es importante que te peines bien.

aconsejar	es mejor	recomendar
es importante	es necesario	rogar
es malo	insistir en	sugerir

Juan Pablo antes   Juan Pablo después

5

¡Despedido! En parejas, usen las frases para improvisar una conversación en la que un(a) actor/actriz de televisión es despedido/a (*fired*) por el/la director(a) del programa. Usen el indicativo y el subjuntivo.

Modelo ¿No es extraño que los televidentes estén pidiendo otro actor para ese papel?

creo que	los anuncios
es extraño	el canal
es necesario	los chismes
es verdad	el comportamiento (*behavior*)
espero que	los críticos
necesito que	la escena
te ruego que	los televidentes

6
¿Cómo son? ¿Qué hacen? En parejas, usen el subjuntivo para inventar e intercambiar descripciones de estas personas.

Modelo La estrella de cine es tacaña.
Dudo que gaste mucho dinero. Prefiere que sus amigos le compren todo.

1. La actriz es antipática.
2. El periodista es muy generoso.
3. El cantante es extraño.
4. La crítica de cine es insegura.

7

Opiniones En parejas, combinen las expresiones de las columnas para formar opiniones. Luego, improvisen tres conversaciones breves basadas en las oraciones.

Modelo —No creo que los futbolistas lean sólo la sección deportiva. Seguramente también leen las noticias locales.

—No estoy de acuerdo. Es imposible que tengan tiempo para leer las noticias porque pasan mucho tiempo jugando al fútbol.

Creo		los medios de comunicación publican la verdad.
No creo		los futbolistas lean sólo la crónica deportiva.
Dudo		ese actor vive en una casa elegante.
No dudo	que	se graben muchas telenovelas en México.
No es cierto		se transmiten telenovelas españolas.
Es evidente		la televisión sea entretenida (*entertaining*).
Es imposible		hay censura en los medios de comunicación.
Me opongo a		los videos musicales se rueden en el extranjero.

8

Hermanas Leticia es una cantante famosa y su hermana Mercedes quiere seguir sus pasos como artista. En parejas, lean el correo electrónico de Mercedes. Luego, escriban la respuesta de Leticia, usando el subjuntivo con los verbos y expresiones que acaban de aprender.

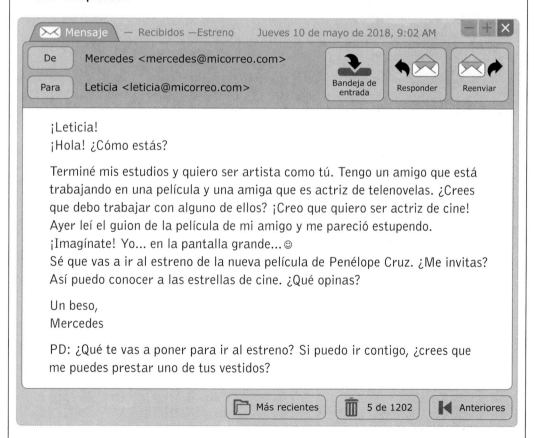

✉ Mensaje — Recibidos —Estreno   Jueves 10 de mayo de 2018, 9:02 AM

De   Mercedes <mercedes@micorreo.com>

Para   Leticia <leticia@micorreo.com>

Bandeja de entrada   Responder   Reenviar

¡Leticia!
¡Hola! ¿Cómo estás?

Terminé mis estudios y quiero ser artista como tú. Tengo un amigo que está trabajando en una película y una amiga que es actriz de telenovelas. ¿Crees que debo trabajar con alguno de ellos? ¡Creo que quiero ser actriz de cine! Ayer leí el guion de la película de mi amigo y me pareció estupendo. ¡Imagínate! Yo... en la pantalla grande... ☺
Sé que vas a ir al estreno de la nueva película de Penélope Cruz. ¿Me invitas? Así puedo conocer a las estrellas de cine. ¿Qué opinas?

Un beso,
Mercedes

PD: ¿Qué te vas a poner para ir al estreno? Si puedo ir contigo, ¿crees que me puedes prestar uno de tus vestidos?

📁 Más recientes   🗑 5 de 1202   ⏮ Anteriores

 Presentation

3.2

Object pronouns

- Pronouns are words that take the place of nouns. Direct object pronouns directly receive the action of the verb. Indirect object pronouns identify *to whom* or *for whom* an action is done.

*Juan **le** da el dinero.*

Indirect object pronouns		Direct object pronouns	
me	nos	me	nos
te	os	te	os
le	les	lo/la	los/las

Position of object pronouns

- Direct and indirect object pronouns (**los pronombres de complemento directo e indirecto**) precede the conjugated verb.

Indirect object

Carla siempre **me** da boletos para el cine.
Carla always gives me movie tickets.

No **le** guardé la sección deportiva.
I didn't save the sports section for him.

Direct object

Ella **los** consigue gratis.
She gets them for free.

Nunca **la** quiere leer.
He never wants to read it.

- When the verb is an infinitive construction, object pronouns may be either attached to the infinitive or placed before the conjugated verb.

Indirect object

Debes pedir**le** el dinero de la apuesta.
Le debes pedir el dinero de la apuesta.

Tienes que presentar**me** a los actores.
Me tienes que presentar a los actores.

Direct object

Voy a hacer**lo** enseguida.
Lo voy a hacer enseguida.

Vamos a rodar**la** en Kenia.
La vamos a rodar en Kenia.

- When the verb is in the progressive, object pronouns may be either attached to the present participle or placed before the conjugated verb.

Indirect object

Está mandándo**les** el guion.
Les está mandando el guion.

Direct object

Estuvimos buscándo**las** por todos lados.
Las estuvimos buscando por todos lados.

¡ATENCIÓN!

Lo is also used to refer to an abstract thing or idea that has no gender.

Lo pensé.
I thought about it.

TALLER DE CONSULTA

For a detailed review of the neuter **lo**, see **Manual de gramática, 5.5, p. 398.**

Double object pronouns

- The indirect object pronoun precedes the direct object pronoun when they are used together in a sentence.

  Me mandaron los boletos **por correo.** 〉 **Me los mandaron por correo.**

  Te exijo una respuesta **ahora mismo.** 〉 **Te la exijo ahora mismo.**

- **Le** and **les** change to **se** when they are used with **lo, la, los,** or **las.**

  Le damos las revistas **a Ricardo.** 〉 **Se las damos.**

  Les enseña el periódico **a las reporteras.** 〉 **Se lo enseña.**

Prepositional pronouns

Prepositional pronouns			
mí *me, myself*	**él** *him, it*	**nosotros/as** *us, ourselves*	**ellos** *them*
ti *you, yourself*	**ella** *her, it*	**vosotros/as** *you, yourselves*	**ellas** *them*
Ud. *you, yourself*	**sí** *himself, herself, itself*	**Uds.** *you, yourselves*	**sí** *themselves*

- Prepositional pronouns function as the objects of prepositions. Except for **mí, ti,** and **sí,** they are identical to their corresponding subject pronouns.

  ¿Qué opinas de **ella**?   ¿Lo compraron para **mí** o para Javier?

  Ay, mi amor, sólo pienso en **ti**.   Lo compramos para **él**.

- **A** + [*prepositional pronoun*] is often used for clarity or emphasis.

  ¿Te gusta aquel actor?   ¿Se lo dieron a Héctor o a Verónica?

  ¡**A mí** me fascina!   Se lo dieron **a ella**.

- The pronoun **sí** (*himself, herself, itself, themselves*) is the prepositional pronoun used to refer back to the same third person subject. In this case, the adjective **mismo/a(s)** is usually added for clarification.

  José se lo regaló a **él**.   José se lo regaló a **sí mismo**.
  José gave it to him (someone else).   *José gave it to himself.*

- When **mí, ti,** and **sí** are used with **con,** they become **conmigo, contigo,** and **consigo.**

  ¿Quieres ir **conmigo** al museo?
  Do you want to go to the museum with me?

  Laura y Salvador siempre traen sus computadoras portátiles **consigo**.
  Laura and Salvador always bring their laptops with them.

- These prepositions are used with **tú** and **yo** instead of **mí** and **ti: entre, excepto, incluso, menos, salvo, según.**

  Todos están de acuerdo **menos tú** y **yo**.

¡ATENCIÓN!

When object pronouns are attached to infinitives, participles, or commands, a written accent is often required to maintain proper word stress.

Infinitive
cantármela

Present participle
escribiéndole

Command
acompáñeme

For more information on using object pronouns with commands, see **3.3, p. 107**.

TALLER DE CONSULTA

See **Manual de gramática, 3.4, p. 390** and **3.5, p. 392** for information on possessive and demonstrative pronouns.

Práctica

Nota
CULTURAL

Chayanne

Su verdadero nombre es **Elmer Figueroa Arce**. Es un cantante, bailarín y actor puertorriqueño. A los once años, se integró a un grupo llamado **Los Chicos**, popular en la década de 1980. En 1984, inició su carrera como cantante solista y luego también como actor de cine y TV. **Chayanne** está casado y tiene dos hijos. En 2014 lanzó el álbum *En todo estaré* y en diciembre de 2015 fue homenajeado con una estrella en el Hall de la Fama de Puerto Rico.

1 **Dos amigas** Berta y Susi están hablando del cantante Chayanne. Selecciona las personas de la lista que corresponden a los pronombres subrayados (*underlined*).

a Chayanne	a Claudia	a mí
a Chayanne y a la muchacha	a la muchacha	a nosotras
		a ti

BERTA Como (1) <u>te</u> digo. (2) <u>Lo</u> vi caminando por la calle junto a una muchacha.

SUSI ¿De verdad? ¿(3) <u>Los</u> viste tomados de la mano?

BERTA No. Creo que él sólo (4) <u>la</u> estaba ayudando a cargar algunas bolsas de la tienda.

SUSI ¿Será su esposa?

BERTA No creo. Iban juntos pero casi no hablaban. (5) <u>Me</u> parece que no son ni novios.

SUSI Y tú, ¿qué hiciste? ¿No (6) <u>le</u> dijiste que (7) <u>nos</u> parece el hombre más guapo del planeta y que (8) <u>lo</u> amamos?

BERTA No pude hacer nada, estaba paralizada por la emoción.

SUSI Voy a llamar a Claudia inmediatamente. ¡(9) <u>Le</u> tengo que contar todo!

1. _____
2. _____
3. _____
4. _____
5. _____
6. _____
7. _____
8. _____
9. _____

2 **Un concierto** Reescribe las oraciones cambiando las palabras subrayadas por pronombres de complemento directo e indirecto.

1. Tienes que tratar amablemente <u>a los policías</u>.

2. No pueden contratar <u>al grupo musical</u> sin permiso.

3. Hay que poner <u>la música</u> a volumen moderado.

4. Tienen que darme <u>la lista de periodistas y fotógrafos</u>.

5. Deben respetar <u>a los vecinos</u>.

6. Me dicen que van a transmitir <u>el concierto</u> por la radio.

3 **Entrevista** Completa la entrevista con el pronombre correcto.

REPORTERO (1) _____ digo que pareces muy contento con el éxito de tu sitio web.

JOAQUÍN Sí, (2) _____ estoy. Este sitio es muy importante para (3) _____.

REPORTERO ¿Con quién trabajas?

JOAQUÍN Con mi hermano. (4) _____ doy la mitad del trabajo. (5) _____ ayuda mucho en los momentos de estrés.

REPORTERO ¿Cuáles son tus proyectos ahora?

JOAQUÍN (6) _____ gustaría presentar cortometrajes y documentales en el sitio web. A mi hermano y a mí (7) _____ encantan las películas.

REPORTERO ¿(8) _____ preocupa mucho la censura? Por ejemplo, ¿editas los guiones?

JOAQUÍN A veces, sí. Porque si (9) _____ editamos, luego no tenemos problemas.

Practice more at
vhlcentral.com.

Comunicación

4

¿En qué piensas? Piensa en algunos de los objetos típicos que ves en la clase o en tu casa (un cuadro, una maleta, un mapa, etc.). Tu compañero/a debe adivinar el objeto que tienes en mente, haciéndote preguntas con pronombres.

Modelo **Tú piensas en: un libro**
—Estoy pensando en algo que uso para estudiar.
—¿Lo usas mucho?
—Sí, lo uso para aprender español.
—¿Lo compraste?
—Sí, lo compré en la librería.

5

A conversar En parejas, túrnense para contestar las preguntas usando pronombres de complemento directo o indirecto, según sea necesario.

1. ¿Te gusta organizar fiestas? ¿Cuándo fue la última vez que organizaste una? ¿Por qué la organizaste?

2. ¿Invitaste a muchas personas? ¿A quiénes invitaste? ¿Cómo lo decidiste?

3. ¿Qué actividades les sugeriste a los invitados? ¿Las hicieron? Explica.

4. ¿Qué les ofreciste de comer a los invitados en tu fiesta? ¿Qué opinaron de la comida?

6

Fama La actriz Pamela de la Torre debe encontrarse con sus fans pero no recuerda a qué hora. En grupos de cuatro, miren la ilustración e inventen una historia inspirándose en ella. Utilicen por lo menos cinco pronombres de complemento directo o indirecto.

7

Una persona famosa En parejas, escriban una entrevista con una persona famosa. Utilicen estas preguntas y escriban cuatro más. Utilicen pronombres en las respuestas. Después, representen la entrevista delante de la clase.

Modelo —¿Quién prepara la comida en su casa?
—Mi cocinero la prepara.

1. ¿Visita frecuentemente a sus amigos/as?
2. ¿Mira mucho la televisión?
3. ¿Quién conduce su auto?
4. ¿Prepara usted mismo/a sus maletas cuando viaja?
5. ¿Qué hace en su tiempo libre?
6. ¿Le gusta viajar?

Ritmos del Caribe

Cultura en pantalla

Visita **vhlcentral.com** y encuentra más información sobre los ritmos más representativos del Caribe.

CULTURA

Audio: Reading

experiencing

Durante los últimos años, en los Estados Unidos se está viviendo° una explosión en las ventas de discos en español. Las estaciones de radio especializadas en música latina son las de mayor crecimiento y los cantantes y grupos musicales hispanos programan conciertos por todo el territorio norteamericano. Este fenómeno resulta de los cambios socioculturales que se están viviendo en el país. En primer lugar, se debe al crecimiento de la población latina que mantiene sus tradiciones y con ello el consumo de su música. En segundo lugar, se debe al nuevo interés por la música en español por parte de un público que antes se limitaba a oírla sólo en inglés.

distribution

Cuban musical style

Los estilos musicales de origen caribeño, mezclas de ritmos africanos, españoles e indígenas, gozan de la mayor proyección° internacional. Algunos de los ritmos caribeños más populares son la salsa, el son° cubano y el reggaetón.

La salsa

La salsa, que nació como una versión modernizada del son cubano, se extendió en el mercado latinoamericano en 1975. El ritmo salsero se hizo compañero indispensable en el día a día hispano. A partir de entonces, se empezó a oír en los comercios, en las oficinas, en los bares, en las fiestas, en el hogar° y en las calles. Sus letras hablan de los sufrimientos y las alegrías de la vida cotidiana°. El gran número de inmigrantes latinos que vivían en Nueva York hizo que esta ciudad se convirtiera en puerto de entrada° de los ritmos caribeños en los Estados Unidos. Entre sus representantes más famosos se cuentan El Gran Combo de Puerto Rico y Óscar de León.

home

daily, everyday

entryway

El son cubano

moved to the top

El son cubano se apoderó° de las listas de los discos más vendidos en 1997, cuando salió a la venta el álbum titulado *Buena Vista Social Club,* interpretado por un grupo de importantes músicos de Cuba. Una película que documenta la grabación del disco fue un éxito de taquilla°

box office

Instrumentos del Caribe

El bongó y las maracas son algunos de los instrumentos más utilizados en la música caribeña. El bongó tiene forma de barril y posee dos parches de cuero (*leather skin*) muy tensos que vibran al golpearlos. Las maracas son de origen indígena y están hechas de un recipiente que tiene forma redondeada. En su interior se ponen pequeños objetos como semillas o piedrecillas que al agitarse producen su sonido típico.

en todo el mundo. La fama del documental ayudó a que el son cubano llegara a un público que nunca antes había tenido interés en este género musical. De hecho, durante décadas, la fama de los artistas de *Buena Vista* se limitaba sólo a la isla. Personas de todas las edades ahora bailan al ritmo de la música de este fascinante grupo que se convirtió en un fenómeno mediático° internacional.

created by the media

El reggaetón

dance

El reggaetón ha sido una de las últimas formas musicales en desarrollarse como estilo distintivo. Esta música bailable° nació en Puerto Rico en los años noventa. Se deriva del *reggae* jamaicano, del *hip-hop* norteamericano y de diferentes ritmos puertorriqueños. Recientemente se ha convertido en la música en español con más proyección internacional. El contenido de sus letras, en su mayoría controvertido, no es muy diferente al del *hip-hop* norteamericano y retrata° con frecuencia la violencia en las calles. Don Omar y Ivy Queen son dos de los creadores de reggaetón cuyas canciones dominan las pistas de baile.

depicts

Las melodías del Caribe están cada vez más presentes en el panorama musical del momento. Con la introducción en el mercado internacional de los ritmos caribeños, se está acostumbrando al público a escuchar con mayor atención lo que, en muchas ocasiones, es la bandera de esa cultura: su música. ■

Análisis

1

Comprensión Decide si cada afirmación es cierta o falsa. Corrige las falsas.

1. La música latina es popular en los Estados Unidos, pero todavía no en el resto del mundo.

2. El consumo de la música latina entre hispanos es en parte debido a que esta población mantiene sus tradiciones.

3. Las letras de la salsa hablan de los sufrimientos y las alegrías de la vida cotidiana.

4. Los músicos del *Buena Vista Social Club* ya eran conocidos internacionalmente antes de que saliera este álbum.

5. El reggaetón tiene sus raíces en la música indígena del Caribe.

6. El contenido de las letras del reggaetón es tan controvertido como el de las letras del *hip-hop*.

2

Ampliar En parejas, contesten las preguntas y expliquen sus respuestas.

1. ¿Por qué crees que la música es tan importante para los latinos de los Estados Unidos?

2. ¿Has visto el fenómeno de la música latina donde tú vives? ¿Cómo se manifiesta?

3. ¿Cuál es el tipo de música sin el cual no puedes vivir?

4. ¿Escuchas música local cuando viajas? ¿La compras? ¿Por qué?

3

Aviso En grupos de cuatro, han decidido formar un grupo de música caribeña, pero todavía están buscando los músicos adecuados. Escriban un aviso para buscar candidatos con al menos tres características esenciales. Luego, presenten el aviso a la clase.

> **Modelo** El grupo Los Salseros Boricuas busca persona entusiasta que sepa tocar el bongó. Si te encanta la música caribeña, hacer amigos y viajar, llama al 431-237-1003 y pregunta por Lucio.

4

Su música En grupos de cuatro, piensen en un estilo de música típico de los Estados Unidos y luego comparen sus características con las de un estilo de música latina. Usen este cuadro como guía. Luego, comparen sus respuestas con las de otros grupos.

	Música latina	Música norteamericana
Instrumentos típicos		
Ocasiones en que se escucha o se baila		
Origen e influencias		
Público típico		
Temas de las letras		
Intérpretes más conocidos en el mundo		

Preparación

Sobre el autor

Ginés S. Cutillas nació en Valencia, España, en 1973. En su obra prevalece el microcuento, para el que tiene un ingenio especial. Su talento fue premiado (*rewarded*) al ganar en 2006 la V edición del concurso de microcuentos de la Feria del libro de Granada. Cutillas también ha sido ganador de otros concursos internacionales de relatos. Ha publicado un libro de cuentos llamado *La biblioteca de la vida* (2007) y una novela, *La sociedad del duelo* (2008), así como su primera colección de microcuentos, titulada *Un koala en el armario* (2009). Ha contribuido a varias antologías de nuevos autores y es además crítico literario para el periódico *La Opinión* de Granada. Cutillas también colabora en revistas literarias como *El oteador de los nuevos tiempos* y *Prometheus*.

Vocabulario de la lectura		Vocabulario útil
el castigo *punishment*	**el suelo** *ground*	**la desaparición** *disappearance*
la desesperación *desperation*	**tras** *after*	**el hallazgo** *discovery*
la estantería *bookcase*	**vigilar** *to watch, to keep an eye on*	**la sospecha** *suspicion*
el rasgo *trait, feature*		

1

Vocabulario Completa el párrafo con palabras de la lista.

castigo	estantería	sospechas
desaparición	hallazgo	tras
desesperación	rasgos	vigilar

Los noticieros informaron hoy sobre un nuevo asesinato (*murder*) del "carnicero del campo de golf", y provocaron una reacción de (1) _____ en la ciudad. La (2) _____ de un hombre de negocios había sido denunciada (*reported*) días antes por sus compañeros de golf, (3) _____ perderlo de vista de manera extraña durante una práctica. El (4) _____ de la víctima confirmó las (5) _____ por la presencia de (6) _____ comunes a todos los asesinatos del "carnicero". La policía ha prometido (7) _____ los campos de golf de toda la ciudad para capturar al culpable y darle el (8) _____ que se merece.

2

Responder En grupos de tres, contesten estas preguntas.

1. Cuando no puedes salir de tu casa por algún motivo, ¿prefieres leer un libro o mirar televisión? ¿Por qué?

2. ¿Enciendes el televisor sólo para mirar programas que te interesan o miras cualquier cosa que estén transmitiendo? Explica.

3. ¿Cuántas horas por semana miras la televisión? ¿Crees que es tiempo bien utilizado o es una pérdida de tiempo? ¿Por qué?

4. ¿Qué opinas de esta afirmación: "La televisión duerme a la gente y los libros la despiertan"?

La Desesperación de las Letras

Audio: Dramatic Reading

Ginés S. Cutillas

crashing noise
surprised
to check
was in the throes of death

Estaba viendo la tele cuando oí un fuerte estruendo° detrás de mí. Justo en la biblioteca. Me levanté extrañado° y fui a comprobar° qué era. Una masa inconsistente de papel agonizaba° a los pies de la estantería. La cogí entre mis

5 manos y desmembrando sus partes pude adivinar que aquello había sido un libro, *Crimen y castigo* para ser exactos. No supe encontrar una explicación lógica a tan extraño incidente. A la noche siguiente, otra vez delante de la televisión, oí de nuevo ese ruido. Esta vez, irónicamente, había sido *Anna Karenina* quien

bunch / was lying 10 se había convertido en un manojo° de papel deforme que yacía° a los pies de sus compañeros. Tras varias noches repitiéndose

events los hechos°, me di cuenta de lo que estaba ocurriendo: los libros se estaban suicidando. Al principio fueron los clásicos, cuanto

of crashing más clásico era, más probabilidad tenía de estamparse° contra

15 el suelo. Más tarde comenzaron los de filosofía, un día moría Platón y al otro Sócrates. Luego les siguieron autores más contemporáneos como Hemingway, Dos Passos, Nabokov…

by leaps and bounds Mi biblioteca estaba desapareciendo a pasos agigantados°. Había noches de suicidios colectivos y yo, por más que me

por... *no matter how hard I tried* 20 esforzaba°, no conseguía encontrar un rasgo común entre las obras kamikazes que me permitiera saber cuál iba a ser la siguiente. Una noche decidí no encender la televisión para vigilar atentamente los libros. Aquella noche no se suicidó ninguno. ■

 Video

* Mejor cortometraje
award young jury Côte Bleue, France (2011

* Mejor cortometraje internacional
Cusco, Perú (2011)

sin
palabras

Dirigido por Bel Armenteros

MIGUEL RELLÁN | ADRIÁN LAMANA

Producción **LUIS VIDAL** Guion **ÁNGELA TRIGUEROS** Jefe de producción **MIGUEL ROCA** Ayudante de dirección **PATRICIA GIL** Montaje **ANTÍA OTERO** Sonido **QUIQUE ESPEJO** Dirección artística **VÍCTOR GUERRA** Dirección de fotografía **JUDIT MARIJUAN MARÍN** Música **IVAN CAPILLAS**

ARGUMENTO *David tiene que pasar dos semanas con un hombre realmente insoportable: su abuelo.*

ABUELO ¿Y tu madre?
DAVID Tenía prisa, perdía el avión.
ABUELO Tu habitación está al final del pasillo.

DAVID Hola, papá, soy yo. Te quería hacer una pregunta. Era por si me podía quedar un par de semanas en tu casa. Es que yo prefiero estar contigo.

(Las manos temblorosas del abuelo sobre el teclado de una máquina de escribir.)

DAVID Oye, ¿quieres que te ayude?
ABUELO No sabes escribir a máquina.
DAVID Sé escribir en ordenador, no creo que sea tan distinto.

ABUELO Este es el que te ha partido la cara, ¿no? Pero si es un enclenque.
JOVEN Cállate, viejo, anda, no molestes, ¿vale?
ABUELO ¿Que me calle? ¿Cómo que me calle?

ABUELO ¿Tantas ganas tienes de marcharte que ya estás haciendo la maleta?
DAVID Mamá viene mañana temprano.
ABUELO ¿Mañana ya?

Análisis

1

Comprensión Contesta las preguntas con oraciones completas.

1. ¿Por qué va David a casa de su abuelo?
2. ¿A quién llama David desde su habitación?
3. ¿Por qué desayuna David café por las mañanas?
4. ¿Qué trabajo tiene el abuelo de David?
5. ¿Cómo ayuda David a su abuelo?
6. ¿Quién es el joven que David y su abuelo se encuentran en el parque?
7. ¿Cómo cambia la relación de David con su abuelo después del incidente en el parque? ¿Cómo lo sabes?
8. Al final de la película David y su abuelo se despiden. ¿Cuándo volverán a verse?

2

Interpretar En parejas, contesten las preguntas.

1. ¿Por qué crees que la madre de David no quiere dejarlo solo en su casa?
2. ¿Cómo crees que es la vida familiar de David? ¿Por qué?
3. ¿Qué hace David para hacerse respetar de su abuelo?
4. ¿Cuáles pueden ser las razones del comportamiento del abuelo?
5. ¿Qué siente David por su abuelo? ¿Cómo lo sabes?
6. ¿Qué crees que siente el abuelo por su nieto? ¿Cómo lo demuestra?
7. ¿Cómo describirías la relación de David con su padre?
8. ¿Qué conflicto crees que hay entre la madre de David y el abuelo?
9. ¿Cómo cambia la vida del abuelo después de vivir dos semanas con David?

3

Redes sociales En parejas, y con base en lo que saben de los personajes, asignen cada texto a David o a su abuelo. Luego, ordénenlos y formen una conversación.

a. Mira, abuelo, esto es Facebook. Es muy divertido. Puedes ver los posts de tus amigos, y puedes dar "Me gusta". _____ _____

b. ¿Tienes 457 amigos? _____ _____

c. ¿Cómo que "Me gusta"? ¿Y no hay una opción que diga "Me parece una estupidez"? _____ _____

d. ¿En otro Facebook? ¿Qués es? ¿Un Facebook para viejos? _____ _____

e. No seas irrespetuoso con tu abuelo. _____ _____

f. Más social que tú, desde luego. ¿Cuántos amigos tienes? _____ _____

g. Muchísimos, pero están en otro Facebook, o como se llame. _____ _____

h. Pero abuelo, sería de mala educación. Recuerda que las personas que hay aquí son tus amigos. _____ _____

i. Sí, pero no los conozco personalmente a todos. Sólo a tres. _____ _____

j. ¡Ah, tres amigos en total! ¡Qué chico más social! _____ _____

4 **Nuevas tecnologías** En parejas, comenten cómo reacciona el abuelo de David ante las nuevas tecnologías. Respondan las preguntas.

1. ¿Cómo se comporta el abuelo de David con la computadora al inicio y al final del cortometraje?

2. ¿Qué semejanzas y diferencias encuentras entre las máquinas de escribir y las computadoras? ¿Qué crees que pensaba el abuelo de David sobre esto?

3. ¿Crees que algún día la tecnología será demasiado avanzada para ti? ¿Por qué?

5 **Hombres solitarios** En parejas, hablen del abuelo de David. Respondan las preguntas.

1. ¿Creen que el abuelo de David es mala persona? ¿Por qué?

2. ¿Por qué creen que el abuelo de David tiene esa personalidad?

3. ¿Es consciente el abuelo de David de lo antipático que es? ¿Por qué creen?

4. ¿Qué hace el abuelo de David por ser más agradable?

6 **Crítica** Escriban una reseña de *Sin palabras* basada en las siguientes escenas. Usen las preguntas como guía de escritura.

1. ¿Cómo describirías la situación en que se encuentran David y su abuelo?

2. ¿Crees que la forma en que David le habla a su abuelo es correcta? ¿Por qué?

3. ¿Cómo expresan su afecto mutuo David y su abuelo?

7 **Con palabras** En parejas, elijan una de estas situaciones e improvisen un diálogo. Utilicen seis palabras o expresiones de la lista. Después, represéntenlo delante de la clase.

ajedrez	enclenque	niñato/a
antipático/a	escribir a máquina	pulsar
apetecer	hiriente	tembloroso/a
chillar	huraño/a	torpe
colega	largarse	de mala educación
desagradecido/a	movida	de tal palo, tal astilla

A

Tu madre y tu abuelo no se llevan bien así que decides ayudarlos a mejorar su relación. Tu madre está sentada en un sofá leyendo un libro. Te acercas y le preguntas: "Mamá, ¿por qué no vas nunca a ver al abuelo?"

B

Tienes setenta años y usas tu ordenador con frecuencia para hablar con tu nieto por Skype. Estás muy emocionado y agradecido por todo lo que él te ha enseñado sobre computadoras e Internet y decides hablar con él para expresarle lo que sientes.

Practice more at
vhlcentral.com.

Reading

IMAGINA

CENTRO

La Panamericana

Imagina un viaje en automóvil por **Centroamérica**. Comenzarías en **Panamá** y terminarías en **Guatemala**, al sur de México. Al final de tu viaje habrás recorrido unos 2.500 kilómetros (1.553 millas), visitado seis países hispanohablantes y conocido sus capitales: **Ciudad de Panamá** (Panamá), **San José** (Costa Rica), **Managua** (Nicaragua), **Tegucigalpa** (Honduras), **San Salvador** (El Salvador) y **Ciudad de Guatemala** (Guatemala). También habrás admirado volcanes humeantes[1], como el **Volcán Poás** en Costa Rica, y las ruinas mayas de **Tikal** y **Copán** en Guatemala y Honduras, respectivamente.

La ruta ideal para realizar esta odisea es la **carretera**[2] **Panamericana**, o simplemente **la Panamericana**. En principio, esta carretera conectaría todo el continente americano, desde la Patagonia hasta Alaska. Sin embargo, fenómenos naturales como sismos, inundaciones, deslizamientos o erupciones volcánicas han destruido algunos tramos[3] y existe uno que aún no está construido. Entre Panamá y Colombia, en el **Tapón del Darién**, unos 90 kilómetros (56 millas) de densa selva montañosa interrumpen la continuidad de la ruta[4] intercontinental.

¡Arranquemos! Nuestra primera parada es el **canal de Panamá**, uno de los proyectos de transporte más

El canal de Panamá

ambiciosos del siglo XX. Fue propiedad de los Estados Unidos hasta 1999.

En la actualidad, alrededor de 14.000 buques[5] pasan cada año de un océano a otro a través del canal.

De Panamá nos dirigimos a Costa Rica, a visitar el **Parque Nacional Chirripó**. Subimos al cerro Chirripó, palabra indígena que significa "tierra de aguas eternas", de unos 3.800 metros (12.467 pies) de altura. En el camino[6] vemos una gran variedad de animales, como jaguares, tapires y quetzales.

Pasamos a Managua, capital de **Nicaragua**, donde hacemos una excursión al **lago de Nicaragua**. Es el único lago donde subsisten tiburones[7] que se adaptaron al agua dulce[8] hasta poder reproducirse en ella.

Continuamos hacia el segundo arrecife[9] de coral más grande del mundo: las **Islas de la Bahía**, en la costa norte de Honduras. El 95% de las especies de coral del **Caribe** se encuentran en esta región. Las tres islas de **Roatán**, **Guanaja** y **Utila** son algunas de las atracciones turísticas más populares.

Seguimos por **El Salvador**, donde probamos las famosas **pupusas**. Por todas partes encontrarás *pupuserías* que preparan estas delicias, similares a una tortilla gruesa[10] y blanda, rellenas de queso, pollo o cerdo.

Océano Pacífico

Tegucigalpa

Ciudad de Guatemala

San Salvador

Managua

San José

Ciudad de Panamá

Tapón de Darién

AMÉRICA

Finalmente, en Guatemala visitamos las ruinas de **Tikal**, una de las ciudades más importantes de la civilización **maya**. Miles de turistas las visitan anualmente, pero también millones de personas las han visto porque este lugar sirvió de locación al filmar una base rebelde en la película *La guerra de las galaxias: Episodio IV, Una nueva esperanza*[11].

[1] *smoldering* [2] *highway* [3] *stretches* [4] *road* [5] *ships* [6] **En el...** *Along the way* [7] *sharks* [8] **agua...** *fresh water* [9] *reef* [10] *thick* [11] *Star Wars: Episode IV, A New Hope*

El español de Centroamérica

los abarrotes	provisiones; *groceries* (Guat., Pan.)
el agua	refresco; *soda, soft drink* (Guat.)
el cartucho	bolsa; *(plastic) bag* (Pan.)
chivísimo	fantástico; *great, cool* (E.S.)
el fresco	refresco; *soft drink* (C.R., Hond.)
fulear	poner gasolina; *to get gas* (Nic.)
la pulpería	bodega; *grocery store* (C.R., Hond., Nic.)

Expresiones

hacer gallo	acompañar; *to accompany* (E.S.)
¡Pura vida!	¡Muy bien!; *Great!* (C.R.)
ser de alante	ser valiente; *to be brave* (Pan.)

¡Celebremos las tradiciones!

Semana Santa La celebración de **Semana Santa** en **Antigua, Guatemala,** es una tradición viva. Cientos de personas participan

en las procesiones y ayudan a cargar las tarimas[1], llamadas **andas**, que pesan 3,5 toneladas[2]. La gente decora las ventanas y las iglesias para la procesión, pero lo más extraordinario son las alfombras[3] que cada año se hacen a mano con aserrín[4] teñido[5] de colores vivos y con pétalos de flores sobre las calles por donde pasa la procesión.

Día de la independencia **Costa Rica** tiene una de las más antiguas democracias del continente americano.

A diferencia de los países de Suramérica, su independencia de España se firmó de manera pacífica y se celebra cada 15 de septiembre, como en los demás países centroamericanos, excepto Panamá. Se festeja con desfiles[6] patrióticos y música. Los niños llevan linternas hechas a mano a estas fiestas llenas de color. Uno de sus expresidentes, Óscar Arias Sánchez (1986–1990 y 2006–2010), recibió el **Premio Nobel de la Paz**[7] en 1987.

Carnavales La popularidad de los carnavales en **Panamá** es comparable con la de los famosos carnavales brasileños. Celebradas en **Panamá** desde principios del siglo XX, estas

grandiosas fiestas duran cuatro días y cinco noches. Los panameños disfrutan de desfiles magníficos, carrozas espectaculares, máscaras[8], disfraces[9] de todo tipo y comida variada. Las celebraciones más grandes tienen lugar en la **Ciudad de Panamá** y en **Las Tablas**.

San Jerónimo El pueblo de **Masaya** en **Nicaragua** es conocido por el festival que celebra al santo patrón, **San Jerónimo**. La fiesta, de unos 80 días, comienza el 20 de septiembre con **"el Día de la Bajada"**[10] de la imagen de San Jerónimo, y no termina hasta la primera semana de diciembre. Con bailes folklóricos, música, flores y rica comida, esta fiesta colorida integra tradiciones indígenas con el catolicismo.

[1] *wooden floats* [2] *tons* [3] *carpets* [4] *sawdust* [5] *dyed* [6] *parades* [7] **Premio...** *Nobel Peace Prize* [8] *masks* [9] *costumes* [10] **Día de...** *Day when the saint is brought down*

GALERÍA DE CREADORES

PINTURA Armando Morales

El nicaragüense Armando Morales, nacido en 1927, es un pintor contemporáneo que disfruta de fama internacional. Sus creaciones artísticas incluyen desnudos femeninos, escenas cotidianas, naturalezas muertas (*still lifes*) y representaciones de hechos históricos que nacen de las imágenes de sus recuerdos. En 1959 recibió el Premio Ernest Wolf al Mejor Artista Latinoamericano, en la V Bienal de Arte Moderno de São Paulo (Brasil). *Desnudo sentado* (1971); *Bodegón, ciruela y peras* (1981); *Bañistas en la tarde y coche* (1984); *Adiós a Sandino* (1985) y *Selva* (1987) son cinco de sus obras más conocidas. Aquí vemos el cuadro titulado *Dos peras en un paisaje* (1973).

LITERATURA Gioconda Belli

El compromiso sociopolítico y la lucha por la liberación de la mujer son las líneas temáticas que marcan la obra de la poeta, novelista y bloguera nicaragüense Gioconda Belli. *Línea de fuego,* libro de poemas con el que obtuvo el prestigioso Premio Casa de las Américas en 1978 y *La mujer habitada* (1988) sobresalen (*stand out*) entre sus obras más leídas. En 2010, *El país de las mujeres* ganó el Premio Hispanoamericano de Novela *La Otra Orilla*. En 2013 publicó el poemario *En la avanzada juventud*, y en el año 2014, la novela *El intenso calor de la luna*. Además en ese año fue reconocida con el Premio al Mérito Literario Internacional Andrés Sabella, en el marco de (*as part of*) la Feria Internacional del Libro de Antofagasta (Chile). En su blog escribe sobre sus experiencias de vida, sus viajes y también ofrece pequeños fragmentos de sus obras a sus seguidores.

ARTESANÍA La mola

En las islas panameñas del archipiélago de San Blas viven
los kunas. Esta tribu indígena es conocida por la mola, su más
creativa expresión artística que realizan casi exclusivamente
las mujeres. La mola es un tipo de bordado (*embroidery*)
intrincado que adorna las blusas de las mujeres kuna y que
forma parte de su vestido tradicional. Además de blusas, las
molas pueden adornar cualquier objeto que se desee. Aunque
los motivos (*motifs*) más populares son los diseños geométricos
y elementos del mundo natural, también son frecuentes los
diseños modernos. Las molas no son sólo atractivas para los
turistas; muchas son consideradas verdaderas piezas de arte
muy preciadas (*valued*) entre los coleccionistas.

PINTURA Mauricio Puente

Nació en El Salvador en 1918 y actualmente reside en los Estados Unidos,
donde continúa dictando cursos de pintura al óleo. Pintor autodidacta, empezó
a pintar a los siete años y siempre ha explorado su pasión por la pintura. A lo
largo de los años ha cultivado un estilo muy personal que se puede admirar
en sus cuadros en galerías de arte de todo el mundo. Su especialidad son las
acuarelas (*watercolors*) y los óleos; domina a la perfección la técnica de la
espátula (*palette knives*) y su talento para dibujar es admirable. La obra *Caserío*
muestra un paisaje salvadoreño y es un ejemplo representativo de su estilo.

¿Qué aprendiste?

1

Cierto o falso Indica si estas afirmaciones son ciertas o falsas. Corrige las falsas.

1. La Panamericana pasa por tres países de Centroamérica.
2. En el lago de Nicaragua hay tiburones.
3. Armando Morales y Mauricio Puente son pintores nicaragüenses.
4. El 20 de septiembre Costa Rica celebra su día de la independencia de España.
5. El festival de San Jerónimo en Masaya, Nicaragua, dura aproximadamente ochenta días.
6. La mola es una expresión artística de los mayas.

2

Preguntas Contesta las preguntas.

1. ¿En qué estilos se especializa el pintor salvadoreño Mauricio Puente?
2. ¿De qué se rellenan las pupusas?
3. ¿De qué están hechas las alfombras en la celebración de Semana Santa en Antigua, Guatemala?
4. ¿De cuáles ciudades son los carnavales más grandes de Panamá?
5. ¿Qué líneas temáticas caracterizan la obra de Gioconda Belli?
6. ¿Qué artista de la Galería te interesa más? ¿Por qué?

3

Centroamérica En parejas, comenten lo que aprendieron de Centroamérica y la carretera Panamericana. Luego, complementen sus conocimientos haciéndose preguntas sobre los aspectos de la lista.

> Modelo —¿Cuál es el único país centroamericano que no celebra su independencia el 15 de septiembre?
>
> —Panamá es el único país que no la celebra el 15 de septiembre.

- La celebración de la independencia el 15 de septiembre
- Escenarios naturales en el recorrido de la Panamericana
- Los animales que se ven camino al cerro Chirripó en Costa Rica
- Las tradiciones de San Jerónimo en Masaya, Nicaragua
- Los ingredientes de las pupusas

Practice more at **vhlcentral.com**.

PROYECTO

Odisea por Centroamérica

Organiza una travesía por las seis capitales centroamericanas que se mencionan en el artículo. Antes de empezar el viaje investiga información adicional en Internet.

- Explora una atracción importante por su valor histórico, cultural o natural en cada capital.
- Escribe una entrada para tu blog o para tu diario sobre la atracción que explores en cada capital.
- Explica tu aventura a tus compañeros/as de clase. Cuéntales lo que viste y aprendiste, léeles tus impresiones y muéstrales fotos de los lugares que visitaste.

De compras en Barcelona

 Video

Hacer las compras tal vez te parezca una actividad aburrida y poco glamorosa, pero ¡te equivocas! En este episodio de **Flash Cultura** podrás pasear por el antiguo y popular mercado de La Boquería en Barcelona y descubrir una manera distinta de elegir los mejores productos en tiendas especializadas.

Vocabulario

amplio/a *broad, wide*	**la gamba** *(Esp.) shrimp*
el buñuelo *fritter*	**los mariscos** *seafood*
el carrito *shopping cart*	**las patas traseras** *hind legs*
la charcutería *delicatessen*	**el puesto** *market stand*

1 **Preparación** ¿Qué productos españoles típicos conoces? ¿Cuál te gustaría más probar?

2 **Comprensión** Indica si estas afirmaciones son ciertas o falsas. Después, en parejas, corrijan las falsas.

1. Las Ramblas de Barcelona son amplias avenidas.

2. En La Boquería debes elegir un carrito a la entrada y pagar toda la compra al final.

3. Hay distintos tipos de jamón serrano según la curación y la región.

4. Barcelona ofrece una gran variedad de mariscos y pescados frescos porque es un puerto marítimo.

5. En España, la mayoría de las tiendas cierra al mediodía durante media hora.

6. Las panaderías abren todos los días menos los domingos.

3 **Expansión** En parejas, contesten estas preguntas.

- ¿Prefieres hacer las compras en tiendas pequeñas y mercados tradicionales o en un supermercado normal? ¿Por qué?

- ¿Te levantas temprano para comprar el pan o algún otro producto los domingos? ¿Qué producto es tan esencial para la gente de tu país como el pan para los españoles?

- ¿Te parece bien que las tiendas cierren a la hora de la siesta? ¿Para qué usarías tú todo ese tiempo?

Corresponsal: Mari Carmen Ortiz
País: España

La Boquería es un paraíso para los sentidos: olores de comida, el bullicio° de la gente, colores vivos se abren a tu paso mientras haces tus compras.

Hay tiendas que nunca cierran a la hora de comer: las tiendas de moda y los grandes almacenes°. Pero aún éstas tienen que cerrar tres domingos al mes.

El jamón serrano es una comida típica española y es servido con frecuencia en los bares de tapas°.

bullicio *hubbub* **almacenes** *department stores* **tapas** *Spanish appetizers*

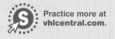 Practice more at vhlcentral.com.

EL ECLIPSE

Augusto Monterroso

 Audio: Dramatic Reading

Cuando fray Bartolomé Arrazola se sintió perdido, aceptó que ya nada podría salvarlo. La selva poderosa de Guatemala lo había apresado°, implacable y definitiva. Ante su ignorancia topográfica se sentó con tranquilidad a esperar la muerte. Quiso morir allí, sin ninguna esperanza, aislado, con el pensamiento fijo en la España distante, particularmente en

captured 5

10

Al despertar se encontró rodeado por un grupo de indígenas de rostro impasible que se disponían a sacrificarlo ante un altar...

el convento de Los Abrojos, donde Carlos Quinto condescendiera° una vez a bajar de su eminencia para decirle que confiaba en el celo° religioso de su labor redentora°.

had deigned

zeal

redemptive 15

Al despertar se encontró rodeado por un grupo de indígenas de rostro° impasible que se disponían° a sacrificarlo ante un altar, un altar que a Bartolomé le pareció como el lecho° en que descansaría,

face

se... were preparing

bed 20

al fin, de sus temores°, de su destino, de sí mismo.

fears

Tres años en el país le habían conferido un mediano dominio° de las lenguas nativas. Intentó algo. Dijo algunas palabras que fueron comprendidas.

command (of a language)

25

Entonces floreció° en él una idea que tuvo por digna de su talento y de su cultura universal y de su arduo conocimiento de Aristóteles. Recordó que para ese día se esperaba un eclipse total de sol. Y dispuso, en lo más íntimo°, valerse de° aquel conocimiento para engañar a sus opresores y salvar la vida.

blossomed

30

deepest recesses / **valerse...** *to take advantage of*

—Si me matáis —les dijo— puedo hacer que el sol se oscurezca en su altura.

35

Los indígenas lo miraron fijamente y Bartolomé sorprendió la incredulidad en sus ojos. Vio que se produjo un pequeño consejo°, y esperó confiado, no sin cierto desdén.

counsel

40

Dos horas después el corazón de fray Bartolomé Arrazola chorreaba° su sangre vehemente sobre la piedra de los sacrificios (brillante bajo la opaca luz de un sol eclipsado), mientras uno de los indígenas recitaba sin ninguna inflexión de voz, sin prisa, una por una, las infinitas fechas en que se producirían eclipses solares y lunares, que los astrónomos de la comunidad maya habían previsto y anotado en sus códices sin la valiosa ayuda de Aristóteles. ∎

was gushing

45

50

Análisis

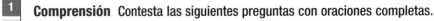

1 **Comprensión** Contesta las siguientes preguntas con oraciones completas.

1. ¿Dónde estaba fray Bartolomé?
2. ¿Qué pensaba fray Bartolomé que le iba a ocurrir a él?
3. ¿De dónde era fray Bartolomé?
4. ¿Por qué conocía el protagonista la lengua de los indígenas?
5. ¿Qué querían hacer los indígenas con fray Bartolomé?
6. ¿De qué se acordó el fraile?
7. ¿Qué les dijo fray Bartolomé a los indígenas?
8. ¿Qué hicieron los indígenas con fray Bartolomé?
9. ¿Qué recitaba un indígena al final del cuento?

2 **Interpretar** Contesta las preguntas.

1. ¿Cuál había sido la misión de fray Bartolomé en Guatemala?
2. ¿Quién lo había enviado a esa misión?
3. A pesar de los conocimientos sobre la obra de Aristóteles, ¿por qué el protagonista no consiguió salvarse?

3 **Culturas** En parejas, expliquen qué ideología representa fray Bartolomé y comenten si conocen algún acontecimiento histórico en el que se haya infravalorado (*undervalued*) la cultura indígena. Compartan sus conclusiones con la clase.

4 **Escribir** Un periódico te ha pedido que escribas un artículo sobre alguna historia que le ocurrió a un(a) antepasado/a tuyo/a. Escribe el artículo y trata de incluir algunos verbos reflexivos y las preposiciones **por** y **para**.

Plan de redacción

Narrar una historia familiar

1 **Organización de los hechos** Piensa en un acontecimiento que haya ocurrido en tu familia que te interese especialmente. Sigue las preguntas para organizar tu artículo:

1. ¿Quién o quiénes fueron los protagonistas de la historia?
2. ¿Qué antecedentes puedes dar sobre lo que sucedió?
3. ¿Cómo y dónde ocurrieron los hechos?
4. ¿Cómo terminó?
5. ¿Cuál es la conclusión de la historia?

2 **Título** Después de saber con exactitud sobre qué vas a escribir, es muy importante darle al artículo un título atractivo y conciso que atraiga al lector. Ponle un título y comienza a escribir.

3 **Explicar y concluir** Una vez que hayas contado lo que ocurrió, explica por qué has escrito sobre esta historia y si ha tenido consecuencias en tu familia.

Practice more at
vhlcentral.com.

En familia

Los parientes

el/la antepasado/a *ancestor*
el/la bisabuelo/a *great-grandfather/ grandmother*
el/la cuñado/a *brother/sister-in-law*
el/la esposo/a *husband/wife*
el/la (hermano/a) gemelo/a *twin (brother/sister)*
el/la hermanastro/a *stepbrother/stepsister*
el/la hijo/a único/a *only child*
la madrastra *stepmother*
el/la medio/a hermano/a *half brother/sister*
el/la nieto/a *grandson/granddaughter*
la nuera *daughter-in-law*
el padrastro *stepfather*
el/la pariente *relative*
el/la primo/a *cousin*
el/la sobrino/a *nephew/niece*
el/la suegro/a *father/mother-in-law*
el/la tío/a (abuelo/a) *(great) uncle/aunt*
el yerno *son-in-law*

La vida familiar

agradecer *to thank*
apoyar(se) *to support (each other)*
criar *to raise (children)*
independizarse *to become independent*
lamentar *to regret, to be sorry about*
malcriar *to spoil*
mimar *to pamper*
mudarse *to move*
pelear(se) *to fight (with one another)*
quejarse (de) *to complain (about)*
regañar *to scold*
respetar *to respect*
superar *to overcome*

La personalidad

el apodo *nickname*
la autoestima *self-esteem*
el carácter *character, personality*
la comprensión *understanding*

(bien) educado/a *well-mannered*

egoísta *selfish*
estricto/a *strict*
exigente *demanding*
honrado/a *honest*
insoportable *unbearable*
maleducado/a *ill-mannered*
mandón/mandona *bossy*
rebelde *rebellious*
sumiso/a *submissive*
unido/a *close-knit*

Las etapas de la vida

la adolescencia *adolescence*
el/la adolescente *adolescent*
el/la adulto/a *adult*
la edad adulta *adulthood*
la juventud *youth*
la muerte *death*
el nacimiento *birth*
la niñez *childhood*
el/la niño/a *child*
la vejez *old age*

Las generaciones

la ascendencia *heritage*
la brecha generacional *generation gap*
la patria *homeland*
el prejuicio social *social prejudice*
la raíz *root*
el sexo *gender*

heredar *to inherit*
parecerse *to look alike*
realizarse *to fulfill*
sobrevivir *to survive*

Cortometraje

el ajedrez *chess*
el/la colega *buddy*
el/la enclenque *weakling*
el/la niñato/a *spoiled brat* (Esp.)
el recogedor *dustpan*

antipático/a *unfriendly*
desagradecido/a *ungrateful*

hiriente *hurtful*
huraño/a *unsociable*
tembloroso/a *trembling*
torpe *clumsy*

apetecer *to feel like*
chillar *to scream*
escribir a máquina *to type*
pulsar *to press*

Cultura

el/la abogado/a *lawyer*
el/la asistente *assistant*
el cargo *position*
la cima *height*
la encarnación *personification*
el/la juez(a) *judge*
el sueño *dream*

convertirse (e:ie) en *to become*
rechazar *to turn down*
superar *to exceed*
tomar en cuenta *to take into consideration*

controvertido/a *controversial*
propio/a *own*
sabio/a *wise*

en contra *against*

Literatura

la civilización *civilization*
el conocimiento *knowledge*
la conquista *conquest*
el desdén *disdain*
el fraile (fray) *friar, monk (Brother)*
la opresión *oppression*
la religión *religion*

despreciar *to look down on*
rodear *to surround*
sacrificar *to sacrifice*
salvar *to save*

aislado/a *isolated*
digno/a *worthy*
poderoso/a *powerful*
sí mismo/a *himself/herself*

Las riquezas naturales

La vida humana depende de que la naturaleza esté en equilibrio. La destrucción de los recursos naturales nos afecta a todos, independientemente de nuestra situación geográfica, económica, política o social. ¿Por qué hay quienes viven al margen de esta realidad e ignoran las consecuencias? ¿Cómo debe enfrentar la especie humana el peligro de su propia extinción?

164

170

Destino:
COLOMBIA, ECUADOR Y VENEZUELA

Nuestro mundo

Vocabulary Tools

La naturaleza

el árbol *tree*
el bosque *forest*
la cordillera *mountain range*
la costa *coast*
el desierto *desert*
la luna *moon*
el mar *sea*
el paisaje *landscape, scenery*
el río *river*
la selva (tropical) *(tropical) rainforest*
el sol *sun*
la tierra *land, earth*

al aire libre *outdoors*
escaso/a *scant, scarce*
potable *drinkable*
protegido/a *protected*
puro/a *pure, clean*
seco/a *dry*

Los animales

el águila (f.) *eagle*
el ave, el pájaro *bird*
la ballena *whale*
la especie en peligro (de extinción) *endangered species*
la foca *seal*
el lagarto *lizard*
el león *lion*
el lobo *wolf*
el mono *monkey*
el oso *bear*
el pez *fish*
la serpiente *snake*
el tigre *tiger*

la tortuga (marina) *(sea) turtle*

Los fenómenos naturales

el calentamiento *warming*
la erosión *erosion*
el huracán *hurricane*
el incendio *fire*
la inundación *flood*
la lluvia *rain*
la sequía *drought*
el terremoto *earthquake*

La ecología

la basura *trash*
la capa de ozono *ozone layer*
el combustible *fuel*
el consumo de energía *energy consumption*
la contaminación *pollution*
la deforestación *deforestation*
el desarrollo *development*
la energía (eólica, nuclear, renovable, solar) *(wind, nuclear, renewable, solar) energy*
la fuente *source*
el medio ambiente *environment*
el peligro *danger*
el petróleo *oil*
el porvenir *future*
los recursos *resources*
el smog *smog*

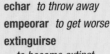

agotar *to use up*
aguantar *to put up with, to tolerate*
amenazar *to threaten*
cazar *to hunt*
conservar *to preserve*
contagiar *to infect, to be contagious*
contaminar *to pollute*
desaparecer *to disappear*
destruir *to destroy*

echar *to throw away*
empeorar *to get worse*
extinguirse *to become extinct*
malgastar *to waste*
mejorar *to improve*
prevenir (e:ie) *to prevent*
proteger *to protect*

Proyecto de Conservación
Cóndor Andino

resolver (o:ue) *to solve, to resolve*
respirar *to breathe*
urbanizar *to urbanize*

dañino/a *harmful*
desechable *disposable*
híbrido/a *hybrid*
renovable *renewable*
tóxico/a *toxic*

Práctica

1

Cierto o falso Indica si las afirmaciones son ciertas. Corrige las falsas.

1. La energía eólica da mejores resultados donde hace mucho sol.

2. Un recurso es escaso cuando es insuficiente y puede agotarse.

3. El porvenir es el tiempo pasado.

4. Una planta, animal o persona desaparece cuando deja de existir.

5. La sequía es un largo período con lluvias.

6. Una situación empeora cuando pasa a un estado mejor.

7. El agua potable no debe beberse porque es dañina para la salud.

8. Dicen que el oso es el rey de la selva.

2

Saludos desde Venezuela Completa el correo electrónico que Álvaro le envió a su amigo Carlos.

aire libre	desarrollo	medio ambiente	resolver
conservar	desechable	pájaros	río
contaminación	extinguirse	peligro	urbanizar

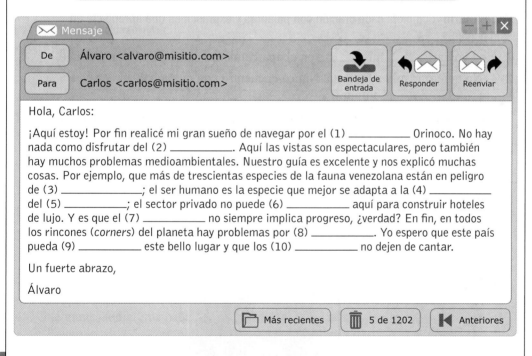

✉ Mensaje   — + ✕

De   Álvaro <alvaro@misitio.com>

Para   Carlos <carlos@misitio.com>

Bandeja de entrada   Responder   Reenviar

Hola, Carlos:

¡Aquí estoy! Por fin realicé mi gran sueño de navegar por el (1) _____ Orinoco. No hay nada como disfrutar del (2) _____. Aquí las vistas son espectaculares, pero también hay muchos problemas medioambientales. Nuestro guía es excelente y nos explicó muchas cosas. Por ejemplo, que más de trescientas especies de la fauna venezolana están en peligro de (3) _____; el ser humano es la especie que mejor se adapta a la (4) _____ del (5) _____; el sector privado no puede (6) _____ aquí para construir hoteles de lujo. Y es que el (7) _____ no siempre implica progreso, ¿verdad? En fin, en todos los rincones (*corners*) del planeta hay problemas por (8) _____. Yo espero que este país pueda (9) _____ este bello lugar y que los (10) _____ no dejen de cantar.

Un fuerte abrazo,

Álvaro

📁 Más recientes   🗑 5 de 1202   ⏮ Anteriores

3

Asociaciones En parejas, contesten estas preguntas: ¿con cuáles de estos animales, elementos y fuerzas naturales te identificas? ¿Con cuáles crees que se identifica tu compañero/a? Expliquen y comparen sus respuestas.

árbol	energía eólica	mar	sol
bosque	huracán	pájaro	terremoto
cordillera	león	río	tierra
desierto	luna	serpiente	tortuga

Practice more at vhlcentral.com.

Video

RAÍZ

Plantar un árbol

Escribir un libro

Tener un hijo

**Premio Majuel 2003 al Mejor Cortometraje,
Muestra Internacional de Cortometrajes
de Almuñécar, España**

Una producción de IMVAL/TAIKO/MATEO MATEO COMUNICACIÓN Director y Guion GAIZKA URRESTI
Productores GAIZKA URRESTI/LUIS ÁNGEL RAMÍREZ Productores Asociados PATRICIA MATEO/ÁNGEL ENFEDAQUE
Fotografía ESTEBAN RAMOS Música ÁNGEL ENFEDAQUE Montaje GAIZKA URRESTI Sonido SONORA ESTUDIOS
Directora Producción ALEJANDRA BALSA Dirección Artística YON GIJÓN Peluquería NEREA FRAILE Vestuario EVA URQUIZA
Maquillaje NURIA TEJEDOR Actores MANUEL DE BLAS/PETRA MARTÍNEZ/MIKEL ALBISU/JAVIER MAÑÓN/ROSA MARÍA
FERNÁNDEZ DE VALDERRAMA/VÍCTOR CLAVIJO

ARGUMENTO *Una pareja mayor espera con ilusión la visita de su hijo. Arcadio piensa en cortar un árbol para que su hijo pueda aparcar su coche.*

HIJO Este verano sí voy a poder ir a pasar unos días a casa.
CLARA Y, ¿cuándo te irás?
HIJO ¡Mamá, por favor, si todavía ni siquiera he ido! No sé, yo creo que me podré quedar toda la semana.

ARCADIO Tu hijo siempre se ha movido por el interés. No le importa su familia, ni su pueblo, ni nada de nada.
CLARA Ya estamos como siempre. Él tiene que vivir su vida.
ARCADIO Su vida, su vida.

ARCADIO Si tu hijo va a venir con el coche le va a resultar un poco difícil aparcarlo. Estaba pensado que si le hago un poco de sitio lo puede dejar aquí junto al mío.
CLARA ¿Quitar el árbol? ¿Tú eres tonto?

VECINO Pues como le iba diciendo, el tronco tiene que estar seco[1] para que salga con más fuerza.
ARCADIO ¡Que no lo estoy podando, que lo estoy quitando! ¿No ve que le he dado un tajo[2] por la mitad?

ARCADIO El viernes viene mi hijo a pasar unos cuantos días con su madre y conmigo y le estaba haciendo un hueco[3] para que pueda aparcar su coche sin problema.

ARCADIO ¿Qué coche tiene ahora Pedro?
CLARA No lo sé.
ARCADIO Supongo que tendrá un coche alemán. Ésos sí que son buenos, para toda la vida.

[1] **seco** *dry* [2] **tajo** *cut* [3] **hueco** *room*

¿Qué aprendiste?

1

Cierto o falso Indica si estas afirmaciones son ciertas o falsas. Corrige las falsas.

1. La cordillera de los Andes tiene picos nevados y glaciares.
2. El Parque Nacional Natural El Cocuy es la principal zona volcánica de Colombia.
3. Ecuador es el país con mayor densidad de volcanes.
4. Hace más de un siglo que los volcanes Sangay y Guagua Pichincha no hacen erupción.
5. El Salto Ángel es la catarata más alta del mundo.
6. Los cóndores forman parejas temporales para reproducirse.
7. Al morir, Oswaldo Guayasamín dejó su colección artística al presidente de Ecuador.
8. Carolina Herrera empezó a trabajar como diseñadora cuando superaba los cuarenta años.

2

Preguntas Contesta las preguntas.

1. ¿Cómo se llama el género literario que caracteriza las obras de Gabriel García Márquez?
2. ¿Cuál es el atractivo principal del Parque Nacional Cotopaxi?
3. En qué país está el Parque Nacional Canaima?
4. ¿Qué animales pertenecen a la familia de la alpaca?
5. ¿Qué hacía Marisol Escobar para imitar a los mártires?
6. ¿Cuáles especies de cóndores se conocen en la actualidad?
7. ¿Por qué razón el puma se encuentra en peligro de extinción?
8. ¿Qué artista de la Galería te interesa más? ¿Por qué?

3

Los Andes En parejas, pregúntense uno a otro si les gustaría viajar a los lugares de la lista. Mencionen las razones por las que se animarían a ir a estos lugares o si encuentran algún motivo para no visitarlos.

Lugares

1. Lagunas glaciares cerca del pico nevado Púlpito del Diablo, en Colombia
2. El Parque Nacional Cotopaxi cerca de Quito, en Ecuador
3. El Salto Ángel al sureste de Caracas, en Venezuela
4. El Parque Nacional Natural el Cocuy, en Colombia
5. El volcán Sangay en las afueras de Quito, en Ecuador

Practice more at **vhlcentral.com**.

PROYECTO

Fotografías descriptivas

Imagina que eres fotógrafo/a y quieres solicitar empleo en una revista turística. Te han pedido que saques fotos para un reportaje sobre la cordillera de los **Andes** en **Colombia**, **Ecuador** y **Venezuela**.

Busca la información que necesites en Internet.

- Investiga sobre tres maravillas naturales o animales de los Andes.
- Escoge fotografías que reflejen su magnitud y belleza.
- Describe cada foto a la clase y explica por qué la escogiste.

Un bosque tropical

 Video

Ahora que ya has leído sobre las maravillas que esconde la cordillera de los Andes, mira este episodio de **Flash Cultura** para conocer la riqueza del bosque tropical lluvioso de Puerto Rico, con su sorprendente variedad de árboles milenarios.

Vocabulario

la brújula *compass*	**estar en forma** *to be fit*
la caminata *hike*	**la lupa** *magnifying glass*
la cascada *waterfall*	**el/la nene/a** *kid*
el chapuzón *dip*	**subir** *to climb*
la cima *peak*	**la torre** *tower*

1 **Preparación** ¿Te gusta estar en contacto con la naturaleza? ¿De qué manera? ¿Has visitado alguno de los bosques nacionales de tu país? ¿Cuál(es)?

2 **Comprensión** Indica si estas afirmaciones son ciertas o falsas. Después, en parejas, corrijan las falsas.

1. El nombre *Yunque* proviene del español y significa "dios de la montaña".
2. El Yunque es la reserva forestal más antigua del hemisferio occidental.
3. El símbolo de Puerto Rico es el arroz con gandules.
4. Para llegar a la cima es necesario estar en forma y llevar brújula, agua, mapa, etc.
5. Una caminata hasta la cima puede llevar hasta dos días.
6. Como la cima está rodeada de nubes, los árboles no pueden crecer mucho.

3 **Expansión** En parejas, contesten estas preguntas.

• Imagina que sólo puedes llevar tres de los objetos del equipo para llegar a la cima del Yunque. ¿Cuáles llevarías? ¿Por qué?

• ¿Alguno de los atractivos del Yunque te anima (*encourages you*) a visitar este bosque en tus próximas vacaciones? ¿Cuál? ¿Por qué?

• ¿Qué tipo de comida llevas cuando vas de excursión? ¿Qué otras cosas llevas en la mochila?

Corresponsal: Diego Palacios
País: Puerto Rico

En el Yunque hay más especies de árboles que en ningún otro de los bosques nacionales, muchos de los cuales son cientos de veces más grandes, como el Parque Yellowstone o el Yosemite.

Nadar en los ríos del Yunque es uno de los pasatiempos favoritos de los puertorriqueños, como lo es meterse debajo de las cascadas.

El Yunque es el único Bosque Tropical Lluvioso del Sistema Nacional de Bosques de los Estados Unidos.

Practice more at vhlcentral.com.

 Presentation

5.1

The future

Forms of the future tense

*Y, ¿cuándo te **irás**?*

TALLER DE CONSULTA

These grammar topics are covered in the **Manual de gramática, Lección 5.**

5.4 *Qué* vs. *cuál*, p. 396

5.5 The neuter *lo*, p. 398

¡ATENCIÓN!

Note that all of the future tense endings carry a written accent except in the **nosotros** form.

- The future tense (**el futuro**) takes the same endings for all **–ar, –er,** and **–ir** verbs. For regular verbs, the endings are added to the infinitive.

The future tense		
hablar	deber	abrir
hablaré	deberé	abriré
hablarás	deberás	abrirás
hablará	deberá	abrirá
hablaremos	deberemos	abriremos
hablaréis	deberéis	abriréis
hablarán	deberán	abrirán

- For verbs with irregular future stems, the same endings are added to the irregular stem.

infinitive	stem	future
caber	cabr–	cabré, cabrás, cabrá, cabremos, cabréis, cabrán
haber	habr–	habré, habrás, habrá, habremos, habréis, habrán
poder	podr–	podré, podrás, podrá, podremos, podréis, podrán
querer	querr–	querré, querrás, querrá, querremos, querréis, querrán
saber	sabr–	sabré, sabrás, sabrá, sabremos, sabréis, sabrán
poner	pondr–	pondré, pondrás, pondrá, pondremos, pondréis, pondrán
salir	saldr–	saldré, saldrás, saldrá, saldremos, saldréis, saldrán
tener	tendr–	tendré, tendrás, tendrá, tendremos, tendréis, tendrán
valer	valdr–	valdré, valdrás, valdrá, valdremos, valdréis, valdrán
venir	vendr–	vendré, vendrás, vendrá, vendremos, vendréis, vendrán
decir	dir–	diré, dirás, dirá, diremos, diréis, dirán
hacer	har–	haré, harás, hará, haremos, haréis, harán

Uses of the future tense

- In Spanish, as in English, the future tense is one of many ways to express actions or conditions that will happen in the future.

Present indicative	**Present subjunctive**
Llegan a Caracas mañana.	**Prefiero que lleguen** a Caracas mañana.
They arrive in Caracas tomorrow.	*I prefer that they arrive in Caracas tomorrow.*
(conveys a sense of certainty that the action will occur)	**(refers to an action that has yet to occur)**

ir a + [*infinitive*]	**Future tense**
Van a llegar a Caracas mañana.	**Llegarán** a Caracas mañana.
They are going to arrive in Caracas tomorrow.	*They will arrive in Caracas tomorrow.*
(expresses the near future; is commonly used in everyday speech)	**(expresses an action that will occur; often implies more certainty than ir a + [*infinitive*])**

¡ATENCIÓN!

The future tense is used less frequently in Spanish than in English.

Te llamo mañana.
I'll call you tomorrow.

Espero que vengan.
I hope they will come.

- The English word *will* can refer either to future time or to someone's willingness to do something. To express willingness, Spanish uses the verb **querer** + [*infinitive*], not the future tense.

> ¿**Quieres contribuir** a la protección del medio ambiente?
> *Will you contribute to the protection of the environment?*

> **Quiero ayudar**, pero no sé por dónde empezar.
> *I'll help, but I don't know where to begin.*

- In Spanish, the future tense may be used to express conjecture or probability, even about present events. English expresses this in various ways, using words and expressions such as *wonder, bet, must be, may, might,* and *probably.*

> ¿Qué hora **será**?
> *I wonder what time it is.*

> Ya **serán** las dos de la mañana.
> *It must be 2 a.m. by now.*

> ¿**Estará** lloviendo en Medellín?
> *Do you think it's raining in Medellín?*

> **Hará** un poco de sol y un poco de viento.
> *It's probably a bit sunny and windy.*

- When the present subjunctive follows a conjunction of time like **cuando, después (de) que, en cuanto, hasta que,** and **tan pronto como,** the future tense is often used in the main clause of the sentence.

> Nos **quedaremos** lejos de la costa **hasta que pase** el huracán.
> *We'll stay far from the coast until the hurricane passes.*

> **En cuanto termine** de llover, **regresaremos** a casa.
> *As soon as it stops raining, we'll go back home.*

> **Tan pronto como salga** el sol, **iré** a la playa a tomar fotos.
> *As soon as the sun comes up, I'll go to the beach to take photos.*

TALLER DE CONSULTA

For a detailed explanation of the subjunctive with conjunctions of time, see **6.1, pp. 212–213.**

Práctica

1

Horóscopo chino En el horóscopo chino cada signo está representado por un animal. Completa las predicciones para la serpiente, conjugando los verbos entre paréntesis en el futuro.

TRABAJO Esta semana tú (1) _____ (tener) que trabajar duro. (2) _____ (salir) poco y no (3) _____ (poder) divertirte. Pero (4) _____ (valer) la pena. Muy pronto (5) _____ (conseguir) el puesto que esperas.

DINERO (6) _____ (venir) dificultades económicas. No malgastes tus ahorros.

SALUD El médico (7) _____ (resolver) tus problemas respiratorios, pero tú (8) _____ (deber) cuidarte la garganta.

AMOR (9) _____ (recibir) una noticia muy buena. Una persona especial te (10) _____ (decir) que te ama. (11) _____ (venir) días felices.

2

Predicciones En parejas, escriban el horóscopo de su compañero/a. Utilicen verbos en futuro y las frases de la lista. Luego, compartan sus predicciones con la clase.

decir secretos	haber una sorpresa	recibir una visita
empezar una relación	hacer daño	tener suerte
festejar	hacer un viaje	venir amigos
ganar/perder dinero	poder solucionar problemas	viajar al extranjero

Dragón:
1940-1952-1964-
1976-1988-2000

Serpiente:
1941-1953-1965-
1977-1989-2001

Caballo:
1942-1954-1966-
1978-1990-2002

Cabra:
1943-1955-1967-
1979-1991-2003

Mono:
1944-1956-1968-
1980-1992-2004

Gallo:
1945-1957-1969-
1981-1993-2005

Perro:
1946-1958-1970-
1982-1994-2006

Cerdo:
1947-1959-1971-
1983-1995-2007

Rata:
1948-1960-1972-
1984-1996-2008

Búfalo:
1949-1961-1973-
1985-1997-2009

Tigre:
1950-1962-1974-
1986-1998-2010

Gato:
1951-1963-1975-
1987-1999-2011

3

Tus planes En parejas, pregúntense qué planes tienen para el próximo verano. Pueden hacerse preguntas que no estén en la lista. Después, compartan la información con la clase.

1. ¿Trabajarás? ¿En qué?
2. ¿Tomarás clases? ¿De qué?
3. ¿Te irás de viaje? ¿Adónde?
4. ¿Saldrás por las noches? ¿Con quién?
5. ¿Harás algo extraordinario? ¿Qué?
6. ¿Protegerás el medio ambiente? ¿Cómo?
7. ¿Harás ejercicio al aire libre? ¿Dónde?
8. ¿Mejorarás tu vida? ¿Cómo?

Practice more at
vhlcentral.com.

Comunicación

4

Viaje de aventura Tú y tu compañero/a están planeando un viaje de dos semanas. Decidan cuándo y a cuál de estos países irán y qué harán allí, usando el anuncio como guía. Conjuguen los verbos en el futuro.

ECOTURISMO

Colombia	Ecuador	Venezuela
• acampar en la costa	• montar a caballo en las montañas	• explorar un tramo de los Andes
• hacer *rafting* por el río Tobia	• bucear en el mar	• ascender un tepuy (*flat-topped mountain*)
• visitar la región amazónica colombiana	• ir en bicicleta de montaña	• hacer una expedición por un río
• disfrutar de la naturaleza y las playas en el Parque Nacional Tayrona	• viajar en kayak por las islas Galápagos con las tortugas marinas, las focas y los delfines	• explorar las islas del Parque Nacional Mochima en kayak

5

¿Qué será de...? Todo cambia con el tiempo. En parejas, conversen sobre el futuro de cada lugar, producto o animal.

- las ballenas
- Venecia
- el libro impreso (*printed*)
- la televisión
- Internet
- las hamburguesas
- el hielo (*ice*) en los polos norte y sur
- la selva amazónica
- Los Ángeles
- el petróleo

6

¿Dónde estarán en veinte años? En grupos de tres, hagan una lista de cinco personas famosas y anticipen lo que será de ellas dentro de veinte años.

7

Situaciones En parejas, seleccionen uno de estos temas e inventen un diálogo usando el tiempo futuro.

1. Dos jóvenes han terminado sus estudios y hablan sobre lo que harán para convertirse en millonarios.

2. Dos ladrones/as acaban de robar todo el dinero de un banco internacional y lo han escondido en el congelador (*freezer*) de un(a) amigo/a. Ahora se preguntan cómo escaparán de la policía.

3. Dos hermanas han decidido convertir su granja (*farm*) en un centro de ecoturismo. Deben desarrollar atracciones para los turistas.

4. Dos inventores/as se reúnen para participar en un intercambio (*exchange*) de ideas. El objetivo es controlar, reducir y eliminar la contaminación del aire en las ciudades. Cada uno/a dice lo que inventará para conseguirlo.

Ⓢ Presentation

The conditional

*¿Te dijo en qué coche **vendría**?*

- The conditional tense (**el condicional**) takes the same endings for all **–ar, –er,** and **–ir** verbs. For regular verbs, the endings are added to the infinitive.

The conditional		
dar	ser	vivir
daría	sería	viviría
darías	serías	vivirías
daría	sería	viviría
daríamos	seríamos	viviríamos
daríais	seríais	viviríais
darían	serían	vivirían

¡ATENCIÓN!

Note that all of the conditional endings carry a written accent mark.

- Verbs with irregular future stems have the same irregular stem in the conditional.

infinitive	stem	conditional
caber	cabr–	cabría, cabrías, cabría, cabríamos, cabríais, cabrían
haber	habr–	habría, habrías, habría, habríamos, habríais, habrían
poder	podr–	podría, podrías, podría, podríamos, podríais, podrían
querer	querr–	querría, querrías, querría, querríamos, querríais, querrían
saber	sabr–	sabría, sabrías, sabría, sabríamos, sabríais, sabrían
poner	pondr–	pondría, pondrías, pondría, pondríamos, pondríais, pondrían
salir	saldr–	saldría, saldrías, saldría, saldríamos, saldríais, saldrían
tener	tendr–	tendría, tendrías, tendría, tendríamos, tendríais, tendrían
valer	valdr–	valdría, valdrías, valdría, valdríamos, valdríais, valdrían
venir	vendr–	vendría, vendrías, vendría, vendríamos, vendríais, vendrían
decir	dir–	diría, dirías, diría, diríamos, diríais, dirían
hacer	har–	haría, harías, haría, haríamos, haríais, harían

Uses of the conditional

- The conditional is used to express what *would* occur under certain circumstances.

  ¿Qué ciudad de Ecuador **visitarías** primero?
  Which city in Ecuador would you visit first?

  Iría primero a Quito y después a Guayaquil.
  First I would go to Quito and then to Guayaquil.

- The conditional is also used to make polite requests.

  ¿**Podrías** pasarme ese mapa, por favor?
  Could you pass me that map, please?

  ¿Le **importaría** (a usted) cuidar mis plantas?
  Would you mind taking care of my plants?

- Just as the future tense is one of several ways of expressing a future action, the conditional is one of several ways of expressing a future action as perceived in the past. In this case, the conditional expresses what someone said or thought *would* happen.

  Dicen que mañana **hará** viento.
  They say it will be windy tomorrow.

  Creía que hoy **haría** viento.
  I thought it would be windy today.

  Dicen que mañana **va a hacer** viento.
  They say it's going to be windy tomorrow.

  Creía que hoy **iba a hacer** viento.
  I thought it was going to be windy today.

- In Spanish, the conditional may be used to express conjecture or probability about a past event. English expresses this in various ways using words and expressions such as *wondered, must have been,* and *was probably.*

  ¿A qué hora **regresaría**?
  I wonder what time he returned.

  Serían las ocho.
  It must have been eight o'clock.

TALLER DE CONSULTA

The conditional is also used in contrary-to-fact sentences. See **9.3, p. 325.**

¿No sería ahora el momento justo para ir de vacaciones a San Andrés?

Práctica

1 **Ambición** Completa el diálogo con el condicional de los verbos entre paréntesis.

DARÍO Si yo pudiera formar parte de esta organización, (1) _____ (estar) dispuesto (*ready*) a ayudar en todo lo posible.

CONSUELO Sí, lo sé, pero tú no (2) _____ (poder) hacer mucho. No tienes la preparación necesaria. Tú (3) _____ (necesitar) estudios de biología.

DARÍO Bueno, yo (4) _____ (ayudar) con las cosas menos difíciles. Por ejemplo, (5) _____ (hacer) el café para las reuniones.

CONSUELO Estoy segura de que todos (6) _____ (agradecer) tu colaboración. Les preguntaré si necesitan ayuda.

DARÍO Eres muy amable, Consuelo. (7) _____ (dar) cualquier cosa por trabajar con ustedes. Y (8) _____ (considerar) la posibilidad de volver a la universidad para estudiar biología. (9) _____ (tener) que trabajar duro, pero lo (10) _____ (hacer) porque no (11) _____ (saber) qué hacer sin un buen trabajo. Por eso sé que el esfuerzo (12) _____ (valer) la pena.

2 **Cortesía** Cambia estos mandatos por mandatos indirectos que usen el condicional.

Mandatos directos	Mandatos indirectos
1. Dale de comer al perro.	¿Podrías darle de comer al perro, por favor?
2. No malgastes el agua.	
3. Compra un carro híbrido.	
4. Planta un árbol.	
5. Deja de molestar al gato.	
6. Usa sólo papel reciclado.	
7. No tires basura en la calle.	

3 **Lo que hizo Irma** Utilizamos el condicional para expresar el futuro en el contexto de una acción pasada. Explica lo que quiso hacer Irma e inventa lo que al final pudo hacer.

Modelo   pensar / desayunar
Irma pensó que desayunaría con su amiga Gabi,
pero Gabi no tenía hambre.

1. pensar / comer
2. decir / poner
3. imaginar / tener
4. escribir / venir
5. contarme / querer
6. suponer / hacer
7. explicar / salir
8. calcular / valer

Practice more at
vhlcentral.com.

Comunicación

4

De vacaciones Tu tío Ignacio y su familia van a Ciudad Bolívar en Venezuela. Ellos te han llamado para pedirte consejos sobre lo que deben hacer. En grupos de cuatro, háganles sugerencias de acuerdo a sus gustos y a la información de la Nota cultural. Usen el condicional.

Modelo Tía Rosa y Eduardito podrían visitar el Ecomuseo.

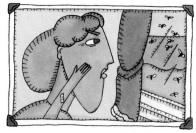

Tía Rosa: No le gusta estar al aire libre. Odia los mosquitos.

Tío Ignacio: Le encanta acampar.

María Fernanda: Le encantan los animales salvajes.

Eduardito: Le gusta jugar con la computadora y leer.

5

¿Qué harías? Piensa en lo que harías en estas situaciones. Luego, en parejas, compartan sus reacciones usando el condicional.

1.

2.

3.

4.

5.

Presentation

5.3 Relative pronouns

The relative pronoun *que*

*Echa unas monedas en esas maquinitas **que** ha puesto el ayuntamiento y lo deja aquí al lado.*

TALLER DE CONSULTA

See **Manual de gramática 5.4, p. 396** to review the uses of **qué** and **cuál** in asking questions.

¡ATENCIÓN!

Relative pronouns are used to connect short sentences or clauses to create longer, more fluid sentences. Unlike the interrogative words **qué, quién(es),** and **cuál(es),** relative pronouns never carry accent marks.

- **Que** (*that, which, who*) is the most frequently used relative pronoun (**pronombre relativo**). It can refer to people or things, subjects or objects, and can be used in restrictive clauses (without commas) or nonrestrictive clauses (with commas). Note that while some relative pronouns may be omitted in English, they must always be used in Spanish.

  El incendio **que** vimos ayer destruyó la tercera parte del bosque.
  The fire (that) we saw yesterday destroyed a third of the forest.

  Los ciudadanos **que** van a la manifestación exigen respuestas del gobierno.
  The citizens who are going to the protest demand answers from the government.

  La inundación fue causada por la lluvia, **que** ha durado más de dos semanas.
  The flood was caused by the rain, which has lasted over two weeks.

- In a restrictive (without commas) clause where no preposition or personal **a** precedes the relative pronoun, always use **que**.

  Las ballenas **que** encontraron en la playa estaban vivas.
  The whales they found on the beach were alive.

El que/La que

- After prepositions, **que** follows the definite article: **el que, la que, los que,** or **las que**. The article must agree in gender and number with the antecedent (the noun or pronoun to which it refers). When referring to *things* (but not *people*), the article may be omitted after short prepositions, such as **en, de,** and **con**.

  La mujer **para la que** trabajo llegará a las seis.
  The woman (whom) I work for will arrive at six.

  El edificio **en (el) que** viven es viejo.
  The building (that) they live in is old.

- **El que, la que, los que,** and **las que** are also used for clarification to refer to a previously mentioned person or thing.

  Hablé con los vecinos que tienen perros pero no con **los que** tienen gatos.
  I talked to the neighbors who have dogs but not to the ones who have cats.

  Si puedes optar entre dos compañías, elige **la que** paga más.
  If you can choose between two companies, pick the one that pays more.

El cual/La cual

- **El cual, la cual, los cuales,** and **las cuales** are generally interchangeable with **el que, la que, los que,** and **las que** after prepositions. They are often used in more formal speech or writing. Note that when **el cual** and its forms are used, the definite article is never omitted.

  El edificio **en el cual** viven es viejo.
  The building in which they live is old.

Quien/Quienes

- **Quien** (sing.) and **quienes** (pl.) only refer to people. **Quien(es)** can therefore generally be replaced by forms of **el que** and **el cual,** although the reverse is not always true.

  Los investigadores, **quienes (los que/los cuales)** estudian la erosión, son de Ecuador.
  The researchers, who are studying erosion, are from Ecuador.

  El investigador **de quien (del que/del cual)** hablaron era mi profesor.
  The researcher (whom) they spoke about was my professor.

- Although **que** and **quien(es)** may both refer to people, their use depends on the structure of the sentence. In restrictive clauses (without commas), only **que** is used if no preposition or personal **a** is necessary. If a preposition or personal **a** is necessary, **quien** (or a form of **el que/el cual**) is used instead.

  La gente **que** vive en la capital está harta del smog.
  The people who live in the capital are tired of the smog.

  Esperamos una respuesta de los biólogos **a quienes (a los que/a los cuales)** llamamos.
  We're waiting for a response from the biologists (whom) we called.

- In nonrestrictive clauses (with commas) that refer to people, **que** is more common in spoken Spanish, but **quien(es)** (or a form of **el que/el cual**) is preferred in written speech.

  Juan y María, **que** viven conmigo, me regañan si dejo las luces prendidas.
  Juan and María, who live with me, scold me if I leave the lights on.

  Las expertas, **quienes** por fin concedieron la entrevista, no mencionaron la sequía.
  The experts, who finally granted the interview, didn't mention the drought.

The relative adjective *cuyo*

- The relative adjective **cuyo (cuya, cuyos, cuyas)** means *whose* and agrees in number and gender with the noun it precedes. When asking to whom something belongs, use **¿de quién(es)?**, not a form of **cuyo**.

  El equipo, **cuyo** proyecto aprobaron, viajará a las islas Galápagos en febrero.
  The team, whose project they approved, will travel to the Galapagos Islands in February.

  La colega, **cuyas** ideas mejoraron el plan, no tiene tiempo para realizar el proyecto.
  The colleague, whose ideas improved the plan, doesn't have time to do the project.

  ¿De quién es este mapa de Venezuela?
  Whose map of Venezuela is this?

  Es mío, pero no es un mapa. Es un atlas **cuyos** autores son venezolanos.
  It's mine, but it's not a map. It's an atlas whose authors are Venezuelan.

TALLER DE CONSULTA

The neuter forms **lo que** and **lo cual** are used when referring to situations or abstract concepts that have no gender. See **Manual de gramática 5.5, p. 398.**

¿Qué es lo que te molesta?
What is it that's bothering you?

Ella habla sin parar, lo cual me enoja mucho.
She won't stop talking, which is making me really angry.

¡ATENCIÓN!

When used with **a** or **de**, the contractions **al que/al cual** and **del que/del cual** are formed.

Práctica

1

Relativos Selecciona la palabra o frase adecuada para completar cada oración.

1. El señor Gómez, _____ empresa se dedica al ecoturismo, está en una reunión.
   a. cuya   b. cuyo   c. cuyos

2. Hay muchos tóxicos _____ se contamina el agua.
   a. con la que   b. con los que   c. con quienes

3. El científico, _____ busca una solución para el consumo de energía, hace estudios en Chicaque.
   a. del cual   b. quien   c. quienes

4. Los amigos _____ me viste quieren visitar el Parque Natural Chicaque.
   a. en quien   b. de quien   c. con quienes

2

El ozono Completa el siguiente artículo de una revista científica con los pronombres relativos de la lista. Algunos pronombres pueden repetirse.

LA CAPA DE OZONO

con quien
cuyas
cuyo
de las cuales
de que
del que
el cual
en que
las cuales
que
quien

La capa de ozono está formada por un gas, (1) _____ se encuentra en la estratosfera. Este gas (2) _____ nos protege de la radiación ultravioleta ha empezado a desaparecer en algunas regiones del planeta, (3) _____ la Antártida es la zona (4) _____ está en mayor peligro.

Los seres humanos y la naturaleza causan este daño a la capa de ozono. La gente lo hace con los gases (5) _____ se usan en aerosoles y refrigeradores. La naturaleza lo hace con las erupciones volcánicas, (6) _____ emiten un gas llamado cloro, (7) _____ propiedades dañan el ozono. Este problema del ozono, sobre (8) _____ muchos científicos hablan, puede tener consecuencias negativas para la salud de las personas.

3

Seamos concisos Combina estas oraciones usando un pronombre o adjetivo relativo apropiado.

> **Modelo**   **El consumo de energía es un problema. El gobierno habla del consumo de energía.**
>
> El consumo de energía es un problema del cual el gobierno habla.

1. Los jóvenes son estudiantes universitarios. Los jóvenes luchan contra la deforestación.
2. La manifestación será mañana en la plaza. Te hablé de la manifestación.
3. El gobierno aprobó una ley. El contenido de la ley apoya el reciclaje.
4. La gente no puede bañarse en el río. Las aguas del río están contaminadas.
5. La empresa tiene proyectos de urbanización. La empresa está en crisis.

Practice more at **vhlcentral.com**.

Comunicación

4 **Tus prioridades**

A. Completa el recuadro de acuerdo con tus hábitos y opiniones.

	Sí	No	Depende
1. No uso mi carro. Siempre viajo en autobús o en bicicleta.	☐	☐	☐
2. Como frutas y verduras orgánicas.	☐	☐	☐
3. Reciclo latas, productos de plástico y de papel.	☐	☐	☐
4. Apago las luces de los cuartos donde no hay nadie.	☐	☐	☐
5. En invierno me pongo un abrigo en casa en vez de subir la calefacción.	☐	☐	☐
6. En verano no uso el aire acondicionado, sólo abro las ventanas.	☐	☐	☐
7. Quiero tener una casa con paneles solares o una turbina de viento.	☐	☐	☐
8. Participo en organizaciones que protegen el medio ambiente.	☐	☐	☐
9. Sólo el gobierno debe preocuparse por el medio ambiente.	☐	☐	☐
10. Conducir mi carro no perjudica al medio ambiente.	☐	☐	☐
11. Sólo las grandes empresas son responsables de la contaminación.	☐	☐	☐
12. Es imposible proteger todas las especies en peligro de extinción.	☐	☐	☐

B. En parejas, compartan la información del recuadro. Después, usando pronombres relativos, informen a la clase de lo que hayan aprendido sobre su compañero/a.

> **Modelo** Rafael come verduras y frutas orgánicas que compra en el mercado al aire libre. Es una persona a quien no le gusta la contaminación causada por pesticidas y herbicidas.

5 **¿Quién es quién?** La clase se divide en dos equipos. Un(a) integrante del equipo A piensa en un(a) compañero/a y da tres pistas. El equipo B tiene que adivinar de quién se trata. Si adivina con la primera pista, obtiene 3 puntos; con la segunda, obtiene 2 puntos; con la tercera, obtiene 1 punto.

> **Modelo** Estoy pensando en alguien con quien almorzamos.
> Estoy pensando en alguien cuyos ojos son marrones.
> Estoy pensando en alguien que lleva pantalones azules.

6 **Evolución de ideas** En parejas, hagan una lista de cinco creencias (*beliefs*) erróneas que los humanos hemos tenido en los últimos cien años acerca de estos temas. Escriban oraciones y usen por lo menos tres pronombres relativos distintos.

> **Modelo** Los árboles que crecen en la selva amazónica aportan menos oxígeno a la atmósfera de lo que pensábamos.

- la salud
- el medio ambiente
- la familia
- la guerra
- el universo

Síntesis

Pronóstico del tiempo

	Hoy	Mañana	Pasado mañana
Buenos Aires	Máx. / Mín. 15° C / 9 °C	Máx. / Mín. 19 °C / 9 °C	Máx. / Mín. 12 °C / 8 °C
Caracas	Máx. / Mín. 34 °C / 26 °C	Máx. / Mín. 34 °C / 26 °C	Máx. / Mín. 36 °C / 25 °C
Ciudad de México	Máx. / Mín. 24 °C / 14 °C	Máx. / Mín. 22 °C / 13 °C	Máx. / Mín. 22 °C / 12 °C
Quito	Máx. / Mín. 18 °C / 10 °C	Máx. / Mín. 22 °C / 9 °C	Máx. / Mín. 23 °C / 10 °C
Santo Domingo	Máx. / Mín. 32 °C / 24 °C	Máx. / Mín. 32 °C / 23 °C	Máx. / Mín. 32 °C / 23 °C

1
El pronóstico En parejas, seleccionen dos de las ciudades incluidas en el informe del tiempo y describan el pronóstico de esos lugares para los tres días. Utilicen los usos del futuro presentados en la lección.

2
La isla Imagina que tú y tu compañero/a han naufragado (*shipwrecked*) en una isla desierta. Piensa en los problemas a los que se podrían enfrentar (*be faced with*). Coméntalos con tu compañero/a para ver qué haría él/ella en cada situación.

> Modelo —No hay agua potable.
> —Bebería agua de coco.

3
El parque En grupos pequeños, elijan un parque nacional de su país e imaginen que van a visitarlo. Escriban una breve descripción del parque y su medio ambiente usando el vocabulario de esta lección y algunos de los pronombres relativos que han aprendido.

Preparación

Vocabulario de la lectura

el chamán *shaman (religious figure believed to have magical or supernatural powers)*

el/la curandero/a *folk healer*

el/la encargado/a *person in charge*

el hecho *fact*

la madera *wood*

el medicamento *medication*

el pulmón *lung*

la semilla *seed*

la Tierra *Earth*

la utilidad *usefulness*

Vocabulario útil

la dolencia *ailment*

el efecto invernadero *greenhouse effect*

el reciclaje *recycling*

reciclar *to recycle*

el reto *challenge*

1

Emparejar Une cada palabra con su definición.

1. curandero _____
2. medicamento _____
3. pulmón _____
4. madera _____
5. semilla _____
6. Tierra _____

a. órgano donde ocurre la respiración
b. el planeta donde vivimos
c. persona que cura con remedios naturales
d. parte dura de una fruta o vegetal de la cual crecen nuevas frutas y vegetales
e. material sólido de un árbol que tiene múltiples usos
f. sustancia que se consume para curar una enfermedad

2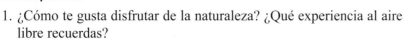

La madre naturaleza En parejas, túrnense para contestar las preguntas y expliquen sus respuestas.

1. ¿Cómo te gusta disfrutar de la naturaleza? ¿Qué experiencia al aire libre recuerdas?

2. ¿Has estado en una selva o en un bosque muy grande? ¿Cómo te sentiste?

3. ¿Tomas medicamentos naturales cuando te sientes enfermo/a? ¿Por qué?

4. ¿Te preocupa el destino de las culturas indígenas de América? ¿Por qué? ¿Cómo se deben proteger?

5. ¿Crees que la tecnología resolverá todos los problemas medioambientales? ¿Qué papel juega la tecnología? ¿Cuáles son sus límites?

6. ¿Alguna vez has tomado un curso de educación ambiental? Si contestaste que sí, ¿qué aprendiste? Si contestaste que no, ¿te gustaría tomar uno? ¿Qué aprenderías?

3

Recursos y destino Trabajen en grupos de tres y sigan estos pasos.

A. Escriban una lista de todos los productos que ustedes han utilizado en las últimas 24 horas. Al lado de cada uno, enumeren los recursos naturales que se utilizaron para producirlo.

B. Expliquen el papel de la biodiversidad en la producción de las comodidades (*comforts*) de la vida moderna. ¿Cómo nos beneficiamos de las plantas y los animales?

C. ¿Por qué es paradójica la explotación humana de la biodiversidad? Expliquen y luego compartan sus impresiones con la clase.

La selva amazónica:
biodiversidad curativa

▶ **Cultura en pantalla**

Explora **vhlcentral.com** y y mira el videoclip sobre las
Plantas medicinales y su uso en Paraguay.

CULTURA

Audio: Reading

Sólo se conoce una fracción de los millones de especies de plantas y animales que viven en las selvas tropicales de la Tierra. Con una superficie de 5.500.000 km², la selva amazónica es el hábitat de millones de estos organismos. Esta selva es el ecosistema más diverso del planeta, hecho que se refleja especialmente en los árboles, de los que se reconocen más de 60.000 especies diferentes.

La gran riqueza de su vegetación ha sido durante siglos de gran utilidad para los habitantes de la cuenca° amazónica. Frutas poco conocidas en nuestra cultura occidental, como el túpiro, el copoazú o el temare, les sirven de alimento. Los árboles, algunos de los cuales llegan a medir cien metros, les proveen de maderas de gran calidad. Y sus bosques, aparte de ser la morada° natural de los espíritus de sus religiones, también les proporcionan un enorme surtido° de plantas medicinales.

Este uso de las plantas como medicinas se remonta° a épocas precolombinas en que las culturas indígenas descubrieron las propiedades curativas de la vegetación que las rodeaba. Los chamanes y curanderos eran, y todavía son, los encargados de recoger las plantas y las muestras° de los árboles. La tradición indica que tenían que entrar a las zonas más apartadas° e impenetrables de la selva para buscarlas, pues se creía que cuanto más difícil era el acceso a los remedios, más poderosos eran sus efectos curativos.

Hoy, las plantas son el origen de más del 25% de los medicamentos que se encuentran en las farmacias del mundo. Muchas de ellas provienen de° la selva en la cuenca del río Amazonas. La mayor presencia en el mercado de este tipo de medicinas se debe al creciente interés de la industria farmacéutica por métodos de

basin (5)
dwelling (20)
assortment
dates back (25)
samples (30)
isolated
originate from (40)

Desaparecen las culturas amazónicas

Se estima que hace más de quinientos años vivían cerca de diez millones de indígenas en la región amazónica. Hoy día hay menos de 200.000. Tan sólo en Brasil unas noventa tribus indígenas han desaparecido desde comienzos del siglo XX. Y en países como Perú, Colombia, Ecuador y Venezuela cada año se reduce aún más la población indígena de la región amazónica.

curación que han sido usados con éxito durante miles de años.

En el noroeste de la selva amazónica, por ejemplo, los indígenas usan más de 1.300 plantas medicinales. Una de ellas es el curare, una sustancia que los indígenas suramericanos ponían en la punta° de sus flechas° para paralizar a los animales que cazaban para comer. Actualmente, la tubocurarina, derivada del curare, se utiliza en todo el mundo como anestesia. Otro remedio que se está haciendo muy popular es la semilla de guaraná, que favorece al corazón y a la memoria, y es más poderosa que el ginseng.

Desafortunadamente, la deforestación de esta zona está reduciendo su área aceleradamente. Esto afecta a todos los seres que habitan allí y pone en peligro de extinción a cientos de especies animales y vegetales. Es por esto que tanto gobiernos locales como organizaciones de todo el mundo están luchando° para proteger sus extraordinarios recursos naturales y preservar las culturas de sus habitantes. ■

tip (50)
arrows
(55)
(60)
fighting
(65)
(70)

Análisis

1

Comprensión Contesta las preguntas con oraciones completas.

1. ¿Por qué crees que se dice que la selva amazónica es "el pulmón de la Tierra"?

2. ¿Por qué es considerada como el ecosistema más variado del planeta?

3. ¿Qué tareas realizan los chamanes y los curanderos?

4. ¿Por qué entran a zonas muy apartadas para conseguir medicinas?

5. ¿Qué porcentaje de los medicamentos que se venden en las farmacias del mundo proviene de las plantas?

6. ¿A qué se debe el uso de tantas medicinas de origen vegetal?

7. ¿Cuáles son las consecuencias de la deforestación de la selva amazónica?

8. ¿Cuántos indígenas vivían en la región amazónica hace más de quinientos años? ¿Y ahora?

2

Informe Tú y tu compañero/a participan en un concurso (*contest*) para desarrollar un nuevo medicamento hecho con ingredientes vegetales provenientes de la selva amazónica. Escriban un informe para su página web sobre la importancia de cuidar de la biodiversidad y de las culturas indígenas de la selva amazónica. Expliquen los problemas que existen y las soluciones.

PROTEGER LA SELVA AMAZÓNICA

La selva amazónica es la más extensa del mundo. Su biodiversidad guarda un número infinito de secretos que pueden ayudar a curar muchas enfermedades. Por lo tanto, es esencial que...

3

En peligro de extinción: ¿Sí o no? En grupos de cuatro, hablen de las causas, los efectos, las posibles soluciones y el futuro de estos problemas medioambientales. Después, dividan la clase en optimistas y pesimistas, y discutan sobre el porvenir del planeta. ¿Está en peligro de extinción?

- La destrucción de selvas tropicales
- El efecto invernadero
- La contaminación del aire
- La extinción de culturas indígenas
- La contaminación de océanos, ríos y mares
- El calentamiento global

Practice more at vhlcentral.com.

Preparación

Sobre el autor

Jaime Sabines (1926–1999) fue uno de los más grandes poetas mexicanos. Licenciado en Lengua y Literatura Española por la Universidad Nacional Autónoma de México (UNAM), estuvo muy involucrado en la política de su país. Su poesía se distingue por su lenguaje coloquial que nos habla de la realidad de todos los días. En 1972, obtuvo el Premio Villaurrutia y, en 1983, le concedieron el Premio Nacional de Literatura.

Vocabulario de la lectura		Vocabulario útil
a cucharadas *in spoonfuls*	**intoxicar** *to poison*	**el antídoto** *antidote*
ahogarse *to suffocate, to drown*	**la pata de conejo** *rabbit's foot*	**la felicidad** *happiness*
aliviar *to relieve, to soothe*	**el pedazo** *piece*	**la rutina diaria** *daily routine*
el frasquito *little bottle*	**el/la preso/a** *prisoner*	**el símbolo** *symbol*
la hoja *leaf*		

1

Vocabulario Escoge la mejor opción para completar las oraciones.

1. Armando fue al médico porque por las noches sentía que se _____.
   a. ahogaba   b. aliviaba

2. El médico le dio _____ con medicina.
   a. un pedazo   b. un frasquito

3. Él le preguntó al médico cómo debía tomarse la medicina. El médico le respondió que dos _____ al día.
   a. cucharadas   b. hojas

4. También quería saber cuándo se iba a _____ de sus síntomas.
   a. aliviar   b. intoxicar

5. El médico le dijo que necesitaba descansar más y simplificar su _____.
   a. pata de conejo   b. rutina diaria

2

La felicidad En el poema que van a leer, Jaime Sabines habla de la esperanza e ilusión que hay que tener en la vida. En parejas, contesten las preguntas.

1. ¿Son felices a pesar de los problemas cotidianos? ¿Cómo lo logran?

2. Cuando tienen problemas que no pueden solucionar, ¿qué hacen para sentirse mejor?

3. ¿Es posible ser feliz siempre? Expliquen.

4. Hagan una lista de cinco cosas bellas que piensan que tiene la vida. Compártanla después con la clase.

3

La luna En parejas, hagan una lista de ideas, situaciones y/o personas relacionadas con la luna. Sean creativos. Después, compartan su lista con la clase.

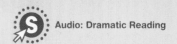
Audio: Dramatic Reading

LA LUNA

Jaime Sabines

La luna se puede tomar a cucharadas
o como una cápsula cada dos horas.
Es buena como hipnótico y sedante
y también alivia
5 a los que se han intoxicado de filosofía.
Un pedazo de luna en el bolsillo° *pocket*
es mejor amuleto° que la pata de conejo: *charm, amulet*
sirve para encontrar a quien se ama,
para ser rico sin que lo sepa nadie
10 y para alejar° a los médicos y a las clínicas. *keep away*
Se puede dar de postre a los niños
cuando no se han dormido,
y unas gotas° de luna en los ojos de los ancianos° *drops / elderly*
ayudan a bien morir.

15 Pon una hoja tierna° de la luna *tender*
debajo de tu almohada° *pillow*
y mirarás lo que quieras ver.
Lleva siempre un frasquito del aire de la luna
para cuando te ahogues,
20 y dales la llave de la luna
a los presos y a los desencantados°. *disenchanted*
Para los condenados° a muerte *condemned*
y para los condenados a vida
no hay mejor estimulante que la luna
25 en dosis precisas y controladas.

Análisis

1 **Comprensión** Elige el párrafo que mejor resume lo que expresa el poema.

1. Las responsabilidades de la vida moderna traen estrés y dificultan las relaciones personales. La luna, con su influencia negativa, intoxica a las personas y es causa de conflictos.

2. El poema les recomienda la luna a niños y adultos contra una variedad de problemas y para tener mejor suerte. Un postre de luna ayuda a los niños a dormirse. Una dosis de luna alivia cuando uno se ahoga.

2 **Interpretar** Contesta las preguntas. Luego, explícale tus respuestas a la clase.

1. ¿Cuál es el tema principal del poema? ¿Cuáles son los temas secundarios?

2. Lee estos versos. ¿Qué crees que quiere expresar el poeta?

> Un pedazo de luna en el bolsillo
> es mejor amuleto que la pata de conejo:
> sirve para encontrar a quien se ama,
> para ser rico sin que lo sepa nadie
> y para alejar a los médicos y a las clínicas.

3. ¿Qué relación hay entre llaves y presos? ¿Qué quiere decir el poeta con esa imagen?

4. En tu opinión, ¿qué simboliza la luna? Sustituye la luna con otro símbolo que represente las mismas ideas. ¿Funciona? ¿Por qué?

5. ¿Qué efecto causa el poeta cuando recomienda la luna en "dosis precisas y controladas"?

3 **Símbolos** Los símbolos están en nuestro día a día. En parejas, mencionen cinco símbolos conocidos por todos y expliquen lo que simbolizan.

> **Modelo** Un corazón simboliza el amor.

4 **¿Y tú?** El poeta hace recomendaciones para que seamos más felices. ¿Qué les dirías a estas personas si te preguntaran qué hacer para solucionar sus problemas?

- un(a) enamorado/a que no es correspondido/a
- alguien que acaba de perder su empleo/a
- un(a) preso/a que es inocente
- una pareja que está muy enamorada pero que se pelea constantemente

5 **Escribir** Escribe diez consejos para que todos seamos felices. Sigue el **Plan de redacción.**

Plan de redacción

Consejos para ser feliz

1 **Esquema** Prepara un esquema con las diez actitudes hacia la vida que crees necesarias para ser feliz. Organiza tus ideas para no repetir ni olvidar nada.

2 **Título** Elige un título simbólico para tu decálogo.

3 **Contenido** Escribe los diez consejos. Utiliza el subjuntivo, el condicional, mandatos y pronombres relativos.

Practice more at
vhlcentral.com.

Nuestro mundo

Vocabulary Tools

La naturaleza

el árbol *tree*
el bosque *forest*
la cordillera *mountain range*
la costa *coast*
el desierto *desert*
la luna *moon*
el mar *sea*
el paisaje *landscape, scenery*
el río *river*
la selva (tropical) *(tropical) rainforest*
el sol *sun*
la tierra *land, earth*

al aire libre *outdoors*
escaso/a *scant, scarce*
potable *drinkable*
protegido/a *protected*
puro/a *pure, clean*
seco/a *dry*

Los animales

el águila (f.) *eagle*
el ave, el pájaro *bird*
la ballena *whale*
la especie en peligro (de extinción)
    endangered species
la foca *seal*
el lagarto *lizard*
el león *lion*
el lobo *wolf*
el mono *monkey*
el oso *bear*
el pez *fish*
la serpiente *snake*
el tigre *tiger*
la tortuga (marina) *(sea) turtle*

Los fenómenos naturales

el calentamiento *warming*
la erosión *erosion*
el huracán *hurricane*
el incendio *fire*
la inundación *flood*
la lluvia *rain*
la sequía *drought*
el terremoto *earthquake*

La ecología

la basura *trash*
la capa de ozono *ozone layer*
el combustible *fuel*
el consumo de energía *energy consumption*
la contaminación *pollution*
la deforestación *deforestation*
el desarrollo *development*
la energía (eólica, nuclear, renovable, solar)
    (wind, nuclear, renewable, solar) energy
la fuente *source*
el medio ambiente *environment*
el peligro *danger*
el petróleo *oil*
el porvenir *future*
los recursos *resources*
el smog *smog*

agotar *to use up*
aguantar *to put up with, to tolerate*
amenazar *to threaten*
cazar *to hunt*
conservar *to preserve*
contagiar *to infect; to be contagious*
contaminar *to pollute*
desaparecer *to disappear*
destruir *to destroy*
echar *to throw away*
empeorar *to get worse*
extinguirse *to become extinct*
malgastar *to waste*
mejorar *to improve*
prevenir (e:ie) *to prevent*
proteger *to protect*
resolver (o:ue) *to solve, to resolve*
respirar *to breathe*
urbanizar *to urbanize*

dañino/a *harmful*
desechable *disposable*
híbrido/a *hybrid*
renovable *renewable*
tóxico/a *toxic*

Cortometraje

el aparcamiento *parking space*
el coche *car*
la decepción *disappointment*

el desinterés *lack of interest*
la expansión (urbana) *(urban) sprawl*
el tronco *trunk*

aparcar *to park*
cortar *to cut*
desatender (e:ie) *to neglect*
hacer falta *to be necessary*
plantar *to plant*
podar *to prune*
quitar *to remove*
serrar *to saw*
soportar *to put up with*

descontrolado/a *out of control*

Cultura

el chamán *shaman*
el/la curandero/a *folk healer*
la dolencia *ailment*
el efecto invernadero *greenhouse effect*
el/la encargado/a *person in charge*
el hecho *fact*
la madera *wood*
el medicamento *medication*
el pulmón *lung*
el reciclaje *recycling*
el reto *challenge*
la semilla *seed*
la Tierra *Earth*
la utilidad *usefulness*

reciclar *to recycle*

Literatura

el antídoto *antidote*
la felicidad *happiness*
el frasquito *little bottle*
la hoja *leaf*
la pata de conejo *rabbit's foot*
el pedazo *piece*
el/la preso/a *prisoner*
la rutina diaria *daily routine*
el símbolo *symbol*

ahogarse *to suffocate, to drown*
aliviar *to relieve, to soothe*
intoxicar *to poison*

a cucharadas *in spoonfuls*

El valor de las ideas

Las épocas más difíciles de la historia, como las de guerra y dictadura, muestran a la vez lo peor y lo mejor de la humanidad. La solidaridad y la protección de los derechos humanos, así como la denuncia de la opresión, de la intolerancia y de la falta de libertad, han caracterizado la literatura y el cine de habla hispana contemporáneos. Sin embargo, ¿qué estamos consiguiendo con nuestras reivindicaciones? ¿Cómo asegurarnos de que los gobiernos respeten la libertad y los derechos humanos? ¿Qué más debemos hacer?

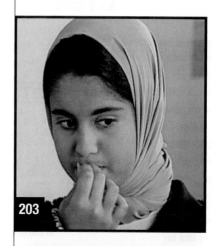

203

208

Destino:
CHILE

Preparación

Vocabulario del corto		Vocabulario útil
el/la alumno/a *pupil, student*	**musulmán/musulmana** *Muslim*	**la autoridad** *authority*
el/la chaval(a) *kid, youngster*	**el pañuelo** *headscarf*	**ceder** *to give up*
confiar *to trust*	**pegar** *to hit*	**la confianza** *trust*
	raro/a *weird*	**disentir** *to dissent, to disagree*
el instituto *high school*	**el rato** *a while*	**la doble moral** *double standard*
laico/a *secular, lay*	**la regla** *rule*	**la hipocresía** *hypocrisy*

EXPRESIONES

¿A que no? *I bet not.*

cómo van las otras *how the others dress*

Nos da igual. *It makes no difference to us.*

¿Eso qué tiene que ver? *What does that have to do with it?*

Venga. *Come on.*

1

Vocabulario Empareja cada palabra de la columna B con la definición correspondiente de la columna A. Después, escribe tres oraciones usando cuatro de las palabras.

A	**B**
_____ 1. Que no pertenece a una orden religiosa	a. ceder
_____ 2. Tener fe en la discreción e intenciones de alguien	b. chaval
_____ 3. Darle golpes a una persona para lastimarla	c. confiar
_____ 4. Extraño	d. disentir
_____ 5. Tener una opinión distinta	e. hiyab
_____ 6. Muchas musulmanas lo llevan en la cabeza	f. laico
_____ 7. Abandonar, renunciar	g. pegar
_____ 8. Niño o joven	h. raro

2

Preparación En parejas, contesten estas preguntas.

1. ¿Piensan que debemos vestirnos de acuerdo con cada situación? Den ejemplos.

2. Consideren este dicho: "La primera impresión es la que cuenta". ¿Les parece que es verdad? ¿Por qué?

3. ¿Alguna vez se formaron una impresión equivocada de una persona a partir de su aspecto físico? Expliquen.

4. ¿Cómo deciden cada día qué ropa se van a poner? ¿Qué factores influyen en la selección?

5. ¿Qué aspectos de la apariencia física de ustedes le parecerían curiosos a una persona de otra cultura?

3

Fotogramas En parejas, observen los fotogramas y contesten las preguntas.

1. ¿De dónde es la joven? ¿En qué país vive?

2. ¿Cuál es su estado de ánimo (*state of mind*)? ¿Qué está pensando?

3. ¿Quién es la mujer? ¿Qué relación tiene con la joven?

4. ¿En qué lugar se encuentran? ¿De qué hablan?

4

Comunidades

A. En grupos de tres, miren las fotos y consideren cada uno de estos puntos. Intercambien sus reacciones y compartan sus opiniones con la clase.

● quién es la persona / quiénes son las personas

● sus marcas de identidad

● por qué se viste(n) así

● qué impresión quiere(n) dar

● la reacción de ustedes si la(s) vieran en la calle

1.

2.

3.

4.

B. ¿Pertenecen ustedes o alguien que conocen a alguna comunidad o grupo con el que se identifican? ¿A cuál?

5

Encuesta En parejas, lean cada oración y elijan una opción. Justifiquen su elección. Si consideran que las dos son posibles, expliquen por qué y bajo qué circunstancias. Comparen sus opiniones con otra pareja.

1. Si uso símbolos religiosos y culturales, ...

   a. me destaco (*stand out*) en la multitud.   b. soy "uno/a más".

2. Las marcas de identidad sirven para...

   a. aislar.   b. incluir.

3. "Comunidad" equivale a...

   a. separación.   b. unión.

4. "Libertad" quiere decir que...

   a. todos somos iguales.   b. las diferencias no importan.

El valor de las ideas

Video

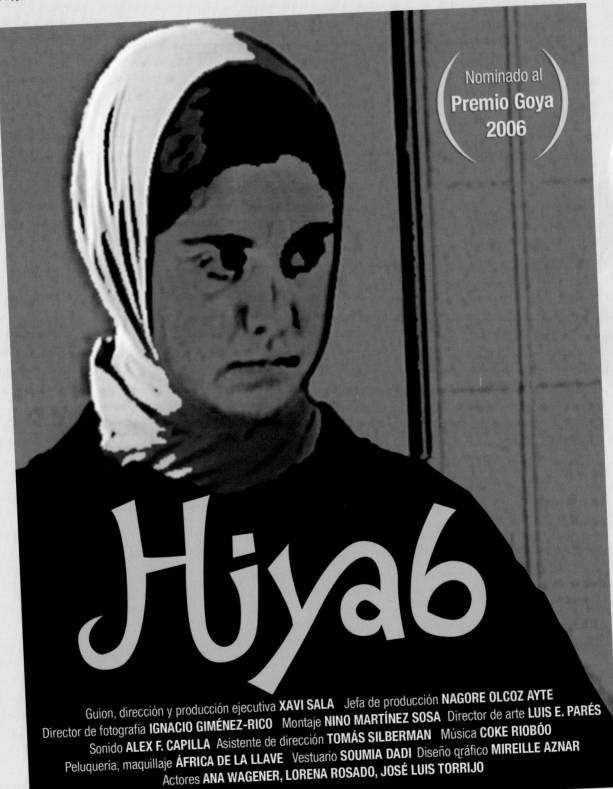

ARGUMENTO *La directora de un instituto intenta convencer a una nueva alumna de que se quite el hiyab. La joven se resiste.*

BELÉN Fátima, lo que intento explicarte es que ésta es una escuela laica y todos somos iguales. No queremos diferencias entre los alumnos, ¿entiendes?

BELÉN El pañuelo está bien para la calle, para tu casa, pero para aquí no.
FÁTIMA Pero en casa me lo quito...
BELÉN Y aquí también tienes que hacerlo.

BELÉN ¿Qué pasa, que tus padres te pegan si no lo llevas?
FÁTIMA Ellos también quieren que me lo quite.

BELÉN Estarías muy guapa si te lo quitas.
FÁTIMA Pero a mí me gusta llevarlo.
BELÉN Y me parece muy bien, cariño[1], pero para cuando salgas del instituto.

BELÉN ¿Tú has visto a alguien aquí que lo lleve? Pues por eso. Venga, Fátima, confía en mí.

PROFESOR Ésta es Fátima, es nueva y quiero que la tratéis como a una más de la clase. ¿Está claro?

Nota CULTURAL

Símbolos religiosos

La costumbre de cubrir la cabeza de las mujeres no es exclusiva del Islam. También se practica en la religión cristiana y en la judía, y está relacionada con la modestia y la pureza. Algunos países europeos han limitado el uso de "símbolos ostensibles°" como el hiyab, la kipá° y los crucifijos en las escuelas públicas. Sin embargo, se permiten "símbolos discretos" como medallas, cruces pequeñas, estrellas de David y manos de Fátima. Aunque la razón de estas restricciones ("vivir en común en una sociedad diversa") tiene que ver con el orden público y no se trata de una limitación de la libertad de conciencia, las restricciones han sido objeto de controversia.

ostensibles *conspicuous* **kipá** *yarmulke (skullcap worn by many male Jews)*

[1]*sweetheart*

Análisis

1

Comprensión Contesta las preguntas con oraciones completas.

1. ¿Quiénes son Fátima y Belén?
2. ¿De qué hablan la joven y la directora?
3. ¿Qué quiere la directora que haga Fátima?
4. ¿Qué piensan los padres de Fátima del hiyab?
5. ¿Por qué lleva Fátima hiyab?
6. ¿Qué argumentos utiliza Belén para convencer a Fátima? Menciona dos.
7. ¿Qué les dice el profesor a sus alumnos cuando les presenta a Fátima?
8. ¿Cómo se visten los compañeros de clase?

2

Interpretación En parejas, contesten las preguntas y expliquen sus respuestas.

1. Belén le pregunta a Fátima si quiere ser "la rara de la clase". ¿Qué significa esa expresión? ¿Qué consecuencias puede tener?
2. ¿Cómo creen que se siente Fátima mientras se quita el hiyab? ¿Y la directora?
3. ¿Cuál de los argumentos de Belén convence a Fátima? ¿Los convencería a ustedes?
4. ¿Qué creen que piensa Fátima al entrar en la clase y ver a sus compañeros?
5. ¿Por qué creen que a Fátima no se le permite llevar el hiyab en clase, pero se les permiten otros accesorios a sus compañeros?
6. Cuando Belén dice: "No queremos diferencias entre los alumnos", ¿a qué diferencias se refiere?

3

Contextos En parejas, hablen de estas citas extraídas del cortometraje. Expliquen la importancia que tiene cada una dentro de la historia.

> **Pues que la libertad de culto, pensamiento y todo eso se nos iría a la basura**. DIRECTORA

> **Las reglas son las reglas, no las he inventado yo**. DIRECTORA

> **Ellos también quieren que me lo quite**. FÁTIMA

> **Pero a mí me gusta llevarlo**. FÁTIMA

> **... ésta es Fátima, es nueva y quiero que la tratéis como a una más de la clase**. PROFESOR

4

Puntos de vista En grupos de tres, lean estas oraciones y decidan quién las puede haber dicho. ¿Con cuál(es) están de acuerdo? ¿Por qué? Después, compartan sus opiniones con la clase.

1. "Todo individuo tiene el derecho de vestir lo que ya lleva el alma (*soul*)".

2. "Los símbolos religiosos, llevados por alumnos de nuestras escuelas públicas, se deben prohibir. Fomentan la desigualdad, la sospecha y la discriminación".

3. "A partir del próximo semestre, el director mandará a casa a cualquier alumno o alumna que lleve camiseta (*T-shirt*) con mensaje ofensivo o provocador".

4. "Si hoy nos limitan la ropa que podemos llevar, ¿qué nos limitarán mañana?"

5

Vestimenta En parejas, escriban dos listas. Un(a) compañero/a escribe cuatro ventajas de imponer reglas de vestimenta (*dress codes*) en las escuelas y en los lugares de trabajo. El/La otro/a escribe cuatro desventajas. Consideren las preguntas a continuación y después intercambien sus listas para comentarlas.

- ¿Deben o debieron ustedes llevar uniforme a la escuela? ¿Conocen a alguien que debe o debió hacerlo?

- ¿Trabajan o trabajaron ustedes en una empresa con reglas de vestimenta? ¿Conocen a alguien que trabaja o trabajó en una empresa así?

- ¿Existe una diferencia entre llevar uniforme y observar una serie de reglas de vestimenta?

- ¿Se pueden fiar (*trust*) las escuelas y las empresas del criterio personal de sus alumnos y empleados en cuanto a la vestimenta?

6

La obediencia y la autoridad En grupos de cuatro, lean estas preguntas y razonen las respuestas.

1. "Las reglas son las reglas". ¿Piensan que una figura de autoridad tiene poder de decisión frente a las reglas?

2. ¿Alguna vez tuvieron problemas en la escuela, una iglesia u otro lugar público por algo que llevaban o que hicieron? ¿Cómo reaccionaron? ¿Les parece que hicieron lo correcto? ¿Por qué?

3. ¿Qué es más importante: obedecer o mantenerse fiel a sus propios principios? ¿Dónde está el límite? ¿Hasta qué punto es necesario confiar en la autoridad de los superiores?

4. ¿Qué tipo de desobediencia les parece aceptable?

7

Obediencia En parejas, elijan un personaje que haya desobedecido un mandato del orden establecido, como Gandhi, Nelson Mandela o Rosa Parks. Improvisen un diálogo entre ese personaje y otro que represente la autoridad. Expongan ambos puntos de vista, incluyendo las razones y el precio de la desobediencia. Representen su diálogo ante la clase.

8

Final Elige una de estas opciones y escribe una composición sobre el tema.

1. Decides escribir una carta al periódico de la ciudad donde está la escuela de Fátima. En ella expresas tu opinión, a favor o en contra, sobre lo ocurrido. Justifica tu reacción.

2. Eres presidente de un grupo que protege celosamente su exclusividad y busca diferenciarse del resto. Escribe las reglas y los requisitos para pertenecer a él.

Practice more at
vhlcentral.com.

Reading

IMAGINA CHILE

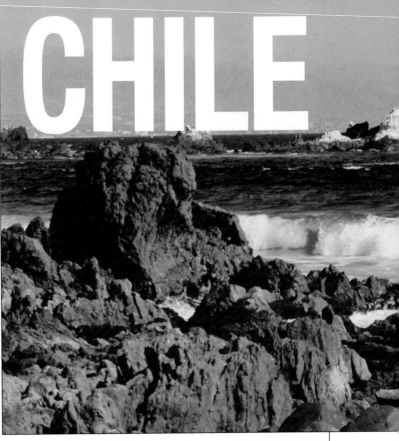

Formación rocosa *La Portada* en una playa cerca de Antofagasta, Chile

Rompecabezas de maravillas

Cuenta la leyenda que cuando Dios terminó de crear el mundo le sobraron multitud de montañas, bosques, desiertos, valles, ríos y glaciares. Decidió entonces juntar todos esos trozos sueltos[1], como un gran rompecabezas[2], y llevarlos hasta un lugar remoto en los confines de la Tierra: ese lugar es Chile.

Su geografía está enmarcada por el **océano Pacífico** al oeste y la **cordillera de los Andes** al este. Su territorio se distribuye entre el continente americano y un gran número de islas que hacen que Chile ponga pie en un segundo continente: **Oceanía**. El país tiene dimensiones excepcionales: 4.300 kilómetros (2.672 millas) de longitud y una anchura[3] promedio de 200 kilómetros (124 millas).

Entre la gran cantidad de islas del territorio chileno existen algunas que inspiraron relatos fantásticos y novelas de aventuras. El **archipiélago de Juan Fernández**, de origen volcánico, incluye la **isla de Robinson Crusoe**. En ella, el marino escocés **Alexander Selkirk**, a quien se considera una de las posibles fuentes[4] de la famosa novela de **Daniel Defoe**, vivió cuatro años como náufrago[5] solitario.

La misteriosa **isla de Pascua**[6] está ubicada[7] en la **Polinesia**, en Oceanía. Además de contar con una belleza natural extraordinaria, conserva las ruinas de los **Rapa Nui**, una cultura prehistórica. Por toda la isla, se encuentran más de 600 enormes esculturas de piedra. Estas esculturas, llamadas

Los moáis

moáis, son únicas en el mundo. Se cree que con estas estatuas, que pueden medir[8] hasta 12 metros (40 pies) y pesar más de 100 toneladas[9], los nativos representaban a sus antepasados para que proyectaran sobre ellos su poder sobrenatural.

En el extremo sur del continente se halla la **isla de Tierra del Fuego**, que Chile comparte con Argentina. Un poco más al norte, podemos ver los glaciares y los impresionantes picos montañosos del **Parque Nacional Torres del Paine**; y en el norte del país reina el **desierto de Atacama**, que cubre los 360 mil km^2 (90 millones de acres) más áridos de todo el planeta. En la ciudad de Atacama, por ejemplo, caen sólo tres milímetros de lluvia por año. Esta zona reúne maravillas tan variadas como aguas termales, géiseres, un oasis donde habitan flamencos rosados, valles esculpidos por el viento y vestigios arqueológicos de pueblos precolombinos que atraen incesantemente a los turistas.

Signos vitales

Los **mapuches**, también conocidos como **araucanos**, forman uno de los pueblos originarios del territorio de **Chile** y **Argentina.** Han conservado hasta hoy su lengua, el **mapudungun**, sus creencias y sus ritos. Lucharon primero contra la dominación del imperio inca y después contra la conquista española. En la actualidad buscan la reivindicación[10] de la propiedad de la tierra, el respeto por su forma de vida tradicional y vencer[11] la discriminación.

[1] **trozos sueltos** *loose bits* [2] *puzzle* [3] *width* [4] *sources* [5] *castaway* [6] *Easter Island*
[7] *located* [8] *measure* [9] *tons* [10] *claim* [11] *overcome*

¡Visitemos Chile!

Centros de esquí Gracias a los picos de los **Andes**, en **Chile** se encuentran excelentes centros de esquí. Preparados para acoger[1] a los que practican cualquier deporte de invierno, están situados en todo el centro y sur de Chile. Varios de estos centros de esquí están a poca distancia de la ciudad de **Santiago**, como **El Colorado** a 37 kilómetros (23 millas) o **Valle Nevado** a 60 kilómetros (37 millas). Esto permite una escapada hacia allí durante el fin de semana.

Volcanes **Chile** es también un país de volcanes: en toda su extensión existen más de 2.000. De éstos, 500 están aún en actividad, como el **Villarrica**, llamado *Rucapillán* ("casa de los espíritus") por los mapuches. No lejos de ahí, se puede visitar **Temuco**, ciudad industrial y capital regional, donde el poeta **Pablo Neruda** pasó su infancia y adolescencia.

Mariscos Chile, que posee una costa privilegiada, es uno de los países con mayor variedad de fauna marina en todo el mundo. Se puede encontrar allí mariscos[2] únicos, como **locos**, **picorocos** y **piures**[3], muy apreciados en la gastronomía. Para disfrutarlos, basta visitar los pueblos pesqueros[4] de la costa o los restaurantes del Mercado Central de Santiago.

Valparaíso Esta ciudad portuaria[5] cuenta con un centro histórico de fama mundial. Su diseño urbano entrelaza[6] exitosamente el estilo colonial español con otros estilos europeos como el **victoriano**, llevado hasta allí por inmigrantes ingleses y desarrollado en el

siglo XIX. Fue declarada **Patrimonio de la Humanidad** por la **UNESCO** en 2003.

[1] to receive [2] seafood; shellfish [3] **locos...** abalone, barnacles, and red sea squirts [4] **pueblos...** fishing villages [5] port [6] intertwines

El español de Chile

billullo	dinero; *money*
cacho	problema, situación difícil; *problem*
capear	no ir a clase; *to play hookie*
caperuzo/a	inteligente, astuto/a; *smart, clever*
carrete	fiesta
fome	aburrido/a; *boring, dull*
harto/a	muy, mucho/a; *very, a lot (of)*
funar	echar a perder; *to ruin*
polera	camiseta; *T-shirt*
pololo/a	novio/a; *boyfriend/girlfriend*

Expresiones

al tiro	ahora mismo, inmediatamente; *right now, immediately*
andar pato	no tener nada de dinero; *not to have two nickels to rub together*
¿Cachai?	¿Entendiste?; *Do you understand?*
caldo de cabeza	estar demasiado preocupado/a por algo; *to be too worried about something*
Estoy piola.	Estoy muy bien.; *I'm great.*

GALERÍA DE CREADORES

MÚSICA Y ARTE Violeta Parra
Considerada la iniciadora de la Nueva
Canción Chilena, Violeta Parra fue una artista
de extraordinaria riqueza creativa, quien
logró revitalizar la cultura popular de Chile.
Es conocida por sus grabaciones y recitales
de canciones tradicionales y propias, como
Gracias a la vida, que fue popularizada en los
Estados Unidos por Joan Baez. También se
dedicó a la pintura, la escultura, la cerámica
y el arte de bordado de arpilleras (*burlap
embroidery*). Hoy día la Fundación Violeta
Parra preserva el patrimonio de esta artista
universal que murió en 1967.

LITERATURA Isabel Allende
En 1973 el presidente chileno Salvador Allende fue asesinado. Dos
años después, su sobrina Isabel Allende escapó del país para exiliarse
en Venezuela, donde publicó en 1982 su primera novela, *La casa
de los espíritus*, que fue muy bien recibida por el público. Esta novela
también se popularizó en los Estados Unidos, donde vive hoy la escritora,
al ser publicada en inglés y, sobre todo, al aparecer la versión cinematográfica.
La familia, el amor y el poder son temas recurrentes en la obra de Isabel
Allende. Sus libros incluyen títulos como *Eva Luna*, *El plan infinito*, *Paula*,
Retrato en sepia y *La suma de los días*.

CINE **Miguel Littín**

El director de cine Miguel Littín nació en Chile en 1942. El gobierno del nuevo presidente Salvador Allende lo designó a la cabeza de la productora estatal Chile Films en 1971. Durante el período subsiguiente dirigió películas de gran calidad, como *El chacal de Nahueltoro*. Los hechos reales que narra esta película causaron gran conmoción; sin embargo, fue un éxito con los críticos y el público. Muchas de las películas de Littín tienen carácter político. Entre ellas, *Actas de Marusia* y *Alsino y el cóndor* fueron nominadas al Óscar a la mejor película extranjera en 1975 y 1982 respectivamente. Estos logros le merecieron a Littín el reconocimiento internacional.

PINTURA Y ESCULTURA **MATTA**

El pintor y escultor MATTA es considerado como el artista chileno más importante del siglo XX. En 1937 conoció en París a André Breton y se unió al movimiento surrealista. Marcel Duchamp, Salvador Dalí e Yves Tanguy son algunos de los artistas que influyeron en su obra. Sobre sus lienzos (*canvases*) creó mundos imaginarios en los que trató de representar las fuerzas del universo que influyen en el hombre contemporáneo. Aquí vemos el óleo *L'Etang de No* (1958) del artista chileno, fallecido (*deceased*) en 2002.

 Presentation

6.1

The subjunctive in adverbial clauses

- In Spanish, adverbial clauses are commonly introduced by conjunctions. Certain conjunctions require the subjunctive, while others can be followed by the subjunctive or the indicative, depending on the context.

*—Y me parece muy bien, cariño, pero para cuando **salgas** del instituto.*

TALLER DE CONSULTA

The following grammar topics are covered in the **Manual de gramática, Lección 6.**

6.4 Adverbs, p. 400

6.5 Diminutives and augmentatives, p. 402

¡ATENCIÓN!

An adverbial clause (**cláusula adverbial**) is one that modifies or describes verbs, adjectives, or other adverbs. It describes how, why, when, or where an action takes place.

Conjunctions that require the subjunctive

- Certain conjunctions are always followed by the subjunctive because they introduce actions or states that are uncertain or have not yet happened. These conjunctions commonly express purpose, condition, or intent.

MAIN CLAUSE	CONNECTOR	SUBORDINATE CLAUSE
No habrá justicia para las víctimas	sin que	encarcelen a los criminales.

Conjunctions that require the subjunctive

a menos que *unless*	**en caso (de) que** *in case*
antes (de) que *before*	**para que** *so that, in order*
con tal (de) que *provided that, as long as*	**sin que** *without, unless*

El Ejército siempre debe estar preparado **en caso de que haya** un ataque.
The army must always be prepared, in case there is an attack.

El candidato hablará con su familia **antes de que conceda** la derrota.
The candidate will talk to his family before he concedes defeat.

- If there is no change of subject in the sentence, always use the infinitive after the prepositions **para** and **sin**, and drop the **que**.

La abogada investigará todos los detalles del caso **para defender** a su cliente.
The lawyer will investigate every detail of the case in order to defend her client.

- The use of the infinitive without **que** when there is no change of subject is optional after the prepositions **antes de**, **con tal de**, and **en caso de**. After **a menos que**, however, always use the subjunctive.

Debo leer sobre el candidato **antes de votar** por él.
I must read about the candidate before voting for him.

La senadora va a perder **a menos que mejore** su imagen.
The senator is going to lose unless she improves her image.

Conjunctions followed by the subjunctive or the indicative

- If the action in the main clause has not yet occurred, then the subjunctive is used after conjunctions of time or concession.

—En cuanto te lo quites un rato, ni te acuerdas.

Conjunctions followed by the subjunctive or the indicative

a pesar de que *despite*	**hasta que** *until*
aunque *although; even if*	**luego (de) que** *after*
cuando *when*	**mientras que** *while*
después (de) que *after*	**siempre que** *as long as*
en cuanto *as soon as*	**tan pronto como** *as soon as*

Trabajaremos duro **hasta que** no **haya** más abusos de poder.
We will work hard until there are no more abuses of power.

Aunque mejore la seguridad, siempre tendrán miedo de viajar en avión.
Even if security improves, they will always be afraid to travel by plane.

Cuando hablen con la prensa, van a exigir la libertad para los prisioneros.
When they speak with the press, they are going to demand freedom for the prisoners.

- If the action in the main clause has already happened, or happens habitually, then the indicative is used in the adverbial clause.

Tan pronto como se supieron los resultados, el partido anunció su victoria.
As soon as the results were known, the party announced its victory.

Mi padre y yo siempre nos peleamos **cuando hablamos** de política.
My father and I always fight when we talk about politics.

- **A pesar de**, **después de**, and **hasta** can also be followed by an infinitive, instead of **que** + [*subjunctive*], when there is no change of subject.

Algunos ladrones se reforman **después de salir** de la cárcel.
Some thieves reform after leaving jail.

Algunos ladrones se reforman **después de que salgan** de la cárcel.
Some thieves reform after they leave jail.

6.3

Presentation

Comparatives and superlatives

Comparisons of inequality

TALLER DE CONSULTA

The use of diminutives and augmentatives is common in comparative and superlative statements. See **Manual de gramática, 6.5, p. 402.**

- With adjectives, adverbs, nouns, and verbs, use these constructions to make comparisons of inequality (*more than/less than*).

$$\text{más/menos} + \begin{bmatrix} \textit{adjective} \\ \textit{adverb} \\ \textit{noun} \end{bmatrix} + \text{que} \qquad \boxed{\textit{verb}} + \text{más/menos que}$$

Adjective

Sus creencias son **menos liberales que** las mías.
His beliefs are less liberal than mine.

Adverb

¡Llegaste **más tarde que** yo!
You arrived later than I did!

Noun

El presidente tenía **menos poder que** el ejército.
The president had less power than the army.

Verb

¡**Nos peleamos más que** los niños!
We fight more than the kids do!

- Before a number (or equivalent expression), *more/less than* is expressed with **más/menos de**.

Necesito un vuelo a Santiago, pero no puedo pagar **más de** quinientos dólares.
I need a flight to Santiago, but I can't pay more than five hundred dollars.

Será difícil, señor. Déjeme buscar y le aviso en **menos de** una hora.
That will be difficult, sir. Let me look, and I'll let you know in less than an hour.

Comparisons of equality

¡ATENCIÓN!

Tan and **tanto** can also be used for emphasis, rather than to compare.

tan *so*

tanto *so much*

tantos/as *so many*

¡**Tus ideas son tan anticuadas!**
Your ideas are so outdated!

¿**Por qué te enojas tanto?**
Why do you get so angry?

Lo hemos hablado tantas veces y nunca logro convencerte.
We've talked about it so many times, and I never manage to convince you.

- The following constructions are used to make comparisons of equality (*as...as*).

$$\text{tan} + \begin{bmatrix} \textit{adjective} \\ \textit{adverb} \end{bmatrix} + \text{como} \qquad \text{tanto/a(s)} + \begin{bmatrix} \textit{singular noun} \\ \textit{plural noun} \end{bmatrix} + \text{como}$$

$$\boxed{\textit{verb}} + \text{tanto como}$$

Adjective

El debate de anoche fue **tan aburrido como** el de la semana pasada.
Last night's debate was as boring as last week's.

Adverb

Nosotros discutimos **tan intensamente como** los candidatos.
We argued as intensely as the candidates.

Noun

La señora Pacheco habló con **tanta convicción como** el señor Quesada.
Mrs. Pacheco spoke with as much conviction as Mr. Quesada.

Verb

Ambos candidatos son insoportables. Ella **miente tanto como** él.
Both candidates are unbearable. She lies as much as he does.

Superlatives

- Use this construction to form superlatives (**superlativos**). The noun is preceded by a definite article, and **de** is the equivalent of *in*, *on*, or *of*.

el/la/los/las + ⌈ *noun* ⌉ + más/menos + ⌈ *adjective* ⌉ + de

Ésta es **la playa más bonita de** la costa chilena.
This is the prettiest beach on the coast of Chile.

Es **el hotel menos caro del** pueblo.
It is the least expensive hotel in town.

- The noun may also be omitted from a superlative construction.

Me gustaría comer en **el** restaurante **más elegante del** barrio.
I would like to eat at the most elegant restaurant in the neighborhood.

Las Dos Palmas es **el más elegante de** la ciudad.
Las Dos Palmas is the most elegant one in the city.

Irregular comparatives and superlatives

Adjective	Comparative form	Superlative form
bueno/a *good*	**mejor** *better*	**el/la mejor** *best*
malo/a *bad*	**peor** *worse*	**el/la peor** *worst*
grande *big*	**mayor** *bigger*	**el/la mayor** *biggest*
pequeño/a *small*	**menor** *smaller*	**el/la menor** *smallest*
viejo/a *old*	**mayor** *older*	**el/la mayor** *oldest*
joven *young*	**menor** *younger*	**el/la menor** *youngest*

- When **grande** and **pequeño** refer to size and not age or quality, the regular comparative and superlative forms are used.

Ernesto es **más pequeño** que yo.   Ese edificio es **el más grande** de todos.
Ernesto is smaller than I am.   *That building is the biggest one of all.*

- When **mayor** and **menor** refer to age, they follow the noun they modify. When they refer to quality, they precede the noun.

Lucía es mi hermana **menor**.   La corrupción es el **menor** problema del candidato.
Lucía is my younger sister.   *Corruption is the least of the candidate's problems.*

- The adverbs **bien** and **mal** also have irregular comparatives.

bien *well*	**mejor** *better*
mal *badly*	**peor** *worse*

Ayúdame, que **tú** lo haces **mejor que yo**.
Give me a hand; you do it better than I do.

¡ATENCIÓN!

Absolute superlatives
The suffix **–ísimo/a** is added to adjectives and adverbs to form the *absolute superlative*.

This form is the equivalent of *extremely* or *very* before an adjective or adverb in English.

malo → malísimo

mucha → muchísima

rápidos → rapidísimos

fáciles → facilísimas

Adjectives and adverbs with stems ending in **c**, **g**, or **z** change spelling to **qu**, **gu**, and **c** in the absolute superlative.

rico → riquísimo

larga → larguísima

feliz → felicísimo

Adjectives that end in **–n** or **–r** form the absolute by adding **–císimo/a**.

joven → jovencísimo

trabajador → trabajadorcísimo

Práctica

1

El mejor Marta y Roberto son de diferentes partidos políticos. Completa su diálogo utilizando las palabras de la lista.

como	más	mejor	peor
malísimo	mayor	muchísimos	que

ROBERTO Mi candidato está tan preparado para ser presidente de este país (1) _____ el tuyo. Estudió en la (2) _____ universidad del país y ha sido uno de los abogados (3) _____ reconocidos de los últimos cinco años. Además, habla (4) _____ idiomas.

MARTA ¡Sólo habla español! Mi hermana (5) _____ trabaja en la oficina de tu candidato y dice que es el (6) _____ abogado de la ciudad.

ROBERTO No te creo. Es verdad que no ha tenido mucha suerte últimamente, pero ha perdido menos casos (7) _____ tu candidato, que es un abogado (8) _____.

2 **Oraciones**

A. Escribe oraciones con superlativos usando la información del cuadro.

> **Modelo** *Harry Potter* es el libro más popular del siglo.

Harry Potter	libro	popular
Sofía Vergara	banda	famosa
La Antártida	jugador	joven
Taylor Swift	continente	frío
El Nilo	cantante	rico
Disneylandia	actriz	largo
Chris Paul	montaña	importante
Los hermanos Jonas	río	alta
El monte Everest	país	feliz
China	lugar	poblado

B. Ahora, vuelve a escribir oraciones, pero esta vez usa comparativos.

> **Modelo** *Harry Potter* es más popular que *El señor de los anillos*.

Practice more at
vhlcentral.com.

Comunicación

3 Cita Anoche tuviste una cita a ciegas (*blind date*). En parejas, hablen sobre la cita usando comparativos y superlativos. Utilicen las palabras de la lista.

> **Modelo** La cita de anoche fue la peor de mi vida porque fue aburrida.

carne	conversación	pelo
carro	ensalada	restaurante
chistes	película	ropa

4 ¿Punta Arenas o Miami? Néstor y Ofelia están planeando unas vacaciones. Néstor quiere ir a Miami, pero Ofelia prefiere visitar Punta Arenas.

A. En parejas, decidan qué frases de la lista corresponden a cada lugar y completen la tabla.

> 1. Hacer un crucero por la Antártida
> 2. Hacer un crucero por el Caribe
> 3. Hace mucho calor
> 4. Hace mucho frío
> 5. Ir a la playa con pantalones cortos y camiseta
> 6. Ir a la playa con abrigo y guantes
> 7. Visitar la Plaza de Armas
> 8. Visitar la Pequeña Habana

Punta Arenas	Miami

Frases:	Frases:

B. Ahora, dramaticen un diálogo entre Néstor y Ofelia. Cada uno tiene que explicar las razones por las cuales prefiere ir a cada lugar. Utilicen comparativos y superlativos.

5 Debate presidencial En grupos de tres, imaginen un debate en el que dos de ustedes son candidatos/as presidenciales. La tercera persona es un(a) periodista que hace preguntas. Usen oraciones con comparativos y superlativos.

Nota CULTURAL

Punta Arenas es una ciudad en la **Patagonia** chilena, la zona más austral (*southern*) de **Suramérica**. La arquitectura del centro de la ciudad es similar a la de algunas ciudades europeas, y sus calles son amplias y arboladas. Alrededor de la **Plaza de Armas** hay edificios de gobierno, mansiones y jardines poblados de inmensas araucarias (*Chilean pines*).

Síntesis

¡Luchemos unidos contra la corrupción!

Porque Temuco lo merece. . .
Vote por Marcelo Rojas para gobernador
Partido Conservador

Para que haya más trabajo en Temuco
Vote por Patricia Salazar para gobernar con decisión
Partido Liberal

Para una sociedad más justa
Antonio Morales es la solución.
Por un Temuco mejor. . .
Vote Partido Ecologista

Por un Temuco que progresa
Celeste Ortega es tu mejor opción.
Para encaminarnos a un futuro mejor
vota por el Partido Avance Democrático

1 Entrevista En la ciudad chilena de Temuco hay elecciones para elegir alcalde. Aquí tienen algunos carteles publicitarios de cuatro partidos políticos imaginarios. En parejas, seleccionen uno de ellos y escriban una entrevista al/a la candidato/a realizada por un(a) periodista local. Deben usar oraciones adverbiales con subjuntivo y las conjunciones que aprendieron en esta lección.

2 Pedidos Los políticos reciben muchos pedidos durante sus campañas electorales. En grupos pequeños, imaginen que tuvieron una audiencia con uno de los candidatos para alcalde. Describan cinco cosas que le pidieron. Deben usar el pretérito imperfecto del subjuntivo.

   Modelo   Le pedimos que bajara los impuestos.

3 Sistema electoral Usando oraciones con comparativos y superlativos, escriban su opinión sobre el sistema electoral. ¿Les gusta? ¿Creen que es justo? ¿Cambiarían algo? ¿Por qué? Después compartan con la clase sus opiniones en un debate abierto.

Preparación

derrocar *to overthrow*

derrotar *to defeat*

la ejecución *execution*

ejercer (el poder) *to exercise/ exert (power)*

fortalecer *to strengthen*

el fracaso *failure*

la fuerza *force*

el golpe de estado *coup d'état*

la huelga *strike*

el informe *report*

el orgullo *pride*

el secuestro *kidnapping*

la trampa *trap*

Vocabulario útil

encabezar *to lead*

el juicio *trial*

la ley *law*

promulgar *to enact (a law)*

rescatado/a *rescued*

tener derecho a *to have the right to*

1

Palabras Elige la palabra de la lista que corresponde a cada descripción.

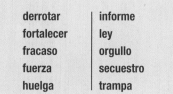

derrotar	informe
fortalecer	ley
fracaso	orgullo
fuerza	secuestro
huelga	trampa

_____ 1. regla o norma

_____ 2. poder, fortaleza, vigor

_____ 3. acción de retener a una persona y no dejarla libre

_____ 4. opuesto de éxito

_____ 5. vencer, ganar

_____ 6. exposición oral o texto que describe la situación de algo

_____ 7. forma de protesta en la que se decide no trabajar

_____ 8. hacer que algo o alguien sea más fuerte

2

Contextos Escribe cinco oraciones con palabras del vocabulario de la lectura, diferentes de las utilizadas en la actividad 1.

3

Los gobiernos En parejas, contesten las preguntas y expliquen sus respuestas.

1. ¿Cuáles formas de gobierno conocen?

2. ¿En qué se diferencian las formas de gobierno que conocen?

3. ¿Qué tipo de gobierno tiene su país?

4. ¿De qué beneficios disfrutan gracias al tipo de gobierno de su país? ¿Qué desventajas tiene?

5. ¿Cómo participan en la vida política de su país?

Chile: dictadura y democracia

Cultura en pantalla

Explora **vhlcentral.com** y mira el videoclip sobre **Chile y la Operación Cóndor**.

CULTURA

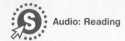

Audio: Reading

El 11 de septiembre de 1973, Chile, considerado por décadas como uno de los países de mayor tradición democrática de Hispanoamérica, sufrió un golpe militar liderado por Augusto Pinochet. El golpe derrocó al presidente socialista Salvador Allende. El gobierno, que caía por la fuerza, había durado tan sólo tres años. Este breve período se había visto marcado por grandes dificultades económicas, huelgas y violencia en las calles. La oposición, con la ayuda de los servicios secretos estadounidenses, había impuesto grandes obstáculos a la economía chilena para desequilibrarla.

Esta crisis social e institucional culminó con el golpe de estado. Desde ese día, el general Augusto Pinochet ejerció el poder de forma dictatorial. La prioridad de su gobierno fue eliminar a la oposición tomando como primera medida° la eliminación de todos los partidos políticos. Este objetivo no sólo se persiguió° con las leyes, sino también de manera arbitraria, ya que se violaron sistemáticamente los derechos humanos. Miembros de partidos políticos y sindicatos fueron detenidos y llevados a centros preparados para la tortura. De muchos de ellos no se supo nunca nada; de otros, se tiene la certeza° de que fueron ejecutados°.

El gobierno militar estableció una política económica neoliberal que mejoró la economía chilena, redujo con éxito la inflación y aumentó la producción. Este éxito económico ha sido en muchas ocasiones la tarjeta de presentación° de la dictadura de Pinochet. Sus críticos, sin embargo, afirman que estas medidas económicas aumentaron las desigualdades sociales porque privilegiaban a los más ricos.

Confiado° en su victoria, el general se presentó como candidato presidencial en un plebiscito° que él mismo propuso. Éste se celebró en 1988 y, para sorpresa de muchos, fue derrotado. Pinochet había caído en su propia trampa y su fracaso abrió las puertas a elecciones libres al año siguiente, las primeras en casi veinte años. Augusto Pinochet salió del poder en 1990. A partir de esa fecha, Chile empezó el proceso de transición democrática.

Hoy, la sociedad chilena sigue dividida a la hora de juzgar los años de dictadura. Una parte de la población ve a Pinochet, quien murió el 10 de diciembre de 2006, como un cruel dictador que impuso un estado dictatorial manchado por la sangre° de sus enemigos políticos. Otros ven en él a un héroe que intervino en la historia del país para salvarlo del comunismo. Hasta hace poco, todavía algunos negaban la existencia de los secuestros y las ejecuciones denunciados° por los familiares de los desaparecidos. La búsqueda de pruebas° y la publicación de informes han confirmado la ocurrencia de estos crímenes.

Uno de ellos, el informe Valech (conocido oficialmente como Informe de la Comisión Nacional sobre Prisión Política y Tortura), fue publicado el 29 de noviembre de 2004. Su misión era ofrecer un reconocimiento público y oficial de los abusos a los derechos humanos cometidos por el gobierno militar de Augusto Pinochet en Chile entre 1973 y 1990. El presidente chileno Ricardo Lagos, electo en el año 2000, formó una comisión para ello. Con el testimonio de más de treinta y cinco mil personas, se constataron° los crímenes y se ofreció compensación económica y cobertura sanitaria° a las víctimas de la represión militar.

En un día histórico de enero de 2005, el ejército chileno aceptó su responsabilidad institucional en los abusos del pasado. En palabras del expresidente Lagos, la mirada a la historia reciente ha servido para fortalecer la convivencia° y la unidad de todos los chilenos, que ya pueden mirar con orgullo hacia un futuro mejor. ■

measure
was pursued
certainty
executed
calling card
Confident
referendum

stained by the blood
reported
proof
verified
health coverage
coexistence

*Fotos **p. 192:** izq. **Salvador Allende**; der. **Augusto Pinochet***

Análisis

1

Comprensión Contesta las preguntas con oraciones completas.

1. ¿Qué sucedió con el gobierno de Salvador Allende?
2. ¿Qué ocurrió con la economía chilena durante el gobierno de Allende?
3. ¿Qué tipo de gobierno estableció Pinochet?
4. ¿Qué prioridad tuvo el gobierno de Pinochet? ¿Cómo consiguió este objetivo?
5. ¿Qué ocurrió en el plebiscito de 1988? ¿Cuáles fueron las consecuencias?
6. ¿Qué piensan hoy los chilenos sobre el gobierno de Pinochet?
7. ¿Cuál fue el propósito del informe Valech?
8. ¿Qué ocurrió en enero de 2005?

2

Responsables En parejas, lean este fragmento con pasajes extraídos del artículo y contesten las preguntas.

> Hoy, la sociedad chilena sigue dividida. Una parte de la población ve a Pinochet como un cruel dictador. Otros ven en él a un héroe. Hasta hace poco, todavía algunos negaban la existencia de secuestros y ejecuciones.

- ¿Recuerdan alguna situación de opinión dividida del público en su país? ¿Cuál?
- ¿Quiénes son/fueron los protagonistas?
- ¿Cuáles son/fueron las circunstancias?
- ¿En qué se parece/parecía la situación a lo descrito en el pasaje?
- ¿En qué se diferencia/diferenciaba?

3

Completar En parejas, completen las oraciones con sus opiniones.

1. Un buen líder es una persona que...
2. El gobierno de cada país debe garantizar...
3. El abuso de poder en el gobierno ocurre cuando...
4. El abuso de poder también ocurre en la vida cuando...
5. Las leyes y los derechos nos ayudan a...

4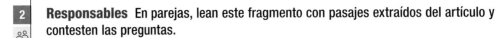

El juicio En grupos de tres, elijan uno de los casos y preparen un pequeño juicio. Uno/a de ustedes hará el papel de juez(a) y los demás representarán las posturas opuestas para cada tema. El/La juez(a) hará preguntas y al final dará su veredicto.

- Licencias de conducir a los 15 años de edad
- No fumar en lugares públicos
- Conscripción (*draft*) en tiempos de guerra

Practice more at
vhlcentral.com.

Preparación

Sobre el autor

Eduardo Galeano (1940–2015) fue un escritor uruguayo apasionado por la idea de la libertad. Su vida estuvo marcada por la persecución política e ideológica, que le obligó a abandonar su país. Su obra más conocida, *Las venas abiertas de América Latina* (1971), fue prohibida por todas las dictaduras militares de América Latina. El relato "Pájaros prohibidos" está integrado en la colección *Memoria del fuego* (1982–1986), una trilogía que narra la historia de Hispanoamérica desde sus primeros pobladores hasta la actualidad, y corresponde al tercer tomo (*El siglo del viento*), dedicado al siglo XX.

Vocabulario de la lectura	
a escondidas	*secretly*
el/la bobo/a	*fool*
la cárcel	*prison*
el/la censor(a)	*censor*
las copas de los árboles	*treetops*
elogiar	*to praise*
embarazada	*pregnant*
la entrada	*entrance*
hacer callar (a alguien)	*to silence (someone)*
pasar	*to get through*
silbar	*to whistle*

Vocabulario útil	
la huida	*escape*
a hurtadillas	*sneak in*
la manera	*way*
la rebeldía	*rebelliousness*
la reja	*iron bar*

1 **Vocabulario** Completa las oraciones con palabras del vocabulario.

1. Ana y yo nos encontramos en _____ del teatro anoche.

2. En esta foto aparece mi madre cuando estaba _____ de cinco meses.

3. En la aduana no me dejaron _____ unas frutas que traía de Chile.

4. Envidio a la gente que sabe _____, yo sólo consigo soplar aire.

5. ¡No seas _____ y ven con nosotros! ¡Te vas a divertir mucho!

6. El _____ eliminó las escenas más violentas de la película.

7. Un buen supervisor siempre sabe _____ el trabajo bien hecho.

8. Los gobiernos tiránicos _____ a la prensa con amenazas.

2 **Responder** En parejas, discutan sobre los temas planteados en las preguntas.

1. ¿Qué significa para ustedes ser libre?

2. ¿Qué rol tiene la imaginación en su vida diaria?

3. ¿Crees que todo acto de libertad está ligado a la rebeldía? ¿Por qué?

4. ¿Qué personaje, real o ficticio, representa mejor para ustedes la idea de la libertad?

3 **Preparación** En grupos de tres, discutan sobre el título del cuento: *Pájaros prohibidos*. ¿De qué creen que va a tratar la historia?

Practice more at
vhlcentral.com.

PÁJAROS PROHIBIDOS

Eduardo Galeano

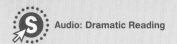
Audio: Dramatic Reading

Los presos políticos uruguayos no pueden hablar sin permiso, silbar, sonreír, cantar, caminar rápido ni saludar a otro preso. Tampoco pueden dibujar ni recibir dibujos

5 de mujeres embarazadas, parejas, mariposas°, estrellas ni pájaros.

butterflies

Didaskó Pérez, maestro de escuela, torturado y preso por tener ideas ideológicas, recibe un domingo la visita de su hija Milay, de cinco años.

10 La hija le trae un dibujo de pájaros. Los censores se lo rompen a la entrada de la cárcel.

«¿No ves que son ojos?»

Al domingo siguiente, Milay le trae un dibujo de árboles. Los árboles no están prohibidos, y el dibujo pasa. Didaskó le elogia la obra y le pregunta

15 por los circulitos de colores que aparecen en las copas de los árboles, muchos pequeños círculos entre las ramas°:

branches

— ¿Son naranjas? ¿Qué frutas son?

La niña lo hace callar:

20 —Ssshhh.

Y en secreto le explica:

—Bobo. ¿No ves que son ojos? Los ojos de los pájaros que te traje a escondidas.

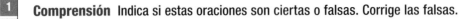

Análisis

1

Comprensión Indica si estas oraciones son ciertas o falsas. Corrige las falsas.

1. En Uruguay varias personas están en la cárcel debido a causas políticas.
2. Didaskó Pérez es un censor del gobierno.
3. Los censores permiten los dibujos de pájaros, pero prohíben los dibujos de árboles.
4. El padre de la niña es un preso político.
5. Cuando los censores consideran que un dibujo no es apropiado, lo rompen.
6. Milay le dice a su padre que, si se fija bien en el dibujo, verá alas de pájaros.

2

Interpretar En parejas, contesten las preguntas.

1. Los censores prohibían dibujos de mujeres embarazadas, parejas, mariposas, estrellas y pájaros. ¿Qué creen que tienen estos dibujos en común?
2. ¿A qué se refiere el autor con "ideas ideológicas"? ¿Qué otra expresión podría haber utilizado?
3. ¿Por qué creen que los pájaros representan una amenaza para los censores, pero los árboles no?
4. ¿Por qué insiste Milay en llevarle a su padre un dibujo de pájaros?

3

La opresión En parejas, lean estas citas sobre la libertad y escriban por qué están o no de acuerdo. Luego, comenten qué relación hay entre las oraciones y el cuento.

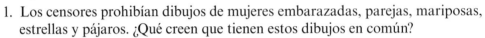

"La libertad es una sensación. A veces puede alcanzarse encerrado en una jaula, como un pájaro". Camilo José Cela

"Es mejor morir de pie que vivir de rodillas". Emiliano Zapata

"Las cadenas se rompen con ideas, no con martillos". Anónimo

4

Escribir Imagina que eres director de *El Heraldo*, un periódico local, y recibes un mensaje de un lector que denuncia que una fábrica de tu comunidad ha vertido (*poured*) agua contaminada en un río. Sin embargo, la fábrica es de un cliente importante del periódico y sería problemático denunciarla. Escribe una carta al lector explicándole tu decisión de publicar o no publicar su denuncia.

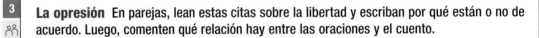

Plan de redacción

Escribir una carta a un lector de tu periódico

1 **Tu posición** Establece cuál será tu posición: ¿publicarás la denuncia a pesar de las posibles consecuencias o renunciarás a hacerlo?

2 **Argumentación** Escribe una lista de los argumentos que justifiquen tu decisión como director de *El Heraldo*.

3 **Conclusión** Termina tu carta con un enunciado que resuma tu posición.

Practice more at vhlcentral.com.

Creencias e ideologías

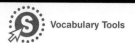
Vocabulary Tools

Las leyes y los derechos

los derechos humanos *human rights*
la desobediencia civil *civil disobedience*
la (des)igualdad *(in)equality*
el/la juez(a) *judge*
la (in)justicia *(in)justice*
la libertad *freedom*
la lucha *struggle, fight*
el tribunal *court*

abusar *to abuse*
aprobar (o:ue) una ley *to pass a law*
convocar *to summon*
defender (e:ie) *to defend*
derogar *to abolish, to repeal*
encarcelar *to imprison*
juzgar *to judge*

analfabeto/a *illiterate*
(des)igual *(un)equal*
(in)justo/a *(un)fair*
oprimido/a *oppressed*

La política

el abuso *abuse*
la armada *navy*
la bandera *flag*
la creencia *belief*
la crueldad *cruelty*
la democracia *democracy*
la dictadura *dictatorship*
el ejército *army*
el gobierno *government*
la guerra (civil) *(civil) war*
el partido político *political party*
la paz *peace*
el poder *power*
la política *politics*
las relaciones exteriores *foreign relations*
la victoria *victory*

dedicarse a *to devote oneself to*
elegir (e:i) *to elect*
ganar/perder (e:ie) las elecciones *to win/lose an election*
gobernar (e:ie) *to govern*
influir *to influence*
votar *to vote*

---

conservador(a) *conservative*
liberal *liberal*
pacífico/a *peaceful*
pacifista *pacifist*

Gente

el/la abogado/a *lawyer*
el/la activista *activist*
el/la ladrón/ladrona *thief*
el/la manifestante *demonstrator*
el/la político/a *politician*
el/la presidente/a *president*
el/la terrorista *terrorist*
la víctima *victim*

La seguridad y la amenaza

la amenaza *threat*
el arma (f.) *weapon*
el escándalo *scandal*
la (in)seguridad *(in)security; (lack of) safety*
el temor *fear*
el terrorismo *terrorism*
la violencia *violence*

chantajear *to blackmail*
destrozar *to destroy, to ruin*
espiar *to spy*
huir *to flee*
pelear *to fight, to quarrel*
secuestrar *to kidnap, to hijack*

Cortometraje

el/la alumno/a *pupil, student*
la autoridad *authority*
el/la chaval(a) *kid, youngster*
la confianza *trust*
la doble moral *double standard*
la hipocresía *hypocrisy*
el instituto *high school*
el pañuelo *headscarf*
el rato *a while*
la regla *rule*

ceder *to give up*
confiar *to trust*
disentir *to dissent, to disagree*
pegar *to hit*

---

laico/a *secular, lay*
musulmán/musulmana *Muslim*
raro/a *weird*

Cultura

la ejecución *execution*
el fracaso *failure*
la fuerza *force*
el golpe de estado *coup d'état*
la huelga *strike*
el informe *report*
el juicio *trial*
la ley *law*
el orgullo *pride*
el secuestro *kidnapping*
la trampa *trap*

derrocar *to overthrow*
derrotar *to defeat*
ejercer (el poder) *to exercise/ exert (power)*
encabezar *to lead*
fortalecer *to strengthen*
promulgar *to enact (a law)*
tener derecho a *to have the right to*

rescatado/a *rescued*

Literatura

la escondidas *secretly*
a hurtadillas *sneak in*
el/la bobo/a *fool*
la cárcel *prison*
el/la censor(a) *censor*
las copas de los árboles *treetops*
la entrada *entrance*
la huida *escape*
la manera *way*
la rebeldía *rebelliousness*
la reja *iron bar*

elogiar *to praise*
hacer callar (a alguien) *to silence (someone)*
pasar *to get through*
silbar *to whistle*

embarazada *pregnant*

Perspectivas laborales

Pasamos un tercio de la vida educándonos para luego trabajar durante los dos tercios restantes. Durante la juventud hacemos planes y alimentamos ilusiones para el futuro. ¿Te sientes preparado/a para comenzar una carrera? ¿Te será más fácil encontrar trabajo que a tus padres o más difícil? ¿Qué situaciones favorables y qué retos anticipas?

Destino:
BOLIVIA Y PARAGUAY

BOLIVIA

PARAGUAY

El trabajo y las finanzas

Vocabulary Tools

El mundo laboral

el almacén *department store; warehouse*

el aumento de sueldo *pay raise*
la compañía *company*
el desempleo *unemployment*
la empresa (multinacional) *(multinational) company*
el horario de trabajo *work schedule*
el impuesto *tax*
el mercado *market*
el presupuesto *budget*
el puesto *position, job*
la reunión *meeting*
el sindicato *labor union*
el sueldo (mínimo) *(minimum) wage*

acosar *to harass*
administrar *to manage, to run*
ascender *to rise, to be promoted*
contratar *to hire*
despedir (e:i) *to fire*
estar a la/en venta *to be for sale*

¡En venta!

estar bajo presión *to be under pressure*
exigir *to demand*
ganarse la vida *to earn a living*
jubilarse *to retire*
renunciar *to quit*
solicitar *to apply for*
tener conexiones *to have connections; to have influence*

administrativo/a *administrative*
(in)capaz *(in)capable, (in)competent*
desempleado/a *unemployed*
perezoso/a *lazy*
trabajador(a) *hard-working*

La economía

los ahorros *savings*
la bancarrota *bankruptcy*
la bolsa de valores *stock market*
el cajero automático *ATM*

la crisis económica *economic crisis*
la cuenta corriente *checking account*
la cuenta de ahorros *savings account*
la deuda *debt*
la pobreza *poverty*
la riqueza *wealth*
la tarjeta de crédito *credit card*
la tarjeta de débito *debit card*

ahorrar *to save*
aprovechar *to take advantage of*
cobrar *to charge, to be paid*
depositar *to deposit*
gastar *to spend*
invertir (e:ie) *to invest*
pedir (e:i) prestado *to borrow*
prestar *to lend*

a corto/largo plazo *short-/long-term*
financiero/a *financial*

La gente en el trabajo

el/la asesor(a) *consultant, advisor*
el/la contador(a) *accountant*
el/la dueño/a *owner*
el/la ejecutivo/a *executive*
el/la empleado/a *employee*
el/la gerente *manager*
el hombre/la mujer de negocios *businessman/woman*

el/la obrero/a *blue-collar worker*
el/la socio/a *partner; member*
el/la vendedor(a) *salesman/woman*

agotado/a *exhausted*

dispuesto/a (a) *ready, willing (to)*
estresado/a *stressed (out)*
exitoso/a *successful*

Práctica

1

Definir Indica a qué palabra se refiere cada definición.

agotado/a	deuda	obrero/a
aprovechar	dispuesto/a	presupuesto
ascender	gerente	renunciar
desempleo	invertir	solicitar

_____ 1. Pasar a una categoría o puesto superior

_____ 2. Obligación que tiene una persona de devolverle dinero a otra

_____ 3. Cálculo de los gastos (*expenses*) necesarios para realizar un proyecto

_____ 4. Falta de empleo

_____ 5. Abandonar un proyecto o puesto de trabajo

_____ 6. Pedir un trabajo siguiendo los pasos adecuados

_____ 7. Preparado/a para hacer algo y con la voluntad de hacerlo

_____ 8. Poner dinero o tiempo en algo para después sacar un beneficio

_____ 9. Obtener la máxima ventaja de una situación

_____ 10. Sin fuerzas o energía a causa del cansancio

2

Renuncia Completa la carta de renuncia con la palabra más adecuada según el contexto.

Lamento informarle que voy a (1) _____ (exigir / renunciar) al cargo (*position*) de asistente (2) _____ (dispuesto / administrativo).

Dejo la compañía porque no obtuve el (3) _____ (aumento de sueldo / sindicato) prometido. Ya llevo cuatro años aquí y todavía gano el (4) _____ (puesto / sueldo) mínimo. Además, por el (5) _____ (impuesto / horario de trabajo) inflexible, salgo demasiado tarde en las noches.

Aunque me preocupa quedar (6) _____ (desempleado / agotado), voy a buscar otras formas de (7) _____ (ganarme la vida / riqueza) decentemente.

Espero que antes de (8) _____ (cobrar / contratar) nuevos empleados, haga un (9) _____ (impuesto / presupuesto) a (10) _____ (estar a la venta / largo plazo), para cumplir las promesas hechas a los trabajadores.

Juan Manuel Castillo

3

Soluciones En parejas, busquen soluciones a estas situaciones. Cada uno/a debe dar al menos dos consejos a las siguientes personas. Utilicen la imaginación y tantas palabras del vocabulario como puedan.

ANA "No tengo trabajo pero sí tengo muchas deudas. Soy demasiado joven para tener tantos problemas. Estoy dispuesta a aceptar el sueldo mínimo".

TERESA "Mi trabajo consiste en vender un producto defectuoso. Odio tener que mentir a los clientes. Quiero renunciar, pero temo no conseguir otro trabajo".

CARLOS "Estoy cansado de trabajar más horas que un reloj y cobrar el sueldo mínimo. Tengo tres hijos pequeños. Mi esposa es ejecutiva y gana mucho dinero, pero siempre está fuera de casa. Estoy agotado".

Practice more at
vhlcentral.com.

Preparación

Nota
CULTURAL

La prensa española

Algunos de los periódicos más leídos de la prensa española tienen posturas políticas definidas. La línea editorial de *El País*, que es el periódico de mayor difusión, muestra una clara tendencia europeísta e izquierdista°. *El Mundo* representa una política de centro derecha. Por último, el *ABC* se considera un periódico de derecha°, defensor de la monarquía y el catolicismo.

izquierdista *left-wing*
de derecha *right-wing*

Vocabulario del corto

la afición *hobby*
apto/a *suitable*
capacitado/a *qualified*
cumplimentar *to fill in*
estar en paro (Esp.) *to be unemployed*
la plantilla (Esp.) *staff*

la prensa *press*
promocionarse *to be promoted*
quebrar *to go bankrupt*
renovar *to renew*
la valoración *assessment*
la vida laboral *working life*

Vocabulario útil

la angustia *distress*
el/la aspirante *applicant*
la conversación informal *small talk*
la entrevista (laboral) *(job) interview*
el/la entrevistado/a *interviewee*
el/la entrevistador(a) *interviewer*
la mentira *lie*

EXPRESIONES

a no ser que *unless*
echar un vistazo *have a look*
en absoluto *at all*
se lo juro *I swear*
tener buena/mala fama *to have a good/bad reputation*

1 **Vocabulario** Completa las oraciones con las palabras del vocabulario.

1. ¿Sabes cuál es la nueva _____ de mi hijo? Coleccionar insectos. ¡Le fascina!

2. Señora, debe _____ su licencia de conducir. Ésta ya no sirve.

3. ¡No comas eso! No es _____ para consumo humano.

4. La compañía está en crisis, por eso han despedido a toda la _____.

5. Señor aspirante, al mirar su hoja de vida vimos que no está _____ para el cargo administrativo.

6. Debo buscar otro empleo. Hoy supe que la empresa donde trabajo está a punto de _____.

2 **Preguntas** En parejas, contesten las preguntas.

1. El título del cortometraje es "Recursos humanos". ¿De qué creen que se tratará?

2. ¿Alguna vez han tenido una entrevista de trabajo? ¿Cómo se sintieron en ellas? ¿Creen que hay preguntas que siempre formulan los entrevistadores? Si responden **Sí**, escriban algunas de ellas.

3. ¿Creen que es justificable decir una mentira para obtener un empleo? ¿Por qué?

4. Si necesitaran un empleo con urgencia, ¿cómo realizarían la búsqueda? ¿A qué puestos aspirarían? ¿Por qué?

3 **Recursos humanos** En grupos de tres, imaginen que trabajan en el departamento de Recursos humanos de una gran empresa y deben contratar a un empleado administrativo. ¿Qué requisitos (*requirements*) deberían cumplir los aspirantes? ¿Qué preguntas les harían? Escriban un posible diálogo entre el entrevistador y uno de los aspirantes al puesto.

4

¿Qué harías tú? En parejas, comenten si las siguientes sugerencias para una entrevista de trabajo son acertadas o no.

	Sí	No
1. Empezaría hablando de mis puntos débiles (*weaknesses*).	☐	☐
2. Intentaría no interrumpir al/a la entrevistador(a).	☐	☐
3. Iría vestido/a con ropa de diario (*casual*) para demostrar cómo soy de verdad.	☐	☐
4. Diría que tengo mucha experiencia, aunque no fuera cierto.	☐	☐
5. Le llevaría un regalo al/a la entrevistador(a).	☐	☐
6. Me mostraría tal y como soy para no parecer una persona falsa (*phony*).	☐	☐
7. Diría que este trabajo es una buena oportunidad para aprender.	☐	☐
8. Trataría al/a la entrevistador(a) de usted, aunque fuera más joven que yo.	☐	☐
9. Haría muchas preguntas para demostrar interés por el trabajo.	☐	☐
10. Contaría un chiste, si se presentara la oportunidad.	☐	☐

5

Fotogramas Vas a ver un cortometraje sobre una entrevista de trabajo. En parejas, observen esta secuencia de imágenes. Luego, hagan una predicción sobre su final.

6

Preguntas En parejas, contesten estas preguntas sobre las entrevistas de trabajo y expliquen sus respuestas.

1. ¿Creen que es importante decir siempre la verdad en una entrevista de trabajo?

2. ¿Debes mostrarte como realmente eres en una entrevista de trabajo?

3. ¿Qué harías si un(a) entrevistador(a) fumara un cigarrillo mientras te estuviera entrevistando?

4. Si crees que no eres el/la candidato/a ideal para un puesto de trabajo, ¿se lo dirías al/a la entrevistador(a)?

5. ¿Aceptarías un trabajo para el que no estuvieras cualificado/a?

Video

Premio al mejor guion
en el Festival Ibérico de
Cine de Badajoz (2004)

Premio Story Film /
Pablo Núñez al mejor
director (2004)

RECURSOS HUMANOS

Una producción de SOCARRAT p.c.
Guion y Dirección JOSÉ JAVIER
RODRÍGUEZ MELCÓN
Jefe de producción ALEJANDRO VALCÁRCEL
Productores EUGENIO LÓPEZ TRIGO,
RAFAEL ÁLVAREZ, IGNACIO MONGE
Fotografía ÁLVARO GUTIÉRREZ
Montaje JOSÉ MANUEL JIMÉNEZ
Música SANTIAGO PEDRONCINI
Sonido DAVID RODRÍGUEZ,
DOUGLAS ROBERTS
Dirección artística JAVIER CHAVARRÍA
Actores ANDRÉS LIMA,
NIEVE DE MEDINA, JULI MIRA,
GONZALO DE SANTIAGO

Se to express unexpected events

*Al entrevistador **se le ha olvidado** la valoración personal.*

- **Se** is also used in statements that describe accidental or unplanned incidents. In this construction, the agent who performs the action is de-emphasized, implying that the incident is not his or her direct responsibility.

	INDIRECT OBJECT PRONOUN	VERB	SUBJECT
Se	**me**	**perdió**	**el reloj.**

- In this construction, the person(s) to whom the event happened is/are expressed as an indirect object. What would normally be the direct object of the English sentence becomes the subject of the Spanish sentence.

	INDIRECT OBJECT PRONOUN	VERB	SUBJECT
	me	**acabó**	**el dinero.**
	te	**cayeron**	**las gafas.**
Se	**le**	**ocurrió**	**una buena idea.**
	nos	**dañó**	**la radio.**
	os	**olvidaron**	**las llaves.**
	les	**perdió**	**el documento.**

- These verbs are frequently used with **se** to describe unplanned events.

acabar *to finish, to run out*	**olvidar** *to forget*
caer *to fall, to drop*	**perder (e:ie)** *to lose*
dañar *to damage, to break*	**quedar** *to leave behind*
ocurrir *to occur*	**romper** *to break*

Se me quedó la tarjeta de crédito en el almacén.
I left my credit card at the store.

Se nos dañó la computadora en la reunión con los ejecutivos.
Our computer broke at the meeting with the executives.

- To clarify or emphasize the person(s) to whom the unexpected occurrence happened, the construction sometimes begins with **a** + [*noun*] or **a** + [*prepositional pronoun*].

A María siempre se le olvida pagar los impuestos.
María always forgets to pay her taxes.

A mí se me cayeron todos los documentos en medio de la calle.
I dropped all the documents in the middle of the street.

Práctica

1 **Unir** Une las frases de la columna A con las frases correspondientes de la columna B.

A	B
_____ 1. A la empresa	a. se les pagó el sueldo mínimo.
_____ 2. A los empleados	b. se le dio un aumento.
_____ 3. A mí	c. se nos depositó el sueldo en la cuenta.
_____ 4. A nosotros	d. se le exigió pagar más impuestos.
_____ 5. A ti	e. se te olvidó pagar la tarjeta de crédito.
	f. se me dañó la computadora.

2 **Completar** La empresa para la que trabajas ha cambiado algunas reglas. Complétalas con frases impersonales con **se**.

Las nuevas reglas de la oficina son:

1. _____ (trabajar) de ocho a seis.
2. No _____ (deber) comer en las oficinas.
3. _____ (prohibir) los teléfonos celulares.
4. _____ (tener) sólo veinte minutos para almorzar.
5. No _____ (permitir) las llamadas telefónicas personales.
6. _____ (prohibir) escuchar la radio en la oficina.

3 **Accidentes**

A. Describe qué sucedió en cada situación. Usa **se** y el verbo entre paréntesis.

> **Modelo** **No encuentro las llaves por ningún lado. (perder)**
> Se me perdieron las llaves.

1. Dejamos el presupuesto en la oficina. (olvidar)
2. Un virus atacó la computadora que compré hace poco. (dañar)
3. Después de pagar todas las deudas, Julián y Pati no tenían más dinero en la cuenta. (acabar)
4. Tienes varias ideas buenas para luchar contra la pobreza. (ocurrir)
5. Tony no recuerda dónde puso las solicitudes (*applications*) que llevaba para las entrevistas. (perder)
6. Iba con demasiada prisa y tropecé (*tripped*). Ahora los papeles están por todo el suelo. (caer)
7. No pensamos que los vasos estuvieran en peligro en el nuevo lavaplatos. (romper)
8. Carlos y Emilia dijeron que traerían las fotos de sus últimas vacaciones, pero no las tienen. (olvidar)

B. Usando las oraciones anteriores como modelo, describe tres situaciones que te hayan pasado a ti o a alguien que conoces.

Comunicación

4

La escuela Marcos y Marta son estudiantes, y les cuentan a sus padres qué se hace en la escuela. En parejas, describan lo que se hace usando el **se** impersonal y las notas de Marcos y Marta.

Aprender a...   Hablar con...

Comer en...   Jugar...

Estudiar...   Usar...

Hacer...   Practicar...

Compartir...   Escribir...

5

Oraciones En parejas, imaginen que son dueños de una empresa y van a hablar con sus empleados sobre algunas decisiones que se han tomado. Formen oraciones con los elementos de la lista e inventen otros.

contratar	el dinero
exigir	dos ingenieros/as
no se puede	mientras usan la computadora
se decidió	nuevos/as empleados/as
se despidió	para el puesto
se entrevistaron	para los sueldos
se me acabó	perezosos/as
	tres estudiantes

6

Carteles En parejas, imaginen qué otras cosas se hacen en el lugar donde se encuentra cada cartel. Escriban oraciones usando **se**. Luego, la clase tiene que adivinar qué lugar están describiendo.

Modelo
—Se prestan libros. Se estudia y se consultan diccionarios. Se pide y se da información para hacer investigaciones.
—Es la biblioteca.

Se prohíbe hablar.

Se venden insectos.

Se leen las manos.

Se necesitan estudiantes de español.

Sólo se habla guaraní.

Síntesis

Luis Gabriel

Rosa

Paula Andrea

Víctor

Juan Enrique

Camila

1 Entrevista de trabajo En parejas, representen una entrevista de trabajo entre un(a) gerente y un(a) candidato/a a un puesto. Decidan cuál de las personas en las fotos es quién y cuál es el puesto que se ofrece. Usen el pretérito perfecto y la tabla como guía.

Entrevista de trabajo	
Experiencia	Nombre de la compañía, tipo de trabajo, tiempo en la compañía
Educación	Lugar de estudio (universidad, escuela secundaria, etc.), título(s)
Otras habilidades	Pasatiempos, conocimientos de computación, idiomas
Expectativas económicas	Sueldo, beneficios
Expectativas de trabajo	Responsabilidades

2 Carta En grupos pequeños, imaginen que un(a) compañero/a de trabajo ha sido despedido/a injustamente. Escríbanle una carta al/a la dueño/a de la compañía en la que expresen su asombro (*astonishment*) por lo sucedido. Recuerden que ustedes todavía trabajan allí. Usen el presente del subjuntivo y el pretérito perfecto del subjuntivo.

3 Consecuencias En parejas, escojan tres acontecimientos (*events*) y escriban dos consecuencias lógicas para cada uno usando construcciones con **se** y frases impersonales.

> Modelo   **Una crisis económica**
> Se pierden los empleos. Se ahorra el dinero.

- El traslado de su lugar de trabajo
- Un(a) nuevo/a jefe/a
- Una huelga (*strike*) de trabajadores
- La pérdida de todos sus ahorros
- Un aumento de sueldo
- Un aumento en las horas de trabajo

Preparación

Vocabulario de la lectura

abastecer *to supply*
los bienes *goods*
desaprovechar *to waste, to misuse*
el/la inversionista *investor*

quejarse *to complain*
la represa *dam*
las riquezas *riches*
el yacimiento *deposit*

Vocabulario útil

la cantera *quarry*
la compra *purchase*
la escasez *shortage*
el gasoducto *gas pipeline*
el hallazgo *finding*
(no) renovable *(non-)renewable*

1 Emparejar Relaciona cada frase de la columna A con la mejor opción de la columna B.

A

_____ 1. Expresar insatisfacción, protestar

_____ 2. Una persona que da dinero a una empresa para después recibir beneficios

_____ 3. Construcción que sirve para desviar (*divert*) el curso de un río y contener el agua

_____ 4. Insuficiencia de un recurso necesario o dificultad para conseguirlo.

_____ 5. Acción de pagar dinero a cambio de un producto

_____ 6. Acción de conocer algo que se ignoraba

B

a. represa
b. compra
c. inversionista
d. descubrimiento
e. quejarse
f. escasez

2 Recursos naturales En parejas, contesten estas preguntas.

1. ¿Qué recursos naturales tiene la región donde viven?

2. ¿Cómo los/las benefician a ustedes personalmente esos recursos naturales?

3. ¿Qué empleos existen gracias a esos recursos?

4. ¿Cómo se aprovechan económicamente los recursos del país donde viven? ¿Cómo se malgastan?

5. ¿Qué compañías dedicadas a la explotación de recursos naturales existen en su país?

6. Miren el mapa de Suramérica en la página xxxi. ¿Qué recursos naturales creen que hay en cada región?

3 Apoyo y oposición En grupos de tres, opinen si apoyan o si están en contra de la explotación de los recursos naturales. Tengan en cuenta:

- Los efectos de la explotación de los recursos en la naturaleza

- La política para aprovechar económicamente los recursos

- Los empleos que crea la explotación de los recursos

- La importancia de conservar los recursos para el futuro

- Los costos de importar recursos

- Los efectos de la explotación de los recursos en la salud de las personas

Recursos naturales: una salida al mundo

Cultura en pantalla

Visita **vhlcentral.com** y encuentra más información sobre los **Indígenas bolivianos y el negocio de los hidrocarburos.**

CULTURA

 Audio: Reading

os recursos naturales incluyen no sólo las materias primas° como los combustibles, los minerales y los metales, sino también los animales, las plantas, los alimentos, el suelo, el agua, el aire y los ecosistemas que los humanos pueden aprovechar y cuidar. Son precisamente los recursos naturales los que han facilitado a países como Bolivia y Paraguay la apertura° de sus economías al mundo entero. Veamos cómo ambos países se han convertido en potencias exportadoras de gas natural y de energía eléctrica a pesar de presentar una desventaja geográfica común: carecer° de una salida directa al mar.

La producción de energía paraguaya dependía en gran medida del aprovechamiento de la madera, pero entre 1961 y 2008 se fue reduciendo gradualmente la superficie forestal en el país. Esto condujo a la disminución en la explotación maderera y obligó a considerar otras fuentes de energía. Al no existir la infraestructura adecuada para producir energía hidráulica, los ríos, como el poderoso Paraná, y sus afluentes° eran desaprovechados. Ante las necesidades energéticas del país, se analizaron las posibilidades de generar energía eléctrica. Por eso se pensó en construir una represa en la frontera con Brasil y permitir a los Estados Unidos levantar una central termonuclear en territorio paraguayo. Sin embargo, las propuestas de asociación por parte del gobierno paraguayo e inversionistas brasileños y argentinos cambiaron el rumbo° de estos proyectos. Se decidió entonces la construcción de tres grandes represas: la del Acaray, la del Itaipú, en compañía con Brasil, y la de Yacyretá, en alianza con Argentina.

La central hidroeléctrica Acaray fue la primera construida en Paraguay. La represa binacional del Itaipú es una de las más grandes del mundo y corresponde en igual porcentaje tanto a Brasil como a Paraguay. Por su parte, la central de Yacyretá abastece el 15% de la demanda eléctrica anual argentina. Estas represas han generado grandes riquezas y han logrado que Paraguay pueda abastecerse a sí mismo y convertirse en el mayor exportador de energía eléctrica de Latinoamérica.

raw materials (línea 2)
opening (línea 9)
lack (línea 13)
tributaries (línea 25)
direction (línea 35)

Bolivia y los carros del futuro

Debajo de los desiertos de sal bolivianos se encuentra casi la mitad de las reservas mundiales de litio°, un mineral necesario para la fabricación de las baterías de carros híbridos y eléctricos. De acuerdo con las reformas constitucionales adoptadas en Bolivia en 2009, los pueblos indígenas podrían tener derecho a explotar los minerales que se encuentran debajo de su territorio. ¿Podrá competir la explotación minera artesanal de los indígenas bolivianos con otras industrias de producción de litio en Latinoamérica? ¿Cómo se controlará la explotación de este mineral? ¿Cómo será el diálogo entre las empresas de explotación y el gobierno y el pueblo bolivianos? Son muchos los interrogantes, pero el potencial es enorme.

lithium

Hace unas décadas Bolivia exportaba principalmente metales y soja°. Esto cambió entre 1997 y 2005 cuando aumentaron en un 600% las reservas de gas natural confirmadas en el país gracias al hallazgo de nuevos yacimientos. Así, Bolivia escaló hasta el segundo puesto en Latinoamérica en reservas de gas, después de Venezuela. No obstante, Bolivia continúa siendo un fuerte exportador agrícola y minero. Entre los metales explotados y exportados se encuentran oro, plata, zinc y estaño°. Sin embargo, el gas natural es el recurso que le ha generado más desarrollo y riquezas y se ha convertido en el principal producto de exportación, siendo Brasil y Argentina los clientes más importantes. Gracias a sus extensas reservas, las regiones del Tarija, Potosí y Santa Cruz han sido las más beneficiadas. Las condiciones de trabajo han mejorado, y quienes empezaron como pequeños productores están expandiendo actualmente sus compañías mineras.

Paraguay y Bolivia han recibido propuestas para ampliar sus mercados a nivel internacional. Esto les abre estupendos horizontes y mercados y, lo más importante, les da a ambos países la oportunidad de sobresalir° como grandes proveedores° de energía. Los convierte en candidatos, ¿por qué no?, a alcanzar poderío económico a nivel mundial. ■

soy
tin
excel
suppliers

Análisis

1 **Comprensión** Contesta las preguntas.

1. ¿En qué son potencias Paraguay y Bolivia en la actualidad?

2. Antes de la electricidad, ¿cuál era una de las principales fuentes de energía en Paraguay?

3. ¿Cuáles son las tres grandes represas que existen en Paraguay?

4. ¿Qué países se asociaron con Paraguay para construir las represas?

5. Antes del gas natural, ¿qué productos eran los que más exportaba Bolivia?

6. ¿Qué recursos naturales abundan en la tierra boliviana?

7. ¿Por qué en las provincias bolivianas de Tarija, Potosí y Santa Cruz se han mejorado las condiciones de trabajo y están creciendo las pequeñas empresas mineras?

8. Existen otros recursos naturales además de las materias primas, ¿puedes mencionar por lo menos tres de ellos?

2 **Análisis** En parejas, contesten las preguntas y expliquen sus respuestas.

1. ¿Cuáles creen que son los aspectos positivos y negativos de la explotación de los recursos naturales en Bolivia y Paraguay? ¿Por qué?

2. ¿Creen que estos países pueden llegar a ser potencias mundiales si siguen haciendo buen uso de sus recursos? ¿Qué más tendrían que hacer para lograrlo?

3. ¿Conocen otros países donde la explotación y exportación de recursos naturales hayan sido fundamentales para su desarrollo económico y social? ¿Cuáles? ¿Qué recursos tienen?

4. ¿Qué impacto puede tener en Bolivia la explotación del litio? ¿Creen que la posible explotación del litio por comunidades indígenas locales podría mejorar sus condiciones actuales sin afectar sus tradiciones o, por el contrario, podría causar un efecto cultural adverso?

3 **Recursos naturales**

A. En grupos de tres realicen una lluvia de ideas y escriban dos listas: una de recursos naturales renovables y otra de recursos no renovables.

B. En los mismos grupos, elijan una de las dos listas y respondan estas preguntas:

Recursos renovables
Del listado, ¿cuál creen que sea el recurso más caro? ¿Cuál es el más utilizado en sus casas? Entre ellos, ¿cuál es el menos aprovechado? ¿Piensan que los recursos renovables podrían volverse no renovables? Expliquen la respuesta.

Recursos no renovables
¿Cuál es el recurso no renovable más barato? ¿Qué recurso es el más escaso en el país donde estudian? ¿Cuál creen que sea el recurso no renovable que más se importa en los Estados Unidos? ¿Piensan que es importante ayudar a reducir el consumo de recursos no renovables? ¿Por qué? ¿Será más bien una responsabilidad de los gobiernos de los países?

Practice more at vhlcentral.com.

Preparación

Sobre el autor

Juan Madrid (1947–) nació en Málaga, España. Estudió en Madrid y Salamanca antes de iniciarse en su carrera como periodista en 1973. Se dedica además a la literatura y es reconocido desde hace mucho tiempo como uno de los máximos exponentes de la llamada "nueva novela negra". También ha escrito cuentos, novelas juveniles y guiones de cine y de televisión. Entre sus obras destacan las novelas: *Cuentas pendientes* (1995), *Tánger* (1997) y *Gente bastante extraña* (2001).

Vocabulario de la lectura	
Comercio *Business Administration*	
dar para vivir *to yield enough to live on*	
darse cuenta de *to realize*	
el juguete *toy*	
el lío *mess*	
matar(se) *to kill (oneself)*	
sospechar *to suspect*	

Vocabulario útil	
el control de armas *gun control*	
desesperado/a *desperate*	
dirigirse a *to address*	
disparar *to shoot*	
el hambre *hunger*	
la indiferencia *indifference*	
la inflación *inflation*	
el/la tendero/a *storekeeper*	
voltear *to turn back*	

1

Vocabulario Relaciona cada palabra con la definición adecuada. Después escribe un párrafo usando el mayor número posible de palabras de la actividad.

_____ 1. hambre   a. No confiar en las intenciones de alguien

_____ 2. juguete   b. Ganas y necesidad de comer

_____ 3. dar para vivir   c. Confusión que resulta al presentarse muchos problemas a la vez

_____ 4. sospechar   d. Situación económica en que los precios suben mucho

_____ 5. matar   e. Objeto con que se divierten los niños

_____ 6. indiferencia   f. Quitarle la vida a otro ser

_____ 7. lío   g. Actitud que no inspira ni interés ni repulsión

_____ 8. inflación   h. Ser suficiente para vivir dignamente

2

Cambiar el pasado En parejas, contesten las preguntas. Expliquen sus respuestas.

1. Si pudieran viajar al pasado, ¿qué decisiones cambiarían?

2. ¿Han hecho alguna vez algo de lo que se arrepientan? ¿Qué?

3. ¿Tiene algún valor arrepentirse, o es mejor no mirar atrás? ¿Por qué?

4. ¿Por qué creen que sospechamos tan fácilmente de los demás?

5. ¿Cuál es el acto más violento que cometerían si actuaran en defensa propia (*self-defense*)?

LA MIRADA

Juan Madrid

Mire usted, yo no soy mala persona. Yo me dedico a mis cosas, la tienda, y ya ve usted, no es muy grande y mis hijos, que antes estaban aquí conmigo, pero
5 la juventud, ya lo sabe usted. La juventud tira para° otras cosas, pasan de° la tienda, como ellos dicen. ¿Usted tiene hijos? Dios se los conserve. Mientras sean pequeños, no le darán más que alegrías, pero en cuanto se hacen
10 mayores la cosa cambia, se lo digo porque lo sé, sí señor. Mire, mi Arturo, con veinte años, aún no ha hecho nada. Empezó Comercio y luego dijo de hacer° Filosofía, no sé si la empezó, y ahora va diciendo que lo suyo° es el teatro.
15 ¡El teatro, fíjese usted! Pero para qué cansarle.

Usted va a lo suyo, a su trabajo y yo al mío. No, no señor, no voy a cerrar la tienda. ¿Para qué? No es que no pueda, es que no quiero. Aquí no ha pasado nada.

20 ¿Cómo dice usted, señor inspector? Bueno, Arturo y Carmina, sí señor. Carmina está con su madre, sí señor, y viene menos por aquí. Antes, como ya le he dicho, venían más. Claro, también estaba su madre. Trabajábamos Carmina y yo y los niños ayudaban. Esas cosas,
25 liar° paquetes, llevar recados°, nada. Para mí que la juventud tiene que saber lo que es la vida. ¿Cómo dice? No señor, yo solo. Llevo ya muchos años yo solo en la tienda. Da para vivir pero nada más. Si le pregunta a mi mujer le dirá
30

tira... prefiere/**pasan...** no les interesa

dijo... habló de estudiar

lo... his "thing"

to tie/mensa

Audio: Dramatic Reading

mentiras. Le dirá que soy rico. Pero es mentira, no señor. Y ella lo sabe porque ha estado aquí conmigo toda la vida. O sea desde que nos casamos, hace... hace más de veinte años. ¡Si no lo sabrá ella, señor inspector!

Yo no soy violento. Yo soy normal, ya se lo he dicho. Soy un español decente, normal, que se mata a trabajar y paga sus impuestos. Y si no puedo defenderme pues usted me dirá.

¿Cómo dice? Oiga, yo no quiero hablar de política. Yo la única política que entiendo es la del trabajo. ¿Sabe usted a qué hora salgo yo de la tienda? No lo sabe, claro que no lo sabe. Pues salgo a las diez de la noche. Bueno, mejor dicho, echo el cierre° a las diez y me quedo con la luz encendida haciendo el balance, porque yo hago el balance diario. En cualquier momento, sé lo que falta, lo que tengo que comprar... Si la política de este país se llevara como mi tienda... Pero, bueno, no quiero hablar de política.

Sí señor, se lo cuento, los maté porque les miré a los ojos. Esa cara descarada°, chulesca°, del que no trabaja, el pelo largo y sucio... y la chica, para qué hablar de la chica. Una... una cualquiera°. Se cruzó de brazos° y me llamó viejo de mierda°. Eso es, apunte, viejo de mierda.

No, no me estoy haciendo un lío, lo que pasa es que no hablo mucho con la gente y menos con la policía... disculpe, le cuento, sí señor. Entraron como a las nueve y media. Yo, nada más verlos, sospeché. Algunas veces vienen jóvenes a comprar saladitos°, galletitas°, cosas, refrescos, patatas... para los guateques°, ¿sabe usted? Bueno, nada más verlos supe que no venían a ningún guateque. El chico fue el que sacó la pistola y me la puso en la garganta. Me quedé sin habla°. Yo creo

echo... *I lock up*

shameless/cocky

a floozy/
Se... *She crossed her arms/*
viejo... *lousy old man*

snacks
cookies
fiestas

sin... *speechless*

que estaba más nervioso que yo, temblaba y sudaba°.

"El dinero, venga, el dinero", me dijo. Y la chica dijo eso de viejo de mierda. Pero fue al mirarle a los ojos. Yo he estado en la guerra°, ¿sabe? Sé los ojos que tienen los que quieren matar y ese chico me quería matar. Yo tengo licencia de armas, sí señor, aquí la tiene y aquí está la Magnum 357. ¿Qué? Pues nada, que me gusta ¿a usted no? Es un arma preciosa, segura, ella me ha salvado la vida. Con licencia yo puedo tener lo que quiera. No se enfade, sigo.

Bueno, pues eso. ¿Por dónde iba?... ¡Ah, sí! Pues que veo que me pone en la garganta la pistola y le digo que sí, que le doy el dinero. Hay que decir eso, para disimular, para que confíen. Igual hacíamos en la guerra.

Y ahí está... ¿Cómo? No señor, no me di cuenta de que la pistola era de juguete. ¿Cómo habría de° saberlo? Lo único que supe es que me iba a matar y entonces abrí el cajón°... Mire, de esta forma... y el revólver lo tenía ahí, tapado° bajo los papeles. Le seguí mirando a los ojos y saqué el revólver. Disparé de cerca y me salpicó° el delantal° y la camisa. Es muy potente el Magnum, es un buen revólver. Ya lo ha visto. Le abrí un boquete° en el pecho° que...

En fin, era su vida o la mía... ¿La chica? ¡Qué sabía yo! Podría tener un arma escondida° entre las ropas, esas golfas° lo hacen... nada, a ella fue en la cabeza. Es más seguro, usted sabe, que es un defensor del orden.

Pues no, no señor. No supe que el revólver era de juguete, ni que tenían doce años. A mí me parecieron de la edad de mi Arturo, ya se lo he dicho. Me parecieron como de veinte años. Y no jugaban. No era juego. Les miré a los ojos y supe que querían matarme. Por eso los maté yo. A los dos, sí señor. ■

temblaba... *he was shaking and sweating*

(Guerra civil española)

habría... *podría*

drawer
covered

spattered/apron

hole
chest

hidden
street walkers

Yo he estado en la guerra, ¿sabe? Sé los ojos que tienen los que quieren matar y ese chico me quería matar.

Análisis

1 **Comprensión** Contesta las preguntas con oraciones completas.

1. ¿Quién está hablando de lo que pasó en la tienda?

2. ¿A quién se dirige?

3. ¿Cuántos hijos tiene el tendero?

4. ¿Quién estaba con el tendero cuando llegaron los dos chicos?

5. ¿Cómo se describe a sí mismo (*himself*)?

6. ¿Cómo es el arma del tendero? ¿Y la de los chicos?

7. ¿Cuántos años tenían los chicos?

2 **Interpretar** Contesta las preguntas y explica tus respuestas.

1. ¿Cómo piensas que es la relación del tendero con su familia?

2. ¿Crees que el tendero se arrepiente de lo que hizo?

3. ¿Cuál es tu opinión sobre estas frases?

    a. "Mientras [los hijos] sean pequeños, no le darán más que alegrías, pero en cuanto se hacen mayores la cosa cambia".

    b. "La juventud tiene que saber lo que es la vida".

3 **Reacción** En parejas, elijan una de estas situaciones y decidan quién es la persona que llega y cómo reaccionarían ustedes. Después, improvisen un diálogo ante la clase según lo que hayan discutido.

- Trabajas en una tienda y estás solo/a haciendo el turno (*shift*) de noche. Un hombre nervioso con un abrigo largo y sucio entra y empieza a observarlo todo.

- Estás hablando con dos amigos/as cuando un(a) chico/a extraño/a con ropa muy rara (*strange*) se acerca. Parece estar furioso/a.

- Estás poniendo gasolina a tu carro cuando una mujer extraña se te acerca.

4 **Escribir** Imagina que eres periodista y has escuchado las declaraciones del tendero. Escribe una noticia sobre lo que sucedió. Agrega todos los detalles que creas necesarios. Usa el pretérito perfecto del indicativo y el pretérito perfecto del subjuntivo.

Plan de redacción

Escribir una noticia

1 **Organización** Organiza la información que tienes, empezando por lo más importante.

2 **Narración** Narra los hechos de forma clara, detallando qué sucedió, cuándo y cómo.

3 **Conclusión** Termina hablando de la parte más general de la noticia a modo de conclusión.

4 **Título** Escoge un título para tu noticia que sea corto y llamativo.

El trabajo y las finanzas

Vocabulary Tools

El mundo laboral

el almacén *department store; warehouse*
el aumento de sueldo *pay raise*
la compañía *company*
el desempleo *unemployment*
la empresa (multinacional) *(multinational) company*
el horario de trabajo *work schedule*
el impuesto *tax*
el mercado *market*
el presupuesto *budget*
el puesto *position, job*
la reunión *meeting*
el sindicato *labor union*
el sueldo (mínimo) *(minimum) wage*

acosar *to harass*
administrar *to manage, to run*
ascender *to rise, to be promoted*
contratar *to hire*
despedir (e:i) *to fire*
estar a la/ en venta *to be for sale*
estar bajo presión *to be under pressure*
exigir *to demand*
ganarse la vida *to earn a living*
jubilarse *to retire*
renunciar *to quit*
solicitar *to apply for*
tener conexiones *to have connections; to have influence*

administrativo/a *administrative*
(in)capaz *(in)capable, (in)competent*
desempleado/a *unemployed*
perezoso/a *lazy*
trabajador(a) *hard-working*

La economía

los ahorros *savings*
la bancarrota *bankruptcy*
la bolsa de valores *stock market*
el cajero automático *ATM*
la crisis económica *economic crisis*
la cuenta corriente *checking account*
la cuenta de ahorros *savings account*
la deuda *debt*
la pobreza *poverty*
la riqueza *wealth*

la tarjeta de crédito *credit card*
la tarjeta de débito *debit card*

ahorrar *to save*
aprovechar *to take advantage of*
cobrar *to charge, to be paid*
depositar *to deposit*
gastar *to spend*
invertir (e:ie) *to invest*
pedir (e:i) prestado *to borrow*
prestar *to lend*

a corto/largo plazo *short-/long-term*
financiero/a *financial*

La gente en el trabajo

el/la asesor(a) *consultant, advisor*
el/la contador(a) *accountant*
el/la dueño/a *owner*
el/la ejecutivo/a *executive*
el/la empleado/a *employee*
el/la gerente *manager*
el hombre/la mujer de negocios *businessman/woman*
el/la obrero/a *blue-collar worker*
el/la socio/a *partner; member*
el/la vendedor(a) *salesman/woman*

agotado/a *exhausted*
dispuesto/a (a) *ready, willing (to)*
estresado/a *stressed (out)*
exitoso/a *successful*

Cortometraje

la afición *hobby*
la angustia *distress*
el/la aspirante *applicant*
la conversación informal *small talk*
la entrevista (laboral) *(job) interview*
el/la entrevistado/a *interviewee*
el/la entrevistador(a) *interviewer*
la mentira *lie*
la plantilla *staff*
la prensa *press*
la valoración *assessment*
la vida laboral *working life*

cumplimentar *to fill in*
estar en paro *to be unemployed*
promocionarse *to be promoted*
quebrar *to go bankrupt*
renovar *to renew*

apto/a *suitable*
capacitado/a *qualified*

Cultura

los bienes *goods*
la cantera *quarry*
la compra *purchase*
la escasez *shortage*
el gasoducto *gas pipeline*
el hallazago *finding*
el/la inversionista *investor*
la represa *dam*
las riquezas *riches*
el yacimiento *deposit*

abastecer *to supply*
desaprovechar *to waste, to misuse*
quejarse *to complain*

(no) renovable *(non-)renewable*

Literatura

el control de armas *gun control*
el hambre *hunger*
la indiferencia *indifference*
la inflación *inflation*
el juguete *toy*
el lío *mess*
el/la tendero/a *storekeeper*

dar para vivir *to yield enough to live on*
darse cuenta de *to realize*
dirigirse a *to address*
disparar *to shoot*
matar(se) *to kill (oneself)*
sospechar *to suspect*
voltear *to turn back*

Comercio *Business Administration*
desesperado/a *desperate*

Ciencia y tecnología

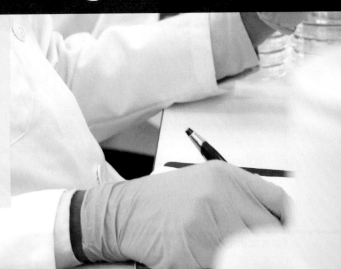

Hoy en día, la ciencia y la tecnología avanzan a pasos agigantados con relación a otras épocas. Mucho camino ha recorrido la humanidad desde que se inventó la rueda, hace más de cinco mil años. Hoy, sumas astronómicas de dinero se invierten en experimentos tecnológicos y científicos que parecen de ciencia ficción. ¿Crees que todos los avances científicos y tecnológicos son beneficiosos?

277

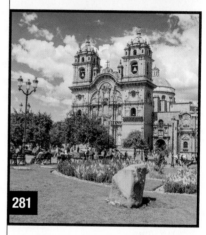

281

Destino: PERÚ

La tecnología y la ciencia

 Vocabulary Tools

La tecnología

la arroba *@ symbol*
el blog *blog*
el buscador *search engine*
el CD-ROM *CD-ROM*
el ciberespacio *cyber space*
la computadora portátil *laptop*
la contraseña *password*

el corrector ortográfico *spell checker*
la dirección electrónica *e-mail address*
el enlace *link*
la herramienta *tool*
la informática *computer science*
el mensaje (de texto) *(text) message*
el nombre de usuario *user name*
el programa (de computación) *software*
la red *the Web*
el reproductor de MP3/DVD
  MP3/DVD player
el (teléfono) celular
  cell phone

adjuntar (un archivo)
  to attach (a file)
borrar *to delete, to erase*
descargar *to download*
guardar *to save*
subir *to upload*

avanzado/a *advanced*
en línea *online*
inalámbrico/a *wireless*
innovador(a) *innovative*
revolucionario/a *revolutionary*

Los inventos y la ciencia

el ADN *DNA*
el avance *advance, breakthrough*
la célula *cell*

el desafío *challenge*
el descubrimiento *discovery*
el experimento *experiment*
el gen *gene*
la genética *genetics*
el invento *invention*
la novedad *new development*
la patente *patent*
la teoría *theory*

alcanzar *to reach, to attain*
clonar *to clone*
comprobar (o:ue) *to prove, to confirm*
contribuir *to contribute*
crear *to create*
curar *to cure*
fabricar *to manufacture*
inventar *to invent*

(bio)químico/a *(bio)chemical*
especializado/a *specialized*
(poco) ético/a *(un)ethical*

El universo y la astronomía

el agujero negro *black hole*
el espacio *space*

la estrella (fugaz) *(shooting) star*
la galaxia *galaxy*
la gravedad *gravity*
el planeta *planet*
la supervivencia *survival*
el telescopio *telescope*
el transbordador espacial *space shuttle*

aterrizar *to land*
explorar *to explore*

extraterrestre *extraterrestrial, alien*

Los científicos

el/la astronauta *astronaut*
el/la astrónomo/a *astronomer*
el/la biólogo/a *biologist*
el/la (bio)químico/a *(bio)chemist*
el/la científico/a *scientist*

el/la físico/a *physicist*
el/la ingeniero/a *engineer*
el/la investigador(a) *researcher*
el/la matemático/a *mathematician*

Práctica

1 **No pertenece** Identifica la palabra que no pertenece al grupo.

1. ADN • célula • contraseña • gen

2. astronauta • red • transbordador espacial • aterrizar

3. descargar • curar • grabar • guardar

4. patente • extraterrestre • espacio • agujero negro

5. científico • biólogo • herramienta • químico

6. novedad • descubrimiento • gravedad • avance

2 **Se necesita...** ¿Qué se necesita para hacer posible lo siguiente? Añade el artículo correcto *un* o *una*.

buscador	contraseña	dirección electrónica	reproductor de DVD
cámara digital	corrector ortográfico	experimento	teléfono celular
computadora portátil	desafío	patente	telescopio

1. Para encontrar una lista de sitios web útiles, se necesita _____.

2. Para recibir correo electrónico, se necesita _____.

3. Para navegar por la red en la playa, se necesita _____.

4. Para hacer una llamada en un autobús, se necesita _____.

5. Para escribir sin errores en la computadora, se necesita _____.

6. Para entrar en una cuenta en línea, se necesita _____.

7. Para proteger un invento, se necesita _____.

8. Para observar las estrellas y galaxias desde la Tierra, se necesita _____.

3 **Actualidad científica** Parece que la biotecnología no tiene límites. ¿Qué opinas tú sobre el tema?

A. Marca las afirmaciones con las que estás de acuerdo.

☐ 1. La clonación de seres humanos es una herramienta importante para luchar contra las enfermedades genéticas.

☐ 2. La genética ha ido demasiado lejos. El hombre no puede jugar a alterar la naturaleza humana. No es ético y sólo produciría sufrimiento.

☐ 3. Es injusto gastar dinero en experimentos genéticos cuando hay gente que muere de hambre.

☐ 4. Debemos seguir desarrollando la biotecnología para que un día los seres humanos seamos inmortales.

☐ 5. La clonación de seres humanos nos hará perder el respeto por la vida humana.

☐ 6. Clonar seres humanos en un mundo superpoblado (*overpopulated*) no tiene sentido.

B. Ahora, compara tus opiniones con las de un(a) compañero/a. ¿Cuáles son los aspectos positivos y negativos de la manipulación genética?

Practice more at vhlcentral.com.

Reading

IMAGINA

PERÚ

Lima: el encanto de la historia

Entre los siglos XVI y XVIII, **Lima** era una metrópoli con tanta riqueza y poder que no había muchas ciudades del mundo que pudieran competir con ella. Fue fundada en 1535 por el conquistador español **Francisco Pizarro**. La necesidad de tener un puerto[1] al mar lo llevó a establecer la ciudad en la costa del **Pacífico**. La llamó **Ciudad de los Reyes,** pero Lima, el nombre quechua, prevaleció[2].

Los conquistadores pisaron[3] estas tierras en busca de plata y oro, y las llenaron de historias de ambición, de fe y de venganza[4]. El corazón de la ciudad sigue en el mismo sitio desde los años coloniales. **La Plaza de Armas**, rodeada de edificios históricos, refleja las complejas[5] relaciones sociales y políticas de aquella época. Hoy día, todavía se encuentra allí el **Palacio de Gobierno**, construido bajo las órdenes de Francisco Pizarro.

Los conventos, palacios y mansiones de Lima nos cuentan la fascinante historia de esta ciudad. Las familias adineradas[6] que querían construir una mansión tenían que seguir ciertas normas. Cuanto más poderosa e importante era una familia, más cerca de la plaza se encontraba su vivienda. El **Tribunal de la Santa Inquisición**, establecido en **Perú** en 1570, llevaba a cabo sus juicios en esta plaza, y en su mismo centro se ejecutaba a los condenados.

Los balcones de las casas coloniales, famosos por su omnipresencia y por su variedad, reflejan el estilo arquitectónico mudéjar[7], resultado de la mezcla de las culturas musulmana, judía y cristiana de la **España** de la época. Los balcones de Lima hacen uso de enrejados[8] que no dejan pasar la luz. Ideales para las temperaturas del norte de **Marruecos**[9] y ciertas zonas de España, se adecuaron perfectamente a las temperaturas cálidas[10] de Lima. Su conveniencia no era exclusivamente climática, pues a través de los pequeños orificios se ocultaban los rostros[11] de las mujeres nobles que querían ver lo que ocurría en las calles, sin necesidad de salir.

Lima vista de noche

Lima no sólo ofrece la grandeza arquitectónica de su pasado colonial. En el distrito **Pachacamac** se encuentra un santuario que data del siglo V, anterior a la llegada de los incas, en el cual se veneraba[12] al dios del mismo nombre. Por otra parte, una visita al distrito de **Miraflores** nos muestra la Lima contemporánea. Sus edificios se alternan con parques, centros comerciales, teatros y galerías de arte. Miraflores es la zona de paseo por excelencia.

Aunque Lima fue destruida casi en su totalidad por un terremoto en 1746, los limeños, a través de la reconstrucción, garantizaron la continuidad de la larga historia de la capital peruana.

Signos vitales

Lima tiene más de nueve millones de habitantes. Son en su mayoría mestizos, es decir, tienen una mezcla de orígenes europeos e indígenas. El gran crecimiento en su población se inició en los años sesenta, cuando muchos peruanos abandonaron las zonas rurales para vivir en la capital.

1 *port* 2 *prevailed* 3 *walked on* 4 *revenge* 5 *complex* 6 *wealthy* 7 *Mudejar (architectural style)* 8 *railings* 9 *Morocco* 10 *hot* 11 *faces* 12 *worshipped*

¡Conozcamos Perú!

Las líneas de Nazca
Sobrevolando[1] la pampa de Jumana, se ven las famosas **líneas de Nazca**. Estos trazos[2], discernibles únicamente desde el aire, representan figuras geométricas, humanas y animales, entre otras. Entre 200 y 700 d.C., la civilización nazca las grabó en el desierto. Los antropólogos, intentando descifrar el misterio que encierran estos dibujos[3], han considerado varias teorías, pero la verdad absoluta sobre estas líneas continúa siendo un enigma.

Cuzco La ciudad de **Cuzco** era la más importante de los **Andes** durante el imperio incaico. Fue la capital y sede[4] del gobierno de esta civilización, lo que la convirtió en centro cultural y religioso. En la actualidad, es una de las ciudades precolombinas más importantes  del continente y por ello es visita inevitable para quien quiera conocer un poco más sobre la historia y costumbres de los incas.

Parque Nacional del Manu
Para aquéllos que disfrutan del turismo ecológico, el **Parque Nacional del Manu** ofrece todo lo que puedan desear. Por siglos, conservó su biodiversidad gracias a su difícil acceso. Este parque cuenta con 15.000 tipos de  plantas diferentes. En tan sólo una hectárea de su terreno, se han encontrado hasta 250 variedades de árboles. Además, es el hábitat de algunas especies animales poco comunes, como armadillos y nutrias[5] gigantes.

Iquitos La ciudad más grande de la selva de **Perú**, **Iquitos**, es también una de las ciudades más importantes en la orilla[6] del **Amazonas** y una puerta de ingreso para navegar por el río. Fue fundada por jesuitas en el siglo XVIII, y durante la primera parte  del siglo XX vivió un auge[7] económico con el cultivo de goma[8]. Actualmente, es considerada una ciudad muy viva, segura e ideal para conocer la cultura indígena de la región. Aun hoy día, sólo se puede acceder a Iquitos por barco o avión.

[1] *Flying over* [2] *lines* [3] *drawings* [4] *seat* [5] *otters* [6] *bank* [7] *boom* [8] *rubber*

El español de Perú

arruga	deuda; estafa; *debt; fraud*
asado/a	enojado/a, molesto/a; *upset*
bobo	corazón; *heart*
café	regaño; *scolding*
causa	amigo
chaufa	adiós
encamotado/a	enamorado/a; *in love*
pata	amigo/a; individuo; *friend; guy, dude*
quincearse	equivocarse; *to be wrong/mistaken*
tono	fiesta

Expresiones

al polo	muy frío (bebidas); *very cold (drinks)*
¡Como cancha!	¡Mucho!; *A lot!*
estar muñequeado/a	estar nervioso/a; *to be nervous*
mi collera	mi amigo/a íntimo/a
tirar caña	manejar un carro; *to drive*
tirar lenteja	mirar; curiosear; *to look at; to browse*

GALERÍA DE CREADORES

MÚSICA Tania Libertad

La UNESCO ha nombrado a Tania Libertad "Artista por la Paz" en varias ocasiones. Esta cantante peruana, radicada en México, es considerada una embajadora artística de Latinoamérica. Su discografía incluye más de treinta álbumes que reflejan su versatilidad. Esta artista sin fronteras interpreta todo tipo de géneros —música africana, música folclórica, rancheras, boleros, salsa, rumba, *rock*— con la misma pasión y autenticidad que cautivan a todo aquél que la escucha. Los que la han visto cantar en vivo describen la experiencia como conmovedora (*moving*), mágica y casi espiritual.

LITERATURA Mario Vargas Llosa

Perú y su realidad son el escenario de la mayoría de las novelas de Mario Vargas Llosa, prestigiosa figura del panorama literario hispanoamericano de la segunda mitad del siglo XX. Saltó a la fama internacionalmente en 1962 con la publicación de *La ciudad y los perros*. En 1993 publicó sus memorias, *El pez en el agua*, donde habla de su fracaso en las elecciones presidenciales de su país en 1990. Después de muchas más novelas y numerosos premios literarios internacionales, fue galardonado (*awarded*) en 2010 con el Premio Nobel de Literatura. Es, además de novelista, crítico literario y columnista de prensa, uno de los intelectuales contemporáneos más activos.

Los Hermanos Santa Cruz

En 1988 se formó el grupo musical Hermanos Santa Cruz. Son sobrinos del fundador de Cumanana, una de las primeras formaciones de músicos profesionales dedicadas a mantener viva la música afroperuana y sus temas. Aunque la base de su música es afroperuana, los Hermanos Santa Cruz la combinan con otros elementos contemporáneos y el resultado es un sonido (*sound*) musical muy interesante, cuyo éxito ha sido abrumador (*overwhelming*) en Perú y en el extranjero. Su estilo alegre y enérgico está lleno de calor y color.

Fernando de Szyszlo

Pintor peruano apreciado dentro y fuera de su país, Fernando de Szyszlo ha explorado en su trayectoria artística diferentes estilos pictóricos. Practicó el cubismo, el surrealismo y el abstractismo, convirtiéndose desde los años cincuenta en pintor clave del arte abstracto latinoamericano. Su estilo, rico en recursos, se caracteriza por el uso del color y las texturas y por un excepcional dominio de la luz ya que crea un ambiente (*environment*) lírico en cada uno de sus cuadros. Su arte va más allá de la representación literal; cada obra es una aventura en busca de conocimiento. El óleo que vemos aquí, *Cajamarca 1959*, forma parte de la serie *Cajamarca*, que está inspirada en un poema indígena sobre la captura y ejecución del jefe inca Atahualpa por el conquistador Francisco Pizarro en la ciudad de Cajamarca.

¿Qué aprendiste?

1

Cierto o falso Indica si estas afirmaciones son ciertas o falsas. Corrige las falsas.

1. Cuzco era la ciudad más importante de los Andes durante el imperio inca.
2. El fundador de Lima fue un conquistador portugués.
3. El Tribunal de la Santa Inquisición se estableció en Perú.
4. La ciudad de Lima se conserva igual desde su fundación.
5. Las líneas de Nazca están en la pampa de Jumana.
6. Tania Libertad es una de las actrices más famosas de Perú.

2

Preguntas Contesta las preguntas.

1. ¿Por qué se estableció la ciudad de Lima en la costa del Pacífico?
2. ¿Quién ordenó la construcción del Palacio de Gobierno?
3. ¿Por qué se pudo conservar la biodiversidad del Parque Nacional del Manu?
4. ¿Qué tipo de música quiere mantener viva el grupo *Hermanos Santa Cruz*?
5. ¿Cuál es el escenario de la mayoría de las novelas de Mario Vargas Llosa?
6. ¿Qué artista de la Galería te interesa más? ¿Por qué?

3

Seleccionar Escoge uno de los personajes de la sección **Galería de creadores**. Explica por qué escogiste ese personaje y qué caracterísiticas de su biografía te impresionaron. Después, comparte tus pensamientos con la clase.

4

Describir En parejas, cada uno describa uno de los lugares de la sección **Imagina**. El otro debe adivinar de qué lugar se trata.

5

Viajar En parejas, imaginen que van a viajar a Perú próximamente. Hagan una lista de los lugares que quieren visitar y respondan:

- ¿Por qué les gustaría conocer un país como Perú?
- ¿Qué esperan aprender de ese viaje?
- ¿Qué piensan empacar en sus maletas para el viaje?

Practice more at vhlcentral.com.

PROYECTO

El misterio de las líneas de Nazca

Imagina que eres antropólogo/a y vas a hacer una presentación sobre las líneas de Nazca. Investiga en Internet la información que necesites.

- Recopila fotos de las líneas de Nazca.
- Escribe un resumen de la historia de las líneas de Nazca.
- Describe las teorías que encuentres e inventa tu propia teoría.
- Haz tu presentación ante la clase. Explícales tu teoría del origen de las líneas.

 Video

Inventos argentinos

Después de ver un trágico drama de ciencia ficción, pasemos al lado más amable (*kinder*) de la tecnología. En este episodio de **Flash Cultura**, descubrirás la gran variedad de inventos argentinos que han marcado un antes y un después en la historia de la humanidad.

Vocabulario

la birome (Arg.) *ballpoint pen*

el frasco *bottle*

la jeringa descartable *disposable syringe*

la masa (cruda) *(raw) dough*

la pluma *fountain pen*

la sangre *blood*

el subterráneo *subway*

la tinta *ink*

1

Preparación ¿Qué creaciones argentinas conoces hasta ahora? ¿Cuál te parece más interesante? ¿Por qué?

2

Comprensión Indica si estas afirmaciones son ciertas o falsas. Después, en parejas, corrijan las falsas.

1. La primera línea de metro en Latinoamérica se construyó en Montevideo.

2. El sistema de huellas dactilares fue creación de un policía de Buenos Aires.

3. El helicóptero de Raúl Pescara, además de eficaz, es un helicóptero seguro y capaz de moverse en dos direcciones.

4. El *by-pass* y la jeringa descartable son inventos argentinos.

5. Una birome es un bolígrafo.

6. La compañía Estmar inventó los zapatos ideales para bailar tango.

3

Expansión En parejas, contesten estas preguntas.

• ¿Qué invento les parece más importante? ¿Por qué?

• Si estuvieran en Argentina, ¿qué harían primero: ir a una función de tango, visitar un museo de ciencia y tecnología o comerse una empanada?

• Si tuvieran que prescindir de (*do without*) un invento argentino, ¿de cuál sería? ¿Por qué creen que es el menos importante?

Corresponsal: Silvina Márquez
País: Argentina

El colectivo es un autobús de corta distancia inventado por dos porteños° en 1928.

La mejor manera de identificar personas mediante sus huellas dactilares° se la debemos a un policía de Buenos Aires.

El semáforo° especial permite, mediante sonidos, avisarles a los ciegos°, o a los no videntes, cuándo pueden cruzar la calle.

porteños *residents of Buenos Aires* **huellas dactilares** *fingerprints*
semáforo *crosswalk signal* **ciegos** *blind people*

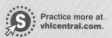 Practice more at vhlcentral.com.

 Presentation

8.1

The past perfect

- The past perfect tense (**el pluscuamperfecto**) is formed with the imperfect of **haber** and a past participle. As with other perfect tenses, the past participle does not change form.

The past perfect		
viajar	**perder**	**incluir**
había viajado	había perdido	había incluido
habías viajado	habías perdido	habías incluido
había viajado	había perdido	había incluido
habíamos viajado	habíamos perdido	habíamos incluido
habíais viajado	habíais perdido	habíais incluido
habían viajado	habían perdido	habían incluido

TALLER DE CONSULTA

These grammar topics are covered in the **Manual de gramática, Lección 8**.

8.4 Prepositions: *a, hacia,* and *con,* p. 408

8.5 Prepositions: *de, desde, en, entre, hasta,* and *sin,* p. 410

To review irregular past participles, see **7.1, p. 251**.

- In Spanish, as in English, the past perfect expresses what someone *had done* or what *had occurred* before another action or condition in the past.

Decidí comprar una cámara digital nueva porque la vieja se me **había roto** varias veces.
I decided to buy a new digital camera because the old one had broken several times.

Cuando por fin les dieron la patente, otros ingenieros ya **habían inventado** una tecnología mejor.
When they were finally given the patent, other engineers had already invented a better technology.

- **Antes, aún, nunca, todavía,** and **ya** are often used with the past perfect to indicate that one past action occurred before another. Note that these adverbs, as well as pronouns and the word **no,** may not come between **haber** and the past participle.

¡ATENCIÓN!

Note that in English, an adverb may come between the verb *to have* and a past participle. This is not the case in Spanish.

Los humanos ya habían llegado a la Luna cuando mandaron una nave a Júpiter.
Humans had already reached the Moon when they sent a spacecraft to Jupiter.

Antes de decírselo a Abel, el clon ya se había comprometido con Emilio.

Cuando apagué la computadora, **aún no había guardado** el documento. ¡Lo perdí!
When I shut down the computer, I hadn't yet saved the document. I lost it!

Él **ya** me **había explicado** la teoría, pero no la entendí hasta que vi el experimento.
He had already explained the theory to me, but I didn't understand it until I saw the experiment.

Nunca había visto una estrella fugaz tan luminosa **antes.**
I had never seen such a bright shooting star.

Los ovnis **todavía no habían aterrizado,** pero los terrícolas ya estaban corriendo.
The UFOs hadn't yet landed, but the Earthlings were already running.

Práctica y comunicación

1 **Completar** Jorge Báez, un médico dedicado a la genética, ha recibido un premio por su trabajo. Completa su discurso de agradecimiento con el pluscuamperfecto.

Muchas gracias por este premio. Recuerdo que antes de cumplir 12 años ya (1) _____ (decidir) ser médico. A esa edad, mi madre ya me (2) _____ (llevar) al hospital donde ella trabajaba y recuerdo que la primera vez me (3) _____ (fascinar) los médicos vestidos de blanco. Luego, cuando cumplí 26 años, ya me (4) _____ (pasar) tres años estudiando las propiedades de los genes humanos, en especial desde que (5) _____ (ver) un programa en la televisión sobre la clonación. Cuando terminé mis estudios de postgrado, ya se (6) _____ (hacer) grandes adelantos científicos…

2 **Explicación** Reescribe las oraciones usando el pluscuamperfecto.

> **Modelo** **Me duché a las 7:00. Antes de ducharme hablé con mi hermano.**
> Ya había hablado con mi hermano antes de ducharme.

1. Salí de casa a las 8:00. Antes de salir de casa miré mi correo electrónico.
2. Llegué a la oficina a las 8:30. Antes de llegar a la oficina tomé un café.
3. Se apagó la computadora a las 10:00. Guardé los documentos a las 9:55.
4. Fui a tomar un café. Antes, comprobé que todo estaba bien.

3 **Informe** En parejas, imaginen que son policías y deben preparar un informe sobre este accidente. Inventen una historia sobre lo que había ocurrido en las vidas de los personajes dos horas antes, dos minutos antes y dos segundos antes del accidente. Usen el pluscuamperfecto.

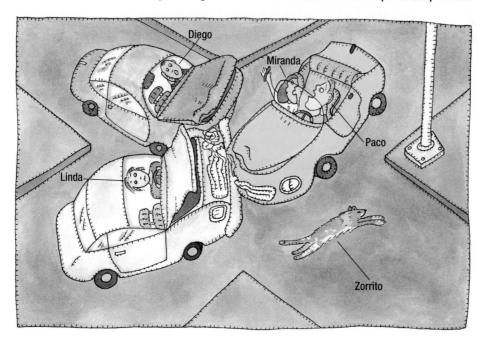

Practice more at vhlcentral.com.

Presentation

The past perfect subjunctive

- The past perfect subjunctive (**el pluscuamperfecto del subjuntivo**) is formed with the past subjunctive of **haber** and a past participle.

A Abel le disgustó que el clon **hubiera escrito** *mejor que él.*

TALLER DE CONSULTA

The alternative past subjunctive forms of **haber** may also be used with the past participle to form the past perfect subjunctive. See **6.2, p. 216.**

Ojalá hubieras/hubieses contribuido al proyecto de astronomía.
I wish you had contributed to the astronomy project.

————

The past perfect subjunctive is also frequently used in **si** clauses. See **9.3, p. 325.**

Si no se te hubiera/hubiese perdido el celular, te habríamos llamado. *If you hadn't lost your cell phone, we would have called you.*

The past perfect subjunctive

cambiar	poder	sentir
hubiera cambiado	hubiera podido	hubiera sentido
hubieras cambiado	hubieras podido	hubieras sentido
hubiera cambiado	hubiera podido	hubiera sentido
hubiéramos cambiado	hubiéramos podido	hubiéramos sentido
hubierais cambiado	hubierais podido	hubierais sentido
hubieran cambiado	hubieran podido	hubieran sentido

- The past perfect subjunctive is used in subordinate clauses under the same conditions for other subjunctive forms, and in the same way the past perfect is used in English (*I had talked, you had spoken, etc.*). It refers to actions or conditions that *had taken place* before another past occurence.

Le molestó que los otros
  investigadores no **hubieran asistido**
  a su conferencia.
*It annoyed her that the other
  researchers hadn't attended
  her lecture.*

A pesar de que nos mostró fotos,
  dudábamos que el científico
  hubiera visto un ovni.
*Despite the pictures that he showed
  us, we doubted that the scientist
  had seen a UFO.*

- When the action in the main clause is in the past, both the past subjunctive and the past perfect subjunctive can be used in the subordinate clause. Note, however, how the sequence of events differs.

Past subjunctive	Past perfect subjunctive
Tú no pensabas que el telescopio **costara** tanto, ¿verdad? *You didn't think the telescope would (was going to) cost so much, right?*	Tú no pensabas que el telescopio **hubiera costado** tanto, ¿verdad? *You didn't think the telescope (had already) cost so much, right?*
La empresa buscó una bioquímica que **viviera** en la zona. *The company looked for a biochemist who lived (was living) in the area.*	La empresa buscó una bioquímica que **hubiera vivido** en la zona. *The company looked for a biochemist who had (might have) lived in the area.*

Práctica y comunicación

1 **Seleccionar** Combina las expresiones de la segunda columna con las de la primera para formar oraciones completas con el pluscuamperfecto del subjuntivo.

_____ 1. Esperaba que tú

_____ 2. Dudaba que los estudiantes de la clase de química

_____ 3. Le molestó que el director del laboratorio no lo

_____ 4. Ojalá ellos te

_____ 5. Fue una lástima que ella no

a. hubieran dado la patente.

b. hubieran apagado sus teléfonos celulares.

c. hubiera podido venir a la conferencia.

d. hubiera contratado para trabajar en el proyecto.

e. hubieras encontrado algo en la red, pero no tuviste suerte.

2 **Conferencia** Completa cada oración para explicar lo que ocurrió durante una conferencia científica. Usa el pluscuamperfecto del subjuntivo del verbo entre paréntesis.

1. La ingeniera Penélope Torres temió que su asistente _____ (borrar) su presentación.

2. No se habló de los desafíos profesionales antes de que todos los participantes _____ (hacer) sus presentaciones.

3. Fue necesario que nosotros _____ (asistir) a la ceremonia de apertura (_opening_).

4. Algunos científicos dudaron que tú _____ (resolver) las dificultades técnicas.

5. Mis jefes no pensaron que yo los _____ (ver) en la entrada del auditorio.

6. El organizador no encontró investigadores que _____ (escribir) sobre las influencias de la economía.

3 **Tarjeta** Ayer preparaste un plato peruano llamado _Papas rellenas_ y tu mejor amigo/a tuvo una reacción alérgica. Escribe una tarjeta pidiéndole disculpas. Usa el pluscuamperfecto del subjuntivo con las expresiones de la lista y tres más.

> Dudaba que
> Esperaba
> Me sorprendió que
> Ojalá

Querido/a...
Me siento muy mal por
lo que pasó anoche.
Esperaba que tú...

4 **Historia** En parejas, imaginen que son periodistas que investigan la vida de un famoso y excéntrico científico peruano llamado Astor Gómez. Hace un mes que su familia y sus colegas no lo ven, y sólo se ha encontrado una nota debajo de su microscopio que dice: "Ojalá hubiera sido un extraterrestre". Inventen una historia que explique la frase encontrada. Usen el pluscuamperfecto del subjuntivo.

Nota CULTURAL

Los ingredientes más utilizados en la comida peruana son **la papa**, **el maíz** y **el ají** (_pepper_). La papa se ha adaptado a los diversos climas del país y cuenta con 4.000 variedades distintas. Por otra parte, la gastronomía peruana tiene por lo menos treinta y cinco formas diferentes de preparar el maíz: tostado, molido (_ground_), hervido (_boiled_), etc. En algunos platos típicos se pueden saborear variedades de ají, como los llamados **ají amarillo** y **rocoto**.

Practice more at vhlcentral.com.

8.3

Presentation

Uses of the infinitive

—¿*Usted cree que alguien como yo puede* **convivir** *con un clon?*

—*Dentro de unos días se preguntará cómo ha podido* **vivir** *todos estos años sin él. El clon no sólo le hará compañía, le podrá* **echar** *una mano en las tareas del hogar.*

¡ATENCIÓN!

An infinitive is the unconjugated form of a verb and ends in **–ar,** **–er,** or **–ir**.

- The infinitive (**el infinitivo**) is commonly used after other conjugated verbs, especially when there is no change of subject. **Deber, decidir, desear, necesitar, pensar, poder, preferir, querer,** and **saber** are all frequently followed by infinitives.

Mis primos **han decidido comprarle** una computadora a mi abuela.
My cousins have decided to buy a computer for my grandmother.

¡Qué buena idea! No sabía que ella **quería tener** una.
What a good idea! I didn't know that she wanted to have one.

TALLER DE CONSULTA

To review the use of object pronouns with infinitives, see **3.2, p. 102**

- Verbs of perception, such as **escuchar, mirar, oír, sentir,** and **ver,** are followed by the infinitive even if there is a change of subject. The use of an object pronoun with the conjugated verb distinguishes the two subjects and eliminates the need for a subordinate clause.

Te **oigo hablar**, ¡pero no entiendo nada!
I hear you speaking, but I don't understand anything!

Si la **ven salir**, avísenme enseguida.
If you see her leave, let me know immediately.

- Many verbs of influence, such as **dejar, hacer, mandar, permitir,** and **prohibir,** may also be followed by the infinitive. Here again, the object pronoun makes a subordinate clause unnecessary.

La profesora **nos hizo leer** artículos sobre el ADN.
The teacher made us read articles about DNA.

El comité **me ha dejado continuar** con los experimentos.
The committee has allowed me to continue with the experiments.

- The infinitive may be used with impersonal expressions, such as **es bueno, es fácil,** and **es importante**. It is required after **hay que** and **tener que**.

Es importante utilizar el corrector ortográfico.
It is important to use the spell-checker.

¿**Es ético clonar** a un ser humano?
Is it ethical to clone a human being?

—*Me gustaría que te quedases, pero* **tengo que seguir** *escribiendo.*

TALLER DE CONSULTA

See **Manual de gramática, 8.4, p. 408** and **8.5, p. 410** to learn more about prepositions.

- In Spanish, unlike in English, the gerund form of a verb (*talking, working,* etc.) may not be used as a noun or in giving instructions. The infinitive form, with or without the definite article **el,** is used instead.

Ver es **creer.**	**Descargar** es fácil.	El arte de **mirar**
Seeing is believing.	*Downloading is easy.*	*The art of looking*

- You will often see infinitives where English uses commands on signs and written instructions.

Empujar	**No fumar**	**Seguir** con cuidado
Push	*No smoking*	*Proceed with caution*

- After prepositions, the infinitive is used.

—*Venía **a eliminar** a su clon.*

El Dr. Pérez necesitó veinte años **para demostrar** sus teorías.
Dr. Pérez needed twenty years in order to prove his theories.

Él no podrá abrir el documento **sin instalar** el programa.
He won't be able to open the document without installing the program.

- Many Spanish verbs follow the pattern of [*conjugated* verb] + [*preposition*] + [*infinitive*]. The prepositions for this pattern are **de, a,** or **en**.

acabar de *to have just (done something)*	**quedar en** *to agree (to)*
aprender a *to learn (to)*	**tardar en** *to take time (to)*
enseñar a *to teach (to)*	**tratar de** *to try (to)*

Me **enseñó a grabar** un CD.
She taught me how to burn a CD.

Su computadora **tarda en encenderse**.
His computer takes a while to start.

Trato de estudiar todos los días.
I try to study every day.

Quedamos en hacerlo.
We agreed to do it.

- **Deber** + **de** + [*infinitive*] suggests probability.

La bióloga **debe de** anunciar sus resultados hoy.   *but*
The biologist probably announces her results today.

La bióloga **debe** anunciar sus resultados hoy.
The biologist has to announce her results today.

Práctica

1

La Luna Rellena cada espacio con dos palabras: una de la primera columna y una de la segunda. Conjuga los verbos según sea necesario.

desear	conseguir
importante	convencer
necesitar	hablar
para	hacer
pensar	investigar
querer	seguir

Los científicos de la NASA (1) _____ la superficie de la Luna. (2) _____ el dinero necesario para el proyecto, primero ellos (3) _____ a la opinión pública de que es (4) _____ invirtiendo dinero público en estas aventuras espaciales. (5) _____ en todos los medios de comunicación posibles para explicar sus objetivos. (6) _____ mucha publicidad en los próximos meses.

2

Oraciones Forma oraciones usando los elementos dados. Añade preposiciones cuando sea necesario.

> **Modelo** **el científico / querer / encontrar / una vacuna**
> El científico quiere encontrar una vacuna.

1. nosotros / desear / encontrar / una cura
2. Luis / pensar / ser / bioquímico
3. mi madre / querer / comprar / un reproductor de DVD
4. Marisa / me / enseñar / usar / el telescopio
5. el profesor / tratar / explicar / el problema
6. yo / acabar / romper / mi cámara digital
7. ustedes / deber / observar / el experimento
8. tú / poder / contratar / al ingeniero

3

Recomendaciones Nuria quiere ser ingeniera. En parejas, háganle recomendaciones usando las frases y los verbos de la lista.

hacer falta	aprender
hay que	estudiar
ser bueno	explorar
ser fácil	investigar
ser importante	leer
ser necesario	tratar
tener que	viajar

Practice more at
vhlcentral.com.

Comunicación

4 **Entrevista** En parejas, improvisen una entrevista entre un(a) bioquímico/a que desarrolló una pastilla adelgazante (*weight-loss*) y un(a) profesor(a) de educación física. Usen estos verbos. Representen la entrevista ante la clase.

acabar de	quedar en
aprender a	tardar en
enseñar a	tratar de

5 **Extraterrestre** Un extraterrestre aterrizó cerca de su escuela y ahora no puede volver a su planeta de origen. ¿Qué tiene que hacer para aprender a adaptarse a la vida en la Tierra? En parejas, escriban una lista usando por lo menos cinco infinitivos. Después, compártanla con la clase.

6 **Anuncio** Tú y tus compañeros/as son científicos/as y han inventado un producto revolucionario. Ahora deben prepararse para anunciar este invento a la prensa. En grupos de cuatro, preparen un anuncio que incluya las palabras y frases del cuadro.

acabar de	ser fácil
aprender a	ser importante
quedar en	tardar en
querer	tratar de

7 **Viaje espacial** Trabajen en grupos pequeños. Imaginen que hacen un viaje al espacio. Usen el infinitivo para escribir oraciones sobre las cosas que hicieron y vieron en su viaje.

En el planeta _____	Los habitantes de este planeta...
aprendimos a _____	acaban de _____
es fácil _____	tienen que _____
es importante _____	tratan de _____

Síntesis

¡Invasión marciana!

Te levantas de la cama y, como todas las mañanas, enciendes la radio. Allí se oye la voz agitada del locutor anunciando que unos extraterrestres están atacando la ciudad. Se oyen ruidos extraños, gente gritando y, de repente, una gran explosión. Algo asustado°, sales a la calle y ves a tus vecinos empacando sus cosas en el carro a toda velocidad. En todo tu barrio la gente está asustada y parece no saber qué hacer. Tú también sientes pánico y no sabes si lo que está ocurriendo es verdad, o si es una pesadilla°.

Algo así ocurrió el 30 de octubre de 1938, cuando el cineasta estadounidense Orson Welles transmitió° una adaptación de *La guerra de los mundos*, del escritor H.G. Wells, en su programa de radio. Pero la adaptación que hizo Welles no era una simple lectura del texto. La historia estaba disfrazada° de efectos especiales y era interrumpida por partes° informativos de unos astrónomos que acababan de ver unas extrañas° explosiones en Marte°. Se oían gritos, el reportero lloraba. La atmósfera de la transmisión era de un realismo total. Los que no oyeron el principio del programa pensaron que un ejército marciano estaba invadiendo la Tierra.

El programa de Orson Welles produjo reacciones de histeria colectiva°. Algunos se encerraron en los sótanos° de sus casas con pistolas. Otros se pusieron toallas mojadas° en la cara para protegerse del gas venenoso de los marcianos. El programa fue motivo de escándalo e indignación cuando se reveló la verdad. También demostró el poder de una narración bien hecha. Fue uno de los momentos más gloriosos (y terribles) de la historia de la radio. ■

disguised
reports

strange/Mars

frightened

mass hysteria

basements
wet

nightmare

broadcasted

1 Relato En parejas, imaginen que están en 1938 y forman parte del público que creyó en la invasión de extraterrestres. Preparen un párrafo explicando los detalles sobre lo que pasó el 30 de octubre en su barrio y lo que hicieron ustedes. Usen el pluscuamperfecto del indicativo (y del subjuntivo cuando sea necesario) y el pretérito.

2 Productores En parejas, imaginen que son los productores del programa de radio de Orson Welles. Utilizando el pluscuamperfecto del subjuntivo, escriban tres cosas que hubieran hecho para evitar el pánico entre el público.

3 Situaciones En grupos pequeños, escojan una situación y discutan qué se debe hacer en caso de que ésta ocurriera. Deben utilizar el infinitivo. Compartan sus ideas con la clase.

- Una invasión extraterrestre
- El impacto de un meteorito contra la Tierra
- La clonación de seres humanos
- El descubrimiento de una vacuna para curar todas las enfermedades

Preparación

Vocabulario de la lectura		Vocabulario útil
el barro *mud; clay*	**la piedra (esculpida)** *(sculpted) stone*	**descubrir** *to discover*
guiar *to guide*	**planificar** *to plan*	**el enigma** *enigma*
el ladrillo *brick*	**realizar** *to carry out*	**el modo** *means, manner*
la maqueta *model*	**el tamaño** *size*	**el plano** *blueprint, plan*
el martillo *hammer*	**el terreno** *terrain*	**remodelar** *to remodel*
la pared *wall*	**ubicado/a** *located*	**el universo** *universe*

1

Adivinanzas Resuelve las adivinanzas (*riddles*) con el vocabulario que acabas de aprender.

> **Modelo**   *terreno*   Soy una extensión de tierra con límites.

_____ 1. Soy un objeto rectangular. Me puedes usar en la construcción de un edificio.

_____ 2. Me formo si mezclas tierra y agua.

_____ 3. Divido los cuartos de tu casa. Puedes pintarme del color que más te guste.

_____ 4. Contengo todos los planetas, estrellas y galaxias.

_____ 5. Soy otra forma de decir "manera".

_____ 6. Si necesitas golpear algo con mucha fuerza, te puedo ayudar.

2

Preferencias Encuesta a un(a) compañero/a. Después, comparte sus respuestas con el resto de la clase. ¿Quiénes son los más aventureros?

1. **¿Qué tipo de viajes prefieres hacer?**
   a. viajes relajantes
   b. viajes culturales
   c. viajes aventureros

2. **Si necesitas algo, ¿de qué forma prefieres conseguirlo?**
   a. comprándolo por Internet
   b. comprándolo en la tienda
   c. creándolo yo mismo/a

3. **¿Qué prefieres hacer un domingo por la tarde?**
   a. relajarme y prepararme para la semana
   b. tomar un café con mis amigos
   c. hacer deportes de riesgo

4. **¿Con qué personaje de ficción te identificas más?**
   a. Homero Simpson
   b. Blancanieves
   c. Indiana Jones

3

Civilizaciones En parejas, escriban un breve artículo sobre una civilización reconocida en el mundo, como la azteca, la egipcia, la persa o la romana. Utilicen estas preguntas para preparar sus artículos. Al final, compartan sus artículos con la clase.

- ¿En cuál continente y en qué época vivió esa civilización?
- ¿Por qué piensan que es tan reconocida? ¿Qué la diferencia de otras culturas?
- ¿Cuándo se extinguió y por qué?
- ¿Qué influencia tuvo dicha civilización en nuestra cultura?

Machu Picchu, P

La ciudad redescubierta

Cultura en pantalla

Visita **vhlcentral.com** y encuentra más información sobre Machu Picchu y su historia.

CULTURA

 Audio: Reading

En 1911, como si se tratara de una película de Indiana Jones, el estadounidense Hiram Bingham, profesor de la universidad de Yale, guió una expedición por los Andes que llevó al redescubrimiento de la maravillosa "Ciudad Perdida", Machu Picchu. Puesto que los conquistadores españoles nunca la encontraron, la majestuosa ciudad, construida a mediados del siglo XV, estaba casi intacta. En aquel tiempo, pocas personas conocían su localización, pero quienes sabían de su existencia, casi no tenían contacto con otros pueblos. Después de la visita de Bingham, Machu Picchu se convirtió en uno de los atractivos turísticos más importantes de todo el mundo.

Esta ciudad es el ejemplo más famoso de la arquitectura inca, caracterizada por adaptarse a los escarpes° naturales del terreno. Está ubicada en una zona montañosa y cubre unos trece kilómetros cuadrados. En los escarpes, se construyeron terrazas que, conectadas por escaleras, llevaban a una plaza central, donde se encontraban los templos y los edificios del gobierno de la ciudad.

Del mismo modo que en Machu Picchu, los incas planificaban muy cuidadosamente la construcción de otros tipos de edificios, como templos y palacios, y también de ciudades enteras. Realizaban planos cuidadosos sobre la ubicación de cada uno de los componentes de la ciudad y construían maquetas. Por lo general, las paredes de los edificios importantes eran de piedra. Los incas usaban martillos con gran habilidad. Eran capaces de dar forma a las piedras, de manera que unas encajaran° sobre las otras con gran precisión. Incluso se piensa que cuando tenían que construir un edificio importante, especialmente si era religioso, construían primero un modelo a tamaño real. Este procedimiento permitía anticipar la distribución correcta de las piedras. Así explican los expertos el nivel de perfección que se consiguió con la arquitectura en piedra, a pesar de que los modelos se hacían supuestamente con adobe, ladrillos hechos de barro secado° al sol.

cliffs (20)
fit together (38)
dried (49)

¿Bingham e Indiana Jones?

Según un artículo del *Los Angeles Times,* el famoso protagonista de la serie de películas de Indiana Jones estaba inspirado en Hiram Bingham, el redescubridor de Machu Picchu. Aunque no es la única hipótesis que se maneja, las coincidencias son muchas. Las obvias son que los dos eran norteamericanos, profesores universitarios e iban siempre a la búsqueda de tesoros y ciudades perdidas.

Varios factores contribuyeron a la decadencia° de Machu Picchu, que comenzó sólo unos cien años después de su construcción. Durante el apogeo° del imperio inca, su primer emperador, Pachacútec, había mandado construir la ciudad, reservada a la élite social. Sin embargo, después de la muerte de Pachacútec, sus sucesores construyeron sus propias ciudades, por lo que Machu Picchu empezó a perder algo de su prestigio.

Durante la misma época, los españoles conquistaron la capital inca de Cuzco. Mientras tanto, los incas sucumbían ante enfermedades como la viruela°, que habían traído los españoles y contra las cuales no tenían defensas naturales. Además, luego de la conquista española, los agricultores que habían sido forzados a cultivar las tierras de Machu Picchu dejaron estas tierras para volver a sus pueblos de origen. Cuando llegó Bingham, casi cuatro siglos más tarde, con la excepción de unos pocos descendientes que todavía ocupaban el lugar, los incas ya habían abandonado Machu Picchu.

Con su historia llena de intriga y una arquitectura que asombra° hasta a los ingenieros contemporáneos, se justifica que en 1983 la UNESCO haya nombrado a Machu Picchu patrimonio cultural y natural de la humanidad. ■

decline (50)
height (53)
smallpox (64)
astounds (76)

Análisis

1

Comprensión Contesta las preguntas con oraciones completas.

1. ¿Quién fue Hiram Bingham y por qué es conocido?

2. ¿Por qué estaba Machu Picchu casi intacta?

3. ¿Por qué es famosa Machu Picchu?

4. ¿Qué construían los incas primero cuando tenían un proyecto muy importante?

5. ¿Qué hizo el emperador Pachacútec?

6. ¿Por qué sucumbieron muchos incas a la viruela?

7. ¿Cuál es la conexión entre Hiram Bingham e Indiana Jones?

8. ¿Qué declaró la UNESCO en 1983?

2

Interpretar En parejas, contesten estas preguntas.

1. ¿Qué habrían hecho los conquistadores españoles si hubieran encontrado la ciudad de Machu Picchu en el siglo XVI?

2. Los españoles consideraban su propia civilización más avanzada que las de los indígenas de América. ¿Crees que el redescubrimiento de Machu Picchu prueba que esta suposición era falsa? ¿Por qué?

3. ¿Conocen alguna cultura actual que tenga la misma actitud que tenían los españoles del siglo XVI hacia otra cultura? Expliquen.

3

Abandono En grupos de tres, consideren qué tendría que ocurrir para que todos los habitantes del pueblo donde ustedes viven lo abandonaran. Tengan en cuenta estos puntos y, después, compartan sus opiniones con la clase.

- La serie de eventos que tendrían que suceder

- Las razones principales: económicas, naturales, políticas, sociales, etc.

- La rapidez con la que los habitantes abandonarían el lugar

- La probabilidad de que suceda esta situación

4

Cambios En pequeños grupos, imaginen que forman parte de un programa dedicado a remodelar edificios y que les pidieron remodelar el lugar donde estudian para que los estudiantes estén más cómodos y seguros. Hagan un plano con los cambios que harán en el edificio y luego preséntenlo a la clase.

Practice more at
vhlcentral.com.

Preparación

Sobre el autor

Ya desde su juventud, el escritor argentino **Pedro Orgambide** (1929–2003) mostró interés por la literatura social. Publicó sus primeros poemas en 1942, y con tan sólo 19 años publicó su primer libro, *Mitología de la adolescencia* (1948). En 1974, se exilió en México, donde su trayectoria literaria continuó sumando títulos. De vuelta en Argentina en 1983, trabajó como creativo de publicidad y guionista de televisión. Durante la década de los noventa fue especialmente prolífico: novelas, ensayos, biografías, cuentos y prólogos se añaden a la lista, casi interminable (*endless*), de sus publicaciones.

Imagen del video
Flores para Pedro Orgambide,
de la Fundación Biblioteca
Virtual Miguel de Cervantes

Vocabulario de la lectura	Vocabulario útil
arruinar *to ruin*	**capacitar** *to prepare*
el/la intruso/a *intruder*	**envidioso/a** *envious, jealous*
la máquina *machine*	**la multa** *fine*
el pedazo de lata *piece of junk*	**reemplazar** *to replace*
pegar *to hit*	**sustituir** *to substitute*
sospechoso/a *suspicious*	**la vanguardia** *vanguard*

1

Vocabulario

A. Completa cada oración con la palabra correspondiente.

arruinado	multa
envidiosa	sospechoso
máquina	sustituir

1. A nadie se le ocurrió que el acusado más _____ pudiera ser inocente.

2. A Teresa no le gusta que su amiga reciba tantos regalos. Es muy _____.

3. Fue muy duro para ella saber que la iban a _____ por otra persona.

4. No pudo hacer otra cosa más que llorar cuando supo que se había _____.

5. Estacioné mi carro en la esquina y me pusieron una _____.

B. En parejas, elijan una de las oraciones de la parte A y escriban una breve historia inspirándose en ella. Cuando terminen, compartan su historia con la clase.

2

Preguntas En parejas, túrnense para contestar las preguntas. Expliquen sus respuestas.

1. ¿Alguna vez has tenido miedo de que otra persona te sustituya en el puesto de trabajo u ocupe tu lugar?

2. Al llegar a un lugar nuevo, ¿has sentido que tu presencia amenaza la posición de alguien más? ¿Cómo resolviste la situación?

3. ¿Te consideras envidioso/a o te alegras del bien ajeno (*are you happy for other people*)?

LA INTRUSA

Pedro Orgambide

Sí, confieso que la insulté, Señor Juez, y que le pegué con todas mis fuerzas. Fui yo quien le dio con el fierro. Le gritaba y estaba como loco.

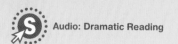
Ella tuvo la culpa, Señor Juez. Hasta entonces, hasta el día que llegó, nadie se quejó de mi conducta. Puedo decirlo con la frente bien alta°. Yo era el primero en llegar a la oficina y el último en irme. Mi escritorio era el más limpio de todos. Jamás me olvidé de cubrir la máquina de calcular, por ejemplo, o de planchar° con mis propias manos el papel carbónico°.

con... *with my head held high*

5 *smooth out/***papel...** *carbon paper*

El año pasado, sin ir muy lejos, recibí una medalla del mismo gerente. En cuanto a ésa, me pareció sospechosa desde el primer momento. Vino con tantas ínfulas° a la oficina. Además ¡qué exageración! recibirla con un discurso, como si fuera una princesa. Yo seguí trabajando como si nada pasara. Los otros se deshacían en elogios°. Alguno deslumbrado°, se atrevía a rozarla° con la mano. ¿Cree usted que yo me inmuté° por eso, Señor Juez? No. Tengo mis principios° y no los voy a cambiar de un día para el otro. Pero hay cosas que colman la medida°. La intrusa, poco a poco, me fue invadiendo. Comencé a perder el apetito. Mi mujer me compró un tónico, pero sin resultado. ¡Si hasta se me caía el pelo, señor, y soñaba con ella! Todo lo soporté°, todo. Menos lo de ayer. "González —me dijo el gerente— lamento° decirle que la empresa ha decidido prescindir° de sus servicios".

arrogance

10

Los otros... *praised her to the skies* *dazzled/*tocarla*

me preocupé

15 *principles*

colman... *are too much*

tolerated

I am sorry

25 *do without*

Veinte años, Señor Juez, veinte años tirados a la basura. Supe que ella fue con la alcahuetería°. Y yo, que nunca dije una mala palabra, la insulté. Sí, confieso que la insulté, Señor Juez, y que le pegué con todas mis fuerzas. Fui yo quien le dio° con el fierro°. Le gritaba y estaba como loco. Ella tuvo la culpa°. Arruinó mi carrera, la vida de un hombre honrado°, señor. Me perdí por una extranjera, por una miserable computadora, por un pedazo de lata, como quien dice°.

gossip

30 *hit*

metal bar

Ella... *It was her fault.*

honesto

35

como... *so to speak*

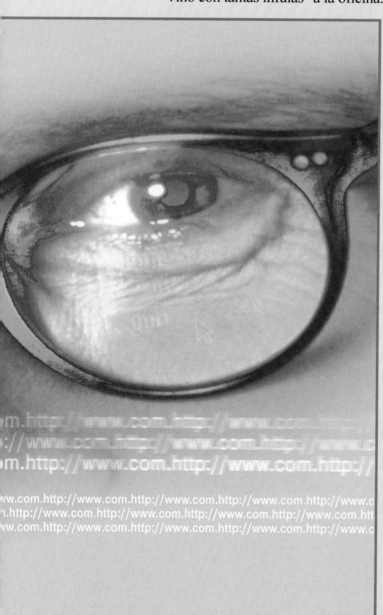

Análisis

1

Comprensión Contesta las preguntas con oraciones completas.

1. ¿Quién está contando la historia?
2. ¿Qué cosas hacía el hombre para ser considerado un buen empleado?
3. ¿Cómo fue recibida la intrusa en la oficina?
4. ¿Cómo afectó al hombre su llegada?
5. ¿Qué hizo su esposa para ayudarlo?
6. ¿Cuántos años trabajó el hombre en la empresa?
7. ¿Por qué le está dando explicaciones a un juez?
8. ¿Quién es la intrusa?

2

Interpretar Contesta las siguientes preguntas y explica tus respuestas.

1. ¿Crees que el enojo del hombre es justificado?
2. ¿Qué hubieras hecho tú en su lugar?
3. ¿Piensas que la actitud del gerente fue correcta?
4. ¿Cuál crees que va a ser la sentencia del juez?
5. ¿Qué técnicas usa Orgambide para engañar (*fool*) al lector?
6. ¿Por qué escoge sorprendernos al final, en lugar de revelar desde el principio la identidad de la intrusa?

3

Tecnologías Hagan una lista con los efectos positivos y negativos del uso de la tecnología en el trabajo. Escriban un diálogo en el que cada uno/a de ustedes defienda una posición opuesta. Luego represéntenlo frente a la clase.

> Modelo —El correo electrónico facilita mucho el trabajo.
> —Sí, pero los empleados pierden mucho tiempo revisando su correo personal.

4

Escribir Imagina que eres publicista y tienes que escribir un folleto para una campaña publicitaria. Elige el invento que consideres el más importante de los últimos tiempos y escribe todos los detalles que creas necesarios para promoverlo. Usa el infinitivo y el pluscuamperfecto.

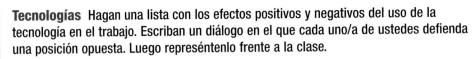

Campaña publicitaria

1 Presentación Da el nombre técnico del objeto junto con el nombre de la marca. Preséntalo describiendo sus características y usos. Da o inventa también el eslogan del producto.

2 Exposición Explica por qué piensas que es tan importante y cómo ha afectado la calidad de vida.

3 Conclusión Expresa tus ideas sobre cómo va a evolucionar este invento en el futuro.

Practice more at
vhlcentral.com.

La tecnología y la ciencia

 Vocabulary Tools

La tecnología

la arroba *@ symbol*
el blog *blog*
el buscador *search engine*
el CD-ROM *CD-ROM*
el ciberespacio *cyber space*
la computadora portátil *laptop*
la contraseña *password*
el corrector ortográfico *spell checker*
la dirección electrónica *e-mail address*
el enlace *link*
la herramienta *tool*
la informática *computer science*
el mensaje (de texto) *(text) message*
el nombre de usuario *user name*
el programa (de computación) *software*
la red *the Web*
el reproductor de MP3/DVD *MP3/DVD player*
el (teléfono) celular *cell phone*

adjuntar (un archivo) *to attach (a file)*
borrar *to delete, to erase*
descargar *to download*
guardar *to save*
subir *to upload*

avanzado/a *advanced*
en línea *online*
inalámbrico/a *wireless*
innovador(a) *innovative*
revolucionario/a *revolutionary*

Los inventos y la ciencia

el ADN *DNA*
el avance *advance, breakthrough*
la célula *cell*
el desafío *challenge*
el descubrimiento *discovery*
el experimento *experiment*
el gen *gene*
la genética *genetics*
el invento *invention*
la novedad *new development*
la patente *patent*
la teoría *theory*

alcanzar *to reach, to attain*
clonar *to clone*
comprobar (o:ue) *to prove, to confirm*

contribuir *to contribute*
crear *to create*
curar *to cure*
fabricar *to manufacture*
inventar *to invent*

(bio)químico/a *(bio)chemical*
especializado/a *specialized*
(poco) ético/a *(un)ethical*

El universo y la astronomía

el agujero negro *black hole*
el espacio *space*
la estrella (fugaz) *(shooting) star*
la galaxia *galaxy*
la gravedad *gravity*
el planeta *planet*
la supervivencia *survival*
el telescopio *telescope*
el transbordador espacial *space shuttle*

aterrizar *to land*
explorar *to explore*

extraterrestre *extraterrestrial, alien*

Los científicos

el/la astronauta *astronaut*
el/la astrónomo/a *astronomer*
el/la biólogo/a *biologist*
el/la científico/a *scientist*
el/la físico/a *physicist*
el/la ingeniero/a *engineer*
el/la investigador(a) *researcher*
el/la matemático/a *mathematician*
el/la (bio)químico/a *(bio)chemist*

Cortometraje

la clave *key*
el complejo de inferioridad/superioridad *inferiority/superiority complex*
el desenlace *outcome*
la editorial *publisher*
la imprenta *printer*
los ingresos *income*
las lentillas *contact lenses*
la mente *mind*
el/la propietario/a *owner*
el relato *short story*

el tocho *tome*
autosubvencionarse *to cover one's own expenses*
someterse a *to undergo*

condenado/a *condemned*

Cultura

el barro *mud; clay*
el enigma *enigma*
el ladrillo *brick*
la maqueta *model*
el martillo *hammer*
el modo *means, manner*
la pared *wall*
la piedra (esculpida) *(sculpted) stone*
el plano *blueprint, plan*
el tamaño *size*
el terreno *terrain*
el universo *universe*

descubrir *to discover*
guiar *to guide*
planificar *to plan*
realizar *to carry out*
remodelar *to remodel*

ubicado/a *located*

Literatura

el/la intruso/a *intruder*
la máquina *machine*
la multa *fine*
el pedazo de lata *piece of junk*
la vanguardia *vanguard*

arruinar *to ruin*
capacitar *to prepare*
pegar *to hit*
reemplazar *to replace*
sustituir *to substitute*

envidioso/a *envious, jealous*
sospechoso/a *suspicious*

Escapar y divertirse

Hay personas para quienes la vida no tiene sentido sin rutina, y hay personas para quienes la rutina destruye la esencia de su vida. Descansar y salir de la rutina diaria es tan importante para la salud física y mental como disfrutar del trabajo. Sin embargo, ¿por cuánto tiempo es posible escaparse cuando la tecnología nos mantiene conectados las 24 horas del día?

311

316

Destino:
ARGENTINA Y URUGUAY

URUGUAY

ARGENTINA

Las diversiones

Vocabulary Tools

Los deportes

el/la aficionado/a *fan*
el alpinismo/andinismo *mountain climbing*

el/la atleta/deportista *athlete*
el boliche *bowling*
la carrera *race*
el club deportivo *sports club*
los deportes extremos *extreme sports*
el equipo *team*
el esquí alpino/de fondo *downhill/cross country skiing*

apostar (o:ue) *to bet*
empatar *to tie (a game)*
ganar/perder (e:ie) un partido *to win/ to lose a game*
gritar *to shout*

lastimar(se) *to injure (oneself)*
marcar (un gol/un punto) *to score (a goal/a point)*
silbar (a) *to whistle (at)*
vencer *to defeat*

El tiempo libre

el/la aguafiestas *party pooper*
el/la anfitrión/anfitriona *host/hostess*
el billar *billiards*

el boleto/la entrada *ticket*
las cartas/los naipes *(playing) cards*
la comedia *comedy*
el concierto *concert*
el conjunto/grupo musical *musical group, band*
los dardos *darts*
el espectáculo *show, performance*
el/la espectador(a) *spectator*
la feria *fair*
el juego de mesa *board game*
la lotería *lottery*
el/la músico/a *musician*
la obra de teatro *theater play*
el ocio *leisure*
el parque de atracciones *amusement park*
los ratos libres/el tiempo libre *free time*
el recreo *recreation*
el teatro *theater*
el videojuego *video game*

actuar *to act*
aplaudir *to applaud; to clap*
brindar *to toast (drink)*
celebrar *to celebrate*
charlar *to chat*
coleccionar *to collect*
conseguir (e:i) (entradas) *to get (tickets)*
correr la voz *to spread the word*
divertirse (e:ie) *to have a good time*
entretenerse (e:ie) *to amuse oneself*
estrenar (una película) *to release (a movie)*
festejar *to celebrate*
hacer cola *to wait in line*
poner un disco compacto *to play a CD*
reunirse (con) *to get together (with)*
salir (a comer/a tomar algo) *to go out (to eat/to have a drink)*

valer la pena *to be worth it*

aburrido/a *boring*
agotado/a *sold out*
animado/a *lively*
entretenido/a *entertaining*

Práctica

1

¿Dónde están? Indica en qué lugar están estas personas.

1. Llegamos muy temprano, pero había una cola larguísima. ¿Y si no conseguíamos entradas? ¿Y si estaban agotadas las localidades (*seats*)?

    a. zoológico   b. teatro   c. supermercado   d. gimnasio

2. Había máquinas que subían, bajaban, daban vueltas hacia la derecha y hacia la izquierda. La más espectacular dibujaba un laberinto de líneas en el aire.

    a. oficina   b. rascacielos   c. parque de atracciones   d. partido de fútbol

3. Yo no sabía que cuatro personas pudieran hacer tanto ruido en un campo de fútbol lleno de gente. Mi novio se divertía, pero yo no entendía nada de lo que decían.

    a. playa   b. restaurante   c. ópera   d. concierto

4. Aquí la gente suda (*sweat*), pero a mí no me gusta sudar cuando hago ejercicio; por eso, me gusta nadar. Mi hermano es el dueño y no tengo que pagar.

    a. club deportivo   b. video club   c. cine   d. bar

2

Celebraciones Completa la conversación entre Mario y Pedro.

aburridos	apostado	equipo	perder
aficionado	brindando	espectáculo	silbando
aguafiestas	empató	festejar	tomar algo
animadas	entretenida	gritando	valió la pena

PEDRO   Mario, ¿vamos o qué? ¿Estás listo? Apúrate, que llegamos tarde.

MARIO   Lo siento, pero no puedo ir a la fiesta de tu novia. Hay partido de fútbol.

PEDRO   ¿Qué partido de fútbol? Dale, vamos. No seas (1) _____.

MARIO   No, es que soy (2) _____ al fútbol, eso es todo.

PEDRO   Las fiestas de mi novia son más (3) _____ y más entretenidas que los (4) _____ partidos de fútbol. Todos son iguales…Veintidós tontos corriendo detrás de una pelota, la gente (5) _____ histéricamente y (6) _____.

MARIO   Es la final de la Copa Mundial. ¡Argentina contra Brasil! Es el (7) _____ del año. He invitado a todos mis amigos. Y cuando termine el partido, vamos a (8) _____ para (9) _____ la victoria.

PEDRO   Estás muy seguro de la victoria de tu (10) _____.

MARIO   Estoy más que seguro, estoy segurísimo. Argentina no puede (11) _____. Tiene que ganar; he (12) _____ todos mis ahorros. ¡Tiene que ganar!

PEDRO   Disfruta de la pantalla gigante. ¡Espero que no tengas que venderla!

3

Un fin de semana extraordinario Juan y Marcela, dos amigos con personalidades muy diferentes, tienen que pasar un fin de semana juntos en una ciudad que nunca han visitado. Hacen muchas sugerencias interesantes, pero todo lo que uno propone, el otro lo rechaza con alguna explicación. En parejas, improvisen una conversación utilizando las palabras del vocabulario.

Practice more at
vhlcentral.com.

Preparación

Vocabulario del corto

alejarse to move away

divino/a beautiful

enloquecido/a ecstatic

estallar to blow one's top

explotar to take advantage of

el hipódromo racetrack

insensible insensitive

parco/a tight-lipped

previo/a a prior to

sacar el tema to bring up the subject

el trámite process

Vocabulario útil

el afecto affection

aliviado/a relieved

decisivo/a decisive

la escena scene

el lenguaje corporal body language

sincerarse to come clean

la travesía journey

EXPRESIONES

che friend, mate, pal, man

Chocolate por la noticia. Tell me something I don't know!

con cara de pollito mojado with puppy dog eyes

hacerse a la idea to be resigned to the idea

la necesidad imperiosa overwhelming need

seguir la corriente (a alguien) to act as if in agreement (with someone)

total... at the end of the day...

1 **Definiciones** Empareja cada definición con la palabra correcta.

_____ 1. decir la verdad a alguien

_____ 2. manifestar violentamente un sentimiento

_____ 3. liberado de algo

_____ 4. que habla poco

_____ 5. proceso

a. sincerarse

b. parco

c. trámite

d. estallar

e. aliviado

2 **Vocabulario** Completa las oraciones con las palabras de la lista.

hipódromo	insensible	escena
enloquecido	sacar el tema	parco

1. El profesor de física es un hombre _____ que siempre dice lo mínimo.

2. Mi _____ favorita de la película es en la que el protagonista canta.

3. A Sebastián le encantan los caballos, por eso va todos los fines de semana al _____.

4. Miguel es una persona _____ que siempre ofende con sus palabras.

5. Ana no quiso _____ en la reunión.

3 **Invitación** Completa el correo con las palabras del vocabulario.

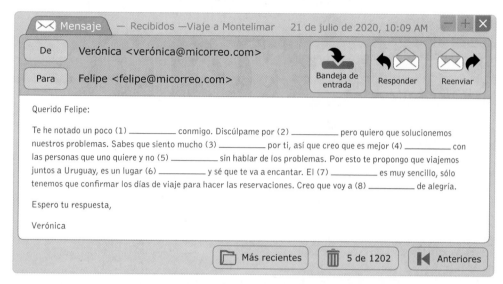

Mensaje — Recibidos —Viaje a Montelimar   21 de julio de 2020, 10:09 AM

De   Verónica <verónica@micorreo.com>

Para   Felipe <felipe@micorreo.com>

Bandeja de entrada   Responder   Reenviar

Querido Felipe:

Te he notado un poco (1) _____ conmigo. Discúlpame por (2) _____ pero quiero que solucionemos nuestros problemas. Sabes que siento mucho (3) _____ por ti, así que creo que es mejor (4) _____ con las personas que uno quiere y no (5) _____ sin hablar de los problemas. Por esto te propongo que viajemos juntos a Uruguay, es un lugar (6) _____ y sé que te va a encantar. El (7) _____ es muy sencillo, sólo tenemos que confirmar los días de viaje para hacer las reservaciones. Creo que voy a (8) _____ de alegría.

Espero tu respuesta,

Verónica

Más recientes   5 de 1202   Anteriores

4 **Nuevas aventuras** En parejas, conversen sobre estas preguntas.

1. ¿Crees que es importante viajar? ¿Por qué?

2. ¿Cuál es el viaje que más recuerdas? ¿Adónde fuiste? ¿Qué lugares conociste?

3. ¿Qué tipo de viajes disfrutas más? ¿Prefieres los viajes llenos de aventuras o los viajes tranquilos en los que puedes relajarte y descansar? ¿Por qué?

4. ¿Qué opinas de los viajes en pareja o con amigos/as? ¿Te gusta viajar solo/a o prefieres hacerlo acompañado/a? ¿Por qué?

5. Si tuvieras la oportunidad de viajar a cualquier lugar del mundo, ¿a dónde irías? ¿Por qué?

5 **¿Quiénes son?** En parejas, miren el fotograma y discutan quiénes creen que son las personas que aparecen allí.

- ¿Cuál es la relación entre estas dos personas?
- ¿Qué están haciendo?
- ¿Cuáles son sus planes?
- ¿Cómo crees que es su personalidad?

Video

NO ME AMA

"Piroyanski inventa un nuevo género:
el romance psicológico"
—Felipe Arenas, *El Heraldo*

Una producción de **LA CRIADA PRODUCCIONES** y **MARCIANO FILMS**
Guion y dirección **MARTÍN PIROYANSKI** Fotografía **FEDERICO LO BIANCO**
Asistente de dirección **FLORENCIA CLÉRICO** Jefe de producción **LAUTARO CAMINO**
Iluminación **JAVIER CORTIELLAS** Asistente de producción **VICTORIA SANANES**
Montaje **JONATHAN BARG** Actores **MARÍA CANALE** y **MARTÍN PIROYANSKI**

ARGUMENTO *Una pareja de novios de Argentina decide hacer un viaje a Uruguay.*

ÉL Si está todo bien en Buenos Aires, no veo por qué las cosas puedan llegar a cambiar en Uruguay. Todo lo contrario, se van a poner mejor incluso. Va a estar buenísimo.

ÉL Yo sé que me quiere, sí, me quiere, de eso estoy seguro, pero, ¿me ama? Ahora que lo pienso, nunca me lo dijo.

ÉL ¿Cuál es la diferencia entre que me lo diga con palabras a que lo exprese? ¡Ninguna! Por eso, está todo bien, todo perfecto. Igual, no estaría nada mal que me lo dijera.

ÉL ¡No me ama! ¡Claro! ¡Es eso! ¡No me ama! Es así de simple. Cuando alguien no ama al otro, no le dice que lo ama.

ÉL Esto es una bomba de tiempo. Se va a enamorar del primer *hippy* con guitarra que sepa tocar tres acordes de los Beatles.

ÉL Éste es el momento. Sí, se lo digo ahora. Éste es el silencio previo a la tragedia.

Análisis

1

Comprensión Elige la opción correcta para formar oraciones verdaderas.

1. Los protagonistas de *No me ama* viajan a Uruguay (en avión / en autobús).
2. El personaje masculino del corto también es (el narrador / fotógrafo profesional).
3. El protagonista le regala a su novia (una guitarra / una cámara fotográfica).
4. A los protagonistas les gustan (las actividades al aire libre / los juegos de mesa).
5. A María le encantan (los gatos / los caballos).

2

Interpretar En parejas, comenten las posibles respuestas a estas preguntas sobre el cortometraje.

1. ¿Por qué el protagonista piensa que ellos no se conocen completamente?
2. ¿Por qué él cree que viajar con su novia María va a poner a prueba la relación?
3. ¿Por qué está tan seguro de que María no lo ama?
4. ¿Por qué decide pelear con María mientras ella mira los caballos?
5. ¿Por qué crees que la actitud de María es tan tranquila con su novio?

3

Gestos En grupos de tres, escojan tres escenas clave del cortometraje. ¿Cuáles son las actitudes y las expresiones de los protagonistas en cada escena?

4

Opiniones En parejas, contesten las preguntas y expliquen sus respuestas.

Viajar juntos pone a prueba
un montón de cosas.

1. ¿Les parece que *No me ama* es una historia exagerada o creen que podría ser un reflejo de la realidad?
2. ¿Se identifican con alguno de los protagonistas?
3. ¿Por qué creen que no se dice el nombre del protagonista en el cortometraje?
4. El protagonista se considera a sí mismo un "neurótico". ¿Están de acuerdo? ¿Por qué?
5. ¿Creen que el viaje a Uruguay fue decisivo para la pareja?
6. ¿Creen que para María el viaje es tan importante como para su novio? ¿Por qué?
7. ¿Crees que el protagonista hubiera dudado de los sentimientos de su novia si no hubieran salido de viaje juntos? ¿Por qué?
8. ¿Qué conclusión se puede extraer de este cortometraje?

5 **¿Son compatibles?** En grupos, escriban una lista de las actividades que los protagonistas del cortometraje hacen durante su viaje a Uruguay. Describan la actitud de ella y la de él en cada una de las situaciones.

6 **En breve** Resume en un párrafo la historia que acabas de ver. Utiliza el presente y los verbos **ser** y **estar**. Ten en cuenta:

- ¿Dónde sucede la historia?
- ¿Cuándo ocurre?
- ¿Quiénes son los personajes?
- ¿Qué es lo que sucede?
- ¿Cuál es el final de la historia?

7 **Mesa redonda** En grupos de tres, analicen las citas. Después, compartan sus opiniones con el resto de la clase.

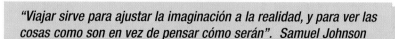

"Viajar sirve para ajustar la imaginación a la realidad, y para ver las cosas como son en vez de pensar cómo serán". Samuel Johnson

"Un viaje es como el matrimonio. La manera certera de estar errados es pensar que tenemos el control". *John Steinbeck*

"Nuestro destino nunca es un lugar, sino una nueva forma de ver las cosas". Henry Miller

"He llegado a la conclusión que la forma más segura para descubrir si ciertas personas te agradan o las odias es viajar con ellas". *Mark Twain*

"Viajar y cambiar de lugar revitaliza la mente". *Séneca*

8 **Viajar** En parejas, imaginen que son dos amigos/as que viajan juntos a un país de Latinoamérica. Sus personalidades son muy diferentes y discuten mucho durante el viaje. Preparen una conversación en la que expongan lo que les molesta de su compañero/a de viaje y busquen soluciones para cada situación. Utilicen, al menos, seis palabras de la lista.

aliviado/a	decisivo/a	parco/a
la escena	alejarse	previo/a
el lenguaje corporal	estallar	sacar el tema
sincerarse	explotar	
la travesía	el hipódromo	

Practice more at
vhlcentral.com.

Reading

IMAGINA

Diversiones para todos

ARGENTINA

Cuando viajas, ¿buscas aventura, sofisticación, tranquilidad, naturaleza, cultura…? ¿Por qué no un poco de todo? Si viajas por **Argentina** y **Uruguay**, tendrás la oportunidad de admirar espectáculos naturales únicos, practicar deportes, disfrutar de la calma de paisajes de enorme belleza y visitar ciudades cosmopolitas.

Por donde mires, tienes para elegir. Al oeste, Argentina está separada de Chile por los **Andes**, que le proporcionan espléndidos lugares para esquiar. Al noroeste, la historia late[1] profundamente en los restos[2] arqueológicos de los pueblos originarios[3] de la región y en las huellas[4] de la guerra de la Independencia. En el noreste, puedes quedarte boquiabierto[5] frente al impresionante espectáculo de las **Cataratas del Iguazú**. Ya en el centro del país, las extensas llanuras[6] de la **Pampa** invitan a montar a caballo y recorrerlas hasta el horizonte.

Al sur se encuentra la **Patagonia argentina**, tierra de vientos y mares turbulentos, donde puedes visitar el glaciar **Perito Moreno**, avistar ballenas[7] en **Península Valdés** o esquiar en **Bariloche**, rodeado de un paisaje de lagos y montañas. Además, toda esa zona es considerada una especie de meca de los dinosaurios por la gran cantidad de fósiles que se han encontrado allí.

Basta una hora para cruzar en barco por el **Río de la Plata**, desde la cosmopolita **Buenos Aires**, en Argentina, hasta **Colonia**, encantadora ciudad uruguaya de fascinante arquitectura colonial que fue reconocida como Patrimonio de la Humanidad por la UNESCO.

Uruguay posee paisajes inigualables, complejos termales, playas y ciudades de activa vida cultural y turística, como su capital **Montevideo**, cuyos edificios son una interesante combinación de estilos coloniales, italianos y modernos con toques[8] de *art decó*. No hay que perderse el **carnaval**, que se celebra en toda la ciudad desde su comienzo oficial a mediados de enero, con el desfile[9] inaugural, hasta principios de marzo.

Cataratas de Iguazú

Si quieres relajarte todavía más y disfrutar de una experiencia única, debes visitar uno de los balnearios[10] más exclusivos de América del Sur y punto de encuentro del *jet set* internacional: **Punta del Este**. Esta ciudad de gran elegancia se encuentra donde termina el Río de la Plata y se abre al océano Atlántico. Es el lugar ideal para practicar deportes náuticos como *windsurf, jet-ski* o navegación a vela.

La actividad no para por la noche: cuando el sol se oculta, puedes disfrutar de las diversiones nocturnas que ofrece la ciudad en bares, discotecas o casinos. Tal vez tengas la suerte de encontrarte con algunos "ricos y famosos" que se refugian allí para descansar y divertirse durante el verano: ¡los meses de diciembre, enero y febrero!

Signos vitales

La **murga** es uno de los fenómenos típicos del **carnaval de Montevideo**. Es un conjunto de personas que se reúnen para tocar tambores, cantar y hacer teatro. Las murgas se burlan con frecuencia de los políticos y de las personalidades famosas.

[1] *pulsates* [2] *remains* [3] *native people* [4] *traces* [5] *speechless* [6] *plains*
[7] **avistar...** *go whale-watching* [8] *touches* [9] *parade* [10] *resorts*

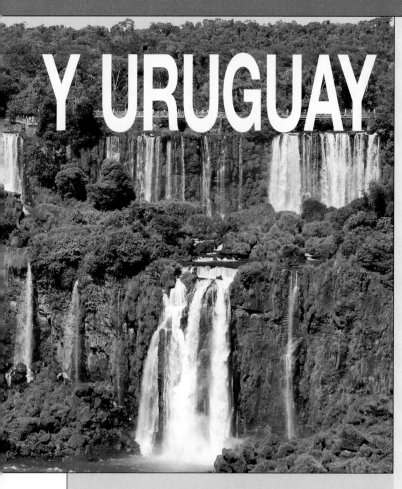

Y URUGUAY

¡Exploremos Montevideo y Buenos Aires!

El Río de la Plata Cuando Juan Díaz de Solís lo avistó por primera vez en 1516, creyó que era un mar y, por eso, lo llamó Mar Dulce. De hecho, el Río de la Plata es el río más ancho[1] del mundo: mide 48 kilómetros (30 millas) en la parte más angosta. En este gran estuario desembocan[2] las aguas del río Uruguay y el río Paraná. Sus márgenes[3] dividen a Argentina y Uruguay.

Puerto Madero En una época los grandes almacenes[4] de ladrillo a la orilla del **Río de la Plata** estaban abandonados y llenos de ratones. Ahora, se han convertido en oficinas, restaurantes, apartamentos, y hasta en una universidad. Esta elegante zona de Buenos Aires está otra vez viva y llena de gente. Recientemente se han hallado allí restos de embarcaciones hundidas[5] en el Río de la Plata desde el siglo XVI en adelante; los arqueólogos afirman que esa zona es un gran cementerio de barcos.

La Feria de San Telmo y el Mercado del Puerto Estos son dos mercados famosos de Buenos Aires y Montevideo. La **Feria de San Telmo** en la Plaza Dorrego de Buenos Aires brilla cada domingo desde 1970. En sus puestos[6] de antigüedades, pueden encontrarse desde tocadiscos[7] hasta medallas de la Segunda Guerra Mundial. En la calle, pueden verse espectáculos artísticos. El **Mercado del Puerto** es, desde 1868, un centro de actividad constante en Montevideo. Actualmente es un área de restaurantes de mariscos y carnes.

El carnaval de Montevideo Con una duración de cuarenta días, se dice que es el carnaval más largo del mundo. Aunque se celebra en todo el país, los eventos más conocidos ocurren en la capital. El desfile de **Llamadas** es especialmente famoso y celebra las tradiciones y la herencia africanas de Uruguay.

[1] **más…** widest [2] flow (into) [3] banks [4] warehouses [5] **embarcaciones…** sunken ships [6] stalls [7] record players

El español de Argentina y Uruguay

afanar	robar, cobrar de más; *to steal*
agarrada	disputa; *quarrel*
amarrete	tacaño; *mean*
berreta	ordinario; *vulgar*
birome	bolígrafo, pluma; *pen*
bodrio	aburrimiento; *boredom*
bondi	ómnibus, autobús; *bus*
busarda	barriga; *belly*
chanta	informal, tramposo; *informal, cheater*
escrachar	poner en evidencia; *to show somebody up*
gamba	servicial; *helpful, obliging*
gil	tonto; *fool*
guita	dinero; *money*
laburo	trabajo; *job*
macana	locura, mentira, estupidez; *trouble, lie, stupidity*
macanudo	excelente; *great*
naso	nariz; *nose*
pibe	niño; *boy*
remera	camiseta; *T-shirt*

GALERÍA DE CREADORES

LITERATURA Jorge Luis Borges
"Siempre imaginé el Paraíso como una especie de biblioteca". Jorge Luis Borges, el genio literario argentino, es un elemento central de la cultura argentina moderna. La literatura fue su pasión, y su creatividad e imaginación se anticipan por décadas a temas como la "realidad virtual". Leer a Borges es entrar al mundo de un hombre con conocimientos enciclopédicos, un autor que puede escribir sobre un crimen en París, un sueño en Persia o un paseo por la ciudad de Buenos Aires. Algunas de sus obras más conocidas son *El Aleph, Ficciones, Historia de la eternidad* y *El libro de arena*, entre otras.

DANZA Julio Bocca
Cuando Mikhail Baryshnikov necesitaba un primer bailarín para el *American Ballet Theatre*, buscó al argentino Julio Bocca. Bocca, quien desde 1990 tiene su propia compañía de ballet, es la figura principal del baile en su país y uno de los bailarines y coreógrafos más famosos del mundo. Empezó a bailar a los cuatro años y ganó la Medalla de Oro en el Concurso Internacional de la Danza de Moscú a los dieciocho. Su carrera lo llevó por todo el mundo como invitado especial de las compañías de ballet más prestigiosas. En diciembre de 2007, se retiró como bailarín, aunque continúa en el mundo de la danza como director. Su despedida del público fue en un gran *show* gratuito frente al Obelisco, símbolo de Buenos Aires, al que asistieron más de 300.000 personas.

LITERATURA Cristina Peri Rossi

Nacida en Montevideo, pero radicada en España desde 1972, adonde llegó como exiliada política, Cristina Peri Rossi es una de las escritoras contemporáneas más conocidas. En su literatura expresa dudas, emociones y deseos comunes en todos los seres humanos. A veces sus textos pueden ser irónicos o satíricos, pero siempre, aún detrás de algo cómico, existe un tema muy serio y básico de la existencia humana. Algunas de las obras de esta escritora uruguaya son *Cosmoagonías*, *Inmovilidad de los barcos*, *El amor es una droga dura* y *Cuando fumar era un placer*.

MÚSICA Julio Sosa

Julio Sosa fue uno de los cantantes de tango más famosos de la segunda mitad del siglo XX y brilló durante las décadas de 1950 y 1960: lo apodaron "el varón del tango", nombre que también tuvo su primer disco de larga duración. Nació en Uruguay, de una familia muy pobre, por lo que tuvo que trabajar en todo tipo de oficios; mientras tanto, participaba en todos los concursos de canto que podía. Poco a poco le llegó el reconocimiento que lo llevaría al éxito popular. Pero su pasión por los autos y por la velocidad desmedida lo llevó a sufrir varios accidentes de tránsito; finalmente, murió en Buenos Aires, a causa de una colisión, a los 38 años de edad. A su velatorio concurrió una multitud.

¿Qué aprendiste?

1 Cierto o falso Indica si estas afirmaciones son ciertas o falsas. Corrige las falsas.

1. La Pampa está en el noreste de Argentina.
2. Julio Bocca se retiró de la danza en 2007.
3. La murga está formada por un grupo de personas que tocan tambores, cantan y hacen teatro.
4. El balneario más exclusivo de América del Sur es Colonia.
5. Julio Sosa fue un popular cantante argentino de tangos.
6. *Ficciones* es una de las obras más famosas de Cristina Peri Rossi.

2 Preguntas Contesta las preguntas.

1. ¿Dónde se pueden avistar las ballenas en la Patagonia argentina?
2. ¿Cuándo comienza el carnaval en Montevideo?
3. ¿Cómo imaginaba el Paraíso el escritor Jorge Luis Borges?
4. ¿A qué edad comenzó a bailar Julio Bocca?
5. ¿Cuál fue el apodo de Julio Sosa?
6. ¿De quiénes se burlan las murgas?
7. ¿Cuál de los artistas de la galería te interesa más? ¿Por qué?

3 Seleccionar Escoge uno de los personajes de la sección **Galería de creadores**. Explica por qué escogiste ese personaje y qué caracterísiticas de su biografía te impresionaron. Después, comparte tus pensamientos con la clase.

4 Adivinar En parejas, cada uno describa uno de los lugares o actividades presentados en la sección **Imagina.** El otro debe adivinar de qué lugar se trata.

5 Presentación En parejas, hagan una lista de los personajes argentinos o uruguayos que conocen. Cada uno debe escoger uno de ellos y buscar información sobre su historia. Preparen una presentación para la clase.

Practice more at **vhlcentral.com.**

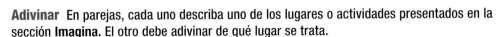

PROYECTO

Misión: Inmersión y diversión

Imagina que este verano vas de intercambio a Argentina o a Uruguay. Tu objetivo principal es mejorar tu español y sumergirte en la cultura argentina o uruguaya, ¡pero también quieres divertirte y comer bien! Decide dónde prefieres ir para disfrutar de tus actividades favoritas. Investiga la información que necesites en Internet.

- Escoge entre una ciudad, una playa, el campo, el desierto o las montañas.
- Busca fotos e información sobre las actividades que ofrece ese lugar.
- Busca información sobre la comida típica del lugar.
- Explica a la clase dónde harás tu intercambio y por qué.

Video

Lo mejor de Argentina

Ya conoces los grandes tesoros naturales de Argentina, pero, ¿qué sabes sobre la forma de vida de sus habitantes? En este episodio de **Flash Cultura** exploraremos la vida urbana y rural en este fascinante país.

Vocabulario

a las apuradas *in a hurry*
ajetreado/a *busy*
chupar *to suck*
la caña *straw*
intercambiar *to exchange*
la parrilla *grill*
reconocido/a *renowned*
la tertulia *gathering*

1

Preparación ¿Te gusta bailar? ¿Alguna vez tomaste clases para aprender algún ritmo latinoamericano? ¿Te gustaría bailar tango?

2

Comprensión Indica si estas afirmaciones son ciertas o falsas. Después, corrige las falsas.

1. El Café Tortoni se encuentra en el centro de Buenos Aires.

2. Las tertulias del Tortoni eran reuniones de artistas que se hacían por las mañanas para conversar e intercambiar ideas.

3. Carlos Gardel fue un reconocido escritor argentino.

4. El instrumento más importante del tango es el bandoneón.

5. Actualmente, sólo los ancianos bailan en las milongas.

6. El mate es una bebida para compartir.

3

Expansión En parejas, contesten estas preguntas.

• Si fueran al Tortoni, ¿pedirían un café, un submarino o un agua tónica, como hacía Borges?

• ¿Se animarían a aprender a bailar tango delante de todos en la Plaza Dorrego? ¿Les gustaría probar el mate?

• Si viajaran a la Argentina y tuvieran poco tiempo, ¿cuál de estas actividades preferirían: visitar los cafés porteños, comprar antigüedades en San Telmo, ir a una milonga o comer un asado en una estancia? ¿Por qué?

Corresponsal: Silvina Márquez
País: Argentina

La capital argentina tiene una de las culturas de café más famosas del mundo.

En la Plaza Dorrego… todos los domingos hay un mercado al aire libre° donde venden antigüedades… también se puede disfrutar… del tango.

En una estancia°… podemos… disfrutar un asado°… y… andar a caballo°.

mercado al aire libre *open-air market* **estancia** *ranch*
asado *barbecue* **andar a caballo** *ride horses*

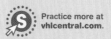

Practice more at
vhlcentral.com.

 Presentation

9.1

The future perfect

- The future perfect tense (**el futuro perfecto**) is formed with the future of **haber** and a past participle.

TALLER DE CONSULTA

The following grammar topic is covered in the **Manual de gramática, Lección 9.**

9.4 Transitional expressions, p. 412.

To review irregular past participles, see **7.1, p. 251**.

The future perfect		
ganar	perder	salir
habré ganado	habré perdido	habré salido
habrás ganado	habrás perdido	habrás salido
habrá ganado	habrá perdido	habrá salido
habremos ganado	habremos perdido	habremos salido
habréis ganado	habréis perdido	habréis salido
habrán ganado	habrán perdido	habrán salido

- The future perfect is used to express what *will have happened* at a certain point. The phrase **para** + [*time expression*] is often used with the future perfect.

> **Para** el mes que viene, ya **se habrá estrenado** la película.
> *By next month, the movie will have already been released.*

> El partido de fútbol **habrá terminado para** las diez de la noche.
> *The soccer game will be over by 10 p.m.*

- **Antes de (que), cuando, dentro de,** and **hasta (que)** are also used with time expressions or other verb forms to indicate *when* the action in the future perfect *will have happened*.

> **Cuando** lleguemos al estadio, ya **habrá empezado** el partido.
> *When we get to the stadium, the game will have already started.*

> Lo **habré terminado dentro de** dos horas.
> *I will have finished it within two hours.*

TALLER DE CONSULTA

To review the subjunctive after conjunctions of time or concession, see **6.1, p. 212.**

To express probability regarding present or future occurrences, use the future tense. See **5.1, pp. 174–175**.

- The future perfect may also express supposition or probability regarding a past action.

*¿**Habrá disfrutado** viajar conmigo?*

¿**Habrán ganado** el juego?
I wonder if they've won the game.

Carlos **habrá marcado** dos goles, por lo menos.
I'm sure Carlos will have scored at least two goals.

Práctica y comunicación

1

Completar Completa el diálogo entre el jugador de fútbol Diego Sarazona y un aficionado. Usa el futuro perfecto de los verbos entre paréntesis.

AFICIONADO Diego, seguramente tú (1) _____ (comprar) entradas para ir a ver el partido del domingo entre Boca Juniors y River Plate.

SARAZONA No, pero antes de que comience el partido ya las (2) _____ (conseguir).

AFICIONADO ¿Crees que va a ser un partido complicado?

SARAZONA No, para el medio tiempo ya se (3) _____ (definir) quién será el ganador. Es más, para ese entonces todos nosotros, los aficionados del Boca Juniors, (4) _____ (festejar) la victoria.

AFICIONADO ¿Y los aficionados del River Plate?

SARAZONA Ellos ya (5) _____ (comprender) que no vale la pena ir a este tipo de partido porque siempre pierden.

2

Planes Tú y tus amigos habían planeado encontrarse a las seis de la tarde para ir a ver una película, pero nadie ha venido y tú no sabes por qué. Escribe suposiciones con la información proporcionada. Sigue el modelo.

> **Modelo** **Mis amigos pensaron que soy aburrido/a.**
> Mis amigos habrán pensado que soy aburrido/a.

1. Entendí mal los planes.
2. Me dejaron un mensaje telefónico.
3. No consiguieron entradas.
4. No escuché el timbre (*doorbell*).
5. Uno de mis amigos tuvo un accidente.
6. Llegaron antes de las seis.
7. Me equivoqué de día.
8. Me engañaron.
9. Fue una broma.
10. Lo soñé.
11. ¿?
12. ¿?

3

El futuro

A. Haz estas preguntas a un(a) compañero/a. Anota sus respuestas.

- Cuando terminen las próximas vacaciones de verano, ¿qué habrás hecho?
- Antes de terminar tus estudios universitarios, ¿qué aventuras habrás tenido?
- Dentro de diez años, ¿dónde habrás estado y a quién habrás conocido?
- Cuando tengas cuarenta años, ¿qué decisiones importantes habrás tomado?
- Para el año 2035, ¿qué altibajos (*ups and downs*) habrás experimentado?
- Cuando seas abuelo/a, ¿qué lecciones habrás aprendido de la vida?

B. Ahora, comparte las respuestas de tu compañero/a con la clase.

Practice more at vhlcentral.com.

 Presentation

9.2

The conditional perfect

*Siempre pienso en qué me **habría dicho** ella.*

- The conditional perfect tense (**el condicional perfecto**) is formed with the conditional of **haber** and a past participle.

TALLER DE CONSULTA

To review irregular past participles, see **7.1, p. 251**.

The conditional perfect is frequently used after **si** clauses that contain the past perfect subjunctive. See **9.3, p. 325**.

The conditional perfect		
tomar	correr	subir
habría tomado	habría corrido	habría subido
habrías tomado	habrías corrido	habrías subido
habría tomado	habría corrido	habría subido
habríamos tomado	habríamos corrido	habríamos subido
habríais tomado	habríais corrido	habríais subido
habrían tomado	habrían corrido	habrían subido

- The conditional perfect tense is used to express what *would have occurred* but did not.

  Juan y Lidia **habrían ido** al partido, pero ya tenían otros planes.
  Juan and Lidia would have gone to the game, but they already had other plans.

  Habrías ganado la lotería.
  You would have won the lottery.

  Alda **habría jugado** mejor que Lourdes.
  Alda would have played better than Lourdes.

  Creo que Andrés **habría sido** un gran atleta.
  I think Andrés would have been a great athlete.

*En ese momento lo **habría pensado,** pero ahora no estoy seguro.*

- The conditional perfect may also express probability or conjecture about the past.

  Era imposible que ganaran el partido. ¿No **habrían comprado** al árbitro?
  It was impossible that they could have won the game. Don't you think they had paid off the referee?

Práctica y comunicación

1

Completar Completa las oraciones con el condicional perfecto.

1. No me gustó la película. Otro director _____ (imaginar) un final más interesante.

2. Nosotros _____ (salir) a comer, pero no encontré mi tarjeta de crédito.

3. Ellos _____ (estrenar) la película la semana pasada, pero la estrella no pudo asistir y tuvieron que aplazar el estreno.

4. Al espectador le _____ (gustar) el espectáculo si no hubiera sido tan largo.

5. Ustedes _____ (jugar) al tenis, pero estaba lloviendo.

2

Un final distinto En parejas, conecten a los héroes con sus historias. Luego, utilicen el condicional perfecto para inventar un final distinto. Sigan el modelo.

Modelo **El gladiador Máximo / muere en el coliseo.**

En nuestra historia, el gladiador no habría muerto en el coliseo.
Él habría triunfado y…

Rocky · se pasa al Lado Oscuro.

Robin Hood · · · · · · · · · · · · · · · · · sigue al conejo por el túnel.

Harry Potter · · · · · · · · · · · · · · · · derrota a Iván Drago.

Anakin Skywalker · · · · · · · · · · · · se enamora de Marian.

Alicia · escapa de los ataques de Voldemort.

3

¿Qué habrían hecho? En parejas, miren los dibujos y túrnense para decir lo que habrían hecho en cada situación. Usen al menos seis palabras de la lista. Utilicen el condicional perfecto.

cerrajero (*locksmith*)	golpearse	llave
comprar	gritar	médico
culpar	helado	mentir
enojarse	llamar	traje (*suit*)
ensuciar (*to get dirty*)		

1

2

3

4

9.3

TALLER DE CONSULTA

For other transitional expressions that express cause and effect, see **Manual de gramática, 9.4, p. 412**.

 Presentation

Si clauses

- **Si** (*if*) clauses express a condition or event upon which another condition or event depends. Sentences with **si** clauses are often hypothetical statements. They contain a subordinate clause (**si** clause) and a main clause (result clause).

Si ella se pone complicada, me alejo un poco, tomamos aire el uno del otro y listo.

¡ATENCIÓN!

Si (*if*) does not carry a written accent. However, **sí** (*yes*) does carry a written accent.

Si puedes, ven.
Come if you can.

Sí, puedo.
Yes, I can.

- The **si** clause may be the first or second clause in a sentence. Note that a comma is used only when the **si** clause comes first.

  Si tienes tiempo, ven con nosotros al parque de atracciones.
  If you have time, come with us to the amusement park.

  Iré con ustedes **si** no tengo que trabajar.
  I'll go with you if I don't have to work.

Hypothetical statements about possible events

- In hypothetical statements about conditions or events that are possible or likely to occur, the **si** clause uses the present indicative. The main clause may use the present indicative, the future indicative, **ir a** + [*infinitive*], or a command.

Si clause: Present indicative		Main clause
Si usted no **juega** a la lotería, *If you don't play the lottery,*	PRESENT TENSE	no **puede** ganar. *you can't win.*
Si Gisela **está** dispuesta a hacer cola, *If Gisela is willing to wait in line,*	FUTURE TENSE	**conseguirá** entradas, seguro. *she'll definitely get tickets.*
Si marcan un solo gol más, *If they score just one more goal,*	IR A + [INFINITIVE]	**van a ganar** el partido. *they are going to win the game.*
Si sales temprano del trabajo, *If you finish work early,*	COMMAND	**vámonos** a un concierto. *let's go to a concert.*

Hypothetical statements about improbable situations

- In hypothetical statements about current conditions or events that are improbable or contrary-to-fact, the **si** clause uses the past subjunctive. The main clause uses the conditional.

Si clause: Past subjunctive	Main clause: Conditional
Si tuviéramos boletos, *If we had tickets,*	**iríamos** al concierto. *we would go to the concert.*
Si no **estuviera** tan cansada, *If I weren't so tired,*	**saldría** a cenar contigo. *I'd go out to dinner with you.*

Hypothetical statements about the past

- In hypothetical statements about contrary-to-fact situations in the past, the **si** clause describes what *would have happened* if another event or condition *had occurred*. The **si** clause uses the past perfect subjunctive. The main clause uses the conditional perfect.

Si clause: Past perfect subjunctive	Main clause: Conditional perfect
Si no me **hubiera lastimado** el pie, *If I hadn't injured my foot,*	**habría ganado** la carrera. *I would have won the race.*
Si me **hubieras llamado** antes, *If you had called me sooner,*	**habríamos podido** reunirnos. *we would have been able to get together.*

Habitual conditions and actions in the past

- In statements that express habitual past actions that are not contrary-to-fact, both the **si** clause and the main clause use the imperfect.

Si clause: Imperfect	Main clause: Imperfect
Si Milena **tenía** tiempo libre, *If Milena had free time,*	siempre **iba** a la playa. *she would always go to the beach.*
De niño, **si iba** a la feria, *As a child, if I'd go to the fair,*	siempre **me montaba** en la montaña rusa. *I would always ride the roller coaster.*

*Ella nunca **decía** lo que sentía si yo no lo **mencionaba** primero.*

Fin de semana en Buenos Aires

hectic/seductive

Esta agitada° y seductora° ciudad se extiende a lo largo del Río de la Plata. Los porteños, como se les llama a los habitantes de Buenos Aires, poseen una
5 elaborada y rica identidad cultural. En la ciudad abundan los museos, las casas de tango y milongas, y los teatros. Así que una visita de tres días es apenas tiempo suficiente para recorrer los sitios más conocidos.

10   La Avenida 9 de Julio es un indiscutible punto de referencia. Llamada así en conmemoración de la independencia argentina, esta calle tiene 140 metros de ancho, lo que la convierte en una de las más anchas del mundo,
15 y se extiende desde el barrio de Retiro, al norte, hasta la estación de trenes de Constitución, en el sur. En el centro, encontramos el Obelisco, símbolo de la ciudad, que mide más de 67 metros de altura. Se erigió en 1936 como
20 homenaje al cuarto centenario de la fundación de la ciudad por Pedro de Mendoza.

Comenzando nuestro recorrido por San Telmo, podemos pasear por la Plaza Dorrego, popular por su mercado de antigüedades y sus
25 variadas presentaciones artísticas. También en el sur está el barrio La Boca, cuya calle-museo Caminito es famosa por el colorido de sus casas, sus exposiciones permanentes de arte y la presencia de músicos y bailarines
30 de tango. Allí se encuentra también La Bombonera, el estadio de fútbol del Club Atlético Boca Juniors.

En el centro de la ciudad se encuentra la Plaza de Mayo, el corazón político y
35 religioso del país. La plaza está rodeada por el edificio del antiguo Cabildo, la Casa de Gobierno (llamada Casa Rosada) y la Catedral Metropolitana, donde se hallan los restos del libertador José de San Martín.

40   Cerca de ahí está la llamada Manzana de las Luces, cuya historia comenzó con la

settlement

instalación° de los jesuitas en 1661, y donde se encuentra un centro cultural para muestras de artes plásticas, teatro y conferencias. Este
45 conjunto de edificios cuenta con galerías subterráneas que conectan éstos y otros edificios de los alrededores; hoy en día es

tramos... restored sections

posible visitar algunos tramos recuperados°.

Otro sitio histórico interesante es el Teatro
50 Colón, uno de los más famosos del mundo, inaugurado en 1908 después de un proceso de construcción que duró veinte años. Su autoridad artística es indiscutible, tanto así

cheer

que los argentinos aclaman° a excepcionales
55 artistas con el famoso grito de "¡Al Colón!".

Si marchamos hacia el norte, encontramos uno de los barrios más elegantes de Buenos Aires: Recoleta. En esta moderna y distinguida zona de la ciudad abundan los cafés, las *boutiques* 60 y las galerías de arte. También podemos dar una vuelta por el Cementerio de la Recoleta, un elaborado laberinto donde algunos mausoleos son réplicas de capillas, pirámides y templos griegos. Los personajes 65 más célebres de la historia argentina, incluyendo a Eva Perón, se encuentran

interred

sepultados° aquí.

En nuestra visita no debemos olvidar las paradas para comer. En la Avenida de Mayo 70 está el Café Tortoni, el más antiguo de la ciudad. Su historia y tradición lo convierten

must-see

en un punto imprescindible° en cualquier viaje a Buenos Aires. También se pueden visitar restaurantes modernos, como los de Puerto 75 Madero, junto al río, o los ubicados en sectores como Las Cañitas, Soho o Palermo Hollywood, en el barrio Palermo.

Tomemos ahora un ferri para completar nuestro recorrido. En sólo una hora se puede 80 cruzar el Río de la Plata desde Buenos Aires hasta Colonia del Sacramento, encantadora ciudad uruguaya de fascinante arquitectura colonial cuyo barrio histórico fue reconocido

World Heritage Site

como Patrimonio de la Humanidad° por la 85 UNESCO.

La herencia histórica y cultural de Colonia se aprecia en lugares como la Iglesia Matriz, la plaza de toros Real de San Carlos o la Puerta de la Ciudadela. Colonia 90 es además un lugar muy concurrido por sus hermosos paisajes y costas. En temporada de verano, los visitantes alquilan carros de golf y

mopeds

ciclomotores° para hacer una ruta por sus sensacionales playas. 95

De vuelta en Buenos Aires, otra parte esencial es su vida nocturna. En esta ciudad, las discotecas abren a partir de las dos de la madrugada y sus puertas no se cierran hasta el amanecer. Para quien quiera disfrutar 100 de una experiencia única en el mundo, son imperdibles las milongas y las fiestas de tango

spread

que se celebran en salones esparcidos° por toda la ciudad.

Buenos Aires, con sus atractivos, su 105 historia, su cultura y su gente, seguirá seduciendo a los visitantes que encuentran aquí buenos recuerdos y aires nuevos. ∎

Fotos **p. 330:** *arriba, izq.* **Colonia;** *arriba, der.* **Caminito;** *abajo, izq.* **La Boca;** *abajo, der.* **Casa Rosada**

Análisis

1 **Comprensión** Contesta las preguntas con oraciones completas.

1. ¿Cómo se les llama a los habitantes de Buenos Aires?
2. ¿Por qué se dice que quienes viven en Buenos Aires tienen una rica identidad cultural?
3. ¿Dónde se encuentra el Obelisco?
4. ¿Por qué es famosa la calle-museo Caminito?
5. ¿Por qué es importante la Plaza de Mayo?
6. ¿De qué otra forma se llama la Casa de Gobierno de Argentina?
7. ¿Qué importancia tiene la Manzana de las Luces?
8. ¿Cuándo fue inaugurado el Teatro Colón y cuál es su importancia?
9. ¿Cómo es el Cementerio de la Recoleta? ¿Quiénes están sepultados allí?
10. ¿Por qué deben visitar los turistas el Café Tortoni?
11. ¿Qué reconocimiento recibe la ciudad de Colonia del Sacramento?
12. ¿Qué horario tienen las discotecas de Buenos Aires?

2 **Consejos** Tú has vivido toda tu vida en Buenos Aires y te encuentras con algunos turistas que no saben a dónde ir. Dales consejos de acuerdo con sus personalidades e intereses.

Mis amigas y yo somos estudiantes y tenemos 20 años. ¡Queremos divertirnos!

Mi esposo y yo somos profesores de historia. Nos encanta aprender cosas nuevas.

Mauricio y yo somos maestros de baile. Nos encanta salir a bailar.

3 **Dos tipos de viajeros** En grupos pequeños, háganse estas preguntas y descubran qué tipo de viajeros son. Después, hablen con la clase sobre las formas de viajar que conocen y decidan cuál proporciona la experiencia más auténtica y satisfactoria.

A. Cuanto más sepa de la ciudad, mejor.

- Antes de viajar a una ciudad, ¿te gusta conocer su historia? ¿Sus costumbres culinarias?
- ¿Compras un diccionario del idioma que se habla allí e intentas aprenderlo?
- ¿Compras mapas y memorizas calles, barrios y atracciones básicas?

B. Prefiero que la vida me sorprenda.

- ¿Te gusta llegar a una ciudad sin saber nada de ella y ver qué pasa?
- ¿Evitas las zonas turísticas y prefieres perderte entre la gente de allí?
- ¿Te gusta andar por las calles sin tener un itinerario fijo?

Practice more at vhlcentral.com.

Preparación

Sobre el autor

Pablo de Santis nació en Buenos Aires en 1963. Aunque es conocido por sus historietas y sus cuentos para jóvenes, De Santis también ha escrito novelas de reconocida calidad, como *La sexta lámpara* (2005). En su faceta de editor, De Santis fue jefe de redacción de la revista *Fierro* y dirige la colección Enedé de historietas argentinas. En 2004, ganó el premio Konex por su labor como escritor para adolescentes. El autor argentino, que publicó su primera novela en 1987 (*El palacio de la noche*) a los veinticuatro años de edad, es, además, guionista de televisión. Sus obras han sido traducidas a más de diez idiomas y es miembro de la Academia Argentina de las Letras.

Vocabulario de la lectura		Vocabulario útil
el candado *padlock*	**irreconocible** *unrecognizable*	**la búsqueda** *search*
la cautela *caution*	**el/la mago/a** *magician*	**la declaración** *testimony*
dejar en paz *to leave (someone) alone*	**la necrológica** *obituary*	**la encarnación** *embodiment*
desconfiar *to be suspicious*	**la prueba** *evidence*	**la magia** *magic*
el forzudo *strongman*	**el regreso** *return*	**el número** *act*
la función *performance*	**el/la testigo** *witness*	
la hazaña *feat*	**vertiginoso/a** *dizzying*	

1

Vocabulario Completa las oraciones con las palabras de vocabulario.

1. Si alguien te vende boletos en la calle, tienes que _____.

2. Para mí, correr una carrera de veintiséis millas es una auténtica _____.

3. El acto de _____ me pareció muy divertido. Nunca había visto uno con conejos.

4. La _____ del acusado estuvo muy convincente. Creo que la policía lo va a dejar en libertad.

5. Carlos cambió mucho luego de su viaje. Estaba _____.

6. De _____ del parque de atracciones, sólo pensaba en lo bien que lo pasé allí.

7. Yo fui la única _____: lo vi con mis propios ojos.

8. Me gustaría practicar un deporte _____, como el esquí alpino.

2

Responder En parejas, contesten las preguntas y coméntenlas.

1. ¿Creen que la ciencia es el único camino hacia la verdad? ¿Por qué?

2. ¿Qué diferencia hay entre ser una persona apasionada y ser una persona obsesiva?

3. ¿Se consideran apasionados u obsesivos? ¿Por qué?

4. ¿Buscan siempre una explicación racional a lo que les sucede? ¿Por qué?

5. ¿Por qué creen que es tan importante la verdad?

MALTURIAN

PABLO DE SANTIS

En 1910 visitó la ciudad por primera vez el célebre mago Malturian. Se hospedó en el hotel Ancona, en la avenida de Mayo, y comenzó a dar funciones los viernes y los sábados a la tarde en el teatro Gloria. Al mes de su llegada,
5 cuando notó que empezaban a abundar las butacas° vacías, *seats*
citó al periodismo y al público en la costanera° con la promesa *promenade*
de un truco jamás visto. Allí, en una mañana de invierno, se
hizo atar° con cadenas. Sonrió y habló interminablemente°, *to tie up/endlessly*
sentado en el interior del baúl°, antes de que lo cerraran. Había *trunk*
10 contratado a dos levantadores de pesas para que cumplieran
con la ceremonia. Después de cerrar prolijamente los enormes
candados de hierro, los dos forzudos levantaron el baúl y lo
arrojaron a las aguas agitadas°. *rough*
El silencio de la espera duró diez minutos. Los espectadores
15 pidieron una respuesta a los asistentes del mago, que prefirieron
alejarse del lugar antes de que llegara la policía. La multitud
se fue deshaciendo de a poco; cada uno que se iba le daba una
última mirada al río vacío.
A la mañana siguiente un buzo° se ajustó su escafandra° de *diver/diving helmet*
20 bronce y se sumergió en las aguas oscuras, pero no encontró a
Malturian ni al baúl. En los diarios, necrologías destacadas
recordaron la trayectoria° del mago, sus giras por el mundo, su *career*
expulsión de París por haber dejado suelta por las calles una
pantera negra que había hecho desaparecer del escenario.

«El público aplaudió su resurrección; los periodistas pidieron que explicara su truco, pero él se amparó en el secreto profesional»

25 A los quince días Malturian reapareció sano y salvo° y *safe and sound*
retomó sus funciones en el teatro Gloria. El público aplaudió su
resurrección; los periodistas pidieron que explicara su truco, pero
él se amparó° en el secreto profesional. Había ganado nuevos *took shelter*
admiradores, pero los más fieles° y antiguos desconfiaron. Lo *loyal*
30 encontraban distinto. Un poco más alto y más delgado.
Malturian anunció que se quedaría a vivir en la
ciudad. Después de unos días los periodistas lo dejaron
en paz, excepto Jorge Reinz. Había entrado a trabajar en
el principal diario de la ciudad pocos meses atrás, y su
35 primera nota° había sido la llegada de Malturian al país. *article*
Reinz convenció al jefe de redacción°, Artemio Prater, de que lo *senior editor*

dejara viajar a Europa, con la promesa de conseguir pruebas de una verdad escandalosa sobre la identidad de Malturian. Prater había sido un periodista aventurero en su juventud, pero ahora
40 prefería permanecer en el diario, renunciando a los viajes; había descubierto que en las intrigas internas de un periódico se desarrollan aventuras que prescinden° de escenarios exóticos, pero que son un símbolo más depurado° de la experiencia humana. Aceptó que Reinz viajara, quizás porque se reconocía
45 en la ciega determinación del otro, en la fe que ponía en buscar la verdad, como si no fuera un trabajo arduo e incierto, sino el descubrimiento de una palabra mágica que una vez obtenida quedaba inmutable° para siempre.

    Reinz viajó; a los dos meses volvió con recortes de diarios°,
50 con una caja llena de fotografías y con una hipótesis.

    "Malturian no es un hombre. Quizás en un principio lo fue, pero ya no. Es una sociedad internacional de magos suicidas. Cuando uno de ellos muere en uno de sus trucos, otro lo reemplaza. Así consiguieron perpetuar en todo el mundo el nombre del mago".

dispense with

pure

unchanging

newspaper clippings

«La hipótesis de Reinz fue publicada en el diario, pero Malturian, que desde hacía tiempo se negaba a salir de su cuarto en el hotel Ancona, no respondió a las acusaciones»

---

55   La hipótesis de Reinz fue publicada en el diario, pero Malturian, que desde hacía tiempo se negaba a salir de su cuarto en el hotel Ancona, no respondió a las acusaciones. Sólo reapareció cuando se incendió el teatro Gloria.

    El fuego comenzó en la sala de máquinas y se extendió a
60 las butacas. Los bomberos no podían entrar por temor a un derrumbe°. Malturian, con su capa y su bastón°, llegó hasta el cerco° que habían instalado los bomberos y trató de cruzarlo, pero los policías lo alejaron. Media hora más tarde la multitud lo vio, asomado° a una ventana del primer piso del teatro. Los bomberos
65 acercaron una lona° circular y le pidieron que saltara. Malturian mostró una galera°, sacó de ella tres conejos y los dejó caer sobre la lona. El humo rodeó al mago. Unos minutos después el frente del teatro se derrumbó.

collapse/cane

barrier

peering

life net

top hat

Los diarios comentaron con brevedad, cautela y verbos
70 condicionales la muerte de Malturian. Entre las cenizas se
encontró un cuerpo irreconocible.

En los días siguientes no se habló de otra cosa que de
bets la nueva muerte del mago, y corrieron apuestas° sobre su
desaparición definitiva o su regreso triunfal. A las dos semanas
75 otros temas ocupaban la imaginación de la gente, porque
siempre hay nuevos personajes que suben a escena y empujan a
props los viejos al depósito de utilería°. Sólo Reinz no olvidó. Cuando
leyó un pequeño artículo publicado en Milán sobre la actuación
de Malturian, le pidió a Prater que le permitiera viajar a Italia.
80 Prater hizo que le entregaran dinero para el pasaje y para un
mes de comidas y hotel.

Cuando el plazo venció, llegó a la redacción un cablegrama
en el que Reinz anunciaba que seguiría la investigación por sus
propios medios. En el año siguiente, Prater comenzó a recibir
85 las pruebas reunidas por Reinz: notas en distintos idiomas,
declaraciones de testigos, fotos en las que Malturian aparecía
demasiado delgado, o gordo, o con aspecto de árabe... En una
fotografía tomada a la salida de un teatro su silueta parecía la de
una mujer. Prater publicó todos los artículos de Reinz (y que eran,
90 en realidad, un solo artículo escrito en el recurrente idioma de la
obsesión). Si Prater editó este material, fue porque sabía que Reinz
necesitaba el dinero, pero en realidad al público habían dejado
de interesarle hacía mucho tiempo las hazañas de Malturian.
Después la correspondencia se interrumpió. De vez en cuando
95 algún colega se acercaba al escritorio de Prater a preguntar si
tenía noticias de Reinz. El jefe de redacción respondía que Reinz
había encontrado otro trabajo y que había abandonado hacía
tiempo la investigación. No le dijo a nadie que estaba seguro de
que la investigación, recibiera o no informes, proseguía.

100 Pasó casi un año hasta que llegó al diario un nuevo
return address envío. Era un sobre sin remitente°; adentro sólo había un
aviso de un diario editado en alguna ciudad del norte de
los Estados Unidos. Malturian asomaba la cabeza
de un barril, junto a las cataratas del Niágara.
105 Prater leyó con dificultad el texto, saturado
de adjetivos ("sorprendente", "aterrador",
"vertiginoso") y de precisiones sobre la altura
del salto y la velocidad de la caída. Aunque
blurred en la foto la cara de Malturian era borrosa°,
futile challenge 110 Prater adivinó en su expresión de inútil desafío°
los rasgos de Reinz.

Análisis

1 **Comprensión** Indica si las oraciones son ciertas o falsas. Corrige las falsas.

1. Malturian contrató a unos forzudos para que lo arrojasen al fuego.

2. Los buzos sacaron del río el cadáver de Malturian.

3. El periodista Jorge Reinz sospechaba que Malturian no era una sola persona.

4. Jorge Reinz buscó obsesivamente a Reinz durante años.

5. Malturian nunca se dejó fotografiar.

6. Reinz ve a Malturian a punto de bajar en un barril por las cataratas del Niágara.

2 **¿Quién es Malturian?** En parejas, elijan la interpretación correcta para cada cita.

1. "Había ganado nuevos admiradores, pero los más fieles y antiguos desconfiaron".
   a. Los viejos amigos de Malturian no se fiaban de los nuevos admiradores.
   b. Las personas que lo habían visto en otras funciones notaron algo extraño.
   c. Los antiguos admiradores siempre apoyaron a Malturian.

2. "Malturian no es un hombre. Quizás en un principio lo fue, pero ya no".
   a. Malturian es una mujer.
   b. Malturian es un fantasma.
   c. Malturian es en realidad muchas personas diferentes.

3. "Prater estaba seguro de que la investigación, recibiera o no informes, proseguía".
   a. Prater pensó que un periodista más joven que Reinz siguió investigando.
   b. Prater sabía que Reinz estaba obsesionado con encontrar a Malturian.
   c. Prater pensó que, tarde o temprano, Malturian volvería.

3 **Un sobre sin remitente** Hacia el final del relato, Prater recibe un sobre con una foto de alguien parecido a Reinz. En parejas, respondan las preguntas.

- ¿Quién creen que envió el sobre a Prater?

- ¿Cómo lo saben?

- ¿Qué creen que hizo Prater tras recibir el sobre?

4 **Escribir** Imagina que tras su investigación Jorge Reinz encuentra al penúltimo (*next-to-last*) Malturian. No se llama Malturian, claro: es un viejo payaso de circo llamado Tito Garrigues. Tito está muy enfermo y le cuenta la verdad. Piensa en cómo continuarías tú la historia y, en una página, escribe una obra de teatro en la que decidas cómo, tras su conversación con Tito, Reinz se convierte en el último Malturian.

Plan de redacción

Obra de teatro

1 **El diálogo** Imagina una conversación entre el periodista Reinz y Tito Garrigues.

2 **Las acotaciones escénicas** Describe el lugar donde Reinz encuentra a Tito y los gestos de los personajes.

3 **El monólogo final** Termina tu obra de teatro con un monólogo de Reinz.

Practice more at
vhlcentral.com.

Las diversiones

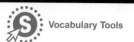
Vocabulary Tools

Los deportes

el/la aficionado *fan*

el alpinismo/andinismo *mountain climbing*

el/la atleta/deportista *athlete*

el boliche *bowling*

la carrera *race*

el club deportivo *sports club*

los deportes extremos *extreme sports*

el equipo *team*

el esquí alpino/de fondo *downhill/cross country skiing*

apostar (o:ue) *to bet*

empatar *to tie (a game)*

ganar/perder (e:ie) un partido *to win/to lose a game*

gritar *to shout*

lastimar(se) *to injure (oneself)*

marcar (un gol/un punto) *to score (a goal/a point)*

silbar (a) *to whistle (at)*

vencer *to defeat*

El tiempo libre

el/la aguafiestas *party pooper*

el/la anfitrión/anfitriona *host/hostess*

el billar *billiards*

el boleto/la entrada *ticket*

las cartas/los naipes *(playing) cards*

la comedia *comedy*

el concierto *concert*

el conjunto/grupo musical *musical group, band*

los dardos *darts*

el espectáculo *show, performance*

el/la espectador(a) *spectator*

la feria *fair*

el juego de mesa *board game*

la lotería *lottery*

el/la músico/a *musician*

la obra de teatro *theater play*

el ocio *leisure*

el parque de atracciones *amusement park*

los ratos libres/el tiempo libre *free time*

el recreo *recreation*

el teatro *theater*

el videojuego *video game*

actuar *to act*

aplaudir *to applaud; to clap*

brindar *to toast (drink)*

celebrar *to celebrate*

charlar *to chat*

coleccionar *to collect*

conseguir (e:i) (entradas) *to get (tickets)*

correr la voz *to spread the word*

divertirse (e:ie) *to have a good time*

entretenerse (e:ie) *to amuse oneself*

estrenar (una película) *to release (a movie)*

festejar *to celebrate*

hacer cola *to wait in line*

poner un disco compacto *to play a CD*

reunirse (con) *to get together (with)*

salir (a comer/a tomar algo) *to go out (to eat/to have a drink)*

valer la pena *to be worth it*

aburrido/a *boring*

agotado/a *sold out*

animado/a *lively*

entretenido/a *entertaining*

Cortometraje

el afecto *affection*

la escena *scene*

el hipódromo *racetrack*

el lenguaje corporal *body language*

la travesía *journey*

el trámite *process*

alejarse *to move away*

estallar *to blow one's top*

explotar *to take advantage of*

sacar el tema *to bring up the subject*

sincerarse *to come clean*

aliviado/a *relieved*

decisivo/a *decisive*

divino/a *beautiful*

enloquecido/a *ecstatic*

insensible *insensitive*

parco/a *tight-lipped*

previo/a a *prior to*

Cultura

el amanecer *dawn*

la antigüedad *antique*

la capilla *chapel*

el destino *destination*

el diseño *design*

la madrugada *early morning*

la milonga *type of dance; tango club/event*

el recorrido *route, trip*

pasear *to go for a walk*

trasnochar *to stay up late*

rodeado/a *surrounded*

Literatura

la búsqueda *search*

el candado *padlock*

la cautela *caution*

la declaración *testimony*

la encarnación *embodiment*

el forzudo *strongman*

la función *performance*

la hazaña *feat*

la magia *magic*

el/la mago/a *magician*

la necrológica *obituary*

el número *act*

la prueba *evidence*

el regreso *return*

el/la testigo *witness*

dejar en paz *to leave (someone) alone*

desconfiar *to be suspicious*

vertiginoso/a *dizzying*

Herencia y destino

En un mundo marcado por la diversidad y el multiculturalismo, ¿podemos evitar los conflictos derivados de las diferentes formas de pensar y de interpretar el mundo? ¿Qué valores de nuestros antepasados debemos conservar en esta sociedad? ¿Es la diversidad una amenaza para la identidad de las culturas o una fuente de nuevas perspectivas? ¿En qué tipo de mundo queremos vivir?

347

352

Destino:
ESPAÑA

Nuestro futuro

Vocabulary Tools

Las tendencias

la asimilación *assimilation*
la causa *cause*
la diversidad *diversity*
el/la emigrante *emigrant*
la frontera *border*

la herencia cultural *cultural heritage*
la humanidad *humankind*
los ideales *principles; ideals*
el idioma oficial *official language*
la inmigración *immigration*
la integración *integration*
la lengua materna *mother tongue*
el lujo *luxury*
la meta *goal*
la natalidad *birthrate*
la población *population*
el/la refugiado/a (de guerra/político/a)
    (war/political) refugee

––––––––

adivinar *to guess*
anticipar *to anticipate; to expect*
asimilarse *to assimilate*
atraer *to attract*
aumentar *to grow*

disminuir *to decrease, to reduce,
    to diminish*
predecir (e:i) *to predict*
superarse *to better
    oneself*

––––––––

bilingüe *bilingual*
(in)conformista *(non)conformist*
excluido/a *excluded*
monolingüe *monolingual*
previsto/a *foreseen*
solo/a *alone*

Problemas y soluciones

la amnistía *amnesty*
la añoranza *homesickness*
el caos *chaos*
el coraje *courage*
el daño *harm*
el diálogo *dialogue*

el entendimiento *understanding*
la incertidumbre *uncertainty*
la inestabilidad *instability*
el maltrato *abuse, mistreatment*
el nivel de vida *standard of living*
la polémica *controversy*
la superpoblación *overpopulation*

––––––––

hacer un esfuerzo *to make an effort*
luchar *to fight*
prescindir (de) *to do without*
protestar *to protest*

Los cambios

adaptarse *to adapt*
alcanzar (un sueño/una meta) *to fulfill
    (a dream); to reach (a goal)*
dejar *to leave behind*
despedirse (e:i) *to say goodbye*

enriquecerse *to become enriched*
establecerse *to establish oneself*
extrañar *to miss*
integrarse (a) *to become part (of); to fit in*
lograr *to attain, to achieve*
pertenecer *to belong*
rechazar *to reject*

Práctica

No pertenece

A. Indica cuál de las cuatro opciones no está relacionada con la palabra principal.

1. **predecir**
   a. anticipar b. equivocarse c. adivinar d. prever

2. **meta**
   a. lujo b. fin c. propósito d. objetivo

3. **polémica**
   a. entendimiento b. controversia c. debate d. discusión

4. **humanidad**
   a. mundo b. gente c. seres humanos d. maltrato

5. **despedirse**
   a. decir adiós b. atraer c. marcharse d. separarse

6. **coraje**
   a. héroe b. valentía c. valor d. cobardía

B. Ahora, escribe seis oraciones usando las palabras que escogiste en la parte A.

Contexto Escoge la palabra que mejor se ajuste al contexto de cada oración.

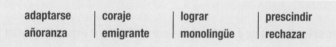

adaptarse	coraje	lograr	prescindir
añoranza	emigrante	monolingüe	rechazar

1. Sabe vivir bajo cualquier tipo de circunstancias.
2. No me dieron el puesto de trabajo porque sólo hablaba una lengua.
3. Dijo "no" a catorce propuestas buenísimas; no le convenció ninguna.
4. Me fui de mi país para encontrar trabajo, no por razones políticas.
5. Durante la recesión tuvimos que cortar gastos; dejamos de salir a comer.
6. En esta época del año siempre se pone melancólica. ¡Vive tan lejos de casa!

¿Dónde y cómo te ves en diez años?

A. Haz un esfuerzo e imagínate con diez años más. Escribe una descripción utilizando las preguntas como guía. Añade todos los detalles que quieras. ¡Es tu futuro!

- ¿Has alcanzado tus metas? ¿Qué has logrado? ¿Lo anticipaste?
- ¿Tuviste que prescindir de algo para alcanzar tus sueños?
- ¿Vives en el país donde naciste o en un país extranjero?
- ¿Vives adaptado/a a las circunstancias o te sientes excluido/a? ¿Por qué?
- ¿Rechazaste algo importante? ¿Dejaste algo atrás?
- ¿Te has enriquecido? ¿Cuál es tu nivel de vida?
- ¿Extrañas algo? ¿Eres feliz o quieres volver atrás?

B. Ahora, compártelo con un(a) compañero/a y responde a sus preguntas.

Practice more at vhlcentral.com.

Preparación

Vocabulario del corto

el bocata *sandwich*

la comadre *best friend*

la cuota *installment*

el encargo *order*

la laca *hair spray*

el locutorio
  telephone booth

el saldo *balance*

el tono *volume (of sound)*

Vocabulario útil

anhelar *to long for*

entregar *to hand out, over*

la lejanía *distance*

realizarse *to come true*

EXPRESIONES

clavar *to do something accurately*

como un flan *shaking like a leaf*

Estos zapatos no me pegan con el vestido.
  These shoes don't match my dress.

meterse en un lío *to get into trouble*

por todo lo alto *in style*

tú mismo(a) *it's up to you*

y punto *and that's that*

1

Un golpe de suerte Completa las oraciones con palabras y expresiones del vocabulario del cortometraje.

1. Camilo estaba _____ mientras esperaba a la novia en la iglesia. Estaba muy nervioso.

2. El profesor me pidió que bajara _____ de la voz durante la clase de Español.

3. Jimena se va graduar la próxima semana, así que lo vamos a celebrar _____.

4. Necesito _____ el examen de Historia. No puedo reprobar otra vez.

5. Sólo me falta la última _____ para pagar el televisor que le quiero regalar a mi padre.

6. María Luisa es _____ de Laura, siempre la ha apoyado.

7. Mi _____ llegó esta tarde. ¡Lo he esperado por días!

2

Qué mala suerte En parejas, conversen sobre todas las cosas que pueden pasar durante los preparativos de una boda. Usen las palabras de vocabulario del cortometraje.

  Modelo   La madrina de la novia olvidó los anillos.

3 **Fotogramas** En parejas, observen los fotogramas y contesten las preguntas.

1. Identifica el personaje que aparece en todos los fotogramas. ¿Qué crees que le sucede?

2. ¿Cómo cambia la expresión de la mujer a lo largo de la secuencia?

3. ¿Qué relación podría tener la mujer con los demás personajes?

4. ¿Cuál crees que puede ser la historia que se cuenta en el cortometraje?

4 **Niveles de generosidad** En parejas, comenten qué sacrificios personales serían capaces de hacer por un amigo, un conocido y un desconocido. Consideren las siguientes situaciones:

- Vas de prisa por una carretera rural y ves a un anciano tratando de cambiar la rueda.
- Un compañero de escuela te pide quinientos dólares para pagar una deuda.
- Tu mejor amigo/a está locamente enamorado/a de un(a) chico/a que te gusta a ti.

5 **¡Qué será, será...!** En parejas, imaginen si dentro de veinte años estarán casados o solteros, y comenten cuáles creen que son las ventajas y las desventajas del matrimonio.

6 **Familias en movimiento** En grupos, lean las opiniones sobre la migración y coméntenlas.

> ❝El exiliado mira hacia el pasado [...]. El emigrante mira hacia el futuro❞. **ISABEL ALLENDE**

> ❝El enemigo viene en limusina, no en patera (*raft*)❞. **PABLO HÁSEL**

> ❝Europa no debería tener tanto miedo de la inmigración: todas las grandes culturas surgieron a partir de formas de mestizaje❞. **GÜNTER GRASS**

Video

ARGUMENTO *Mirta está dispuesta a sacrificarlo todo por ir a la boda de su hija.*

JEFA: Mi amor, entiéndeme. Si yo tuviera que cambiar los turnos por cada boda o cumpleaños de los hijos de ustedes... oye, aquí no trabajaría nadie, nunca.

LUISA: ¡Baja el tono, que te va a oír!
MIRTA: ¡Que es la boda de mi niña!
LUISA: Pero, ¿qué vas a hacer sin trabajo?
MIRTA: Ya me las arreglaré.

(Mirta va a recoger su vestido.)

MIRTA: No tengo el dinero aquí conmigo, pero mañana a primera hora lo tiene usted aquí sobre la mesa.
DEPENDIENTA: Ya, pero si no me trae el dinero no se lo puedo entregar.

MIRTA: Mira, lo que pasa es que llevo un día negro. Y no tengo dinero para pagarte.
PELUQUERA: Vamos a ver. Aquí, un bocata, un chupito y un poquitín de laca no se le niega a nadie. Así que siéntate.

LUISA: ¡Ay, qué guapas! ¡Venga foto!
MIRTA: No, no, no, que no hay tiempo.
LUISA: ¿*Cheese*? ¡Guapísimas!

Nota CULTURAL

Locutorios telefónicos

A pesar del creciente° acceso a Internet, muchos inmigrantes en España aún dependen de los locutorios telefónicos para ponerse en contacto con sus familias en sus países de origen. Los locutorios ofrecen privacidad y silencio, a diferencia de las cabinas telefónicas°, que están en plena calle. Estos locales suelen estar en centros urbanos y funcionan con un sistema de "pasos", una unidad de tiempo por la que se cobra cierta cantidad. Aunque los locutorios puedan parecer obsoletos, para mucha gente siguen siendo un medio eficaz para intercambiar información o, simplemente, para oír la voz de los seres queridos°.

creciente *growing* **cabinas telefónicas** *phone booths* **seres queridos** *loved ones*

Análisis

1 **Comprensión** Contesta las preguntas con oraciones completas.

1. ¿Por qué Mirta deja su trabajo?
2. ¿Qué pasa cuando Mirta va a recoger su vestido?
3. ¿Cómo ayuda Yoli a Mirta?
4. ¿Para qué va Mirta a la peluquería?
5. ¿Qué pasa después de que Mirta le dice a la peluquera que no puede pagarle?
6. ¿Quién es Ushimi?
7. ¿Por qué está contrariada (*cross*) Mirta cuando Yoli va a buscarla a su casa?
8. ¿Dónde se celebra la boda de la hija de Mirta?
9. ¿Cómo celebra Mirta la boda de su hija?

2 **Interpretar** En parejas, contesten las preguntas.

1. ¿Por qué Mirta decide sacrificar su trabajo?
2. ¿Por qué Luisa le dice a Mirta que "no están las cosas para ponerse orgullosa"?
3. ¿Por qué crees que la jefa de Mirta no intenta buscar una solución al problema?
4. ¿A qué se refiere Mirta cuando le dice a la dependienta que tiene "un pequeño problema de liquidez"?
5. ¿Tiene marido Mirta? ¿Cómo lo sabes?
6. ¿Por qué se asustan Yoli y Mirta cuando deja de sonar el piano?
7. ¿A qué se refiere la peluquera cuando le dice a Mirta, "un bocata, un chupito y un poquitín de laca no se le niega a nadie"?
8. ¿Por qué avisa Tere, la vecina de Mirta, que llegó la policía?

3 **"Si no me trae el dinero..."** A Mirta sólo le quedan dos cuotas para pagar su vestido, pero la dependienta no se lo da. ¿Qué habrías hecho tú si fueras la dependienta? ¿Por qué?

4 **Mediadora** Imagina que eres Luisa y estás presente cuando la jefa obliga a Mirta a trabajar durante la boda de su hija. En vez de quedarte callada, decides ayudar a tu amiga. En parejas, escriban un diálogo entre Luisa y la jefa.

Jefa

Luisa

Mirta

5 **¡Vaya boda!** En parejas, lean las siguientes dos opiniones sobre la película. Elijan una y defiéndanla.

A. No entiendo la decisión de Mirta. Perdió su trabajo y gastó mucho dinero para hablar cinco minutos por teléfono. ¡Qué tontería!

B. Mirta sólo podía celebrar la boda de su hija de esa manera. ¡Fue un gesto precioso!

6 **Prioridades** Al final de la película, Mirta le dice a su hija que su deseo siempre fue que se casara. En grupo, comenten qué opinan al respecto, respondiendo las siguientes preguntas:

1. ¿Por qué creen que era tan importante para Mirta que su hija se casara?
2. ¿Creen que Mirta habría actuado igual si hubiera tenido un hijo en lugar de una hija? ¿Por qué?
3. ¿Creen que el matrimonio significa lo mismo en todas las culturas? ¿Por qué?
4. ¿Significa el matrimonio lo mismo para los hombres que para las mujeres? ¿Por qué?

7 **Tú mandas** En parejas, elijan una de estas situaciones e improvisen un diálogo. Utilicen seis palabras o expresiones de la lista. Después, representen el diálogo delante de la clase.

la comadre	meterse en un lío	saldo
como un flan	el encargo	tono
¡contra!	el granito	tú mismo(a)
la cuota	por todo lo alto	y punto

A

Eres el/la dueño/a de una compañía de limpieza. Le preguntas a la jefa por una de las empleadas y ella te dice que ya no viene más porque ha encontrado otro trabajo. Tú sabes que la jefa ha despedido injustamente a la empleada.

B

Una semana antes de la boda de tu hijo/a, tus amigos/as te sorprenden con un regalo inesperado: un billete de avión a La Habana, donde vive tu hijo/a. No tienes papeles de residencia del país donde vives (España) y sabes que si te marchas ya no podrás volver.

Practice more at vhlcentral.com.

Reading

IMAGINA ESPAÑA

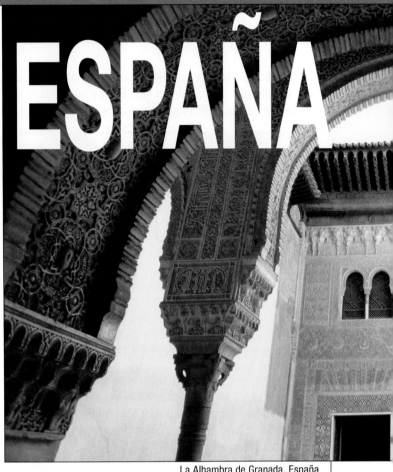

Confluencia de civilizaciones

A lo largo de los siglos, España ha sido un territorio atractivo para civilizaciones e imperios en expansión por su ubicación estratégica. Miles de kilómetros de costas están bañados por el **océano Atlántico** y por el **mar Mediterráneo**. Su superficie ocupa la mayor parte de la **península Ibérica**, pero además se incluyen dentro de su territorio las **islas Baleares**, las **islas Canarias** y las ciudades de la costa africana **Ceuta** y **Melilla**. A todas estas tierras llegaron los celtas, los íberos, los romanos, los visigodos, los judíos y los moros del norte de **África**, entre otros grupos humanos, y todos ellos han dejado su huella[1] en la cultura española. Su legado[2] es notable en la arquitectura, en el paisaje, en las costumbres, en las comidas, en el idioma y en las celebraciones actuales.

Un recorrido por sus ciudades y pueblos nos ofrece toda la magia de su patrimonio[3] histórico. De los romanos, quedan acueductos, puentes[4] y teatros. De los visigodos, los arcos con forma de herradura[5] que desde la península pasaron a **Oriente**. De los ocho siglos de ocupación de los moros en la península, aún se aprecian monumentos arquitectónicos, como la **Alhambra** de **Granada** y la **Mezquita de Córdoba**. Los moros, además, sirvieron de enlace entre las culturas de Oriente y Occidente, y dejaron una riquísima herencia, no sólo en las artes —como es el caso de la influencia árabe en el flamenco—, sino también en las ciencias. El álgebra y los conocimientos cartográficos, geográficos y astronómicos pasaron, a través de España, a formar parte de la cultura occidental.

Hoy, el turismo es una de las bases de la economía

española. La amplia oferta cultural y turística atrae anualmente a unos 68 millones de turistas, un número significativo si se tiene en cuenta que la población total del país es de 46,5 millones de habitantes. Hay quienes siguen los pasos de **Hemingway**, quien vio una

La Alhambra de Granada, España

España de toreros y de historias de amor y de muerte. Otros buscan la diversión, fácil de encontrar en las fiestas que se ofrecen en toda su geografía y, claro está, en establecimientos públicos que cierran a altas horas de la madrugada. Algunos prefieren relajarse en la playa o tomar un baño de sol en la costa mediterránea. Y no hay que olvidar a los que disfrutan de los extraordinarios museos que se encuentran en ciudades como **Barcelona**, **Madrid** y **Bilbao**.

España es el tercer país del mundo en número de sitios declarados **Patrimonio de la Humanidad**, y en los últimos años se han aumentado las medidas para preservarlos. Los organismos oficiales intentan promover una oferta más cultural, que enseñe a los visitantes la realidad histórica del país. Pero independientemente de lo que busque el visitante, siempre disfrutará de la diversidad de un país que por milenios ha sido considerado uno de los centros culturales del mundo.

Signos vitales

En **España** no sólo se habla español. Además de muchos dialectos, hay varias lenguas cooficiales: el **euskera**, de origen desconocido y que se habla en el **País Vasco**; el **gallego**, que se habla en **Galicia**, al norte de **Portugal**; el **catalán** y el **aranés**, que se hablan en **Cataluña** y en otras comunidades autónomas.

[1] *mark* [2] *legacy* [3] *heritage* [4] *bridges* [5] *horseshoe*

¡Visitemos España!

Antoni Gaudí Mezclados, a veces escondidos[1], a veces dominando la ciudad, en **Barcelona** se hallan[2] los edificios

más emblemáticos del modernismo europeo. Enamoran por igual a los expertos en arquitectura y al paseante[3] menos entendido en la materia. Su creador fue el arquitecto catalán **Antoni Gaudí** (1852–1926), quien fue enterrado con grandes honores entre los muros[4] de su obra maestra: **la Sagrada Familia**.

Las cuevas de Sacromonte
En **Granada**, al sur de España, hay una montaña llena de cuevas[5] en las que los gitanos[6], siglo tras siglo, han establecido sus viviendas. Allí pervivió[7] la tradición de las **zambras**, del árabe *zámra*, que significa *celebración espontánea de música y baile*. Hoy en día, las cuevas de **Sacromonte** ofrecen espectáculos gitanos de flamenco que los amantes de este estilo musical y los curiosos pueden disfrutar.

Ibiza Situada en el **Mediterráneo**, **Ibiza** es una de las cinco **islas Baleares**. Antiguo paraíso *jipi*, es uno de los sitios donde

todavía persiste la costumbre de la vida relajada. La capital, también llamada **Ibiza**, está construida en una montaña. Entre los mejores lugares de Ibiza está la **playa d'en Bossa**, reconocida por sus famosas discotecas Space y Ushuaïa, y donde se presentan los mejores DJ del mundo.

Museo del Prado Conocido como uno de los mejores museos de arte del mundo, el **Museo Nacional del Prado** en **Madrid** es también uno de los más grandes. Su fama se debe a su amplia colección de pinturas, conformada por unas 7.600 obras. El museo aloja[8] obras de artistas como **El Greco**, **Goya** y **Rembrandt**, pero, sin duda, la obra más famosa del museo es *Las meninas*

de **Velázquez**. Además de guardar y exhibir importantes piezas de arte, el museo tiene otras formas de conectarse con la comunidad. Por ejemplo, los profesores pueden asistir a cursos en los que aprenden la manera de utilizar el museo como herramienta didáctica.

[1] *hidden* [2] *are found* [3] *visitor* [4] *walls* [5] *caves* [6] *gypsies* [7] *survived* [8] *houses*

El español de España

chaval(a)	niño/a; *kid*
colega	amigo/a; *buddy, pal*
jersey	suéter; *sweater*
lavabo	baño; *bathroom*
majo/a	guapo/a; simpático/a; *good-looking; friendly*
móvil	(teléfono) celular; *cell phone*
ordenador	computadora; *computer*
patatas	papas; *potatoes*
piso	apartamento; *apartment*
tío/a	chico/a; *guy, girl*

Expresiones

¡Vale!	¡De acuerdo!; *OK!*
¡Venga!	¡Vamos!; ¡De acuerdo!; *Come on!; OK!*

Palabras españolas de origen árabe

aceite *oil;* **aceituna** *olive;* **ajedrez** *chess;* **albañil** *mason;* **albaricoque** *apricot;* **alcachofa** *artichoke;* **alcalde** *mayor;* **alcoba** *bedroom;* **alfombra** *carpet;* **almacén** *store;* **almohada** *pillow;* **alquiler** *rent;* **limón** *lemon;* **naranja** *orange*

GALERÍA DE CREADORES

ARQUITECTURA Santiago Calatrava

Es uno de los arquitectos españoles más reconocidos en el mundo. Nació en Valencia, donde terminó la carrera de Arquitectura, y en 1981 se doctoró en Ingeniería civil en Zurich. Allí estableció su estudio y empezó a trabajar por toda Europa en proyectos que combinan la arquitectura y la ingeniería. El color blanco está presente en todas sus creaciones, las cuales imitan no sólo el ojo humano, un par de manos, un árbol, una columna vertebral, sino también sus movimientos. Algunas de sus grandes obras incluyen el Puente James Joyce, en Dublín, Irlanda; el Auditorio de Tenerife, España; y en los Estados Unidos, el pabellón Quadracci en el Museo de Arte de Milwaukee, en Wisconsin, y el Oculus, nueva estación de intercambio del sistema de transporte de Nueva York, en el World Trade Center. En esta imagen podemos apreciar el Hemisférico (izquierda) y el Palacio de las Artes Reina Sofía (derecha), en Valencia, España.

CINE Isabel Coixet

Isabel Coixet es una directora de cine española que afirma ganarse la vida no con el cine, sino con la publicidad. Nació en Barcelona en 1962 y, aunque es de nacionalidad española, prefiere escribir sus guiones en inglés y rodar fuera de España. En 2008 dirigió *Elegía*, basada en la novela *The Dying Animal* de Philip Roth, con un elenco estelar que incluye a Penélope Cruz y Ben Kingsley. Además, dirigió *Aprendiendo a conducir* (2014), película ganadora del Festival de Málaga, declarada fuera de concurso, y *Nadie quiere la noche*, ganadora de cuatro premios Goya en varias categorías (2015).

GASTRONOMÍA Ferran Adrià

Ferran Adrià es un cocinero español al que se le ha considerado como el mejor chef del mundo. Es el actual director del BulliLab, una fundación de investigación gastronómica que nació tras el cierre de su reconocido restaurante, El Bulli. Sin embargo, su camino innovador no se detuvo allí; en la actualidad participa en el proyecto de Disney "Te cuento la cocina", en el que comparte sus conocimientos con niños y adultos en múltiples plataformas, de manera sencilla y divertida.

LITERATURA Ana María Matute

Ana María Matute tenía diez años cuando estalló (*broke out*) la Guerra Civil Española en 1936 y para escapar de la realidad escribió una revista, *Shibyl*. Escribió de forma constante novelas, cuentos y obras juveniles, en los que están presentes los problemas de la infancia y la adolescencia. A pesar de escribir durante el franquismo, no dudó en criticar, sutilmente, la violencia y la hipocresía de la España de la época. Con la colección de cuentos *Los hijos muertos* (1958) ganó el Premio Nacional de Literatura. Sus obras más recientes son *Paraíso inhabitado* (2008) y su novela póstuma *Demonios familiares* (2014), que fue llevada al cine en junio de 2015. Desde 1998 hasta su fallecimiento (*death*) en 2014 fue miembro de la Real Academia Española. En 2007 recibió el Premio Nacional de las Letras Españolas y en 2010 el Premio Cervantes de Literatura.

¿Qué aprendiste?

1

Cierto o falso Indica si estas afirmaciones son ciertas o falsas. Corrige las falsas.

1. Ceuta y Melilla están en la costa española.
2. Los visigodos estuvieron en la península Ibérica por ocho siglos.
3. El euskera se habla en el País Vasco.
4. El arquitecto Antoni Gaudí está enterrado en la Sagrada Familia.
5. Ana María Matute es una directora de cine española.
6. Ferran Adrià fue el dueño de El Bulli.

2

Preguntas Contesta las preguntas.

1. ¿Qué construyeron los romanos en España?
2. ¿Cuántos turistas visitan España cada año?
3. ¿Qué conocimientos científicos trajeron los moros a España?
4. ¿Quiénes establecieron sus viviendas en las cuevas de Sacromonte?
5. ¿Quién diseñó el Oculus, la nueva estación en el World Trade Center de Nueva York?
6. ¿Qué artista de la galería te interesa más? ¿Por qué?

3

La gira española En parejas, imaginen que trabajan para una agencia de turismo y tienen que organizar una gira por España.

A. Elijan un tema para la gira: arte y arquitectura, gastronomía y costumbres, o herencia cultural. Luego, completen el itinerario a partir de la información de la sección **Imagina**.

Día 1. Breve paseo:	*Desde la Alhambra de Granada hasta la Mezquita de Córdoba*
Día 2. Visita imperdible:	
Días 3–5. Actividades centrales de la gira:	
Día 6. Un recorrido tras los pasos de:	
Día 7. Celebración de despedida:	

B. Comparen sus itinerarios con los del resto de la clase. ¿Qué diferencias encontraron? ¿Cuál resultó más original? ¿Cuál de todas las giras preferirían?

Practice more at vhlcentral.com.

PROYECTO

La arquitectura de España

Imagina que eres un(a) arquitecto/a famoso/a y que vas a construir un edificio nuevo e importante en España. Investiga toda la información que necesites en Internet. Después:

• Decide qué tipo de edificio te gustaría crear y en qué ciudad española lo construirías.

• Recopila fotos de diferentes edificios y estructuras importantes en varios lugares de España.

• Busca un mapa de España, o dibuja uno, e indica dónde están estas estructuras.

• Presenta esta información a tus compañeros de clase y prepara un bosquejo de tu propio edificio, incorporando características de las estructuras que encuentres.

 Video

Machu Picchu: encanto y misterio

Este episodio de **Flash Cultura** te lleva a conocer las ruinas de Machu Picchu en Perú para descubrir sus misterios y saber qué piensan de ellas los visitantes de todo el mundo.

Vocabulario

el borde *brink*
la bruma *mist*
la ciudadela *citadel*
la cordillera *mountain range*
el depósito *warehouse*
evitar *to prevent*
la intrepidez *fearlessness*
tallado/a *carved*

1

Preparación ¿Te interesan las antiguas civilizaciones? ¿Te parece que es mejor visitar un lugar histórico que leer sobre él? ¿Estarías dispuesto/a a hacer un viaje de aventura a un país lejano? ¿Qué cosas pueden ser difíciles o peligrosas en un viaje así?

2

Comprensión Indica si estas afirmaciones son ciertas o falsas. Después, corrige las falsas.

1. Machu Picchu se encuentra en un lugar muy accesible a los turistas.

2. Se sabe que Miguel Ángel vivió en la ciudadela.

3. Las ruinas fueron descubiertas por un explorador estadounidense.

4. Cada una de las piedras de Machu Picchu fue cuidadosamente tallada.

5. Las terrazas servían como almacén de alimentos.

6. La ubicación geográfica de Machu Picchu evitó que la ciudadela fuera invadida por la conquista española.

3

Expansión En parejas, contesten estas preguntas.

- Si visitaran las ruinas, ¿contratarían un(a) guía local? ¿Les parece que sería importante conversar con un(a) heredero/a de la cultura andina? ¿Por qué?

- A Machu Picchu se puede llegar a pie o, en mucho menos tiempo, en tren. ¿Qué opción elegirían? ¿Por qué?

- ¿Qué les atrae más de Machu Picchu: el misterio, el entorno de la naturaleza, la maravilla de su construcción o su importancia histórica? Expliquen su elección.

Corresponsal: Omar Fuentes
País: Perú

Un lugar remoto, sagrado y misterioso que fue descubierto apenas hace cien años.

Para cuando los españoles obtuvieron el control de Perú en 1532, todos los habitantes de Machu Picchu habían desaparecido.

Esta cultura quechua hizo muchas grandes obras y, actualmente, podemos ver esta maravilla del mundo que es Machu Picchu.

Practice more at
vhlcentral.com.

 Presentation

The passive voice

*La foto **fue tomada** por la comadre.*

TALLER DE CONSULTA

The following grammar topic is covered in the **Manual de gramática, Lección 10.**

10.4 *Pero* vs. *sino,* **p. 414**

Passive statements may also be expressed with the passive **se**. See **7.3, p. 256.**

To review irregular past participles, see **7.1, p. 251.**

- In the active voice (**la voz activa**), a person or thing (agent) performs an action on an object (recipient). The agent is emphasized as the subject of the sentence. Statements in the active voice usually follow the pattern [*agent*] + [*verb*] + [*recipient*].

AGENT = SUBJECT	VERB	RECIPIENT
El policía	**vigila**	**la frontera.**
The police officer	*guards*	*the border.*
El departamento de inmigración	**ha detenido**	**a diez personas.**
The department of immigration	*has detained*	*ten people.*

- In the passive voice (**la voz pasiva**), the recipient of the action becomes the subject of the sentence. Passive statements emphasize the thing that was done or the person that was acted upon. They follow the pattern [*recipient*] + **ser** + [*past participle*] + **por** + [*agent*].

RECIPIENT = SUBJECT	SER + PAST PARTICIPLE	POR + AGENT
La frontera	**es vigilada**	**por el policía.**
The border	*is guarded*	*by the police officer.*
Diez personas	**han sido detenidas**	**por el departamento de inmigración.**
Ten people	*have been detained*	*by the department of immigration.*

- Note that singular forms of **ser** (**es, ha sido, fue,** etc.) are used with singular recipients, and plural forms (**son, han sido, fueron,** etc.) are used with plural recipients.

  La manifestación **es organizada** por un grupo de activistas.
  The demonstration is organized by a group of activists.

  Los dos candidatos **fueron rechazados** por el comité.
  The two candidates were rejected by the committee.

- In addition, the past participle must agree in number and gender with the recipient(s).

  La **disminución** de empleos fue **prevista** por el Secretario de Economía.
  The decline in jobs was predicted by the Treasury Secretary.

  Los **problemas** han sido **resueltos** por el jefe.
  The problems have been resolved by the boss.

- Note that **por** + [*agent*] may be omitted if the agent is unknown or not specified.

  Las metas fueron alcanzadas.
  The goals were reached.

  El maltrato no ha sido eliminado.
  Abuse has not been eradicated.

 Practice more at **vhlcentral.com.**

Práctica y comunicación

1 **Cambio de país** Completa las oraciones en voz pasiva con la forma adecuada del participio pasado.

1. Una fiesta fue _____ (organizar) por sus familiares para despedir a la familia Villar.

2. En el aeropuerto, sus pasaportes y visas fueron _____ (revisar) por los agentes de aduana.

3. Su equipaje fue _____ (examinar) antes de subir al avión.

4. Ya en los Estados Unidos, los jóvenes de la familia fueron _____ (admitir) en las escuelas de la comunidad.

5. Los hijos de los Villar ya no son _____ (considerar) extranjeros.

6. Cuando volvieron a visitar Argentina, los Villar fueron _____ (recibir) en el aeropuerto por todos sus familiares.

2 **El artículo** Lee las notas que tomó una periodista sobre un caso de robo y escribe el artículo utilizando la voz pasiva.

Notas sobre el caso

- *Hace 25 años:*
  asaltaron el Museo de Bellas Artes
  robaron seis cuadros muy famosos, destruyeron varios marcos antiguos en un pasillo, dañaron una estatua, golpearon a los dos guardias de seguridad, lastimaron con una navaja al cuidador
- *El mes pasado:*
  un detective descubrió los seis cuadros en París
  dos meses antes, un empresario de Taiwán los vendió a una galería francesa
- *Ayer:*
  la policía allanó (raided) las propiedades del empresario en Taipéi, encontró las otras obras de arte robadas, no atrapó al sospechoso
- *Ahora:*
  la aseguradora del museo investiga pistas de los posibles ladrones
  Ella afirma: "considerarán el robo resuelto cuando atrapen a los culpables"

3 **Titulares** En parejas, elijan uno de los siguientes titulares y escriban un breve artículo para el periódico de su universidad. Utilizando la voz pasiva y las palabras de la lista, expliquen dónde y cómo fue el evento, quiénes participaron y qué consecuencias tuvo.

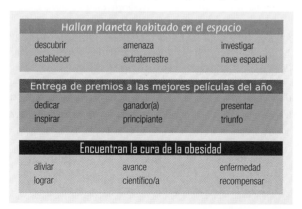

Hallan planeta habitado en el espacio		
descubrir	amenaza	investigar
establecer	extraterrestre	nave espacial

Entrega de premios a las mejores películas del año		
dedicar	ganador(a)	presentar
inspirar	principiante	triunfo

Encuentran la cura de la obesidad		
aliviar	avance	enfermedad
lograr	científico/a	recompensar

Presentation

10.2 Negative and affirmative expressions

TALLER DE CONSULTA

Pero and **sino** are also used to express contradictions. See **Manual de gramática, 10.4, p. 414.**

*Ay, yo lo siento, pero **no** puedo cambiar **nada**.*

- Negative words (**palabras negativas**) deny something's existence or contradict statements.

Affirmative words	Negative words
algo *something; anything*	**nada** *nothing; not anything*
alguien *someone; somebody; anyone*	**nadie** *no one; nobody; not anyone*
alguno/a(s), algún *some; any*	**ninguno/a, ningún** *no; none; not any*
o... o *either... or*	**ni... ni** *neither... nor*
siempre *always*	**nunca, jamás** *never; not ever*
también *also; too*	**tampoco** *neither; not either*

¿Dejaste **algo** en la mesa?
Did you leave something on the table?

No, **no** dejé **nada**.
No, I didn't leave anything.

Siempre he tratado de mantener el diálogo con ustedes.
I have always tried to maintain a dialogue with you.

¡Mentira! Usted **no** ha hecho **ningún** esfuerzo.
That's a lie! You have not made any effort.

- In Spanish, double negatives are perfectly acceptable. Most negative statements use the pattern **no** + [*verb*] + [*negative word*]. When the negative word precedes the verb, **no** is omitted.

No lo extraño **nunca**.
I never miss him.

Nunca lo extraño.
I never miss him.

Su opinión **no** le importa a **nadie**.
His opinion doesn't matter to anyone.

A **nadie** le importa su opinión.
Nobody cares about his opinion.

- Once one negative word appears in an English sentence, no other negative word may be used. In Spanish, however, once a negative word is used, all other elements must be expressed in the negative, if possible.

No le digas **nada** a **nadie**.
Don't say anything to anyone.

No quiero **ni** pasta **ni** pizza.
I don't want pasta or pizza.

- The personal **a** is used before negative and affirmative words that refer to people when they are the direct object of the verb.

  Nadie me comprende. ¿Por qué será?
  No one understands me. Why is that?

  Porque tú no comprendes **a nadie**.
  Because you don't understand anybody.

  Algunos profesores de economía defienden la globalización.
  Some economics professors defend globalization.

  Pues, yo no conozco **a ninguno** que la defienda.
  Well, I don't know any who defends it.

- Before a masculine, singular noun, **alguno** and **ninguno** are shortened to **algún** and **ningún**.

  ¿Han sufrido **algún** daño?
  Have they suffered any harm?

  No hemos comprado **ningún** artículo de lujo últimamente.
  We haven't bought any luxury items lately.

- **Tampoco** means *neither* or *not either*. It is the opposite of **también**.

  ¿No quieren hacer un esfuerzo para solucionar la crisis? Pues yo **tampoco**.
  They don't want to make an effort to resolve the crisis? Well, I don't either.

  Mi hermano es muy idealista, y yo **también**.
  My brother is very idealistic, and so am I.

- The conjunction **o. . . o** (*either. . . or*) is used when there is a choice to be made between two options. **Ni. . . ni** (*neither. . . nor*) is used to negate both options.

  Debo hablar **o** con el gerente **o** con la dueña.
  I have to speak with either the manager or the owner.

  No me interesa **ni** la política **ni** la economía.
  I am interested neither in politics nor in economics.

- The conjunction **ni siquiera** (*not even*) is used to add emphasis.

  Ni siquiera se despidieron antes de salir.
  They didn't even say goodbye before they left.

  Nada pudo lograr que se solucionara el conflicto, **ni siquiera** la visita del ministro.
  Nothing could lead them to settle the conflict, not even the visit from the minister.

Ni siquiera pude pagar el vestido.

Práctica

1 **Completar** Completa la conversación usando expresiones negativas y afirmativas. Ten en cuenta que vas a usar una expresión dos veces.

alguna	ni... ni	nunca	también
nadie	ningún	o... o	tampoco

ANA Pablo, ¿(1) _____ vez has probado las tapas españolas?

PABLO No, (2) _____ he probado la comida española.

ANA ¿De veras? ¿No has probado (3) _____ la tortilla de patata (4) _____ la paella?

PABLO No, no he comido (5) _____ plato español. (6) _____ conozco los ingredientes típicos de la cocina española.

ANA Entonces tenemos que salir a comer. ¿Conoces el Café Toro?

PABLO No, no conozco (7) _____ restaurante con ese nombre.

ANA (8) _____ lo conoce. Es nuevo, pero es muy bueno. A mí me viene bien que vayamos (9) _____ el lunes (10) _____ el jueves que viene.

PABLO El jueves (11) _____ me viene bien.

2 **Viajar** Imagina que eres un(a) viajero/a un poco especial y estás hablando de lo que no te gusta hacer en los viajes. Transforma las oraciones afirmativas en negativas usando las expresiones negativas correspondientes. Sigue el modelo.

Modelo **Siempre como la comida del país.**
Nunca como la comida del país.

1. Cuando voy de viaje, siempre compro algunos regalos típicos.
2. A mí también me gusta visitar todos los lugares turísticos.
3. Yo siempre hablo el idioma del país con todo el mundo.
4. Normalmente, o alquilo un carro o alquilo una motocicleta.
5. Siempre intento visitar a algún conocido de mi familia.
6. Cada vez que visito un lugar nuevo, siempre hago algunos amigos.

3 **La fiesta** En parejas, imaginen que están en una fiesta, pero sólo escuchan parte de lo que la gente conversa. Escriban respuestas a estas oraciones, usando las expresiones indicadas.

1. —Podrías visitar a la abuela mañana, ¿no? (ni... ni)
2. —Sé que le mentiste al profesor sobre el examen. (jamás)
3. —¿Qué ocurrió con el dinero que faltaba? (nadie... nada)
4. —Ella decidió visitar el lugar del accidente. (nunca)
5. —No creo que despidan a otro empleado esta semana. (tampoco)
6. —¿Me das una tapa de jamón? (ninguno/a)

Comunicación

4 Opiniones En grupos de cuatro, hablen sobre estas opiniones. Cada miembro del equipo da su opinión y el resto responde si está de acuerdo o no. Usen expresiones negativas y afirmativas.

- Cada persona debe quedarse a vivir en su propio país.

- Los inmigrantes benefician la economía del país.

- La sociedad es responsable de integrar a los nuevos inmigrantes.

- Los inmigrantes deben aprender el idioma del país y no deben hablar su propio idioma nunca.

- Es responsabilidad de los gobiernos proporcionar los recursos justos y necesarios para que sus ciudadanos no se vean obligados a emigrar.

- Todo el mundo debería ser libre de vivir y trabajar donde quisiera.

- Nada es más difícil que vivir en un país extranjero por obligación.

- El inmigrante siempre piensa en regresar algún día a su patria.

- Nunca se puede decir: "jamás viviría en otro país", porque nunca se sabe.

5 Escena

A. En parejas, escriban una conversación entre un(a) hijo/a adolescente y sus padres, usando expresiones negativas y afirmativas.

Modelo	**HIJA**	¿Por qué siempre desconfían de mí?
		No me gusta que nunca crean lo que les digo.
		No soy ninguna mentirosa y mis amigos tampoco lo son.
		No tienen ninguna razón para preocuparse.
	MAMÁ	Sí, hija, muy bien, pero recuerda que...
	HIJA	Por última vez, ¿puedo ir...?
	PAPÁ	...

B. Ahora, representen la conversación que escribieron ante la clase.

Practice more at **vhlcentral.com.**

Síntesis

¡El español avanza a pasos de gigante!

A pesar de que se esperaba que las generaciones de hispanos nacidas en los Estados Unidos abandonaran la lengua materna, un estudio revela que el español sigue en crecimiento. El estudio *El uso futuro de la lengua española en los Estados Unidos – Proyecciones 2015 y 2025* confirma la evidencia: el idioma español se expande rápidamente en los Estados Unidos. El estudio, financiado por la Hispanic USA Inc. y elaborado por el Roslow Research Group, afirma que en unos 10 años, el 45% de los habitantes de los Estados Unidos hablará también el idioma español.

Hasta hace poco, los estudios indicaban que las lenguas maternas de los inmigrantes tendían a reducirse o a desaparecer a lo largo de las generaciones. De hecho, el español desapareció en varios países durante el siglo XX. Así ocurrió en Micronesia, en Guam y en otras islas del Pacífico, y también en las Filipinas, donde prácticamente ha desaparecido. Pero, a pesar de la previsión de que el uso del español disminuiría en estos años, el estudio revela que dentro de una década habrá en los Estados Unidos 12,4 millones de personas más que hablen este idioma.

"Sabemos que el número de hispanos que se adaptan a la cultura estadounidense seguirá creciendo, pero lo que este estudio muestra claramente es que el español llegó para quedarse", concluye el estudio. En la actualidad, 52 millones de habitantes de los Estados Unidos son hispanohablantes. En este país, el español es, después del inglés, la lengua más hablada, y es el idioma que más se enseña en las escuelas y universidades. ∎

1

Opiniones En grupos pequeños, lean estas reacciones al artículo. Túrnense para dar sus opiniones sobre cada afirmación. Luego, presenten sus ideas a la clase.

- "Algún día, el español reemplazará al inglés en el mundo. Pero, en la actualidad, los inmigrantes no hablan bien ni el español ni el inglés. El bilingüismo debe ser apoyado desde la educación".

- "Nadie puede saber lo que ocurrirá en el futuro con la población. Lo más probable es que, con el tiempo, los inmigrantes se adapten y hablen cada vez más inglés".

- "Si el español se impone, el país podría perder su identidad lingüística. Hay que proteger el inglés antes de que sea demasiado tarde: ninguna medida preventiva está de más".

2 **Consecuencias** En parejas, hablen sobre las consecuencias de la inmigración hispanohablante en los Estados Unidos. Escriban una lista en la que describan los beneficios y los riesgos de este fenómeno. Usen el subjuntivo y expresiones negativas y afirmativas. Luego, debatan sus ideas con la clase.

Preparación

Vocabulario de la lectura

el acento *accent*
convertirse (e:ie) en (algo) *to turn into (something)*
la convivencia *coexistence*
de hecho *in fact*
el/la exiliado/a político/a *political exile*
la falta (de) *lack (of)*

el hogar *home*
la homogeneidad *homogeneity*
la mejora *improvement*
por delante *ahead (of)*
proveniente de *(coming) from*
la razón *reason*
surgir *to emerge, to arise*

Vocabulario útil

acomodarse *to adapt*
cómodo/a *comfortable*
echar de menos *to miss*
heterogéneo/a *heterogeneous*
la limpieza étnica *ethnic cleansing*
la persecución *persecution*
semejante *similar*
los valores *values*

1

Vocabulario Completa cada frase con la palabra o expresión adecuada. Luego, usa tres de estas palabras para formar oraciones.

1. Me fui de mi país por la censura. Ahora soy _____.
   a. exiliado político   b. astronauta   c. abogado

2. Mi casa es más que una casa porque me siento cómodo y feliz allí. Mi casa es mi _____.
   a. hogar   b. mejora   c. democracia

3. Vivo con mis hermanos y mis hermanas. Me gusta la _____ en familia.
   a. bancarrota   b. convivencia   c. crisis

4. Somos todos iguales en esta ciudad. Las casas tienen el mismo estilo, la gente lleva la misma ropa. Hay mucha _____.
   a. pobreza   b. homogeneidad   c. madurez

5. Llegué a este país y tuve que aprender el idioma. Ahora lo hablo pero con _____.
   a. vejez   b. Internet   c. acento

2

A pensar En grupos de cuatro, expresen sus opiniones sobre los siguientes temas.

1. Algunas personas deciden irse de sus países de origen voluntariamente. Otras personas, como los exiliados políticos, se ven forzadas a irse de su país. ¿A cuál de estos dos grupos crees que le resulta más difícil adaptarse a la nueva cultura?

2. En caso de tener que dejar tu país, ¿qué crees que echarías de menos?

3. Con la llegada de inmigrantes, la diversidad cultural crece. Describe una de tus experiencias con la diversidad.

3

Éxodos En grupos de cuatro, hablen de los grandes movimientos migratorios.

- Escriban una lista de movimientos migratorios que se han producido a lo largo de la historia. ¿Qué circunstancias llevaron a estos grupos a emigrar?

- Hagan otra lista con los movimientos migratorios actuales. ¿Por qué emigran estos grupos?

- Teniendo en cuenta las tendencias migratorias, ¿cómo será el panorama sociocultural a finales del siglo XXI?

- Compartan sus listas y visión para el futuro con la clase.

España:

emigración e inmigración

Desde finales del siglo XIX hasta bien entrado el siglo XX, muchos españoles tuvieron que abandonar su país. Unos lo hicieron por razones económicas; otros, por razones políticas. Primero, surgió la corriente de españoles que se iban a "hacer la América", siendo las islas caribeñas uno de sus destinos de preferencia. Éstos volvían a veces a sus pueblos con pequeñas fortunas acumuladas. Pocos años después, el aura mítica que rodeaba a los que se iban en busca de aventura se desvaneció° para dar paso a otra clase de emigrante: el exiliado político.

5

10

°faded

370

15   El inicio de la Guerra Civil en 1936 obligó a muchos a abandonar a sus familias y hogares para salvar la vida. Políticos, artistas e intelectuales huyeron y encontraron un nuevo hogar en otros países. México,
20 Argentina y Venezuela fueron algunos de los países que dieron refugio y esperanza a miles de españoles. Hoy en día, sin embargo, ese proceso se ha invertido y el flujo° migratorio cruza el océano Atlántico en sentido inverso,
25 de Hispanoamérica a España.

flow

    Hace tan sólo unos treinta años, un paseo por cualquier ciudad española nos mostraba una ciudadanía inmersa en la homogeneidad. Bajo el régimen dictatorial de Francisco
30 Franco, todos los que vivían en España parecían comer los mismos platos, vestir las mismas ropas y practicar la misma religión. La falta de libertad de expresión también llevaba a pensar que tenían la misma ideología.

35   Tras la muerte de Franco en 1975, se inició en el país un proceso de modernización y de apertura° política y económica que ha tenido como resultado un cambio drástico, no sólo en la realidad de la sociedad española, sino

opening; commencement

40 también en su semblante°. En la actualidad, un paseo por las ciudades nos ofrece un panorama considerablemente diferente. Restaurantes argentinos, peruanos, cubanos y mexicanos forman parte del paisaje urbano. La gente por

appearance 40

45 las calles habla con acentos extranjeros y, sin embargo, camina con la seguridad del que sabe que está en casa. Y el palmito, la yuca, las frutas tropicales y el cilantro son sólo algunos de los productos que hasta hace poco eran
50 desconocidos y que ahora se encuentran tanto en pequeñas tiendas como en supermercados.

    En las últimas décadas, España ha pasado de ser un país de emigrantes, en el que los ciudadanos tenían que ir a buscar trabajo al
55 extranjero, a ser el nuevo hogar de muchos. La mejora económica ha tenido los efectos que, en décadas o incluso siglos anteriores, ya se habían vivido en otros países como Estados Unidos. Según los datos del Instituto

De Franco a la democracia

Los casi cuarenta años de dictadura de Francisco Franco terminaron el día de su muerte en 1975. La pacífica transición española a la democracia causó gran admiración internacional. De hecho, España ha servido de modelo para muchos países que posteriormente se han visto en las mismas circunstancias. El mérito se debe al gran consenso social y político al que llegaron tanto la sociedad civil como los poderes políticos y militares.

Nacional de Estadística del año 2016, casi 60 cinco millones de extranjeros viven en España. La mayoría llega de Marruecos, por la cercanía con África, pero hay un gran número de inmigrantes provenientes de Ecuador, Colombia, la República Dominicana y Perú. 65 A pesar de las dificultades vividas tanto por los españoles como por los recién llegados, existen ciertos beneficios mutuos. Gracias a la inmigración, España ha dejado de ser el país de menor crecimiento en población del 70 mundo occidental. Los beneficios también se ven en los países de origen, ya que el dinero que envían los inmigrantes a sus familias se ha convertido en una de las principales fuentes de ingreso en los países de origen. 75

    En el siglo XXI, el país se halla° frente al reto de tener sus puertas abiertas a los inmigrantes. El cambio ya se percibe y la diversidad cultural se respira por muchas zonas de la geografía española, pero todavía 80 hay mucho trabajo por delante. También hay que, a partir de la tolerancia y el respeto, crear una sociedad mejor para todos. Hagamos que este siglo en el que vivimos sea el siglo de la pluralidad, el intercambio cultural y la 85 convivencia. ■

finds itself

Análisis

1

Comprensión Contesta las preguntas con oraciones completas.

1. ¿Cuáles son las dos razones por las que muchos españoles dejaron su país entre finales del siglo XIX y bien entrado el siglo XX?

2. ¿Qué ocurrió en el año 1936 en España?

3. ¿Quiénes eran los exiliados políticos que salieron de España durante el gobierno de Franco?

4. ¿Por qué se dice que había homogeneidad entre los españoles durante el gobierno de Franco?

5. ¿Cómo es España hoy en día?

6. ¿Cómo ha cambiado la situación migratoria de España en las últimas décadas?

2

Análisis En parejas, contesten estas preguntas y expliquen sus respuestas.

1. ¿Creen que los países tienen el deber de aceptar inmigrantes? ¿Por qué?

2. Muchos de los nuevos inmigrantes vienen de Hispanoamérica y hablan un español distinto al de España. ¿Creen que los inmigrantes adaptarán su forma de hablar? ¿Deberían hacerlo?

3. ¿Es posible que España vuelva a tener una sociedad homogénea? ¿Por qué?

3

Diversidad En grupos de cuatro, hablen sobre cómo la diversidad cultural se ve reflejada en los siguientes ámbitos de sus vidas.

- Compañeros de clase/trabajo
- Idiomas que se hablan
- Los productos que consumes
- Los restaurantes de tu ciudad
- Tus amigos y tu familia
- Tus vecinos

4

Citas

A. En grupos de cuatro, expliquen lo que significan para ustedes estas citas.

> "Mi patria son mis amigos".
> *Alfredo Bryce Echenique*

> "Nadie es patria, todos lo somos".
> *Jorge Luis Borges*

B. Organicen un debate con toda la clase. Formen tres grupos, cada uno de los cuales deberá defender una de estas opiniones.

- La patria es la tierra en la que uno nació.
- La patria es la tierra de nuestros antepasados.
- La patria es la tierra que uno elige.

Preparación

Sobre el autor

Nacido en 1928 en Aracataca, Colombia, **Gabriel García Márquez** fue criado por sus abuelos entre mitos y leyendas que serán la base de su futura obra narrativa. Abandonó sus estudios de derecho para dedicarse al periodismo. Como corresponsal en Italia, viajó por toda Europa. Vivió en diferentes lugares y escribió guiones cinematográficos (*screenplays*), cuentos y novelas. En 1967 publicó su novela más famosa, *Cien años de soledad*. Tras su muerte en 2014, se le recuerda como uno de los narradores contemporáneos más influyentes de la literatura en español. En 1982 se le concedió el Premio Nobel de Literatura. En el prefacio de su autobiografía, *Vivir para contarla* (2002), García Márquez señala: "La vida no es la que uno vivió, sino la que uno recuerda y cómo la recuerda para contarla".

Vocabulario de la lectura		Vocabulario útil
amanecer *to wake up*	**el/la pariente** *relative*	**afligirse** *to be distressed*
burlarse (de) *to mock*	**la preocupación** *concern*	**la duda** *doubt*
el/la carnicero/a *butcher*		**el miedo** *fear*
la certeza *certainty*	**el presagio** *omen*	**rumorear** *to be rumored*
la desgracia *misfortune, tragedy*	**el presentimiento** *premonition*	**el sentido común** *common sense*
esparcir *to spread*	**el/la tonto/a** *fool*	**supersticioso/a** *superstitious*

1

Vocabulario Busca en la lista del vocabulario un sinónimo para cada palabra.

1. despertarse _____
3. difundir _____
5. reírse (de) _____

2. presentimiento _____
4. inquietud _____
6. estúpido _____

2

¿Eres supersticioso/a? Haz el test para saber si eres supersticioso/a o no. Luego, en parejas, comparen sus respuestas y díganle a su compañero/a si es sensato/a o supersticioso/a.

1. **Frente a ti hay una escalera (*ladder*) apoyada contra la pared.**
   a. Pasas por debajo sin pensarlo dos veces.
   b. Cruzas la calle.

2. **Un pariente te cuenta que soñó que algo malo te sucedía.**
   a. Le preguntas por qué mejor no sueña con los números ganadores de la lotería.
   b. Te quedas todo el día en casa para evitar cualquier riesgo.

3. **Accidentalmente rompes un espejo.**
   a. Echas todo a la basura y sales a comprar otro.
   b. Sales a buscar un trébol (*clover*) de cuatro hojas (*leaves*).

4. **Ves un gato negro.**
   a. Te paras para acariciarlo.
   b. Te alejas de él lo más posible.

5. **Te regalan un paraguas para tu cumpleaños.**
   a. Lo abres para ver lo bonito que es.
   b. No lo abres hasta estar fuera de casa.

6. **Para que te vaya bien en la vida, piensas que lo mejor es:**
   a. pensar en lo positivo y ser optimista.
   b. tener contigo tu amuleto de la buena suerte y leer tu horóscopo.

Resultados

Mayoría de A: Sensato/a Eres inteligente y sensato/a; para ti no existen las malas señales y te burlas de las supersticiones.

Mayoría de B: Supersticioso/a Le das tanto valor a los malos presagios que el miedo determina tus acciones.

Practice more at
vhlcentral.com.

ALGO MUY GRAVE VA A SUCEDER EN ESTE PUEBLO

Gabriel García Márquez

magínese un pueblo muy pequeño donde hay una señora vieja que tiene dos hijos, uno de 17 y una hija de 14. Está sirviéndoles el desayuno a sus hijos y se le advierte una expresión muy preocupada. Los hijos le preguntan qué le pasa y ella responde: "No sé. Pero he amanecido con el presentimiento de
5   que algo muy grave va a sucederle a este pueblo". El hijo se va a jugar al billar y, en el momento en que va a tirar una carambola° sencillísima, el adversario le dice: "Te apuesto° un peso a que no la haces". Todos se ríen; él se ríe. Tira la carambola y no la hace. Paga su peso y le preguntan: "Pero qué pasó, si era una carambola sencilla". Contesta: "Es cierto, pero me ha quedado la preocupación
10   de una cosa que me dijo mi mamá esta mañana sobre algo grave que va a suceder a este pueblo". Todos se ríen de él y el que se ha ganado el peso regresa a su casa, donde está su mamá o una nieta o, en fin, cualquier pariente. Feliz con su peso, dice: "Le gané este peso a Dámaso en la forma más sencilla porque es un tonto".

tirar. . . *make a rebound shot (in billiards)*

I bet you

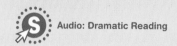

15 Dice: "Hombre, porque no pudo hacer una carambola sencillísima estorbado° por la idea de que su mamá amaneció hoy con la certeza de que algo muy grave iba a suceder en este pueblo".

disturbed

20 Entonces le dice su madre: "No te burles de los presentimientos de los viejos porque a veces salen°'".

they are fulfilled

La pariente lo oye y va a comprar carne.

25 Ella dice al carnicero: "Véndame una libra° de carne"; y, en el momento en que se la están cortando, agrega:

pound

30 "Mejor véndame dos, porque andan diciendo que algo grave va a pasar y lo mejor es estar preparado". El

serves 35 carnicero despacha° su carne y, cuando llega otra señora a comprar una libra de carne, le dice: "Lleve dos porque hasta aquí llega

40 la gente diciendo que algo muy grave va a pasar, y se están preparando y andan comprando cosas". Entonces, la vieja responde: "Tengo varios hijos, mire, mejor déme cuatro libras". Se lleva las

45 cuatro libras; y para no hacer largo el cuento, diré que el carnicero en media

runs out of hora agota° la carne, mata otra vaca, se vende toda y se va esparciendo el rumor. Llega el momento en que todo el mundo,

50 en el pueblo, está esperando que pase algo. Se paralizan las actividades y, de pronto a las dos de la tarde, hace calor como siempre. Alguien dice: "¿Se ha dado cuenta el calor que está haciendo?".

55 "Pero si en este pueblo siempre ha hecho calor." (Tanto calor que es el pueblo donde los músicos tenían

mended/tar instrumentos remendados° con brea° y

shade tocaban siempre a la sombra° porque, si

60 tocaban al sol, se les caían los pedazos.)

Pero he amanecido con el presentimiento de que algo muy grave va a sucederle a este pueblo.

"Sin embargo —dice uno— nunca a esta hora ha hecho tanto calor."

"Pero a las dos de la tarde es cuando hay más calor."

"Sí, pero no tanto calor como ahora." 65

Al pueblo desierto, a la plaza desierta, baja de pronto un pajarito y se corre la voz: "Hay un pajarito en la plaza". Y viene todo el 70 mundo, espantado°, a *frightened* ver el pajarito.

"Pero, señores, siempre ha habido pajaritos que bajan." 75

"Sí, pero nunca a esta hora."

Llega un momento de tal tensión para los habitantes del pueblo, 80 que todos están desesperados por irse y no tienen el valor de hacerlo.

"Yo sí soy muy macho —grita uno—. 85 Yo me voy."

Agarra° sus muebles, sus hijos, *He grabs* sus animales, los mete en una carreta° *cart* y atraviesa° la calle central donde *he crosses* está el pobre pueblo viéndolo. Hasta 90 el momento en que dicen: "Si éste se atreve° a irse, pues nosotros también *dares to* nos vamos", y empiezan a desmantelar literalmente el pueblo. Se llevan las cosas, los animales, todo. 95

Y uno de los últimos que abandona el pueblo dice: "Que no venga la desgracia a caer sobre lo que queda de nuestra casa", y entonces la incendia y otros incendian también sus casas. 100

Huyen° en un tremendo y verdadero *They flee* pánico, como en un éxodo de guerra, y en medio de ellos va la señora que tuvo el presagio, clamando: "Yo dije que algo muy grave iba a pasar, y me dijeron que 105 estaba loca." ∎

(Este cuento fue narrado verbalmente —y grabado— en un congreso de escritores por Gabriel García Márquez "para que vean cómo cambia cuando lo escriba" y fue publicado por la revista mexicana El Cuento.)

Análisis

1 **Comprensión** Contesta las preguntas con oraciones completas.

1. ¿Cuál es el presentimiento de la señora? ¿A quién se lo cuenta?
2. ¿Quién es Dámaso?
3. ¿Por qué pierde la apuesta?
4. ¿Por qué dice el que gana la apuesta que Dámaso es un tonto?
5. ¿Qué pasa en la carnicería?
6. Al ver el calor que hace y los pájaros que bajan, ¿qué hacen los habitantes del pueblo?

2 **Interpretar** En parejas, contesten estas preguntas y expliquen sus respuestas.

1. Un personaje señala: "No te burles de los presentimientos de los viejos porque a veces salen". ¿Se cumple finalmente el presagio de la señora? ¿Cómo? ¿Por qué?
2. Este cuento carece de (*lacks*) descripciones de los personajes, incluso de sus nombres, con una excepción. ¿Por qué creen que sólo Dámaso tiene nombre? ¿De qué manera es un personaje clave?
3. ¿Podría desarrollarse este cuento en cualquier lugar del mundo? ¿Es importante que tenga lugar en un pueblo pequeño? ¿En un pueblo de Latinoamérica?
4. ¿Quién es responsable del pánico? ¿Dámaso, la madre, el carnicero? ¿Por qué?

3 **Refranes** En parejas, lean los refranes y expliquen de qué se trata cada uno. Luego, digan cómo se relacionan con el cuento.

> **Todo es según el color del cristal con que se mira.**

> **No hay peor ciego que el que no quiere ver.**

> **Hombre prevenido vale por dos.**

> **Cuando el río suena, agua lleva.**

4 **Escribir** Imagina que eres psíquico/a. Has tenido visiones de una catástrofe inminente y convocas una conferencia de prensa. Sigue el plan de redacción para escribir tu declaración. Usa las estructuras que aprendiste en esta lección.

Plan de redacción

Conferencia de prensa

1. **Información** Describe detalladamente lo que va a ocurrir, dónde y cuándo. Cuenta cómo obtuviste la información.
2. **Interpretación** Explica de qué manera va a afectar este hecho a la población y advierte del peligro.
3. **Conclusión** Indica de qué manera se puede prevenir la situación.

Practice more at
vhlcentral.com.

Nuestro futuro

 Vocabulary Tools

Las tendencias

la asimilación *assimilation*
la causa *cause*
la diversidad *diversity*
el/la emigrante *emigrant*
la frontera *border*
la herencia cultural *cultural heritage*
la humanidad *humankind*
los ideales *principles; ideals*
el idioma oficial *official language*
la inmigración *immigration*
la integración *integration*
la lengua materna *mother tongue*
el lujo *luxury*
la meta *goal*
la natalidad *birthrate*
la población *population*
el/la refugiado/a (de guerra/político/a)
   (war/political) refugee

adivinar *to guess*
anticipar *to anticipate; to expect*
asimilarse *to assimilate*
atraer *to attract*
aumentar *to grow*
disminuir *to decrease, to reduce, to diminish*
predecir (e:i) *to predict*
superarse *to better oneself*

bilingüe *bilingual*
(in)conformista *(non)conformist*
excluido/a *excluded*
monolingüe *monolingual*
previsto/a *foreseen*
solo/a *alone*

Problemas y soluciones

la amnistía *amnesty*
la añoranza *homesickness*
el caos *chaos*
el coraje *courage*
el daño *harm*
el diálogo *dialogue*
el entendimiento *understanding*
la incertidumbre *uncertainty*
la inestabilidad *instability*
el maltrato *abuse, mistreatment*
el nivel de vida *standard of living*

la polémica *controversy*
la superpoblación *overpopulation*

hacer un esfuerzo *to make an effort*
luchar *to fight*
prescindir (de) *to do without*
protestar *to protest*

Los cambios

adaptarse *to adapt*
alcanzar (un sueño/una meta)
   to fulfill (a dream); to reach (a goal)
dejar *to leave behind*
despedirse (e:i) *to say goodbye*
enriquecerse *to become enriched*
establecerse *to establish oneself*
extrañar *to miss*
integrarse (a) *to become part (of); to fit in*
lograr *to attain, to achieve*
pertenecer *to belong*
rechazar *to reject*

Cortometraje

el bocata *sandwich*
la comadre *best friend*
la cuota *installment*
el encargo *order*
la laca *hair spray*
la lejanía *distance*
el locutorio *telephone booth*
el saldo *balance*
el tono *volume (of sound)*

anhelar *to long for*
entregar *to hand out, over*
realizarse *to come true*

Cultura

el acento *accent*
la convivencia *coexistence*
el/la exiliado/a político/a *political exile*
la falta (de) *lack (of)*
el hogar *home*
la homogeneidad *homogeneity*
la limpieza étnica *ethnic cleansing*
la mejora *improvement*
la persecución *persecution*
la razón *reason*
los valores *values*

acomodarse *to adapt*
convertirse (e:ie) en (algo) *to turn
   into (something)*
echar de menos *to miss*
surgir *to emerge, to arise*

cómodo/a *comfortable*
heterogéneo/a *heterogeneous*
proveniente de *(coming) from*
semejante *similar*

de hecho *in fact*
por delante *ahead (of)*

Literatura

el/la carnicero/a *butcher*
la certeza *certainty*
la desgracia *misfortune, tragedy*
la duda *doubt*
el miedo *fear*
el/la pariente *relative*
la preocupación *concern*
el presagio *omen*
el presentimiento *premonition*
el sentido común *common sense*
el/la tonto/a *fool*

afligirse *to be distressed*
amanecer *to wake up*
burlarse (de) *to mock*
esparcir *to spread*
rumorear *to be rumored*

supersticioso/a *superstitious*

MANUAL
de
GRAMÁTICA

**Supplementary Grammar Coverage
for IMAGINA**

The **Manual de gramática** is an invaluable tool for both instructors and students of intermediate Spanish. It contains additional grammar concepts not covered within the core lessons of **IMAGINA**, as well as practice activities. For each lesson in **IMAGINA**, up to two additional grammar topics are offered with corresponding practice.

These concepts are correlated to the grammar points in **Estructuras** by means of the **Taller de consulta** sidebars, which provide the exact page numbers where additional concepts are taught or reviewed in the **Manual**.

This special supplement allows for great flexibility in planning and tailoring your course to suit the needs of whole classes and/or individual students. It also serves as a useful and convenient reference tool for students who wish to review previously-learned material.

Contenido

 Presentation

Nouns and articles

Nouns

- In Spanish, nouns (**sustantivos**) ending in **–o, –or, –l, –s,** and **–ma** are usually masculine, and nouns ending in **–a, –ora, –ión, –d,** and **–z** are usually feminine.

Masculine nouns	Feminine nouns
el amigo, el cuaderno	la amiga, la palabra
el escritor, el color	la escritora, la computadora
el control, el papel	la relación, la ilusión
el autobús, el paraguas	la amistad, la fidelidad
el problema, el tema	la luz, la paz

- Most nouns form the plural by adding **–s** to nouns ending in a vowel, and **–es** to nouns ending in a consonant. Nouns that end in **–z** change to **–c** before adding **–es.**

  el hombre → los hombres   la mujer → las mujeres

  la novia → las novias   el lápiz → los lápices

- If a singular noun ends in a stressed vowel, the plural form ends in **–es.** If the last syllable of a singular noun ending in **–s** is unstressed, the plural form does not change.

  el tabú → los tabúes   el lunes → los lunes

  el israelí → los israelíes   la crisis → las crisis

Articles

- Spanish definite and indefinite articles (**artículos definidos e indefinidos**) agree in gender and number with the nouns they modify.

	Definite articles		Indefinite articles	
	singular	plural	singular	plural
MASCULINE	el compañero	los compañeros	un compañero	unos compañeros
FEMININE	la compañera	las compañeras	una compañera	unas compañeras

- In Spanish, when an abstract noun is the subject of a sentence, a definite article is always used.

  El amor es eterno.
  Love is eternal.   but   Para ser modelo, necesitas belleza y altura.
  In order to be a model, you need beauty and height.

- An indefinite article is not used before nouns that indicate profession or place of origin unless the noun is followed by an adjective.

  Juan García es profesor.   Juan García es **un** profesor excelente.
  Juan García is a professor.   *Juan García is an excellent professor.*

  Ana María es neoyorquina.   Ana María es **una** neoyorquina orgullosa.
  Ana María is a New Yorker.   *Ana María is a proud New Yorker.*

Práctica

1

Cambiar Escribe en plural las palabras que están en singular y viceversa.

1. la compañera _____
2. unos amigos _____
3. el novio _____
4. una crisis _____
5. unas parejas _____
6. un corazón _____
7. las amistades _____
8. el tabú _____

2

Un chiste Completa el chiste con los artículos apropiados. Recuerda que en algunos casos no debes usar ningún artículo.

(1) ____ pareja se va a casar. Él tiene 90 años. Ella tiene 85. Entran en (2) ____ farmacia y (3) ____ novio le pregunta al farmacéutico (*pharmacist*):

—¿Tiene (4) ____ remedios para (5) ____ corazón?

—Sí —contesta (6) ____ farmacéutico.

—¿Tiene (7) ____ remedios para (8) ____ presión y (9) ____ colesterol?

—Sí, también —contesta nuevamente (10) ____ farmacéutico.

—¿Y (11) ____ remedios para (12) ____ artritis y (13) ____ reumatismo?

—Sí. Ésta es (14) ____ farmacia muy completa. Tenemos de todo.

Entonces (15) ____ novio mira a (16) ____ novia y le dice:

—Querida, ¿qué te parece si hacemos (17) ____ lista de regalos de bodas aquí?

3

La cita Completa el párrafo con la forma correcta de los artículos definidos e indefinidos.

Ayer tuve (1) _____ cita con Leonardo. Fuimos a (2) _____ restaurante muy romántico que está junto a (3) _____ bonito lago. Desde nuestra mesa, podíamos ver (4) _____ lago y (5) _____ barcos que navegaban por allí. Comimos (6) _____ platos muy originales. (7) _____ pescado que yo pedí estaba delicioso. Nos divertimos mucho, pero al salir tuvimos (8) _____ problema. Una de (9) _____ ruedas (*tires*) del coche estaba pinchada (*flat*). (10) _____ próxima semana tendremos nuestra segunda cita.

4

Escribir Escribe oraciones completas con las siguientes palabras; utiliza los artículos definidos e indefinidos que correspondan y haz los cambios necesarios.

> **Modelo**   Elisa – ser – buena periodista
> Elisa es una buena periodista.

1. mi madre – decir – amor – ser – eterno
2. ayer – astrólogo – predecir – desgracia
3. lunes pasado – comprar – flores – tía Juanita
4. capital – Venezuela – ser – Caracas
5. personas optimistas – soñar – mundo mejor
6. Rodrigo – ser – alma – fiesta

 Presentation

1.5 Adjectives

- Spanish adjectives (**adjetivos**) agree in gender and number with the nouns they modify. Most adjectives ending in **–e** or a consonant have the same masculine and feminine forms.

Adjectives

	singular	plural	singular	plural	singular	plural
MASCULINE	roj**o**	roj**os**	inteligente	inteligentes	difícil	difíciles
FEMININE	roj**a**	roj**as**	inteligente	inteligentes	difícil	difíciles

- Descriptive adjectives generally follow the noun they modify. If a single adjective modifies more than one noun, the plural form is used. If at least one of the nouns is masculine, then the adjective is masculine.

un libro **apasionante**
an enthralling book

las parejas **contentas**
the happy couples

un suegro y una suegra **maravillosos**
a wonderful father-in-law and mother-in-law

la literatura y la cultura **ecuatorianas**
Ecuadorean literature and culture

- A few adjectives have shortened forms when they precede a masculine singular noun.

bueno → **buen**	alguno → **algún**	primero → **primer**
malo → **mal**	ninguno → **ningún**	tercero → **tercer**

- Some adjectives change their meaning depending on their position. When the adjective follows the noun, the meaning is more literal. When it precedes the noun, the meaning is more figurative.

	after the noun	before the noun
antiguo/a	el edificio **antiguo** *the ancient building*	mi **antiguo** novio *my old/former boyfriend*
cierto/a	una respuesta **cierta** *a correct answer*	una **cierta** actitud *a certain attitude*
grande	una ciudad **grande** *a big city*	un **gran** país *a great country*
mismo/a	el artículo **mismo** *the article itself*	el **mismo** problema *the same problem*
nuevo/a	un coche **nuevo** *a (brand) new car*	un **nuevo** profesor *a new/different professor*
pobre	los estudiantes **pobres** *the students who are poor*	los **pobres** estudiantes *the unfortunate students*
viejo/a	un libro **viejo** *an old book*	una **vieja** amiga *a long-time friend*

¡ATENCIÓN!

Adjectives ending in **–án**, **–ín**, **–ón**, and **–or**, like most others, vary in both gender and number.

dormilón → dormilona
dormilones → dormilonas

Adjectives ending in **–ior** and the comparatives **mayor, menor, mejor**, and **peor** do not vary in gender.

el **niño** mayor
la **niña** mayor

Adjectives indicating nationality vary in both gender and number (except those ending in **–a**, **–í**, and **–e**, which vary only in number).

español → española
españoles → españolas

marroquí → marroquí
marroquíes → marroquíes

¡ATENCIÓN!

Before a singular noun, **grande** changes to **gran**.

un gran esfuerzo *a great effort*

una gran autora *a great author*

Práctica

1 **Descripciones** Completa cada oración con la forma correcta de los adjetivos.

1. Mi mejor amiga es _____ (guapo) y muy _____ (gracioso).

2. Los novios de mis hermanas son _____ (alto) y _____ (moreno).

3. Javier es _____ (bueno) compañero, pero es bastante _____ (malhumorado).

4. Mi prima Susana es _____ (tranquilo), pero mi primo Luis es _____ (celoso).

5. No sé por qué Marcos y Rosario son tan _____ (inseguro) y _____ (tímido).

6. Sandra, mi vecina, es una _____ (grande) amiga, pero ayer tuvimos una _____ (terrible) discusión.

2 **La vida de Marina** Completa cada oración con los cuatro adjetivos.

1. Marina busca una compañera de cuarto
_____
(tranquilo, ordenado, honesto, puntual)

2. Se lleva bien con las personas _____
(sincero, serio, alegre, trabajador)

3. Marina tiene unos padres _____
(maduro, simpático, inteligente, conservador)

4. Quiere ver programas de televisión más
_____
(emocionante, divertido, dramático, didáctico)

5. Marina tiene un novio _____
(irlandés, talentoso, nervioso, creativo)

Marina

3 **Correo sentimental** La revista *Ellas y ellos* tiene una sección de anuncios personales. Este anuncio recibió unas cien respuestas. Inserta la forma correcta de los adjetivos de la lista. Puedes utilizar el mismo adjetivo más de una vez.

buen	gran	mal	ningún	tercer
bueno/a	grande	malo/a	ninguno/a	tercero/a

Mi perrito y yo buscamos amor

Tengo cuarenta y tres años y estoy viudo desde hace tres años. Soy un (1) _____ hombre: tranquilo y trabajador. Me gustan las plantas y no tengo (2) _____ problema con mis vecinos. Cocino y plancho. Me gusta ir al cine y no me gusta el fútbol. Siempre estoy de (3) _____ humor. Vivo en un apartamento (4) _____, en el (5) _____ piso de un edificio en Montevideo. Sólo tengo un pequeño problema: mi perro. Algunos dicen que tiene (6) _____ carácter. Otros dicen que es un (7) _____ animal. Yo creo que él es (8) _____, pero se siente solo, como su dueño. Busco una señora viuda o soltera que también se sienta sola. ¡Si tiene una perrita, mejor!

 Presentation

2.4

Progressive forms

- The present progressive (**el presente progresivo**) narrates an action in progress. It is formed with the present tense of **estar** and the present participle (**el gerundio**) of the main verb.

Estoy sacando una foto.
I am taking a photo.

¿Qué **estás comiendo**?
What are you eating?

Están recorriendo la ciudad.
They are traveling around the city.

- The present participle of regular **–ar**, **–er**, and **–ir** verbs is formed as follows:

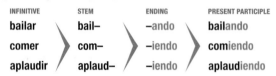

INFINITIVE	STEM	ENDING	PRESENT PARTICIPLE
bailar	bail–	–ando	bailando
comer	com–	–iendo	comiendo
aplaudir	aplaud–	–iendo	aplaudiendo

- **–Ir** verbs that change **o** to **u**, or **e** to **i** in the **Ud./él/ella** and **Uds./ellos/ellas** forms of the preterite have the same change in the present participle.

pedir → pidiendo   mentir → mintiendo   dormir → durmiendo

- When the stem of an **–er** or **–ir** verb ends in a vowel, the **–i–** of the present participle ending changes to **–y–**. The present participle of **ir** is **yendo**.

leer → leyendo   construir → construyendo   oír → oyendo

- Other tenses have progressive forms as well, though they are used less frequently than the present progressive. These tenses emphasize that an action was/will be in progress at a particular moment in time.

Estaba contestando la última pregunta cuando el profesor nos pidió los exámenes.
I was in the middle of answering the last question when the professor asked for our exams.

No vengas a las cuatro, todavía **estaremos trabajando**.
Don't come at four; we will still be working.

Luis cerró la puerta, pero su mamá le **siguió gritando**.
Luis shut the door, but his mother kept right on shouting at him.

- Progressive tenses often use other verbs, especially ones that convey motion or continuity like **andar, continuar, ir, llevar, seguir,** and **venir,** in place of **estar**.

> **anda diciendo** *he goes around saying*
>
> **continuarás trabajando** *you'll continue working*
>
> **van acostumbrándose** *they're getting more and more used to*
>
> **llevo un mes trabajando** *I have been working for a month*
>
> **siguieron hablando** *they kept talking*
>
> **venimos insistiendo** *we've been insisting*

Práctica

1

Una conversación telefónica Daniel es nuevo en la ciudad y no sabe cómo llegar al estadio de fútbol. Decide llamar a su exnovia Alicia para que le explique cómo encontrarlo. Completa el diálogo con la forma correcta del gerundio.

ALICIA Hola, ¿quién habla?

DANIEL Hola, Alicia, soy Daniel; estoy buscando el estadio de fútbol y necesito que me ayudes... Llevo (1) _____ (caminar) más de media hora por el centro y sigo perdido.

ALICIA ¿Dónde estás?

DANIEL No estoy muy seguro, no encuentro el nombre de la calle. Pero estoy (2) _____ (ver) un centro comercial a mi izquierda y más allá parece que están (3) _____ (construir) un estadio de fútbol. (4) _____ (hablar) de fútbol, ¿dónde tengo mis boletos? ¡He perdido mis entradas!

ALICIA Madre mía, ¡sigues (5) _____ (ser) un desastre...! Algún día te va a pasar algo serio.

DANIEL Siempre andas (6) _____ (pensar) lo peor.

ALICIA Y tú siempre estás (7) _____ (olvidarse) de todo.

DANIEL Ya estamos (8) _____ (discutir) otra vez.

2

Continuamos escribiendo Vuelve a escribir las oraciones usando los verbos **andar**, **ir**, **llevar**, **continuar**, **seguir** o **venir**.

1. Mariela se burla de su hermano y siempre piensa que no le hace daño.

2. José estudia medicina desde hace diez años, y en los últimos meses sus padres le insisten en que se dedique a otra cosa.

3. Se acerca la hora de poner manos a la obra al proyecto, aunque aparezcan problemas todo el tiempo.

4. Mi prima siempre habla mal de todo el mundo y hace años que le digo que deje de hacerlo. De todas formas, ella cree que no tiene importancia.

5. Hace seis años que ese hombre visita el museo todas las tardes, siempre para mirar el mismo cuadro.

6. Conversamos todo el tiempo mientras ellos se marchaban.

3

En diferentes tiempos Completa cada oración con el tiempo correcto del verbo entre paréntesis.

1. Anoche, Carlos y Raúl _____ (estar) mirando una película.

2. Mientras tú estudiabas, nosotros _____ (andar) paseando por el parque.

3. Mañana a las diez, ¿tú _____ (estar) durmiendo?

4. Con un poco de tiempo, yo _____ (ir) acostumbrándome a la idea.

5. Ayer, Catalina _____ (estar) dando indicaciones a los turistas.

6. Eduardo _____ (venir) corriendo desde el parque cuando vio a Ana.

 Presentation

2.5

Telling time

- The verb **ser** is used to tell time in Spanish. The construction **es + la** is used with **una**, and **son + las** is used with all other hours.

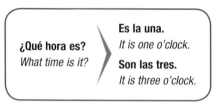

¿Qué hora es?
What time is it?

Es la una.
It is one o'clock.

Son las tres.
It is three o'clock.

- The phrase **y + [***minutes***]** is used to tell time from the hour to the half-hour. The phrase **menos + [***minutes***]** is used to tell time from the half-hour to the hour, and is expressed by subtracting minutes from the *next* hour.

Son las once **y veinte**.   Es la una **menos cuarto**.   Son las doce **menos diez**.

- To ask at what time an event takes place, the phrase **¿A qué hora (...)?** is used. To state at what time something takes place, use the construction **a la(s) + [***time***]**.

¿A qué hora es la fiesta?
(At) what time is the party?

La fiesta es **a las ocho**.
The party is at eight.

- The following expressions are used frequently for telling time.

Son las siete **en punto**.
It's seven o'clock on the dot/sharp.

Son las doce del mediodía./Es **(el) mediodía**.
It's 12 P.M./It's noon.

Son las doce de la noche./Es **(la) medianoche**.
It's 12 A.M./It's midnight.

Son las nueve **de la mañana**.
It's 9 A.M./in the morning.

Son las cuatro y cuarto **de la tarde**.
It's 4:15 P.M./in the afternoon.

Son las once y media **de la noche**.
It's 11:30 P.M./at night.

- The imperfect is generally used to tell time in the past. However, the preterite may be used to describe an action that occurred at a particular time.

¿Qué hora **era** cuando llegaste?
What time was it when you arrived?

¿A qué hora **fueron** al cine?
At what time did you go to the movies?

Eran las cuatro de la mañana.
It was four o'clock in the morning.

Fuimos a las nueve.
We went at nine o'clock.

Práctica

1 **La hora** Usando oraciones completas, escribe la hora que aparece en cada reloj.

1. _____   2. _____   3. _____

4. _____   5. _____   6. _____

2 **En el cineclub** Gabriela quiere ver una película en el cineclub de la universidad, pero necesita saber los horarios. Contesta las preguntas con oraciones completas usando las pistas (*clues*).

1. ¿A qué hora empieza *Relatos salvajes*? (12:05 P.M.)

_____

2. ¿A qué hora empieza *El secreto de sus ojos*? (1:15 P.M.)

_____

3. ¿A qué hora empieza *Ella*? (3:30 P.M.)

_____

4. ¿A qué hora empieza *Julieta*? (4:45 P.M.)

_____

5. ¿A qué hora empieza *El renacido*? (8:20 P.M.)

_____

3 **Coartada** Quedaste involucrado en la investigación de un crimen y la policía te pide que expliques lo que hiciste durante todo el día de ayer. Explica qué tenías planeado hacer y a qué hora lo hiciste realmente. Sigue el modelo.

> **Modelo** **Cita con el médico – 11:30 A.M. (15 minutos de atraso)**
> Tenía cita con el médico a las once y media de la mañana, pero no pude llegar hasta las doce menos cuarto por culpa del tráfico.

1. Dejar el auto en el mecánico – 7 A.M. (30 minutos de atraso)
2. Desayunar con mi madre – 8:30 A.M. (1 hora de atraso)
3. Entregar los planos en la oficina – 11 A.M. (15 minutos de atraso)
4. Visita al museo de ciencias – 2 P.M. (1 hora y media de atraso)
5. Ir al cine con unos amigos – 5:30 P.M. (2 horas de atraso)
6. Recoger la ropa de la lavandería – 8:30 P.M. (¡Ya había cerrado!)

 Presentation

3.4

Possessive adjectives and pronouns

- Possessive adjectives (**adjetivos posesivos**) are used to express ownership or possession. Unlike English, Spanish has two types of possessive adjectives: the short, or unstressed, forms and the long, or stressed, forms. Both forms agree in gender, when applicable, and number with the object owned, and not with the owner.

Possessive adjectives			
short forms (unstressed)		**long forms (stressed)**	
mi(s)	*my*	**mío/a(s)**	*my/(of) mine*
tu(s)	*your*	**tuyo/a(s)**	*your/(of) yours*
su(s)	*your; his; her; its*	**suyo/a(s)**	*your/(of yours); his/(of) his; her/(of) hers; its/(of) its*
nuestro(s)/a(s)	*our*	**nuestro/a(s)**	*our/(of) ours*
vuestro(s)/a(s)	*your*	**vuestro/a(s)**	*your/(of) yours*
su(s)	*your; their*	**suyo/a(s)**	*your/(of) yours; their/(of) theirs*

- Short possessive adjectives precede the nouns they modify.

En **mi** opinión, esa telenovela es pésima.
In my opinion, that soap opera is awful.

Nuestras revistas favoritas son *Vanidades* y *Latina.*
Our favorite magazines are Vanidades *and* Latina.

- Stressed possessive adjectives follow the nouns they modify. They are used for emphasis or to express the phrases *of mine, of yours,* etc. The nouns are usually preceded by a definite or indefinite article.

mi amigo → **un** amigo **mío**
my friend → a friend of mine

tus amigas → **las** amigas **tuyas**
your friends → friends of yours

- Because **su(s)** and **suyo(s)/a(s)** have multiple meanings (*your, his, her, its, their*), the construction [*article*] + [*noun*] + **de** + [*subject pronoun*] can be used to clarify meaning.

su **casa**
la casa **suya**

la casa de él/ella	*his/her house*
la casa de usted/ustedes	*your house*
la casa de ellos/ellas	*their house*

- Possessive pronouns (**pronombres posesivos**) have the same forms as stressed possessive adjectives and are preceded by a definite article. Possessive pronouns agree in gender and number with the nouns they replace.

No encuentro mi **libro**.
¿Me prestas **el tuyo**?
I can't find my book.
Can I borrow yours?

Si la **fotógrafa** suya no llega, **la nuestra** está disponible.
If your photographer doesn't arrive, ours is available.

¡ATENCIÓN!

After the verb **ser**, stressed possessives are usually used without articles.

¿Es tuya la calculadora?
Is the calculator yours?

No, no es mía.
No, it is not mine.

¡ATENCIÓN!

The neuter form **lo** + [*singular stressed possessive*] is used to refer to abstract ideas or concepts such as *what is mine* and *what belongs to you.*

Quiero lo mío.
I want what is mine.

Práctica

1

¿De quién hablan? Completa los espacios con adjetivos posesivos.

1. La actriz Fernanda Luro habla sobre su esposo: "_____ esposo siempre me acompaña a los estrenos, aunque _____ agenda esté llena de compromisos".

2. Los integrantes del dúo Maite y Antonio comentan sobre su hijo: "_____ hijo empezó a cantar a los dos años".

3. El actor Saúl Mar habla de su ex esposa, la modelo Serafina: "_____ ex ya no es tan guapa como antes, aunque _____ seguidores piensen lo contrario".

4. La famosa cantante Celia Rodríguez habla de la relación con sus padres: "_____ padres me apoyan muchísimo cuando estoy de gira".

2

¿Es tuyo...? Escribe preguntas con **ser** y contéstalas usando el pronombre posesivo que corresponda a la(s) persona(s) indicada(s). Sigue el modelo.

> **Modelo** **tú / libro / yo**
> —¿Es tuyo este libro?
> —Sí, es mío.

1. ustedes / revistas / nosotros

   _____

   _____

2. nosotros / periódicos / yo

   _____

   _____

3. ella / computadora / ella

   _____

   _____

4. tú / control remoto / ellos

   _____

   _____

3

Almuerzo Completa el diálogo con los posesivos adecuados. Cuando sea necesario, añade también el artículo definido correspondiente.

AGUSTÍN (1) _____ esposa es locutora de radio y tiene un programa para niños.

MANUEL (2) _____ es redactora en el periódico *El Financiero*.

JUAN Yo soy soltero y vivo con (3) _____ padres y (4) _____ hermano.

MANUEL (5) _____ películas favoritas son las de acción. ¿Y (6) _____?

JUAN A mí no me gusta el cine.

AGUSTÍN A mí tampoco, pero a (7) _____ esposa le gustan las películas clásicas. Afortunadamente, las ve con (8) _____ hermana.

JUAN (9) _____ pasatiempo favorito es la música.

MANUEL ¡Ahh! ¿Es (10) _____ la guitarra que vi en la oficina?

JUAN Sí, es (11) _____. Después del trabajo, nos reunimos en la casa de un amigo (12) _____ y tocamos un poco. A (13) _____ amigos y a mí nos gusta el rock. (14) _____ músicos preferidos son...

AGUSTÍN ¡No te molestes en nombrarlos! No sé nada de música.

MANUEL Parece que (15) _____ gustos son muy distintos.

 Presentation

3.5

Demonstrative adjectives and pronouns

- Demonstrative adjectives (**adjetivos demostrativos**) specify to which noun a speaker is referring. They precede the nouns they modify and agree in gender and number.

este anuncio	**esa** tira cómica	**aquellos** periódicos
this advertisement	*that comic strip*	*those newspapers (over there)*

Demonstrative adjectives

singular		plural		
masculine	feminine	masculine	feminine	
este	esta	estos	estas	*this; these*
ese	esa	esos	esas	*that; those*
aquel	aquella	aquellos	aquellas	*that; those (over there)*

- Spanish has three sets of demonstrative adjectives. Forms of **este** are used to point out nouns that are close to the speaker and the listener. Forms of **ese** modify nouns that are not close to the speaker, though they may be close to the listener. Forms of **aquel** refer to nouns that are far away from both the speaker and the listener.

No me gustan **estos** zapatos.   Prefiero **esos** zapatos.   **Aquel** coche es de Ana.

- Demonstrative pronouns (**pronombres demostrativos**) are identical to demonstrative adjectives, except that they carry an accent mark on the stressed vowel. They agree in gender and number with the nouns they replace.

¿Quieres comprar esta **radio**?	No, no quiero **ésta**. Quiero **ésa**.
Do you want to buy this radio?	*No, I don't want this one. I want that one.*
¿Leíste estos **libros**?	No leí **éstos**, pero sí leí **aquéllos**.
Did you read these books?	*I didn't read these, but I did read those (over there).*

- There are three neuter demonstrative pronouns: **esto, eso,** and **aquello**. These forms refer to unidentified or unspecified things, situations, or ideas. They do not vary in gender or number and they never carry an accent mark.

¿Qué es **esto**?	**Eso** es interesante.	**Aquello** es bonito.
What is this?	*That's interesting.*	*That's pretty.*

Práctica

1

La diva Responde negativamente las preguntas sobre la actriz. Usa las pistas entre paréntesis y las formas correctas de los adjetivos demostrativos.

> **Modelo**   ¿Llevó esta camisa? (vestido)
> No, llevó este vestido.

1. ¿Se va a sentar en esa silla? (sofá)

   _____

2. ¿Quiere probar estos sándwiches? (langosta)

   _____

3. ¿Decidió hablar con ese reportero? (locutora)

   _____

4. ¿Llevará aquel suéter? (chaqueta negra)

   _____

2

En el centro comercial Completa las oraciones con los adjetivos y pronombres demostrativos que correspondan en cada caso.

1. Quiero comprar _____ teléfono celular que está a tu derecha.
2. No queremos _____ computadora que nos muestras, sino _____ de más atrás.
3. Hay rebajas en _____ libros y revistas que yo estoy mirando, pero no en _____ que tienes ahí.
4. Compra alguna de _____ películas en DVD que tienes a tu izquierda.
5. Yo voy a escoger _____ película de aquí, que está a mitad de precio.
6. Antes de irnos, vamos a comer algo en _____ restaurante de la otra esquina.
7. ¡Me he quedado sin dinero! _____ no puede seguir así: debo ser más cuidadoso.
8. No vayas a _____ tienda de enfrente, que es muy cara; mejor pregunta en _____ de aquí al lado.

3

No y no Escribe un breve diálogo con las siguientes palabras, utilizando los adjetivos y pronombres que se indican.

> **Modelo**   Ustedes / querer comprar / libros (este/aquel)
> —¿Ustedes quieren comprar estos libros o aquellos libros?
> —No queremos comprar ni éstos ni aquéllos.

1. tú / querer probarse / zapatos (este/ese)
2. ella / preferir / asiento (este/aquel)
3. Daniel y Agustina / buscar / película (ese/este)
4. niños / leer / novela (este/aquel)
5. Carlos / vivir / departamento (este/ese)
6. nosotros / poder / ir / fiesta (este/ese)

 Presentation

4.4

To become: *hacerse, ponerse, volverse,* and *llegar a ser*

- Spanish has several verbs and phrases that mean *to become*. Many of these constructions make use of reflexive verbs.

- The construction **ponerse** + [*adjective*] expresses a change in mental, emotional or physical state that is generally not long-lasting.

    ¡No **te pongas histérico**!
    Don't get so worked up!

    La señora Urbina **se pone muy feliz** cuando su familia la visita.
    Mrs. Urbina gets so happy when her family comes to visit.

- **Volverse** + [*adjective*] expresses a radical mental or psychological change. It often conveys a gradual or irreversible change in character. In English this is often expressed as *to have become* + [*adjective*].

    ¿**Te has vuelto loca?**
    Have you gone mad?

    Durante los últimos años, mi primo **se ha vuelto insoportable**.
    In recent years, my cousin has become unbearable.

- **Hacerse** can be followed by a noun or an adjective. It often implies a change that results from the subject's own efforts, such as changes in profession or social and political status.

    El yerno de doña Lidia **se ha hecho bailarín** de tango.
    Doña Lidia's son-in-law has become a tango dancer.

    Mi bisabuelo **se hizo rico** a pesar de haber salido de
    su patria sin un solo centavo.
    *My great-grandfather became wealthy despite having
    left his homeland without a penny in his pocket.*

- **Llegar a ser** may also be followed by a noun or an adjective. It indicates a change over time and does not imply the subject's voluntary effort.

    Aquella novela **llegó a ser** un *best seller.*
    That novel became a best-seller.

- There are often reflexive verb equivalents for **ponerse** + [*adjective*]. Note that when used with object pronouns instead of reflexive pronouns, such verbs convey that another person or thing is imposing a mental, emotional, or physical state on someone else.

ponerse alegre → alegrarse	ponerse deprimido/a → deprimirse
ponerse furioso/a → enfurecerse	ponerse triste → entristecerse

    La llegada de la primavera **me pone alegre / me alegra**.
    The arrival of spring makes me happy.

    Cuando pienso en la muerte, **me pongo triste / me entristezco**.
    When I think about death, I get sad.

Práctica

1

Seleccionar Selecciona la opción correcta para cada frase.

1. Siempre (se pone – se vuelve) nervioso cuando está frente a sus suegros.

2. Antes mi hijo era sumiso, pero con el tiempo (se puso – se volvió) muy rebelde.

3. Nunca (se pone – se vuelve) triste cuando está con su familia.

4. Después de quedarse viudo, (se puso – se volvió) un hombre solitario.

2

Completar Completa las oraciones utilizando la forma correcta de **volverse, llegar a ser, hacerse** y **ponerse**.

1. Con los años, mi sobrino _____.

2. Tras la muerte de mi abuelo, sus pinturas _____.

3. Ángela antes era contadora, pero ahora _____.

4. Como no llegamos a tiempo con la entrega del proyecto, mi profesor _____.

5. A causa de problemas de salud, Eduardo _____.

6. Después de perder nuestro trabajo, nosotros _____.

7. Ana y Eva no se conocían antes del viaje. Desde entonces _____.

8. Cuando se casó su hija, Alberto _____.

3

Historias de familia Completa las oraciones con la forma correcta de las expresiones de la lista.

> deprimirse | hacerse | llegar a ser | ponerse | volverse

1. Mi prima y su vecina _____ muy amigas.

2. Mi cuñado _____ el hombre más famoso de la ciudad.

3. Mi primo _____ loco después de ese viaje en el ascensor.

4. Mis sobrinas _____ muy tristes al despedirse.

 Presentation

Qué vs. *cuál*

- The interrogative words **¿qué?** and **¿cuál(es)?** can both mean *what/which*, but they are not interchangeable.

- **Qué** is used to ask for general information, explanations, or definitions.

¿Qué es la lluvia ácida?	**¿Qué** dijo?
What is acid rain?	*What did she say?*

- **Cuál(es)** is used to ask for specific information or to choose from a limited set of possibilities. When referring to more than one item, the plural form **cuáles** is used.

¿Cuál es el problema?	**¿Cuáles** son tus animales favoritos?
What is the problem?	*What are your favorite animals?*
¿Cuál de los dos prefieres, el desierto o el bosque?	**¿Cuáles** escogieron, los rojos o los azules?
Which of these (two) do you prefer, the desert or the forest?	*Which ones did they choose, the red or the blue?*

- Often, either **qué** or **cuál(es)** may be used in the same sentence, but the meaning is different.

¿Qué quieres comer de postre?	Tengo una manzana y una naranja. **¿Cuál** quieres comer de postre?
What do you want to eat for dessert?	*I have an apple and an orange. Which one do you want to eat for dessert?*

- **Cuál(es)** is not used before nouns. **Qué** is used instead, regardless of the type of information requested.

¿Qué ideas tienen ustedes?	¿Peligro? **¿Qué** peligro?
What ideas do you have?	*Danger? What danger?*
¿Qué regalo te gusta más?	**¿Qué** libros leyeron este verano?
Which gift do you like better?	*Which books did you read this summer?*

- **Qué** and **cuál(es)** are sometimes used in declarative sentences that imply a question or unknown information.

No sé **qué** hacer.	No sé **cuál** de los dos escoger.
I don't know what to do.	*I don't know which of the two to choose.*
Elena quiere saber **qué** pasó ayer por la mañana.	Él me preguntó **cuál** de las dos películas prefería.
Elena wants to know what happened yesterday morning.	*He asked me which of the two movies I preferred.*

- **Qué** is also used frequently in exclamations. In this case it means *What...!* or *How...!*

Señor Acosta, ¡**qué** gusto verlo de nuevo!	Mira esa luna llena, ¡**qué** bella!
Mr. Acosta, what a pleasure to see you again!	*Look at that full moon. How beautiful!*
¡**Qué** niño más irresponsable!	¡**Qué** triste te ves!
What an irresponsible child!	*How sad you look!*

Práctica

1

Elige Lee las preguntas y elige la opción correcta para cada una.

	¿Qué	¿Cuál	¿Cuáles	
1.	☐	☐	☐	... de los dos es tu conejo?
2.	☐	☐	☐	... tipo de ave te gusta más?
3.	☐	☐	☐	... es la deforestación?
4.	☐	☐	☐	... son los problemas que te preocupan más?
5.	☐	☐	☐	... es tu lugar favorito?
6.	☐	☐	☐	... parques están contaminados?
7.	☐	☐	☐	... usaron, las limpias o las contaminadas?

2

Completar Completa las preguntas con **¿qué?** o **¿cuál(es)?**, según el contexto.

1. ¿_____ de los dos paisajes es tu favorito?

2. ¿_____ piensas del calentamiento global?

3. ¿_____ son tus animales favoritos?

4. ¿_____ haces para proteger el medio ambiente?

5. ¿_____ problema ecológico es el más importante?

6. ¿_____ son tus ovejas, las blancas o las negras?

7. ¿_____ es tu opinión sobre la deforestación de nuestros bosques?

8. ¿_____ fuentes alternativas de energía usas?

9. ¿_____ son las especies que están en peligro de extinción?

3

Preguntas Usa **¿qué?** o **¿cuál(es)?** para escribir la pregunta correspondiente a cada respuesta.

1. _____

   El animal que más me gusta es el león.

2. _____

   Este fin de semana quiero disfrutar del mar y el sol.

3. _____

   Mis pasatiempos favoritos son nadar y salir con mis amigos.

4. _____

   Opino que la contaminación de los mares debe detenerse.

5. _____

   Éstas son las botellas que vamos a reciclar.

6. _____

   El plato favorito de Rosa es el pollo con papas.

 Presentation

5.5

The neuter *lo*

- The definite articles **el, la, los,** and **las** modify masculine or feminine nouns. The neuter article **lo** is used to refer to concepts that have no gender.

Me están volviendo loco.
*¡Eso es **lo** que pasa!*

- In Spanish, the construction **lo** + [*masculine singular adjective*] is used to express general characteristics and abstract ideas. The English equivalent of this construction is *the* + [*adjective*] + *thing*.

> **Lo difícil** es promover el desarrollo económico sin contaminar.
> *The difficult thing is to promote economic development without polluting.*

> Este río está muy contaminado; **lo bueno** es que los vecinos
> se han organizado para limpiarlo bien y salvar los peces.
> *This river is very polluted; the good thing is that the neighbors*
> *have organized themselves to clean it well and save the fish.*

- To express the idea of *the most* or *the least*, **más** and **menos** can be added after **lo**. **Lo mejor** and **lo peor** mean *the best/worst* (*thing*).

> Para proteger el medio ambiente, **lo más importante** es conservar los recursos.
> *To protect the environment, the most important thing is to conserve resources.*

> ¡Aún no te he contado **lo peor** del viaje!
> *I still haven't told you about the worst part of the trip!*

- The construction **lo** + [*adjective or adverb*] + **que** is used to express the English *how* + [*adjective*]. In these cases, the adjective agrees in number and gender with the noun it modifies.

lo + [*adjective*] + que		lo + [*adverb*] + que

¿No te das cuenta de **lo bella que** eres?   Recuerda **lo bien que** te fue en su clase.
Don't you realize how beautiful you are?   *Remember how well you did in his class.*

- **Lo que** is equivalent to the English *what, that, which*. It is used to refer to an abstract idea, or to a previously mentioned situation or concept.

> ¿Qué fue **lo que** más te gustó de tu viaje a Ecuador?
> *What was the thing that you enjoyed most about your trip to Ecuador?*

> **Lo que** más me gustó fue el paisaje.
> *The thing I liked best was the scenery.*

¡ATENCIÓN!

The phrase **lo** + [*adjective or adverb*] + **que** may be replaced by **qué** + [*adjective or adverb*].

No sabes *qué difícil* es hablar con él.
You don't know how difficult it is to talk to him.

Fíjense en *qué pronto* agotaremos los recursos.
Just think about how soon we'll use up our resources.

Práctica

1

Completar Completa las oraciones con **lo** o **lo que**.

1. Las grandes empresas no quieren aceptar _____ les piden los ecologistas.

2. _____ más peligroso es la destrucción de la capa de ozono.

3. ¿Me cuentas _____ se decidió en la reunión del grupo de conservación de parques?

4. _____ malo es que no se puede ver el paisaje desde aquí.

5. _____ piden sus hijos es que deje de cazar animales.

6. _____ positivo del proyecto es que vamos a tener muchos más árboles en la ciudad.

7. _____ me gusta de este lugar es que se respira aire puro.

2

Opiniones Combina las frases para formar oraciones que contengan la estructura **lo** + [*adjetivo/adverbio*] + **que**.

> Modelo **parecer mentira / qué poco te preocupas por el medio ambiente**
> Parece mentira lo poco que te preocupas por el medio ambiente.

1. asombrarme / qué lejos está el centro de reciclaje

_____

2. sorprenderme / qué obediente es tu gato

_____

3. no poder creer / qué contaminado está el lago

_____

4. ser increíble / qué bien se vive en este pueblo

_____

5. ser una sorpresa / qué limpio conservan este bosque

_____

3

La mascota Julián se va de vacaciones y le ha pedido a su amigo Sergio que cuide de su mascota (*pet*). Usa frases de la lista para completar las recomendaciones que le da Julián a Sergio.

lo contaminado que	lo mejor	lo potable
lo interesante que	lo peor	lo que más
lo más		lo rápido que

1. _____ le gusta es tomar el sol.

2. _____ difícil es darle su ducha diaria.

3. Es increíble _____ es vivir con él.

4. _____ es cuando te trae el periódico por la mañana.

5. Ya verás _____ se hacen amigos.

6. _____ es que lo voy a extrañar mucho.

 Presentation

Adverbs

- Adverbs (**adverbios**) describe *how, when,* and *where* actions take place. They usually follow the verbs they modify and precede adjectives or other adverbs.

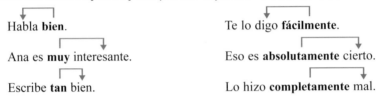

Habla **bien**.

Ana es **muy** interesante.

Escribe **tan** bien.

Te lo digo **fácilmente**.

Eso es **absolutamente** cierto.

Lo hizo **completamente** mal.

> **¡ATENCIÓN!**
>
> If an adjective has a written accent, it is kept when the suffix **–mente** is added. If an adjective does not have a written accent, no accent is added to the adverb ending in **–mente**.

- Many Spanish adverbs are formed by adding the suffix **–mente** to the feminine singular form of an adjective. The **–mente** ending is equivalent to the English *–ly.*

Adjective	Feminine form	Suffix	Adverb
básico	**básica**	**–mente**	**básicamente** *basically*
cuidadoso	**cuidadosa**	**–mente**	**cuidadosamente** *carefully*
enorme	**enorme**	**–mente**	**enormemente** *enormously*
hábil	**hábil**	**–mente**	**hábilmente** *cleverly; skillfully*

- If two or more adverbs modify the same verb, only the final adverb uses the suffix **–mente**.

Se marchó **lenta** y **silenciosamente**.
He left slowly and silently.

Lo explicó **clara** y **cuidadosamente**.
She explained it clearly and carefully.

- The construction **con** + [*noun*] is often used instead of long adverbs that end in **–mente**.

cuidadosamente = **con cuidado**   **frecuentemente** = **con frecuencia**

- Here are some common adverbs and adverbial phrases:

a menudo *frequently; often*	**así** *like this; so*	**mañana** *tomorrow*
a tiempo *on time*	**ayer** *yesterday*	**más** *more*
a veces *sometimes*	**casi** *almost*	**menos** *less*
adentro *inside*	**de costumbre** *usually*	**muy** *very*
afuera *outside*	**de repente** *suddenly*	**por fin** *finally*
apenas *hardly; scarcely*	**de vez en cuando** *now and then*	**pronto** *soon*
aquí *here*		**tan** *so*

A veces salimos a tomar un café.
Sometimes we go out for coffee.

Casi terminé el libro.
I almost finished the book.

- The adverbs **poco** and **bien** frequently modify adjectives. In these cases, **poco** is often the equivalent of the English prefix *un–,* while **bien** means *well, very, rather* or *quite.*

La situación está **poco** clara.
The situation is unclear.

El plan estuvo **bien** pensado.
The plan was well thought out.

> **¡ATENCIÓN!**
>
> Some adverbs and adjectives have the same forms.
>
> ADJ: **bastante dinero**
> *enough money*
> ADV: **bastante difícil**
> *rather difficult*
>
> ADJ: **poco tiempo**
> *little time*
> ADV: **habla poco**
> *speaks very little*

Práctica

1

Adverbios Escribe el adverbio que se deriva de cada adjetivo.

1. básico _____
2. feliz _____
3. fácil _____
4. inteligente _____
5. alegre _____

6. común _____
7. injusto _____
8. asombroso _____
9. insistente _____
10. silencioso _____

2

Instrucciones para ser feliz Completa cada oración de forma lógica con un adverbio derivado de un adjetivo de la lista.

cuidadoso	frecuente	malo	triste
enorme	inmediato	tranquilo	último

1. Tienes que amar a tu pareja _____.
2. Haz ejercicio _____.
3. Debes gastar el dinero _____.
4. Si eres injusto/a con alguien, debes pedir perdón _____.
5. Desayuna todas las mañanas _____.

3

Recomendaciones Los padres de Mario y Paola salieron de viaje por dos semanas. Lee las recomendaciones que les dejaron a los chicos pegadas en el refrigerador. Completa los espacios con un adverbio o expresión adverbial de la lista.

a menudo	adentro	así	mañana
a tiempo	afuera	de vez en cuando	tan

Lunes, 19 de octubre

1. Pasar la aspiradora _____.(¡Todos los días!)

2. Si llueve, poner los muebles del jardín _____.

3. Llegar a la escuela _____.

4. _____, llevar a Botitas al veterinario para su cita.

5. Dejar que el gato juegue _____ si no llueve.

6. Sólo ir _____ al centro comercial.

 **Presentation**

Diminutives and augmentatives

- Diminutives and augmentatives (**diminutivos y aumentativos**) are frequently used in conversational Spanish. They emphasize size or express shades of meaning like affection or ridicule. Diminutives and augmentatives are formed by adding a suffix to the root of nouns or adjectives (which agree in gender and number), and occasionally adverbs.

- The most common diminutive suffixes are forms of **–ito/a** and **–illo/a**.

  Huguillo, ¿me traes un **cafecito** con unos **panecillos**?
  Little Hugo, would you bring me a little cup of coffee with a few rolls?

  Ahorita, abuelita, se los preparo **rapidito**.
  Right away, Granny, I'll have them ready in a jiffy.

- Most words form the diminutive by adding **–ito/a** or **–illo/a**. For words ending in vowels (except **–e**), the last vowel is dropped before the suffix.

bajo → **baj**ito *very short; very quietly*	ventana → **ventan**illa *little window*
Miguel → **Miguel**ito *Mikey*	campana → **campan**illa *handbell*

- Most words that end in **–e, –n,** or **–r** use the forms **–cito/a** or **–cillo/a.** However, one-syllable words often use **–ecito/a** or **–ecillo/a.**

Carmen → **Carmen**cita *little Carmen*	pan → **pan**ecillo *roll*
amor → **amor**cito *sweetheart*	pez → **pec**ecito *little fish*

- The most common augmentative suffixes are forms of **–ón/–ona, –ote/–ota,** and **–azo/–aza.**

  Hijo, ¿por qué tienes ese **chichonazo** en la cabeza?
  Son, how'd you get that huge bump on your head?

  Le dije *panzón* al **gordote** de la otra cuadra, ¡y me dio un **golpetazo**!
  I said Fatty *to the big fat guy from the next block, and he really socked me one!*

- Most words form the augmentative by simply adding the suffix to the word. For words ending in vowels, the final vowel is usually dropped.

hombre → **hombr**ón *big man; tough guy*	casa → **cas**ona *big house; mansion*
perro → **perr**azo *big, scary dog*	palabra → **palabr**ota *swear word*

- Note that many feminine nouns become masculine in the augmentative when the suffix **–ón** is used, unless they refer specifically to someone's gender.

la silla → el **sill**ón *armchair*	la mujer → la **mujer**ona *big woman*
la mancha → el **manch**ón *large stain*	la soltera → la **solter**ona *old maid*

- In regions where diminutives and augmentatives are used heavily in conversational Spanish, double endings are frequently used for additional emphasis.

  chico/a → chiquito/a → chiquitito/a   grande → grandote/a → grandotote/a

- Some words change meaning completely when a suffix is added.

manzana → manzanilla	pera → perilla
apple *camomile*	*pear* *goatee*

¡ATENCIÓN!

Diminutive and augmentative suffixes may vary from one region to another, and sometimes convey different meanings or connotations. For example, while **–ito/a** and **–illo/a** may both mean *small*, **–ito/a** may imply *cute, nice,* or *dear,* while **–illo** may be used lightly, depreciatively, or for things of little importance.

¡Ay, qué perrito más lindo!
Oh, what a cute little puppy!

¡Ay, qué perrillo más feo!
Oh, what an ugly little mutt!

¡ATENCIÓN!

Note the following spelling changes:

chico → chiquillo
amigo → amiguito
agua → agüita
luz → lucecita

¡ATENCIÓN!

The masculine suffix **–azo** can also mean *blow* or *shot.*

flecha → flechazo *arrow wound; love at first sight*
rodilla → rodillazo *a blow to the knee*

The letters **–t–** or **–et–** are occasionally added to the beginning of augmentative endings.

reggae → reggaetón
guapa → guapetona
golpe → golpetazo

¡ATENCIÓN!

For words ending in **–s** (singular or plural), diminutive and augmentative endings precede the final **–s**.

besos → besitos

Práctica

1 **La carta** Completa el párrafo con la forma indicada de cada palabra. Haz los cambios que creas necesarios.

Querido (1) _____ (nieto, –ito):

Cuando yo era (2) _____ (pequeño, –ito) como tú, jugaba siempre en la calle. Mi (3) _____ (abuela, –ita) me decía que no fuera con los (4) _____ (amigos, –ote) de mi hermano porque ellos eran mayores que yo y eran (5) _____ (hombres, –ón). Yo, entonces, era muy (6) _____ (cabeza, –ón) y nunca hacía lo que ella decía. Una tarde, estaba jugando al fútbol, y uno de ellos me dio un (7) _____ (rodilla, –azo) que me rompió la (8) _____ (nariz, –ota). Nunca más jugué con ellos y, desde entonces, sólo salí con mis (9) _____ (amigos, –ito). Espero que me vengas a visitar (10) _____ (pronto, –ito).

Tu abuelo César

2 **Completar** Completa las oraciones con el aumentativo o el diminutivo que corresponda a la definición entre paréntesis.

1. ¿Por qué no les gusta a los profesores que los estudiantes digan _____ (palabras feas y desagradables)?

2. El _____ (perro pequeño) de mi novia es muy lindo y amistoso.

3. Ese abogado tiene una buena _____ (nariz grande) para adivinar los problemas de sus clientes.

4. Mis abuelos viven en una _____ (casa grande) muy vieja.

5. La cantante Samantha siempre lleva una _____ (flor pequeña) en el cabello.

6. El presidente del partido tiene una excelente _____ (cabeza grande) para memorizar sus discursos.

7. A mi _____ (hermana menor) le fascina ir a la playa y hacer excursiones en el campo.

3 **¿Qué palabra es?** Combina las palabras para formar diminutivos y aumentativos.

1. muy grande _____

2. lago pequeño _____

3. cuarto grande y amplio _____

4. sillas para niños _____

5. libro grande y grueso _____

6. gato bebé _____

7. hombre alto y fuerte _____

8. muy cerca _____

9. abuelo querido _____

10. soldados de juguete _____

 Presentation

7.4

Past participles used as adjectives

- Past participles are used with **haber** to form compound tenses, such as the present perfect and the past perfect, and with **ser** to express the passive voice. They are also frequently used as adjectives.

- When a past participle is used as an adjective, it agrees in number and gender with the noun it modifies.

  un proyecto complicado
  a complicated project

  una oficina bien organizada
  a well-organized office

  los trabajadores destacados
  the outstanding workers

  las reuniones aburridas
  the boring meetings

- Past participles are often used with the verb **estar** to express a state or condition that results from the action of another verb. They frequently express physical or emotional states.

  Felicia, **¿estás despierta?**
  Felicia, are you awake?

  No, **estoy dormida**.
  No, I'm asleep.

  Marco, **estoy enfadado**.
  ¿Por qué no depositaste los cheques?

  Perdón, don Humberto.
  Es que el banco ya **estaba cerrado**.

  Marco, I'm furious.
  Why didn't you deposit the checks?

  I'm sorry, Don Humberto.
  It's that the bank was already closed.

- Past participles may be used as adjectives with other verbs, as well.

  Empezó a llover y **llegué empapada** a la reunión.
  It started to rain and I arrived at the meeting soaking wet.

  Ese libro **es** tan **aburrido**.
  That book is so boring.

  Después de las vacaciones, **nos sentimos descansados**.
  After vacation, we felt rested.

  ¿Los documentos? Ya los **tengo corregidos**.
  The documents? I already have them corrected.

—¿**Tiene** el servicio militar **cumplido?**

- Note that past participles are often used as adjectives to describe physical or emotional states.

aburrido/a	confundido/a	enojado/a	muerto/a
(des)cansado/a	enamorado/a	estresado/a	sorprendido/a

Práctica

1

Entrevista de trabajo Julieta trabaja en Recursos Humanos y está preparando sus preguntas para los candidatos que va a entrevistar para un puesto en la empresa. Completa cada pregunta de Julieta con el participio del verbo entre paréntesis.

1. ¿Por qué crees que estás _____ (preparar) para este puesto?

2. ¿Estás _____ (informar) sobre nuestros productos?

3. ¿Te sientes _____ (sorprender) de todos los beneficios que ofrecemos?

4. ¿Por qué estás _____ (interesar) en este puesto en particular?

5. ¿Trajiste tu currículum _____ (escribir) en computadora?

6. ¿Cómo manejarás el estrés cuando ya estés _____ (contratar)?

2

¿Cómo están ellos? Mira las imágenes y relaciónalas con los verbos de la lista. Después completa cada frase usando **estar** + [*participio*].

| aburrir | enamorar | esconder | preparar |
| cansar | enojar | lastimar | sorprender |

1. Ellos _____   2. Juanito _____   3. Eva _____

4. Ellos _____   5. Marta _____

3

Dicho de otra forma Transforma las oraciones usando **estar** y el participio pasado del verbo correspondiente. Sigue el modelo.

> **Modelo**   **Envió las cartas.**
>   Las cartas están enviadas.

1. El enfermo se despertó.

2. Cubrieron todas las salidas.

3. No preparó el plan todavía.

4. Ya filmaron la película.

5. Por desgracia, rompieron su compromiso.

6. El bar abre sólo por la tarde.

7. Los dos se enamoraron profundamente.

8. Hizo su cama y guardó las cosas en su valija.

 Presentation

Time expressions with *hacer*

- In Spanish, the verb **hacer** is used to describe how long something has been happening or how long ago an event occurred.

Time expressions with **hacer**	
PRESENT	**Hace** + [*period of time*] + **que** + [*verb in present tense*]
	Hace tres semanas que busco trabajo.
	I've been looking for work for three weeks.
PRETERITE	**Hace** + [*period of time*] + **que** + [*verb in the preterite*]
	Hace seis meses que fueron a Bolivia.
	They went to Bolivia six months ago.
IMPERFECT	**Hacía** + [*period of time*] + **que** + [*verb in the imperfect*]
	Hacía treinta años que trabajaba con nosotros cuando por fin se jubiló.
	He had been working with us for thirty years when he finally retired.

- To express the duration of an event that continues into the present, Spanish uses the construction **hace** + [*period of time*] + **que** + [*present tense verb*]. Note that **hace** does not change form.

¿Cuánto tiempo **hace que vives** en Paraguay?
How long have you lived in Paraguay?

Hace siete años **que vivo** en Paraguay.
I've lived in Paraguay for seven years.

- To make a sentence negative, add **no** before the conjugated verb. Negative time expressions with **hacer** often translate as *since* in English.

¿Hace mucho tiempo que **no** le dan un aumento de sueldo?
Has it been a long time since they gave you a raise?

¡Uy, hace años que **no** me dan un aumento de sueldo!
It's been years since they gave me a raise!/ They haven't given me a raise in years!

- To tell how long ago an event occurred, use **hace** + [*period of time*] + **que** + [*preterite tense verb*].

¿Cuánto tiempo **hace que** te **despidieron**?
How long ago were you fired?

Hace cuatro días que me **despidieron**.
I was fired four days ago.

- **Hacer** is occasionally used in the imperfect to describe how long an event had been happening before another event occurred. Note that both **hacer** and the conjugated verb use the imperfect.

Hacía dos años que no estudiaba español cuando decidió tomar otra clase.
She hadn't studied Spanish for two years when she decided to take another class.

Práctica

1

Oraciones Escribe oraciones utilizando expresiones de tiempo con **hacer**. Usa el tiempo presente en las oraciones 1 a 3 y el pretérito en las oraciones 4 a 6.

> **Modelo**   **Ana / hablar por teléfono / veinte minutos**
> Hace veinte minutos que Ana habla por teléfono.

1. Roberto y Miguel / estudiar / tres horas

   _____

2. nosotros / estar enfermos / una semana

   _____

3. tú / trabajar en esta empresa / seis meses

   _____

4. Sergio / visitar Bolivia / un mes

   _____

5. yo / ir a Paraguay / un año

   _____

6. Esteban y Lisa / casarse / dos años

   _____

2

Minidiálogos Completa los minidiálogos con las palabras adecuadas.

1. **GRACIELA** ¿_____ tiempo hace que vives en esta ciudad?
   SUSANA Mmm... _____ dos años que _____ aquí.

2. **GUSTAVO** Hacía veinte años que Miguel _____ con nosotros cuando decidió jubilarse, ¿verdad?
   ARMANDO No, _____ quince años que trabajaba con nosotros cuando se jubiló.

3. **MARÍA** _____ a visitar a tu novia hace dos meses, ¿no?
   PEDRO Sí, _____ dos meses que fui a visitar a mi novia. ¡La extraño mucho!

4. **PACO** ¿Cuánto tiempo _____ que _____ español?
   ANA Estudio español _____ hace tres años.

3

Preguntas Responde a las preguntas con oraciones completas. Utiliza las palabras entre paréntesis.

1. ¿Cuánto tiempo hace que fuiste de vacaciones a la playa? (cinco años)

   _____

2. ¿Hace cuánto tiempo que estudias economía? (dos semanas)

   _____

3. ¿Cuánto tiempo hace que despidieron a Nicolás? (un mes)

   _____

4. ¿Cuánto tiempo hace que llegaron Irene y Natalia? (una hora)

   _____

5. ¿Hace cuánto tiempo que ustedes trabajan aquí? (cuatro días)

   _____

 **Presentation**

8.4 Prepositions: *a, hacia,* and *con*

- The preposition **a** can mean *to, at, for, upon, within, of, on, from,* or *by,* depending on the context. Sometimes it has no direct translation in English.

Fueron **al** cine.
They went to the movies.

Termino **a** las doce.
It ended at midnight.

Lucy estaba **a** mi derecha.
Lucy was on my right.

Al llegar **a** casa, me sentí feliz.
Upon returning home, I felt happy.

- The preposition **a** introduces indirect objects.

Le mandó un mensaje de texto **a** su novio.
She sent a text message to her boyfriend.

Le prometió **a** María que saldrían el viernes.
He promised María they'd go out on Friday.

- When a direct object noun is a person (or a pet), it is preceded by the personal **a,** which has no equivalent in English. If the person in question is not specific, the personal **a** is omitted, except before the words **alguien, nadie, alguno/a,** and **ninguno/a.**

¿Viste **a** tus amigos?
Did you see your friends?

No, no he visto **a** nadie.
No, I haven't seen anyone.

Necesitamos un buen ingeniero.
We need a good engineer.

Conozco **a** una ingeniera excelente.
I know an excellent engineer.

- With movement, either literal or figurative, **hacia** means *toward* or *to.*

Él se dirige **hacia** Chile para ver el eclipse.
He is going to Chile to see the eclipse.

La actitud de René **hacia** él fue negativa.
René's attitude toward him was negative.

- With time, **hacia** means *approximately, around, about,* or *toward.*

Hacia la una de la mañana, vi una luz extraña en el cielo.
Around one o'clock in the morning, I saw a strange light in the sky.

Sus teorías se hicieron populares **hacia** la segunda mitad del siglo XX.
His theories became popular toward the second half of the twentieth century.

- The preposition **con** means *with.*

Trabajó **con** los mejores investigadores.
She worked with the best researchers.

Quiero una computadora **con** pantalla táctil.
I want a computer with a touch screen.

- **Con** can also mean *but, even though,* or *in spite of* when used to convey surprise at an apparent conflict between two known facts.

No han podido descubrir la cura.
They've been unable to discover a cure.

¡**Con** todo el dinero que reciben!
In spite of all the money they get!

Práctica

1

Unir Elige el elemento de la segunda columna que complete correctamente cada frase de la primera columna.

1. La clase de ciencias comenzará _____   a. hacia la salida.

2. El químico se negó _____   b. con las noticias.

3. Trata de estar al día _____   c. con el café.

4. Cuando terminó el experimento, caminó _____   d. a la astrónoma.

5. Manchó la ropa _____   e. fue muy positiva.

6. El reportero hizo reír _____   f. a realizar ese experimento.

7. La actitud de Alberto _____   g. hacia las nueve y media.

2

Completar Coloca la preposición **a** sólo cuando sea necesario.

1. Vio _____ la cámara digital que quiere comprar.

2. La astronauta salió _____ la calle.

3. Le presentó _____ la ingeniera el proyecto de construcción.

4. El periódico publicó _____ un artículo sobre el descubrimiento.

5. Vimos _____ un ovni anoche.

6. El matemático dio un informe _____ los periodistas.

7. _____ la investigadora no le gusta levantarse temprano.

8. ¿Conoces _____ un buen restaurante cerca de aquí?

3

Oraciones Escribe oraciones completas con los elementos dados. En cada una debes usar **a, con** o **hacia** por lo menos una vez. Haz los cambios que creas necesarios.

1. estrella fugaz / estarse moviendo / ese planeta

_____

2. biólogo / hablar / jefe / laboratorio

_____

3. hace dos días / químico / salir / comer / bióloga

_____

4. nosotros / enseñarle / teoría / grupo

_____

5. yo / compartir / información / mis compañeros

_____

6. ayer / María / darle / contraseña / Manuel

_____

7. anoche / ovni / volar / bosque

_____

8. tú / escuchar / CD / canciones que te gustan

_____

 Presentation

8.5

Prepositions: *de, desde, en, entre, hasta,* and *sin*

- **De** often corresponds to *of* or the possessive endings *'s/s'* in English.

Uses of de					
Possession	Description	Material	Position	Origin	Contents
la superficie del sol	**la fórmula de larga duración**	**el recipiente de vidrio**	**la pantalla de enfrente**	**El científico es de Perú.**	**el vaso de agua destilada**
the sun's surface	*the long-lasting formula*	*the glass container*	*the facing screen*	*The scientist is from Peru.*	*the glass of distilled water*

- **Desde** expresses direction *(from)* and time *(since)*.

El cohete viajó **desde** la Tierra a la Luna.
The rocket traveled from the Earth to the Moon.

No hemos oído de ellos **desde** el martes.
We haven't heard from them since Tuesday.

- **En** corresponds to several English prepositions, such as *in, on, into, onto, by,* and *at.*

El microscopio está **en** la mesa.
The microscope is on the table.

El profesor entró **en** la clase.
The professor went into the classroom.

Los resultados se encuentran **en** el cuaderno.
The results can be found in the notebook.

Luisa y Marta se encontraron **en** el museo.
Luisa and Marta met at the museum.

- **Entre** generally corresponds to the English prepositions *between* and *among.*

entre 1976 y 1982
between 1976 and 1982

entre ellos
among themselves

- **Entre** is not followed by **ti** and **mí**, the usual pronouns that serve as objects of prepositions. Instead, the subject pronouns **tú** and **yo** are used.

Entre tú y yo... *Between you and me . . .*

- **Hasta** corresponds to *as far as* in spatial relationships, *until* in time relationships, and *up to* for quantities. It can also be used as an adverb to mean *even* or *including.*

Avanzaron **hasta** las murallas del palacio.
They advanced as far as the palace walls.

Hasta 1898, Cuba fue colonia de España.
Until 1898, Cuba was a colony of Spain.

Haremos **hasta** veinte experimentos.
We'll do up to twenty experiments.

Hasta el presidente quedó sorprendido.
Even the president was surprised.

- **Sin** corresponds to *without* in English. It is often followed by a noun, but it can also be followed by the infinitive form of a verb.

No veo nada **sin** los lentes.
I can't see a thing without glasses.

Lo hice **sin** pensar.
I did it without thinking.

Práctica

1

Completar Completa cada oración con la opción correcta.

1. _____ la patente no podremos vender nuestro invento.
   a. En   b. Hasta   c. Sin

2. Una computadora como ésta puede costar _____ tres mil dólares.
   a. hasta   b. sin   c. en

3. ¿Estás segura de que el ovni va a aterrizar _____ nuestro jardín?
   a. de   b. en   c. sin

4. Nos vemos a las once en el laboratorio _____ biología.
   a. entre   b. de   c. desde

5. _____ mi ventana vi una estrella fugaz y pedí un deseo.
   a. Desde   b. En   c. Hasta

6. Este descubrimiento debe quedar sólo _____ tú y yo.
   a. entre   b. de   c. desde

2

Un artículo Completa el texto con las preposiciones **de, desde** o **en**.

(1) _____ la Tierra puedes ver hasta 3.000 estrellas. (2) _____ una noche clara también puedes ver una nube (3) _____ estrellas llamada Vía Láctea. Podrás descubrir rayos (*rays*) (4) _____ luz que se llaman estrellas fugaces. La estrella que está más cerca (5) _____ la Tierra es el Sol. (6) _____ el Sol hasta la Tierra hay unos 150 millones (7) _____ kilómetros.

¿Sabías que (8) _____ los inicios de la humanidad los hombres creían que el Sol era una pelota (9) _____ fuego? Los chinos, por ejemplo, pensaban que el Sol había salido (10) _____ la boca (11) _____ un dragón.

(12) _____ el Sol llegan a la Tierra diferentes tipos (13) _____ rayos. La capa (14) _____ ozono no deja pasar los rayos ultravioleta que son peligrosos para la salud (15) _____ personas, animales y plantas. Por eso, los agujeros (*holes*) (16) _____ la capa (17) _____ ozono se estudian constantemente (18) _____ los laboratorios científicos.

3

La hipótesis Completa las oraciones con las preposiciones **entre, hasta** o **sin**.

1. Hay varias hipótesis sobre el origen de los humanos en el continente americano. _____ ellas, la del antropólogo argentino Florentino Ameghino.

2. Ameghino decía que la especie humana se había originado en América. Hoy sabemos que Ameghino formuló esa idea _____ muchos fundamentos.

3. _____ ahora no se ha encontrado en América ningún fósil similar al del hombre de Neandertal.

4. _____ todos los esqueletos encontrados, no hay ninguno que se diferencie mucho del de los humanos modernos.

5. _____ embargo, sí se han encontrado restos (*remains*) de animales extintos desde hace cientos de miles de años.

6. _____ ellos están el mastodonte de Ecuador, un bisonte (*bison*) fósil y un elefante antiguo.

9.4

 Presentation

Transitional expressions

- Transitional words and phrases express the connections between ideas and details.

Me puedo esperar sentado,
***porque** si es por ella no me*
lo va a decir nunca.

- Many transitional words and phrases function to narrate time and sequence.

al final *at the end, in the end*	**hoy** *today*
al mismo tiempo *at the same time*	**luego** *then, next*
al principio *in the beginning*	**mañana** *tomorrow*
anteayer *the day before yesterday*	**mientras** *while*
antes (de) *before*	**pasado mañana** *the day after tomorrow*
ayer *yesterday*	**por fin** *finally*
después (de) *after, afterward*	**primero** *first*
entonces *then, at that time*	**segundo** *second*
finalmente *finally*	**siempre** *always*

- Several other transitional expressions compare or contrast ideas and details.

además *furthermore*	**ni... ni...** *neither. . . nor. . .*
al contrario *on the contrary*	**o... o...** *either. . . or. . .*
al mismo tiempo *at the same time*	**por otra parte/otro lado** *on the other hand*
aunque *although*	
con excepción de *with the exception of*	**por un lado... por el otro...** *on one hand. . . on the other. . .*
de la misma manera *similarly*	
del mismo modo *similarly*	**por una parte... por la otra...** *on one hand. . . on the other. . .*
igualmente *likewise*	**sin embargo** *however, yet*
mientras que *meanwhile, whereas*	**también** *also*

- Transitional expressions are also used to express cause and effect relationships.

así que *so; therefore*	**por consiguiente** *therefore*
como *since*	**por eso** *therefore*
como resultado (de) *as a result (of)*	**por esta razón** *for this reason*
dado que *since*	**por lo tanto** *therefore*
debido a *due to*	**porque** *because*

Práctica

1

Ordena los hechos Reconstruye el orden de los hechos asignando un número para cada uno. Ten en cuenta las expresiones de transición.

_____ a. Primero envié mi currículum por correo.

_____ b. Después de la entrevista, el gerente se despidió muy contento.

_____ c. Antes de la entrevista, tuve que escribir una carta de presentación.

_____ d. Al principio de la entrevista, el gerente de la empresa me pidió la carta y la leyó.

_____ e. Mañana empiezo a trabajar.

_____ f. Luego, el gerente me recibió en su oficina.

_____ g. Finalmente, el gerente alabó mi experiencia y mi disposición.

_____ h. Dos semanas después, me citaron para una entrevista con el gerente.

2

Escoge Completa las oraciones con una de las opciones entre paréntesis.

1. Me gustan las actividades al aire libre, _____ (sin embargo / por eso) voy a esquiar todos los inviernos.

2. Eres aficionado al boliche y, _____ (por esta razón / por otra parte), te encanta leer.

3. Jugamos con todo el corazón y _____ (sin embargo / debido a eso) perdimos el partido.

4. Me lastimé el pie _____ (como resultado / con excepción) de la carrera.

5. Después de dos meses de búsqueda, _____ (como / por fin) conseguí entradas para el concierto.

6. Es un aguafiestas y _____ (mientras que / por lo tanto) no fue a la feria con nosotros.

7. Julia fue al teatro anoche, pero _____ (ni / además) se divirtió _____ (también / ni) aplaudió.

3

Completar Marcos acaba de regresar de un viaje por Argentina. Completa su relato con las expresiones de la lista. Puedes usar algunas expresiones más de una vez.

además	del mismo modo	por eso
al contrario	mientras que	por un lado
debido a eso	por el otro	sin embargo

Hoy estoy muy contento, (1) _____ ven en mi cara una sonrisa. ¡Hice un viaje maravilloso por Argentina! (2) _____, no fue estresante, (3) _____, descansé mucho. Mi paseo fue muy variado, (4) _____, pasé varios días en Buenos Aires y (5) _____, recorrí la pampa argentina, donde hice muchos amigos. Buenos Aires es una ciudad llena de historia, (6) _____ su carácter contemporáneo la mantiene entre las capitales más activas de Suramérica. (7) _____, todo lo que empieza tiene que acabar y mi viaje terminó antes de lo que esperaba, (8) _____, pienso volver el próximo año.

 Presentation

10.4

Pero vs. *sino*

*Ay, yo lo siento, **pero** no puedo cambiar nada.*

*Seguro que ha quedado bien, **sino que** que tengo un pequeño problema de liquidez.*

- In Spanish, both **pero** and **sino** are used to introduce contradictions or qualifications, but the two words are not interchangeable.

- **Pero** means *but* (in the sense of *however*). It may be used after either affirmative or negative clauses.

> Votaré por este partido, **pero** no me gusta su candidato.
> *I will vote for this party, but I don't like its candidate.*

> Él no decía que era religioso, **pero** siempre iba a misa.
> *He didn't say he was religious, but he always went to mass.*

- **Sino** also means *but* (in the sense of *but rather* or *on the contrary*). It is used only after negative clauses. **Sino** introduces a contradicting idea that clarifies or qualifies the previous information.

> **No** me interesan las excusas, **sino** las soluciones.
> *I'm not interested in excuses, but rather in solutions.*

> La casa **no** está en el centro de la ciudad, **sino** en las afueras.
> *The house is not in the center of the city, but rather in the outskirts.*

- When **sino** is used before a conjugated verb, the conjunction **que** is added.

> No quiero que vayas a la fiesta, **sino que** hagas tu tarea.
> *I don't want you to go to the party, but to do your homework instead.*

> No iba a su casa, **sino que** se quedaba en la capital.
> *She was not going home, but was staying in the capital instead.*

- *Not only… but also* is expressed with the phrase **no sólo… sino (que) también/además**.

> **No sólo** quiero pastel, **sino que también** quiero helado.
> *I not only want cake, but I also want ice cream.*

- The phrase **pero tampoco** means *but neither* or *but not either*.

> No apoyan la globalización, **pero tampoco** son aislacionistas.
> *They don't support globalization, but they're not isolationists either.*

¡ATENCIÓN!

Pero también (*but also*) is used after affirmative clauses.

Pedro es inteligente, pero también es cabezón.
Pedro is smart, but he is also stubborn.

Práctica

1 **Columnas** Completa cada oración con la opción correcta de la segunda columna.

1. Sofía no quiere viajar mañana y Marta _____.
2. Mi compañero de cuarto no es de Madrid, _____ de Barcelona.
3. Mis padres querían que yo trabajara, _____ yo me fui de viaje a Europa.
4. No fui al partido de fútbol, _____ fui al concierto de rock.

a. pero
b. pero tampoco
c. sino
d. tampoco

2 **Completar** Completa cada oración con **no sólo, pero, sino (que)** o **tampoco**.

1. Las cartas no llegaron el miércoles, _____ el jueves.
2. Mis amigos no quieren ir al cine esta noche y yo _____.
3. No me gusta conducir por la noche, _____ te llevaré a la fiesta en mi carro.
4. Carlos no me llamaba por teléfono, _____ me enviaba correos electrónicos con frecuencia.
5. Yo _____ esperaba aprobar el examen, _____ también sacar una A.
6. Mis amigos no pensaban votar en las próximas elecciones, _____ yo los convencí para que lo hicieran.
7. Quiero aclarar que Juan no llegó temprano, _____ muy tarde.

3 **El mundo de hoy** Dos amigos están hablando sobre su visión del mundo contemporáneo. Uno es muy optimista y el otro es pesimista. Completa la conversación.

no sólo	sino
pero	sino que
pero tampoco	

TOMÁS El mundo de hoy es muy complejo, (1) _____ hay que reconocer que hemos avanzado mucho.

FELIPE Yo no estoy de acuerdo. Me da la sensación de que últimamente (2) _____ hemos avanzado poco, (3) _____ vamos para atrás.

TOMÁS ¡Cómo puedes decir eso, Felipe!

FELIPE El mundo no es (4) _____ consumismo en los países ricos y miseria en los países pobres.

TOMÁS Ése es un problema grave, (5) _____ creo que esa miseria ya existía antes. Acepto que tienes parte de razón, (6) _____ vas a negar que hay inventos que han mejorado nuestra calidad de vida.

FELIPE Bueno, reconozco que yo no podría vivir sin el teléfono, el automóvil o la electricidad.

TOMÁS Pues a eso me refería yo.

Verb conjugation tables

Below you will find the infinitive of the verbs introduced as active vocabulary in **IMAGINA**, as well as other common verbs. Each verb is followed by a model verb conjugated on the same pattern. The number in parentheses indicates where in the verb tables, pages **418–425**, you can find the conjugated forms of the model verb. Many of these verbs can be used reflexively. To check the verb conjugation, use the tables on pages **418–425**. For placement of the reflexive pronouns, see page **426**.

abandonar like hablar (1)
abastecer (c:zc) like conocer (35)
abrazar (z:c) like cruzar (37)
abrir like vivir (3) *except* past participle is abierto
aburrir like vivir (3)
abusar like hablar (1)
acabar like hablar (1)
acariciar like hablar (1)
acercar (c:qu) like tocar (43)
acordar (o:ue) like contar (24)
acosar like hablar (1)
acostar (o:ue) like contar (24)
acostumbrar like hablar (1)
actuar like graduar (40)
acudir like vivir (3)
adaptar like hablar (1)
adivinar like hablar (1)
adjuntar like hablar (1)
administrar like hablar (1)
afeitar like hablar (1)
afligir (g:j) like proteger (42) for consonant change only
agotar like hablar (1)
agradecer (c:zc) like conocer (35)
aguantar like hablar (1)
ahogar (g:gu) like llegar (41)
ahorrar like hablar (1)
alcanzar (z:c) like cruzar (37)
alejar like hablar (1)
alimentar like hablar (1)
aliviar like hablar (1)
amanecer (c:zc) like conocer (35)
amar like hablar (1)
amenazar (z:c) like cruzar (37)
andar like hablar (1) *except* preterite stem is anduv-
animar like hablar (1)
anotar like hablar (1)
anticipar like hablar (1)
añadir like vivir (3)
aparcar (c:qu) like tocar (43)
aplaudir like vivir (3)
apostar (o:ue) like contar (24)
apoyar like hablar (1)
aprender like comer (2)
aprobar (o:ue) like contar (24)

aprovechar like hablar (1)
apuntar like hablar (1)
arreglar like hablar (1)
arrepentir (e:ie) like sentir (33)
arriesgar (g:gu) like llegar (41)
arruinar like hablar (1)
ascender (e:ie) like entender (27)
asimilar like hablar (1)
asistir like vivir (3)
aterrizar (z:c) like cruzar (37)
atraer like traer (21)
atrever like comer (2)
aumentar like hablar (1)
averiguar like hablar (1)
ayudar like hablar (1)
bailar like hablar (1)
bajar like hablar (1)
bañar like hablar (1)
batir like vivir (3)
beber like comer (2)
besar like hablar (1)
borrar like hablar (1)
brindar like hablar (1)
burlar like hablar (1)
buscar (c:qu) like tocar (43)
caber (4)
caer (5)
callar like hablar (1)
cambiar like hablar (1)
caminar like hablar (1)
capacitar like hablar (1)
casar like hablar (1)
castigar (g:gu) like llegar (41)
cazar (z:c) like cruzar (37)
ceder like comer (2)
celebrar like hablar (1)
cepillar like hablar (1)
cerrar (e:ie) like pensar (30)
chantajear like hablar (1)
charlar like hablar (1)
clonar like hablar (1)
cobrar like hablar (1)
coleccionar like hablar (1)
colocar (c:qu) like tocar (43)
comer (2)
cometer like comer (2)

compartir like vivir (3)
comportar like hablar (1)
comprar like hablar (1)
comprobar (o:ue) like contar (24)
compulsar like hablar (1)
conducir (c:zc) (6)
confiar like enviar (39)
congelar like hablar (1)
conocer (c:zc) (35)
conquistar like hablar (1)
conseguir (e:i) (gu:g) like seguir (32)
conservar like hablar (1)
considerar like hablar (1)
construir (y) like destruir (38)
consultar like hablar (1)
consumir like vivir (3)
contagiar like hablar (1)
contaminar like hablar (1)
contar (o:ue) (24)
contentar like hablar (1)
contratar like hablar (1)
contribuir (y) like destruir (38)
construir (y) like destruir (38)
convencer (c:z) like vencer (44)
conversar like hablar (1)
convertir (e:ie) like sentir (33)
convivir like vivir (3)
convocar (c:qu) like tocar (43)
cooperar like hablar (1)
coquetear like hablar (1)
correr like comer (2)
cortar like hablar (1)
crear like hablar (1)
crecer (c:zc) like conocer (35)
creer (y) (36)
criar like enviar (39)
cruzar (z:c) (37)
cubrir like vivir (3) *except* past participle is cubierto
cuidar like hablar (1)
cultivar like hablar (1)
curar like hablar (1)
dañar like hablar (1)
dar (7)
deber like comer (2)
decir (e:i) (8)

dedicar (c:qu) like tocar (43)
defender (e:ie) like entender (27)
dejar like hablar (1)
depositar like hablar (1)
derogar (g:gu) like llegar (41)
derretir (e:i) like pedir (29)
derrocar (c:qu) like tocar (43)
derrotar like hablar (1)
desafiar like enviar (39)
desaparecer (c:zc) like conocer (35)
desaprovechar like hablar (1)
desarrollar like hablar (1)
descargar (g:gu) like llegar (41)
desconfiar like enviar (39)
descongelar like hablar (1)
descubrir like vivir (3) *except* past participle is descubierto
desmayar like hablar (1)
despedir (e:i) like pedir (29)
despertar (e:ie) like pensar (30)
despreciar like hablar (1)
destacar (c:qu) like tocar (43)
destrozar (z:c) like cruzar (37)
destruir (y) (38)
detener (e:ie) like tener (20)
difundir like vivir (3)
dirigir (g:j) like proteger (42) for consonant change only
disculpar like hablar (1)
discutir like vivir (3)
disentir (e:ie) like sentir (33)
diseñar like hablar (1)
disfrutar like hablar (1)
disimular like hablar (1)
disminuir (y) like destruir (38)
disparar like hablar (1)
disponer like poner (15)
distinguir (gu:g) like extinguir (46)
divertir (e:ie) like sentir (33)
divorciar like hablar (1)
doblar like hablar (1)
dominar like hablar (1)
dormir (o:ue) (25)
duchar like hablar (1)
echar like hablar (1)
ejercer (c:z) like vencer (44)

elegir (e:i) like pedir (29) *except* (g:j) before a and o

emigrar like hablar (1)

empatar like hablar (1)

empeorar like hablar (1)

empezar (e:ie) (z:c) (26)

enamorar like hablar (1)

encabezar (z:c) like cruzar (37)

encarcelar like hablar (1)

engañar like hablar (1)

enojar like hablar (1)

enriquecer (c:zc) like conocer (35)

enrojecer (c:zc) like conocer (35)

ensayar like hablar (1)

enseñar like hablar (1)

entender (e:ie) (27)

enterar like hablar (1)

enterrar (e:ie) like pensar (30)

entretener (e:ie) like tener (20)

entrevistar like hablar (1)

enviar (39)

esconder like comer (2)

escribir like vivir (3) *except* past participle is escrito

esparcir (c:z) (45)

espiar like enviar (39)

establecer (c:zc) like conocer (35)

estar (9)

estrenar like hablar (1)

exigir (g:j) like proteger (42) for consonant change only

experimentar like hablar (1)

explorar like hablar (1)

exportar like hablar (1)

expulsar like hablar (1)

extinguir (gu:g) (46)

extrañar like hablar (1)

fabricar (c:qu) like tocar (43)

festejar like hablar (1)

fijar like hablar (1)

filmar like hablar (1)

financiar like hablar (1)

firmar like hablar (1)

flotar like hablar (1)

fortalecer (c:zc) like conocer (35)

ganar like hablar (1)

garantizar (z:c) like cruzar (37)

gastar like hablar (1)

gobernar (e:ie) like pensar (30)

golpear like hablar (1)

gozar (z:c) like cruzar (37)

grabar like hablar (1)

graduar (40)

gritar like hablar (1)

guardar like hablar (1)

guiar like enviar (39)

haber (10)

hablar (1)

hacer (11)

heredar like hablar (1)

homenajear like hablar (1)

huir (y) like destruir (38)

hundir like vivir (3)

incorporar like hablar (1)

incluir (y) like destruir (38)

independizar (z:c) like cruzar (37)

indicar (c:qu) like tocar (43)

influir (y) like destruir (38)

integrar like hablar (1)

intentar like hablar (1)

intercambiar like hablar (1)

intoxicar (c:qu) like tocar (43)

inventar like hablar (1)

invertir (e:ie) like sentir (33)

investigar (g:gu) like llegar (41)

ir (12)

jubilar like hablar (1)

jugar (u:ue) (g:gu) (28)

jurar like hablar (1)

juzgar (g:gu) like llegar (41)

lamentar like hablar (1)

lastimar like hablar (1)

lavar like hablar (1)

leer (y) like creer (36)

levantar like hablar (1)

ligar (g:gu) like llegar (41)

llegar (g:gu) (41)

llevar like hablar (1)

lograr like hablar (1)

luchar like hablar (1)

madrugar (g:gu) like llegar (41)

malcriar like enviar (39)

malgastar like hablar (1)

maquillar like hablar (1)

marcar (c:qu) like tocar (43)

marchar like hablar (1)

marear like hablar (1)

matar like hablar (1)

mejorar like hablar (1)

merecer (c:zc) like conocer (35)

meter like comer (2)

mezclar like hablar (1)

mimar like hablar (1)

morir (o:ue) like dormir (25) *except* past participle is muerto

mudar like hablar (1)

navegar (g:gu) like llegar (41)

obedecer (c:zc) like conocer (35)

odiar like hablar (1)

oír (y) (13)

olvidar like hablar (1)

opinar like hablar (1)

oprimir like vivir (3)

otorgar (g:gu) like llegar (41)

parar like hablar (1)

parecer (c:zc) like conocer (35)

partir like vivir (3)

pasar like hablar (1)

pasear like hablar (1)

patear like hablar (1)

pedir (e:i) (29)

pegar (g:gu) like llegar (41)

peinar like hablar (1)

pelear like hablar (1)

pensar (e:ie) (30)

perder (e:ie) like entender (27)

perdonar like hablar (1)

pertenecer (c:zc) like conocer (35)

planificar (c:qu) like tocar (43)

plantar like hablar (1)

poblar (o:ue) like contar (24)

podar like hablar (1)

poder (o:ue) (14)

poner (15)

portar like hablar (1)

predecir (e:i) like decir (8)

preguntar like hablar (1)

preocupar like hablar (1)

prescindir like vivir (3)

presenciar like hablar (1)

prestar like hablar (1)

prevenir (e:ie) like venir (22)

producir (c:zc) like conducir (6)

promover (o:ue) like volver (34) *except* past participle is regular

promulgar (g:gu) like llegar (41)

proteger (g:j) (42)

protestar like hablar (1)

publicar (c:qu) like tocar (43)

quedar like hablar (1)

quejar like hablar (1)

quemar like hablar (1)

querer (e:ie) (16)

quitar like hablar (1)

realizar (z:c) like cruzar (37)

rechazar (z:c) like cruzar (37)

recibir like vivir (3)

reciclar like hablar (1)

reconocer (c:zc) like conocer (35)

recorrer like comer (2)

reemplazar (z:c) like cruzar (37)

regañar like hablar (1)

regresar like hablar (1)

reír (e:i) (31)

relajar like hablar (1)

remodelar like hablar (1)

renunciar like hablar (1)

residir like vivir (3)

resistir like vivir (3)

resolver (o:ue) like volver (34)

respetar like hablar (1)

respirar like hablar (1)

reunir like vivir (3)

robar like hablar (1)

rodar (o:ue) like contar (24)

rodear like hablar (1)

romper like comer (2) *except* past participle is roto

rumorear like hablar (1)

saber (17)

sacrificar (c:qu) like tocar (43)

salir (18)

saltar like hablar (1)

salvar like hablar (1)

secar (c:qu) like tocar (43)

secuestrar like hablar (1)

seguir (e:i) (gu:g) (32)

sellar like hablar (1)

sembrar (e:ie) like pensar (30)

sentir (e:ie) (33)

señalar like hablar (1)

ser (19)

serrar (e:ie) like pensar (30)

significar (c:qu) like tocar (43)

silbar like hablar (1)

simbolizar (z:c) like cruzar (37)

sobresalir like salir (18)

sobrevivir like vivir (3)

solicitar like hablar (1)

soñar (o:ue) like contar (24)

soportar like hablar (1)

sorprender like comer (2)

sospechar like hablar (1)

subir like vivir (3)

subscribir like vivir (3) *except* past participle is subscrito

suceder like comer (2)

superar like hablar (1)

surgir (g:j) like proteger (42) for consonant change only

sustituir (y) like destruir (38)

tardar like hablar (1)

tener (e:ie) (20)

titular like hablar (1)

tocar (c:qu) (43)

tomar like hablar (1)

traducir (c:zc) like conducir (6)

traer (21)

transmitir like vivir (3)

trasladar like hablar (1)

trasnochar like hablar (1)

tratar like hablar (1)

urbanizar (z:c) like cruzar (37)

valer like tener (20) *except* no stem change, regular preterite and regular imperative

valorar like hablar (1)

vencer (c:z) (44)

vender like comer (2)

vengar (g:gu) like llegar (41)

venir (e:ie) (22)

ver (23)

vestir (e:i) like pedir (29)

viajar like hablar (1)

vigilar like hablar (1)

vivir (3)

volar (o:ue) like contar (24)

voltear like hablar (1)

volver (o:ue) (34)

votar like hablar (1)

Verb conjugation tables

Regular verbs: simple tenses

Infinitive	INDICATIVE					SUBJUNCTIVE		IMPERATIVE
	Present	Imperfect	Preterite	Future	Conditional	Present	Past	
1 hablar	hablo	hablaba	hablé	hablaré	hablaría	hable	hablara	
	hablas	hablabas	hablaste	hablarás	hablarías	hables	hablaras	habla tú (no hables)
	habla	hablaba	habló	hablará	hablaría	hable	hablara	hable Ud.
Participles:	hablamos	hablábamos	hablamos	hablaremos	hablaríamos	hablemos	habláramos	hablemos
hablando	habláis	hablabais	hablasteis	hablaréis	hablaríais	habléis	hablarais	hablad (no habléis)
hablado	hablan	hablaban	hablaron	hablarán	hablarían	hablen	hablaran	hablen Uds.
2 comer	como	comía	comí	comeré	comería	coma	comiera	
	comes	comías	comiste	comerás	comerías	comas	comieras	come tú (no comas)
	come	comía	comió	comerá	comería	coma	comiera	coma Ud.
Participles:	comemos	comíamos	comimos	comeremos	comeríamos	comamos	comiéramos	comamos
comiendo	coméis	comíais	comisteis	comeréis	comeríais	comáis	comierais	comed (no comáis)
comido	comen	comían	comieron	comerán	comerían	coman	comieran	coman Uds.
3 vivir	vivo	vivía	viví	viviré	viviría	viva	viviera	
	vives	vivías	viviste	vivirás	vivirías	vivas	vivieras	vive tú (no vivas)
	vive	vivía	vivió	vivirá	viviría	viva	viviera	viva Ud.
Participles:	vivimos	vivíamos	vivimos	viviremos	viviríamos	vivamos	viviéramos	vivamos
viviendo	vivís	vivíais	vivisteis	viviréis	viviríais	viváis	vivierais	vivid (no viváis)
vivido	viven	vivían	vivieron	vivirán	vivirían	vivan	vivieran	vivan Uds.

All verbs: compound tenses

PERFECT TENSES

INDICATIVE								SUBJUNCTIVE			
Present Perfect		Past Perfect		Future Perfect		Conditional Perfect		Present Perfect		Past Perfect	
he	hablado	había	hablado	habré	hablado	habría	hablado	haya	hablado	hubiera	hablado
has	comido	habías	comido	habrás	comido	habrías	comido	hayas	comido	hubieras	comido
ha	vivido	había	vivido	habrá	vivido	habría	vivido	haya	vivido	hubiera	vivido
hemos		habíamos		habremos		habríamos		hayamos		hubiéramos	
habéis		habíais		habréis		habríais		hayáis		hubierais	
han		habían		habrán		habrían		hayan		hubieran	

PROGRESSIVE TENSES

INDICATIVE						SUBJUNCTIVE			
Present Progressive		Past Progressive		Future Progressive		Conditional Progressive		Present Progressive		Past Progressive	

Present Progressive		Past Progressive		Future Progressive		Conditional Progressive		Present Progressive		Past Progressive	
estoy	hablando	estaba	hablando	estaré	hablando	estaría	hablando	esté	hablando	estuviera	hablando
estás	comiendo	estabas	comiendo	estarás	comiendo	estarías	comiendo	estés	comiendo	estuvieras	comiendo
está	viviendo	estaba	viviendo	estará	viviendo	estaría	viviendo	esté	viviendo	estuviera	viviendo
estamos		estábamos		estaremos		estaríamos		estemos		estuviéramos	
estáis		estabais		estaréis		estaríais		estéis		estuvierais	
están		estaban		estarán		estarían		estén		estuvieran	

Irregular verbs

	Infinitive	INDICATIVE					SUBJUNCTIVE		IMPERATIVE
		Present	Imperfect	Preterite	Future	Conditional	Present	Past	
4	caber **Participles:** cabiendo cabido	**quepo** cabes cabe cabemos cabéis caben	cabía cabías cabía cabíamos cabíais cabían	**cupe** **cupiste** **cupo** **cupimos** **cupisteis** **cupieron**	**cabré** **cabrás** **cabrá** **cabremos** **cabréis** **cabrán**	**cabría** **cabrías** **cabría** **cabríamos** **cabríais** **cabrían**	**quepa** **quepas** **quepa** **quepamos** **quepáis** **quepan**	**cupiera** **cupieras** **cupiera** **cupiéramos** **cupierais** **cupieran**	cabe tú (no **quepas**) **quepa** Ud. **quepamos** cabed (no **quepáis**) **quepan** Uds.
5	caer **Participles:** **cayendo** **caído**	**caigo** caes cae caemos caéis caen	caía caías caía caíamos caíais caían	caí **caíste** **cayó** **caímos** **caísteis** **cayeron**	caeré caerás caerá caeremos caeréis caerán	caería caerías caería caeríamos caeríais caerían	**caiga** **caigas** **caiga** **caigamos** **caigáis** **caigan**	cayera cayeras cayera cayéramos cayerais cayeran	cae tú (no **caigas**) **caiga** Ud. (no **caiga**) **caigamos** caed (no **caigáis**) **caigan** Uds.
6	conducir (c:zc) **Participles:** conduciendo conducido	**conduzco** conduces conduce conducimos conducís conducen	conducía conducías conducía conducíamos conducíais conducían	**conduje** **condujiste** **condujo** **condujimos** **condujisteis** **condujeron**	conduciré conducirás conducirá conduciremos conduciréis conducirán	conduciría conducirías conduciría conduciríamos conduciríais conducirían	**conduzca** **conduzcas** **conduzca** **conduzcamos** **conduzcáis** **conduzcan**	**condujera** **condujeras** **condujera** **condujéramos** **condujerais** **condujeran**	conduce tú (no **conduzcas**) **conduzca** Ud. (no **conduzca**) **conduzcamos** conducid (no **conduzcáis**) **conduzcan** Uds.

	Infinitive	INDICATIVE Present	Imperfect	Preterite	Future	Conditional	SUBJUNCTIVE Present	Past	IMPERATIVE
7	dar	doy	daba	di	daré	daría	dé	diera	
		das	dabas	diste	darás	darías	des	dieras	da tú (no des)
		da	daba	dio	dará	daría	dé	diera	dé Ud.
	Participles:	damos	dábamos	dimos	daremos	daríamos	demos	diéramos	demos
	dando	dais	dabais	disteis	daréis	daríais	deis	dierais	dad (no deis)
	dado	dan	daban	dieron	darán	darían	den	dieran	den Uds.
8	decir (e:i)	digo	decía	dije	diré	diría	diga	dijera	
		dices	decías	dijiste	dirás	dirías	digas	dijeras	di tú (no digas)
		dice	decía	dijo	dirá	diría	diga	dijera	diga Ud.
	Participles:	decimos	decíamos	dijimos	diremos	diríamos	digamos	dijéramos	digamos
	diciendo	decís	decíais	dijisteis	diréis	diríais	digáis	dijerais	decid (no digáis)
	dicho	dicen	decían	dijeron	dirán	dirían	digan	dijeran	digan Uds.
9	estar	estoy	estaba	estuve	estaré	estaría	esté	estuviera	
		estás	estabas	estuviste	estarás	estarías	estés	estuvieras	está tú (no estés)
		está	estaba	estuvo	estará	estaría	esté	estuviera	esté Ud.
	Participles:	estamos	estábamos	estuvimos	estaremos	estaríamos	estemos	estuviéramos	estemos
	estando	estáis	estabais	estuvisteis	estaréis	estaríais	estéis	estuvierais	estad (no estéis)
	estado	están	estaban	estuvieron	estarán	estarían	estén	estuvieran	estén Uds.
10	haber	he	había	hube	habré	habría	haya	hubiera	
		has	habías	hubiste	habrás	habrías	hayas	hubieras	
		ha	había	hubo	habrá	habría	haya	hubiera	
	Participles:	hemos	habíamos	hubimos	habremos	habríamos	hayamos	hubiéramos	
	habiendo	habéis	habíais	hubisteis	habréis	habríais	hayáis	hubierais	
	habido	han	habían	hubieron	habrán	habrían	hayan	hubieran	
11	hacer	hago	hacía	hice	haré	haría	haga	hiciera	
		haces	hacías	hiciste	harás	harías	hagas	hicieras	haz tú (no hagas)
		hace	hacía	hizo	hará	haría	haga	hiciera	haga Ud.
	Participles:	hacemos	hacíamos	hicimos	haremos	haríamos	hagamos	hiciéramos	hagamos
	haciendo	hacéis	hacíais	hicisteis	haréis	haríais	hagáis	hicierais	haced (no hagáis)
	hecho	hacen	hacían	hicieron	harán	harían	hagan	hicieran	hagan Uds.
12	ir	voy	iba	fui	iré	iría	vaya	fuera	
		vas	ibas	fuiste	irás	irías	vayas	fueras	ve tú (no vayas)
		va	iba	fue	irá	iría	vaya	fuera	vaya Ud.
	Participles:	vamos	íbamos	fuimos	iremos	iríamos	vayamos	fuéramos	vamos (no vayamos)
	yendo	vais	ibais	fuisteis	iréis	iríais	vayáis	fuerais	id (no vayáis)
	ido	van	iban	fueron	irán	irían	vayan	fueran	vayan Uds.
13	oír (y)	oigo	oía	oí	oiré	oiría	oiga	oyera	
		oyes	oías	oíste	oirás	oirías	oigas	oyeras	oye tú (no oigas)
		oye	oía	oyó	oirá	oiría	oiga	oyera	oiga Ud.
	Participles:	oímos	oíamos	oímos	oiremos	oiríamos	oigamos	oyéramos	oigamos
	oyendo	oís	oíais	oísteis	oiréis	oiríais	oigáis	oyerais	oíd (no oigáis)
	oído	oyen	oían	oyeron	oirán	oirían	oigan	oyeran	oigan Uds.

14 poder (o:ue)
Participles: pudiendo, podido

	Present	Imperfect	Preterite	Future	Conditional	Subjunctive Present	Subjunctive Past	Imperative
	puedo	podía	pude	podré	podría	pueda	pudiera	
	puedes	podías	pudiste	podrás	podrías	puedas	pudieras	puede tú (no puedas)
	puede	podía	pudo	podrá	podría	pueda	pudiera	pueda Ud.
	podemos	podíamos	pudimos	podremos	podríamos	podamos	pudiéramos	podamos
	podéis	podíais	pudisteis	podréis	podríais	podáis	pudierais	poded (no podáis)
	pueden	podían	pudieron	podrán	podrían	puedan	pudieran	puedan Uds.

15 poner
Participles: poniendo, puesto

	Present	Imperfect	Preterite	Future	Conditional	Subjunctive Present	Subjunctive Past	Imperative
	pongo	ponía	puse	pondré	pondría	ponga	pusiera	
	pones	ponías	pusiste	pondrás	pondrías	pongas	pusieras	pon tú (no pongas)
	pone	ponía	puso	pondrá	pondría	ponga	pusiera	ponga Ud.
	ponemos	poníamos	pusimos	pondremos	pondríamos	pongamos	pusiéramos	pongamos
	ponéis	poníais	pusisteis	pondréis	pondríais	pongáis	pusierais	poned (no pongáis)
	ponen	ponían	pusieron	pondrán	pondrían	pongan	pusieran	pongan Uds.

16 querer (e:ie)
Participles: queriendo, querido

	Present	Imperfect	Preterite	Future	Conditional	Subjunctive Present	Subjunctive Past	Imperative
	quiero	quería	quise	querré	querría	quiera	quisiera	
	quieres	querías	quisiste	querrás	querrías	quieras	quisieras	quiere tú (no quieras)
	quiere	quería	quiso	querrá	querría	quiera	quisiera	quiera Ud.
	queremos	queríamos	quisimos	querremos	querríamos	queramos	quisiéramos	queramos
	queréis	queríais	quisisteis	querréis	querríais	queráis	quisierais	quered (no queráis)
	quieren	querían	quisieron	querrán	querrían	quieran	quisieran	quieran Uds.

17 saber
Participles: sabiendo, sabido

	Present	Imperfect	Preterite	Future	Conditional	Subjunctive Present	Subjunctive Past	Imperative
	sé	sabía	supe	sabré	sabría	sepa	supiera	
	sabes	sabías	supiste	sabrás	sabrías	sepas	supieras	sabe tú (no sepas)
	sabe	sabía	supo	sabrá	sabría	sepa	supiera	sepa Ud.
	sabemos	sabíamos	supimos	sabremos	sabríamos	sepamos	supiéramos	sepamos
	sabéis	sabíais	supisteis	sabréis	sabríais	sepáis	supierais	sabed (no sepáis)
	saben	sabían	supieron	sabrán	sabrían	sepan	supieran	sepan Uds.

18 salir
Participles: saliendo, salido

	Present	Imperfect	Preterite	Future	Conditional	Subjunctive Present	Subjunctive Past	Imperative
	salgo	salía	salí	saldré	saldría	salga	saliera	
	sales	salías	saliste	saldrás	saldrías	salgas	salieras	sal tú (no salgas)
	sale	salía	salió	saldrá	saldría	salga	saliera	salga Ud.
	salimos	salíamos	salimos	saldremos	saldríamos	salgamos	saliéramos	salgamos
	salís	salíais	salisteis	saldréis	saldríais	salgáis	salierais	salid (no salgáis)
	salen	salían	salieron	saldrán	saldrían	salgan	salieran	salgan Uds.

19 ser
Participles: siendo, sido

	Present	Imperfect	Preterite	Future	Conditional	Subjunctive Present	Subjunctive Past	Imperative
	soy	era	fui	seré	sería	sea	fuera	
	eres	eras	fuiste	serás	serías	seas	fueras	sé tú (no seas)
	es	era	fue	será	sería	sea	fuera	sea Ud.
	somos	éramos	fuimos	seremos	seríamos	seamos	fuéramos	seamos
	sois	erais	fuisteis	seréis	seríais	seáis	fuerais	sed (no seáis)
	son	eran	fueron	serán	serían	sean	fueran	sean Uds.

20 tener (e:ie)
Participles: teniendo, tenido

	Present	Imperfect	Preterite	Future	Conditional	Subjunctive Present	Subjunctive Past	Imperative
	tengo	tenía	tuve	tendré	tendría	tenga	tuviera	
	tienes	tenías	tuviste	tendrás	tendrías	tengas	tuvieras	ten tú (no tengas)
	tiene	tenía	tuvo	tendrá	tendría	tenga	tuviera	tenga Ud.
	tenemos	teníamos	tuvimos	tendremos	tendríamos	tengamos	tuviéramos	tengamos
	tenéis	teníais	tuvisteis	tendréis	tendríais	tengáis	tuvierais	tened (no tengáis)
	tienen	tenían	tuvieron	tendrán	tendrían	tengan	tuvieran	tengan Uds.

21 Infinitive	Present	Imperfect	Preterite	Future	Conditional	Subjunctive Present	Subjunctive Past	Imperative
traer	**traigo**	traía	**traje**	traeré	traería	**traiga**	**trajera**	
	traes	traías	**trajiste**	traerás	traerías	**traigas**	**trajeras**	trae tú (no **traigas**)
Participles:	trae	traía	**trajo**	traerá	traería	**traiga**	**trajera**	**traiga** Ud.
trayendo	traemos	traíamos	**trajimos**	traeremos	traeríamos	**traigamos**	**trajéramos**	**traigamos**
traído	traéis	traíais	**trajisteis**	traeréis	traeríais	**traigáis**	**trajerais**	traed (no **traigáis**)
	traen	traían	**trajeron**	traerán	traerían	**traigan**	**trajeran**	**traigan** Uds.

22 Infinitive	Present	Imperfect	Preterite	Future	Conditional	Subjunctive Present	Subjunctive Past	Imperative
venir (e:ie)	**vengo**	venía	**vine**	**vendré**	**vendría**	**venga**	**viniera**	
	vienes	venías	**viniste**	**vendrás**	**vendrías**	**vengas**	**vinieras**	**ven** tú (no **vengas**)
Participles:	**viene**	venía	**vino**	**vendrá**	**vendría**	**venga**	**viniera**	**venga** Ud.
viniendo	venimos	veníamos	**vinimos**	**vendremos**	**vendríamos**	**vengamos**	**viniéramos**	**vengamos**
venido	venís	veníais	**vinisteis**	**vendréis**	**vendríais**	**vengáis**	**vinierais**	venid (no **vengáis**)
	vienen	venían	**vinieron**	**vendrán**	**vendrían**	**vengan**	**vinieran**	**vengan** Uds.

23 Infinitive	Present	Imperfect	Preterite	Future	Conditional	Subjunctive Present	Subjunctive Past	Imperative
ver	**veo**	**veía**	**vi**	veré	vería	**vea**	viera	
	ves	**veías**	viste	verás	verías	**veas**	vieras	ve tú (no **veas**)
Participles:	ve	**veía**	**vio**	verá	vería	**vea**	viera	**vea** Ud.
viendo	vemos	**veíamos**	vimos	veremos	veríamos	**veamos**	viéramos	**veamos**
visto	**veis**	**veíais**	visteis	veréis	veríais	**veáis**	vierais	ved (no **veáis**)
	ven	**veían**	vieron	verán	verían	**vean**	vieran	**vean** Uds.

Stem-changing verbs

24 Infinitive	Present	Imperfect	Preterite	Future	Conditional	Subjunctive Present	Subjunctive Past	Imperative
contar (o:ue)	**cuento**	contaba	conté	contaré	contaría	**cuente**	contara	
	cuentas	contabas	contaste	contarás	contarías	**cuentes**	contaras	**cuenta** tú (no **cuentes**)
Participles:	**cuenta**	contaba	contó	contará	contaría	**cuente**	contara	**cuente** Ud.
contando	contamos	contábamos	contamos	contaremos	contaríamos	contemos	contáramos	contemos
contado	contáis	contabais	contasteis	contaréis	contaríais	contéis	contarais	contad (no contéis)
	cuentan	contaban	contaron	contarán	contarían	**cuenten**	contaran	**cuenten** Uds.

25 Infinitive	Present	Imperfect	Preterite	Future	Conditional	Subjunctive Present	Subjunctive Past	Imperative
dormir (o:ue)	**duermo**	dormía	dormí	dormiré	dormiría	**duerma**	**durmiera**	
	duermes	dormías	dormiste	dormirás	dormirías	**duermas**	**durmieras**	**duerme** tú (no **duermas**)
Participles:	**duerme**	dormía	**durmió**	dormirá	dormiría	**duerma**	**durmiera**	**duerma** Ud.
durmiendo	dormimos	dormíamos	dormimos	dormiremos	dormiríamos	**durmamos**	**durmiéramos**	**durmamos**
dormido	dormís	dormíais	dormisteis	dormiréis	dormiríais	**durmáis**	**durmierais**	dormid (no **durmáis**)
	duermen	dormían	**durmieron**	dormirán	dormirían	**duerman**	**durmieran**	**duerman** Uds.

26 Infinitive	Present	Imperfect	Preterite	Future	Conditional	Subjunctive Present	Subjunctive Past	Imperative
empezar	**empiezo**	empezaba	**empecé**	empezaré	empezaría	**empiece**	empezara	
(e:ie) (z:c)	**empiezas**	empezabas	empezaste	empezarás	empezarías	**empieces**	empezaras	**empieza** tú (no **empieces**)
	empieza	empezaba	empezó	empezará	empezaría	**empiece**	empezara	**empiece** Ud.
Participles:	empezamos	empezábamos	empezamos	empezaremos	empezaríamos	**empecemos**	empezáramos	**empecemos**
empezando	empezáis	empezabais	empezasteis	empezaréis	empezaríais	**empecéis**	empezarais	empezad (no **empecéis**)
empezado	**empiezan**	empezaban	empezaron	empezarán	empezarían	**empiecen**	empezaran	**empiecen** Uds.

27 entender (e:ie)
Participles: entendiendo, entendido

	INDICATIVE					SUBJUNCTIVE		IMPERATIVE
Infinitive	Present	Imperfect	Preterite	Future	Conditional	Present	Past	
entender (e:ie)	entiendo	entendía	entendí	entenderé	entendería	entienda	entendiera	
	entiendes	entendías	entendiste	entenderás	entenderías	entiendas	entendieras	entiende tú (no entiendas)
	entiende	entendía	entendió	entenderá	entendería	entienda	entendiera	entienda Ud.
Participles:	entendemos	entendíamos	entendimos	entenderemos	entenderíamos	entendamos	entendiéramos	entendamos
entendiendo	entendéis	entendíais	entendisteis	entenderéis	entenderíais	entendáis	entendierais	entended (no entendáis)
entendido	entienden	entendían	entendieron	entenderán	entenderían	entiendan	entendieran	entiendan Uds.

28 jugar (u:ue) (g:gu)
Participles: jugando, jugado

Infinitive	Present	Imperfect	Preterite	Future	Conditional	Present	Past	Imperative
jugar (u:ue) (g:gu)	juego	jugaba	jugué	jugaré	jugaría	juegue	jugara	
	juegas	jugabas	jugaste	jugarás	jugarías	juegues	jugaras	juega tú (no juegues)
	juega	jugaba	jugó	jugará	jugaría	juegue	jugara	juegue Ud.
Participles:	jugamos	jugábamos	jugamos	jugaremos	jugaríamos	juguemos	jugáramos	juguemos
jugando	jugáis	jugabais	jugasteis	jugaréis	jugaríais	juguéis	jugarais	jugad (no juguéis)
jugado	juegan	jugaban	jugaron	jugarán	jugarían	jueguen	jugaran	jueguen Uds.

29 pedir (e:i)
Participles: pidiendo, pedido

Infinitive	Present	Imperfect	Preterite	Future	Conditional	Present	Past	Imperative
pedir (e:i)	pido	pedía	pedí	pediré	pediría	pida	pidiera	
	pides	pedías	pediste	pedirás	pedirías	pidas	pidieras	pide tú (no pidas)
	pide	pedía	pidió	pedirá	pediría	pida	pidiera	pida Ud.
Participles:	pedimos	pedíamos	pedimos	pediremos	pediríamos	pidamos	pidiéramos	pidamos
pidiendo	pedís	pedíais	pedisteis	pediréis	pediríais	pidáis	pidierais	pedid (no pidáis)
pedido	piden	pedían	pidieron	pedirán	pedirían	pidan	pidieran	pidan Uds.

30 pensar (e:ie)
Participles: pensando, pensado

Infinitive	Present	Imperfect	Preterite	Future	Conditional	Present	Past	Imperative
pensar (e:ie)	pienso	pensaba	pensé	pensaré	pensaría	piense	pensara	
	piensas	pensabas	pensaste	pensarás	pensarías	pienses	pensaras	piensa tú (no pienses)
	piensa	pensaba	pensó	pensará	pensaría	piense	pensara	piense Ud.
Participles:	pensamos	pensábamos	pensamos	pensaremos	pensaríamos	pensemos	pensáramos	pensemos
pensando	pensáis	pensabais	pensasteis	pensaréis	pensaríais	penséis	pensarais	pensad (no penséis)
pensado	piensan	pensaban	pensaron	pensarán	pensarían	piensen	pensaran	piensen Uds.

31 reír (e:i)
Participles: riendo, reído

Infinitive	Present	Imperfect	Preterite	Future	Conditional	Present	Past	Imperative
reír (e:i)	río	reía	reí	reiré	reiría	ría	riera	
	ríes	reías	reíste	reirás	reirías	rías	rieras	ríe tú (no rías)
	ríe	reía	rio	reirá	reiría	ría	riera	ría Ud.
Participles:	reímos	reíamos	reímos	reiremos	reiríamos	riamos	riéramos	riamos
riendo	reís	reíais	reísteis	reiréis	reiríais	riáis	rierais	reíd (no riáis)
reído	ríen	reían	rieron	reirán	reirían	rían	rieran	rían Uds.

32 seguir (e:i) (gu:g)
Participles: siguiendo, seguido

Infinitive	Present	Imperfect	Preterite	Future	Conditional	Present	Past	Imperative
seguir (e:i) (gu:g)	sigo	seguía	seguí	seguiré	seguiría	siga	siguiera	
	sigues	seguías	seguiste	seguirás	seguirías	sigas	siguieras	sigue tú (no sigas)
	sigue	seguía	siguió	seguirá	seguiría	siga	siguiera	siga Ud.
Participles:	seguimos	seguíamos	seguimos	seguiremos	seguiríamos	sigamos	siguiéramos	sigamos
siguiendo	seguís	seguíais	seguisteis	seguiréis	seguiríais	sigáis	siguierais	seguid (no sigáis)
seguido	siguen	seguían	siguieron	seguirán	seguirían	sigan	siguieran	sigan Uds.

33 sentir (e:ie)
Participles: sintiendo, sentido

Infinitive	Present	Imperfect	Preterite	Future	Conditional	Present	Past	Imperative
sentir (e:ie)	siento	sentía	sentí	sentiré	sentiría	sienta	sintiera	
	sientes	sentías	sentiste	sentirás	sentirías	sientas	sintieras	siente tú (no sientas)
	siente	sentía	sintió	sentirá	sentiría	sienta	sintiera	sienta Ud.
Participles:	sentimos	sentíamos	sentimos	sentiremos	sentiríamos	sintamos	sintiéramos	sintamos
sintiendo	sentís	sentíais	sentisteis	sentiréis	sentiríais	sintáis	sintierais	sentid (no sintáis)
sentido	sienten	sentían	sintieron	sentirán	sentirían	sientan	sintieran	sientan Uds.

Verb 34 — volver (o:ue)

Infinitive	INDICATIVE						SUBJUNCTIVE		IMPERATIVE
	Present	Imperfect	Preterite	Future	Conditional		Present	Past	
volver (o:ue)	**vuelvo**	volvía	volví	volveré	volvería		**vuelva**	volviera	
	vuelves	volvías	volviste	volverás	volverías		**vuelvas**	volvieras	**vuelve** tú (no **vuelvas**)
Participles:	**vuelve**	volvía	volvió	volverá	volvería		**vuelva**	volviera	**vuelva** Ud.
volviendo	volvemos	volvíamos	volvimos	volveremos	volveríamos		volvamos	volviéramos	volvamos
vuelto	volvéis	volvíais	volvisteis	volveréis	volveríais		volváis	volvierais	volved (no volváis)
	vuelven	volvían	volvieron	volverán	volverían		**vuelvan**	volvieran	**vuelvan** Uds.

Verbs with spelling changes only

Infinitive	INDICATIVE						SUBJUNCTIVE		IMPERATIVE
	Present	Imperfect	Preterite	Future	Conditional		Present	Past	
35 conocer (c:zc)	**conozco**	conocía	conocí	conoceré	conocería		**conozca**	conociera	
	conoces	conocías	conociste	conocerás	conocerías		**conozcas**	conocieras	conoce tú (no **conozcas**)
Participles:	conoce	conocía	conoció	conocerá	conocería		**conozca**	conociera	**conozca** Ud.
conociendo	conocemos	conocíamos	conocimos	conoceremos	conoceríamos		**conozcamos**	conociéramos	**conozcamos**
conocido	conocéis	conocíais	conocisteis	conoceréis	conoceríais		**conozcáis**	conocierais	conoced (no **conozcáis**)
	conocen	conocían	conocieron	conocerán	conocerían		**conozcan**	conocieran	**conozcan** Uds.
36 creer (y)	creo	creía	creí	creeré	creería		crea	**creyera**	
	crees	creías	**creíste**	creerás	creerías		creas	**creyeras**	cree tú (no creas)
Participles:	cree	creía	**creyó**	creerá	creería		crea	**creyera**	crea Ud.
creyendo	creemos	creíamos	**creímos**	creeremos	creeríamos		creamos	**creyéramos**	creamos
creído	creéis	creíais	**creísteis**	creeréis	creeríais		creáis	**creyerais**	creed (no creáis)
	creen	creían	**creyeron**	creerán	creerían		crean	**creyeran**	crean Uds.
37 cruzar (z:c)	cruzo	cruzaba	**crucé**	cruzaré	cruzaría		**cruce**	cruzara	
	cruzas	cruzabas	cruzaste	cruzarás	cruzarías		**cruces**	cruzaras	cruza tú (no **cruces**)
Participles:	cruza	cruzaba	cruzó	cruzará	cruzaría		**cruce**	cruzara	**cruce** Ud.
cruzando	cruzamos	cruzábamos	cruzamos	cruzaremos	cruzaríamos		**crucemos**	cruzáramos	**crucemos**
cruzado	cruzáis	cruzabais	cruzasteis	cruzaréis	cruzaríais		**crucéis**	cruzarais	cruzad (no **crucéis**)
	cruzan	cruzaban	cruzaron	cruzarán	cruzarían		**crucen**	cruzaran	**crucen** Uds.
38 destruir (y)	**destruyo**	destruía	destruí	destruiré	destruiría		destruya	**destruyera**	
	destruyes	destruías	destruiste	destruirás	destruirías		destruyas	**destruyeras**	**destruye** tú (no **destruyas**)
Participles:	**destruye**	destruía	**destruyó**	destruirá	destruiría		destruya	**destruyera**	**destruya** Ud.
destruyendo	destruimos	destruíamos	destruimos	destruiremos	destruiríamos		destruyamos	**destruyéramos**	**destruyamos**
destruido	destruís	destruíais	destruisteis	destruiréis	destruiríais		destruyáis	**destruyerais**	destruid (no **destruyáis**)
	destruyen	destruían	**destruyeron**	destruirán	destruirían		destruyan	**destruyeran**	**destruyan** Uds.
39 enviar	**envío**	enviaba	envié	enviaré	enviaría		**envíe**	enviara	
	envías	enviabas	enviaste	enviarás	enviarías		**envíes**	enviaras	**envía** tú (no **envíes**)
Participles:	**envía**	enviaba	envió	enviará	enviaría		**envíe**	enviara	**envíe** Ud.
enviando	enviamos	enviábamos	enviamos	enviaremos	enviaríamos		enviemos	enviáramos	enviemos
enviado	enviáis	enviabais	enviasteis	enviaréis	enviaríais		enviéis	enviarais	enviad (no enviéis)
	envían	enviaban	enviaron	enviarán	enviarían		**envíen**	enviaran	**envíen** Uds.

Infinitive	INDICATIVE					SUBJUNCTIVE		IMPERATIVE
	Present	Imperfect	Preterite	Future	Conditional	Present	Past	
40 graduar **Participles:** graduando graduado	**gradúo** **gradúas** **gradúa** graduamos graduáis **gradúan**	graduaba graduabas graduaba graduábamos graduabais graduaban	gradué graduaste graduó graduamos graduasteis graduaron	graduaré graduarás graduará graduaremos graduaréis graduarán	graduaría graduarías graduaría graduaríamos graduaríais graduarían	**gradúe** **gradúes** **gradúe** graduemos graduéis **gradúen**	graduara graduaras graduara graduáramos graduarais graduaran	**gradúa** tú (no **gradúes**) **gradúe** Ud. graduemos graduad (no graduéis) **gradúen** Uds.
41 llegar (g:gu) **Participles:** llegando llegado	llego llegas llega llegamos llegáis llegan	llegaba llegabas llegaba llegábamos llegabais llegaban	**llegué** llegaste llegó llegamos llegasteis llegaron	llegaré llegarás llegará llegaremos llegaréis llegarán	llegaría llegarías llegaría llegaríamos llegaríais llegarían	**llegue** **llegues** **llegue** **lleguemos** **lleguéis** **lleguen**	llegara llegaras llegara llegáramos llegarais llegaran	llega tú (no **llegues**) **llegue** Ud. **lleguemos** llegad (no **lleguéis**) **lleguen** Uds.
42 proteger (g:j) **Participles:** protegiendo protegido	**protejo** proteges protege protegemos protegéis protegen	protegía protegías protegía protegíamos protegíais protegían	protegí protegiste protegió protegimos protegisteis protegieron	protegeré protegerás protegerá protegeremos protegeréis protegerán	protegería protegerías protegería protegeríamos protegeríais protegerían	**proteja** **protejas** **proteja** **protejamos** **protejáis** **protejan**	protegiera protegieras protegiera protegiéramos protegierais protegieran	protege tú (no **protejas**) **proteja** Ud. **protejamos** proteged (no **protejáis**) **protejan** Uds.
43 tocar (c:qu) **Participles:** tocando tocado	toco tocas toca tocamos tocáis tocan	tocaba tocabas tocaba tocábamos tocabais tocaban	**toqué** tocaste tocó tocamos tocasteis tocaron	tocaré tocarás tocará tocaremos tocaréis tocarán	tocaría tocarías tocaría tocaríamos tocaríais tocarían	**toque** **toques** **toque** **toquemos** **toquéis** **toquen**	tocara tocaras tocara tocáramos tocarais tocaran	toca tú (no **toques**) **toque** Ud. **toquemos** tocad (no **toquéis**) **toquen** Uds.
44 vencer (c:z) **Participles:** venciendo vencido	**venzo** vences vence vencemos vencéis vencen	vencía vencías vencía vencíamos vencíais vencían	vencí venciste venció vencimos vencisteis vencieron	venceré vencerás vencerá venceremos venceréis vencerán	vencería vencerías vencería venceríamos venceríais vencerían	**venza** **venzas** **venza** **venzamos** **venzáis** **venzan**	venciera vencieras venciera venciéramos vencierais vencieran	vence tú (no **venzas**) **venza** Ud. **venzamos** venced (no **venzáis**) **venzan** Uds.
45 esparcir (c:z) **Participles:** esparciendo esparcido	**esparzo** esparces esparce esparcimos esparcís esparcen	esparcía esparcías esparcía esparcíamos esparcíais esparcían	esparcí esparciste esparció esparcimos esparcisteis esparcieron	esparciré esparcirás esparcirá esparciremos esparciréis esparcirán	esparciría esparcirías esparciría esparciríamos esparciríais esparcirían	**esparza** **esparzas** **esparza** **esparzamos** **esparzáis** **esparzan**	esparciera esparcieras esparciera esparciéramos esparcierais esparcieran	esparce tú (no **esparzas**) **esparza** Ud. **esparzamos** esparcid (no **esparzáis**) **esparzan** Uds.
46 extinguir (gu:g) **Participles:** extinguiendo extinguido	**extingo** extingues extingue extinguimos extinguís extinguen	extinguía extinguías extinguía extinguíamos extinguíais extinguían	extinguí extinguiste extinguió extinguimos extinguisteis extinguieron	extinguiré extinguirás extinguirá extinguiremos extinguiréis extinguirán	extinguiría extinguirías extinguiría extinguiríamos extinguiríais extinguirían	**extinga** **extingas** **extinga** **extingamos** **extingáis** **extingan**	extinguiera extinguieras extinguiera extinguiéramos extinguierais extinguieran	extingue tú (no **extingas**) **extinga** Ud. **extingamos** extinguid (no **extingáis**) **extingan** Uds.

Reflexive verbs: simple tenses

• In all simple indicative and subjunctive tenses, the reflexive pronoun is placed before the verb. In the imperative, the reflexive pronoun is attached to the verb in affirmative commands, but precedes the verb in negative commands.

Infinitive	SIMPLE INDICATIVE TENSES	SIMPLE SUBJUNCTIVE TENSES	IMPERATIVE
casarse	me caso	me case	
	te casas	te cases	cásate tú (no te cases)
	se casa	se case	cásese Ud. (no se case)
	nos casamos	nos casemos	casémonos (no nos casemos)
	os casáis	os caséis	casaos (no os caséis)
	se casan	se casen	cásense Uds. (no se casen)

Reflexive verbs: compound tenses

• In all compound tenses, the reflexive pronoun is placed before the verb.

Infinitive	COMPOUND INDICATIVE TENSES	COMPOUND SUBJUNCTIVE TENSES
casarse	me he casado	me haya casado
	te has casado	te hayas casado
	se ha casado	se haya casado
	nos hemos casado	nos hayamos casado
	os habéis casado	os hayáis casado
	se han casado	se hayan casado

Vocabulary

This glossary contains the words and expressions listed on the **Vocabulario** page found at the end of each lesson in **IMAGINA**, as well as other useful vocabulary. A numeral following an entry indicates the lesson where the word or expression was introduced.

Note on alphabetization
For purposes of alphabetization, **ch** and **ll** are not treated as separate letters, but **ñ** follows **n**.

Abbreviations used in this glossary

adj.	adjective	*indef.*	indefinite	*poss.*	possessive
adv.	adverb	*interj.*	interjection	*p.p.*	past participle
art.	article	*i.o.*	indirect object	*prep.*	preposition
conj.	conjunction	*m.*	masculine	*pron.*	pronoun
def.	definite	*n.*	noun	*sing.*	singular
d.o.	direct object	*obj.*	object	*sub.*	subject
f.	feminine	*pej.*	pejorative	*v.*	verb
fam.	familiar	*pl.*	plural		
form.	formal				

Español-Inglés

A

a *prep.* at; to **1**
 ¿A qué hora...?
  At what time...?
 a bordo aboard
 a dieta on a diet
 a la derecha to the right
 a la izquierda to the left
 a la plancha grilled
 a la(s) + *time* at + *time*
 a menos que unless
 a menudo *adv.* often
 a nombre de in the name of
 a plazos in installments
 A sus órdenes.
  At your service.
 a tiempo *adv.* on time
 a veces *adv.* sometimes
 a ver let's see
abajo *adv.* down
abeja *f.* bee
abandonar *v.* to leave **1**
abastecer *v.* to supply **7**
abierto/a *adj.* open
abogado/a *m., f.* lawyer **6**
abrazar(se) *v.* to hug; to embrace
 (each other)
abrazo *m.* hug
abrigarse *v.* to wear warm clothes **3**
abrigo *m.* coat
abril *m.* April
abrir *v.* to open

abuelo/a *m., f.* grandfather;
 grandmother
abuelos *pl.* grandparents
aburrido/a *adj.* bored; boring **9**
aburrir *v.* to bore
aburrirse *v.* to get bored
abusar *v.* to abuse **6**
abuso *m.* abuse **6**
acabar de (+ *inf.*) *v.* to have just
 done something
acampar *v.* to camp
acariciar *v.* to caress **9**
accidente *m.* accident
acción *f.* action
 de acción action (genre)
aceite *m.* oil
acento *m.* accent **10**
acera *f.* sidewalk **2**
ácido/a *adj.* acid
acomodarse *v.* to adapt **10**
acompañar *v.* to go with;
 to accompany
aconsejar *v.* to advise
acontecimiento *m.* event **3**
acordarse (de) (o:ue) *v.* to remember
acosar *v.* to harass **7**
acostarse (o:ue) *v.* to go to bed
acostumbrar *v.* to do as
 a custom/habit **2**
actitud *f.* attitude **10**
activista *m., f.* activist **6**
activo/a *adj.* active
actor *m.* actor **3**
actriz *f.* actress **3**
actualidad *f.* news; current events **3**

actualizado/a *adj.* up-to-date **3**
actuar *v.* to act **9**
acuático/a *adj.* aquatic
adaptar(se) *v.* to adapt **10**
adelgazar *v.* to lose weight;
 to slim down
además (de) *adv.* furthermore;
 besides
adicional *adj.* additional
adiós *interj.* good-bye
adivinar *v.* to guess **10**
adjetivo *m.* adjective
adjuntar (un archivo) *v.* to attach
 (a file) **8**
administración *f.* **de empresas**
 business administration
administrar *v.* to manage, to run **7**
administrativo/a *adj.*
 administrative **7**
ADN *m.* DNA **8**
adolescencia *f.* adolescence **4**
adolescente *m., f.* adolescent **4**
¿adónde? *adv.* where (to)?
 (*destination*)
aduana *f.* customs **10**
adulto/a *m., f.* adult **4**
aeróbico/a *adj.* aerobic
aeropuerto *m.* airport
afecto *m.* affection **9**
afectado/a *adj.* affected
afeitarse *v.* to shave
afición *f.* hobby **7**
aficionado/a *adj.* fan **9**
afirmativo/a *adj.* affirmative
afligirse *v.* to be distressed;
 to get upset **2, 10**

afueras *f., pl.* suburbs **2**
agencia *f.* **de viajes** travel agency
agente *m., f.* **de viajes** travel agent
agobiado/a *adj.* overwhelmed **1**
agosto *m.* August
agotado/a *adj.* exhausted **7**;
   adj. sold out **9**
agotar *v.* to use up **5**
agradable *adj.* pleasant
agradecer *v.* to thank **4**
agua *f.* water
   agua mineral mineral water
aguafiestas *m., f.* party pooper **9**
aguantar *v.* to put up with;
   to tolerate **5**
águila *f.* eagle **5**
agujero negro *m.* black hole **8**
ahogar(se) *v.* to suffocate; to drown;
   to stifle **5**
ahora *adv.* now
   ahora mismo right now
ahorrar *v.* to save (money) **7**
ahorros *m., pl.* savings **7**
aire *m.* air
aislado/a *adj.* isolated **4**
ajedrez *m.* chess **4**
ajo *m.* garlic
al (*contraction of* **a + el)**
   al aire libre open-air; outdoors **5**
   al contado in cash
   (al) este (to the) east
   al fondo (de) at the end (of)
   al lado de beside
   (al) norte (to the) north
   (al) oeste (to the) west
   (al) sur (to the) south
ala: el ala *f.* **/las alas** wing(s) **9**
alcalde(sa) *m., f.* mayor **2**
alcanzar *v.* to be enough; to
   reach **10**; to attain **8**
   alcanzar un sueño to fulfill
     a dream **10**
   alcanzar una meta to reach
     a goal **10**
alcoba *f.* bedroom
alcohol *m.* alcohol
alcohólico/a *adj.* alcoholic
alegrarse (de) *v.* to be happy
alegre *adj.* happy; joyful
alegría *f.* happiness
alejarse *v.* to move away **9**
alemán, alemana *adj.* German
alérgico/a *adj.* allergic
alfombra *f.* carpet; rug
algo *pron.* something; anything
algodón *m.* cotton
alguien *pron.* someone; somebody;
   anyone
algún; alguna; algunos/as *adj.* any;
   some
alguno/a(s) *pron.* any; some
alimento *m.* food
alimentación *f.* diet

aliviado/a *adj.* relieved **9**
aliviar *v.* to reduce; to relieve;
   to soothe **5**
   aliviar el estrés/la tensión
     to reduce stress/tension
allí *adv.* there
   allí mismo right there
alma *f.* soul
   el alma gemela soulmate,
     kindred spirit **1**
almacén *m.* department store;
   warehouse **7**
almohada *f.* pillow
almorzar (o:ue) *v.* to have lunch
almuerzo *m.* lunch
aló *interj.* hello (*on the telephone*)
alpinismo *m.* mountain climbing **9**
alquilar *v.* to rent
alquiler *m.* rent (payment)
alrededores *m., pl.* the outskirts **2**
alternador *m.* alternator
altillo *m.* attic
alto/a *adj.* tall
aluminio *m.* aluminum
alumno/a *m., f.* pupil, student **6**
ama de casa *m., f.* housekeeper;
   caretaker
amable *adj.* nice; friendly
amado/a *m., f.* loved one,
   sweetheart **1**
amanecer *m.* dawn **9**;
   v. to wake up **10**
amar(se) *v.* to love (each other) **1**
amarillo/a *adj.* yellow
amenaza *f.* threat **6**
amenazar *v.* to threaten **5**
amigo/a *m., f.* friend
amistad *f.* friendship **1**
amnistía *f.* amnesty **10**
amor *m.* love
analfabeto/a *adj.* illiterate **6**
anaranjado/a *adj.* orange
anciano/a *m., f.* elderly person
andar *v.* **en patineta**
   to skateboard
andinismo *m.* mountain climbing **9**
anfitrión/anfitriona *m., f.*
   host/hostess **9**
angustia *f.* distress **7**
anhelar *v.* to long for **10**
ánimo *m.* spirit, mood **1**
animado/a *adj.* lively **9**
animal *m.* animal
aniversario (de bodas) *m.*
   (wedding) anniversary
anoche *adv.* last night
anotar un gol *v.* to score a goal **9**
ansioso/a *adj.* anxious **1**
anteayer *adv.* the day
   before yesterday
antepasado *m.* ancestor **4**
antes *adv.* before
   antes (de) que *conj.* before
   antes de *conj.* before

antibiótico *m.* antibiotic
anticipar *v.* to anticipate;
   to expect **10**
antídoto *m.* antidote **5**
antipático/a *adj.* unfriendly **4**
anunciar *v.* to announce; to advertise
anuncio *m.* advertisement;
   commercial **3**
año *m.* year
   año pasado last year
añoranza *f.* homesickness **10**
apagar *v.* to turn off
aparato *m.* appliance
aparcamiento *m.* parking space **5**
aparcar *v.* to park **2, 5**
apartamento *m.* apartment
apellido *m.* last name
apenas *adv.* hardly; scarcely; just
apetecer *v.* to to feel like **4**
aplaudir *v.* to applaud; to clap **9**
apodo *m.* nickname **4**
apostar (o:ue) *v.* to bet **9**
apoyar(se) *v.* to support
   (each other) **4**
apreciar *v.* to appreciate
aprender (a + *inf.***)** *v.* to learn
aprobar (o:ue) *v.* to approve
   aprobar una ley *v.* to pass a law **6**
aprovechar *v.* to take advantage of **7**
apto/a *adj.* suitable **7**
apurarse *v.* to hurry; to rush
aquel, aquella *adj.* that; those
   (over there)
aquél, aquélla *pron.* that; those
   (over there)
aquello *neuter, pron.* that; that thing;
   that fact
aquellos/as *adj., pl.* those (over there)
aquéllos/as *pron., pl.* those (ones)
   (over there)
aquí *adv.* here
   Aquí está... Here it is...
   aquí mismo right here
árbol *m.* tree **5**
archivo *m.* file
arma *f.* weapon; gun **6**
armada *f.* navy **6**
armario *m.* closet
arqueólogo/a *m., f.* archaeologist
arquitecto/a *m., f.* architect
arrancar *v.* to start (a car)
arreglar *v.* to fix; to arrange;
   to neaten; to straighten up **10**
arrepentirse *v.* to regret
arriba *adv.* up
arriesgarse *v.* to take a risk **10**
arroba *f.* @ symbol **8**
arroz *m.* rice
arruinar *v.* to ruin **8**
arte *m.* art
artes *f., pl.* arts
artesanía *f.* craftsmanship; crafts
artículo *m.* article
artista *m., f.* artist

artístico/a *adj.* artistic
arveja *m.* pea
asado/a *adj.* roast
ascendencia *f.* heritage **4**
ascender *v.* to rise, to be promoted **7**
ascenso *m.* promotion
ascensor *m.* elevator
asesor(a) *m., f.* consultant, advisor **7**
así *adv.* like this; so (*in such a way*)
   así así so so
asimilación *f.* assimilation **10**
asimilar(se) *v.* to assimilate **10**
asistir (a) *v.* to attend
aspiradora *f.* vacuum cleaner
aspirante *m., f.* candidate; applicant **7**
aspirina *f.* aspirin
atraer *v.* to attract **10**
astronauta *m., f.* astronaut **8**
astrónomo/a *m., f.* astronomer **8**
ataúd *m.* casket **9**
aterrizar *v.* to land **8**
atleta *m., f.* athlete **9**
atrasado/a *adj.* late **2**
atreverse *v.* to dare
atrevido/a *adj.* daring
atún *m.* tuna
aumentar *v.* to grow **10**
   aumentar de peso to gain weight
aumento *m.* increase
   aumento de sueldo pay raise **7**
aunque *conj.* although
autobús *m.* bus
autoestima *f.* self-esteem **4**
automático/a *adj.* automatic
auto(móvil) *m.* auto(mobile)
autopista *f.* highway
autoridad *f.* authority **6**
autosubvencionarse *v.* to cover one's
   own expenses **8**
avance *m.* advance; breakthrough **8**
avanzado/a *adj.* advanced **8**
ave *f.* bird **5**
avena *f.* oatmeal **3**
avenida *f.* avenue **2**
aventura *f.* adventure
   de aventura adventure (genre)
avergonzado/a *adj.* embarrassed
averiguar *v.* to find out
avión *m.* airplane
¡Ay! *interj.* Oh!
   ¡Ay, qué dolor! Oh, what a pain!
ayer *adv.* yesterday
ayudar(se) *v.* to help (each other) **1**
ayuntamiento *m.* city hall **2**
azúcar *m.* sugar
azul *adj.* blue

B

bailar *v.* to dance
bailarín/bailarina *m., f.* dancer
baile *m.* dance
bajar *v.* to get down **3**
   bajar(se) de *v.* to get off of/out of
   (a vehicle)
bajo *m.* bass **3**
bajo/a *adj.* short (*in height*)
bajo control under control
balcón *m.* balcony
ballena *f.* whale **5**
balón *m.* ball **9**
baloncesto *m.* basketball
banana *f.* banana
banco *m.* bank
banda *f.* band
   banda sonora soundtrack **3**
bandera *f.* flag **6**
bancarrota *f.* bankruptcy **7**
bañarse *v.* to bathe; to take a bath
baño *m.* bathroom
barato/a *adj.* cheap
barco *m.* boat
barrer *v.* to sweep
   barrer el suelo *v.* to sweep
   the floor
barrio *m.* neighborhood **2**
barro *m.* mud; clay **8**
bastante *adv.* enough; rather; pretty
basura *f.* trash **5**
baúl *m.* trunk
beber *v.* to drink
bebida *f.* drink
   bebida alcohólica
   alcoholic beverage
beca *f.* grant
béisbol *m.* baseball
bellas artes *f., pl.* fine arts
belleza *f.* beauty
beneficio *m.* benefit
besar(se) *v.* to kiss (each other) **1**
beso *m.* kiss
biblioteca *f.* library
bicicleta *f.* bicycle
bien *adj.* well
   bien educado *adj.*
   well-mannered **4**
bienes *m., pl.* goods **7**
bienestar *m.* well-being **2**
bienvenido/a(s) *adj.* welcome
bilingüe *adj.* bilingual **10**
billar *m.* billiards **9**
billete *m.* paper money; ticket
billón *m.* trillion
biología *f.* biology
biólogo/a *m., f.* biologist **8**
bioquímico/a *m., f.* biochemist **8**;
   adj. biochemical **8**
bisabuelo/a *m., f.* great-grandfather/
   grandmother **4**
bistec *m.* steak
bizcocho *m.* biscuit

blanco/a *adj.* white
blog *m.* blog **8**
bluejeans *m., pl.* jeans
blusa *f.* blouse
bobo/a *m., f.* fool **6**
boca *f.* mouth
bocata *f.* sandwich **10**
boda *f.* wedding
boleto *m.* ticket
boliche *m.* bowling **9**
bolsa *f.* purse, bag
   la bolsa de valores
   stock market **7**
bombero/a *m., f.* firefighter
bonito/a *adj.* pretty
borracho/a *adj.* drunk **2**
borrador *m.* eraser
borrar *v.* to erase; to delete **8**
bosque *m.* forest **5**
   bosque tropical tropical forest;
   rainforest
bota *f.* boot
botar *v.* to fire, throw out
botella *f.* bottle
   botella de vino bottle of wine
botones *m., f. sing.* bellhop
brazo *m.* arm
brecha *f.* **generacional**
   generation gap **4**
brindar *v.* to toast (*drink*) **9**
bucear *v.* to scuba dive
bueno *adv.* well
buen, bueno/a *adj.* good
   ¡Buen viaje! Have a good trip!
   buena forma good shape
   (*physical*)
   Buena idea. Good idea.
   Buenas noches. Good evening;
   Good night.
   Buenas tardes.
   Good afternoon.
   ¿Bueno? Hello. (*on telephone*)
   Buenos días. Good morning.
buenísimo/a extremely good
bulevar *m.* boulevard
burlarse (de) *v.* to mock **10**
buscador *m.* search engine **8**
buscar *v.* to look for
búsqueda *f.* search **9**
buzón *m.* mailbox

C

caballo *m.* horse
cabaña *f.* cabin
caber *v.* to fit **3**
   no cabe duda de there's no doubt
cabeza *f.* head
cada *adj. m., f.* each
cadena *f.* network **3**
caerse *v.* to fall (down)
café *m.* café; *m.* coffee; *adj.* brown
cafeína *f.* caffeine
cafetera *f.* coffee maker

cafetería *f.* cafeteria
caído/a *p.p.* fallen
caja *f.* cash register; box
cajero/a *m., f.* cashier 2
   cajero automático *m.* ATM 7
calcetín (calcetines) *m.* sock(s)
calculadora *f.* calculator
calcular *v.* to estimate 3
caldo *m.* soup
   caldo de patas *m.* beef soup
calentamiento *m.* warming 5
calentarse (e:ie) *v.* to warm up
calidad *f.* quality
   calidad de vida standard
      of living 1
callar *v.* to silence
calle *f.* street 2
calor *m.* heat
caloría *f.* calorie
calzar *v.* to take size... shoes
cama *f.* bed
cámara *f.* camera
   cámara de video video camera
   cámara digital digital camera 8
camarero/a *m., f.* waiter/waitress
camarón *m.* shrimp
cambiar (de) *v.* to change
cambio *m.* change
   cambio de moneda
      currency exchange
caminar *v.* to walk
camino *m.* road
camión *m.* truck; bus
camisa *f.* shirt
camiseta *f.* t-shirt
campeonato *m.* championship 9
campo *m.* countryside
canadiense *adj.* Canadian
canal *m.* (TV) channel
cancha *f.* field 9
canción *f.* song
candado *m.* padlock 9
candidato/a *m., f.* candidate
cansado/a *adj.* tired
cantante *m., f.* singer 3
cantar *v.* to sing
cantera *f.* quarry 7
caos *m.* chaos 10
capa de ozono *f.* ozone layer 5
capacitado/a *adj.* qualified 7
capacitar *v.* to prepare 8
capaz *adj.* capable; competent 7
capilla *f.* chapel 9
capital *f.* capital city
capó *m.* hood
cara *f.* face
carácter *m.* character; personality 4
característica *f.* characteristic 2
caramelo *m.* caramel
cárcel *f.* prison; jail 6
cargo *m.* position
cariñoso/a *adj.* affectionate 1

carne *f.* meat
   carne de res beef
carnicería *f.* butcher shop
carnicero/a *m., f.* butcher 10
caro/a *adj.* expensive
carpintero/a *m., f.* carpenter
carrera *f.* career; race 9
carretera *f.* highway
carro *m.* car; automobile
carta *f.* letter; (playing) card 9
cartel *m.* poster
cartera *f.* wallet
cartero/a *m., f.* mail carrier
casa *f.* house; home
casado/a *adj.* married 1
casarse (con) *v.* to get married (to) 1
casi *adv.* almost
castigar *v.* to punish
castigo *m.* punishment 3
catorce *adj.* fourteen
causa *f.* cause 10
cautela *f.* caution 9
cazar *v.* to hunt 5
CD-ROM *m.* CD-ROM 8
cebolla *f.* onion
ceder *v.* to give up 6
celda *f.* (prison, jail) cell
celebrar *v.* to celebrate 9
celos *m.* jealousy 1
celoso/a *adj.* jealous 1
célula *f.* cell 8
celular *adj.* cellular
cena *f.* dinner
cenar *v.* to have dinner
censor(a) *m., f.* censor 6
censura *f.* censorship 3
centro *m.* downtown
   centro comercial mall 2
cepillarse *v.* **los dientes/el pelo**
   to brush one's teeth/one's hair
cerámica *f.* pottery
cerca de *prep.* near
cerdo *m.* pork
cereales *m., pl.* cereal; grains
cero *m.* zero
cerrado/a *adj.* closed
cerrar (e:ie) *v.* to close
certeza *f.* certainty 10
cerveza *f.* beer
césped *m.* grass
ceviche *m.* marinated fish dish
   ceviche de camarón
      lemon-marinated shrimp
chaleco *m.* vest
chamán *m.* shaman 5
champán *m.* champagne
champiñón *m.* mushroom
champú *m.* shampoo
chantajear *v.* to blackmail 6
chaqueta *f.* jacket
charlar *v.* to chat 3, 9
chato/a *m., f.* sweetie 3
chau *fam. interj.* bye

chaval(a) *m., f.* kid; youngster 6
cheque *m.* (bank) check
   cheque (de viajero)
      (traveler's) check
chévere *adj., fam.* terrific;
   great; fantastic
chico/a *m., f.* boy/girl
chillar *v.* to scream 4
chisme *m.* gossip 1
chino/a *adj.* Chinese
chocar (con) *v.* to run into
chocolate *m.* chocolate
chompa *f.* sweater 3
choque *m.* collision; crash 2
chuleta *f.* chop (*food*)
   chuleta de cerdo pork chop
cibercafé *m.* cybercafé
ciberespacio *m.* cyber space 8
ciclismo *m.* cycling
cielo *m.* sky
cien(to) one hundred
ciencia *f.* science
   de ciencia ficción *f.* science
      fiction (genre)
científico/a *m., f.* scientist 8
cierto/a *adj.* certain
   (No) es cierto. It's (not) certain.
cinco *adj.* five
cincuenta *adj.* fifty
cine *m.* movie theater; cinema;
   movies 2, 3
cinta *f.* (audio)tape
cinta caminadora *f.* treadmill
cinturón *m.* belt
circulación *f.* traffic
cita *f.* date; appointment
   cita a ciegas blind date 1
ciudad *f.* city 3
ciudadano/a *m., f.* citizen 2
civilización *f.* civilization 4
Claro (que sí). *fam.* Of course.
clase *f.* class
   clase de (ejercicios) aeróbicos
      aerobics class
clásico/a *adj.* classical
clave *f.* key 8
cliente/a *m., f.* customer
clínica *f.* clinic
clon *m.* clone 8
clonar *v.* to clone 8
club deportivo *m.* sports club 9
cobrar *v.* to charge; to be paid 7
coche *m.* car; automobile 5
cocina *f.* kitchen; stove
cocinar *v.* to cook
cocinero/a *m., f.* cook; chef
cofre *m.* hood
cola *f.* line
coleccionar *v.* to collect 9
colega *m., f.* buddy 4
colesterol *m.* cholesterol
color *m.* color
comadre *f.* best friend 9

combustible *m.* fuel **5**
comedia *f.* comedy **9**; play
comedor *m.* dining room
comenzar (e:ie) *v.* to begin
comer *v.* to eat
comercial *adj.* commercial;
  business-related
Comercio *m.* Business Administration **7**
comida *f.* food; meal
comisaría *f.* police station **2**
como *adv.* like; as
¿cómo? *adv.* what?; how?
  ¿Cómo es...? What's... like?
  ¿Cómo está usted? *form.*
    How are you?
  ¿Cómo estás? *fam.* How are you?
  ¿Cómo les fue...? *pl.* How
    did ... go for you?
  ¿Cómo se llama (usted)?
    form. What's your name?
  ¿Cómo te llamas (tú)? *fam.*
    What's your name?
cómoda *f.* chest of drawers
cómodo/a *adj.* comfortable **10**
compañero/a *m., f.* **de clase**
  classmate
compañero/a *m., f.* **de cuarto**
  roommate
compañía *f.* company; firm **7**
compartir *v.* to share **1**
complejo de inferioridad/superioridad
  m. inferiority/superiority complex **8**
completamente *adv.* completely
compositor(a) *m., f.* composer
compra *f.* purchase **7**
comprar *v.* to buy
compras *f., pl.* purchases
  ir de compras *v.* go shopping
comprender *v.* to understand
comprensión *f.* understanding **4**
comprensivo/a *adj.* understanding
comprobar (o:ue) *v.* to check;
  to prove; to confirm **8**
comprometerse (con) *v.* to get
  engaged (to)
compromiso *m.* commitment;
  responsibility; engagement **1**
computación *f.* computer science
computadora *f.* computer
  computadora portátil *f.* portable
    computer; laptop **8**
comunicación *f.* communication
comunicarse (con) *v.*
  to communicate (with)
comunidad *f.* community
con *prep.* with
  con frecuencia *adv.* frequently
  Con permiso. Pardon me;
    Excuse me.
  con tal (de) que provided (that)
concierto *m.* concert **9**
concordar *v.* to agree
concurso *m.* game show; contest
condenado/a *adj.* condemned **8**

conducir *v.* to drive
conductor(a) *m., f.* driver **2**
confianza *f.* trust **6**
confiar (en) *v.* to trust (in) **1, 6**
confirmar *v.* to confirm
  confirmar una reservación
    to confirm a reservation
conformista *adj.* conformist **10**
confundido/a *adj.* confused
congelador *m.* freezer
congestionado/a *adj.* congested;
  stuffed-up
conjunto musical *m.* musical group;
  band **9**
conmigo *pron.* with me
conocer *v.* to know; to be
  acquainted with
conocido *adj., p.p.* known
conocimiento *m.* knowledge **4**
conquista *f.* conquest **4**
conseguir (e:i) *v.* to get **9**; to obtain
  conseguir entradas
    to get tickets **9**
consejero/a *m., f.* counselor; advisor
consejo *m.* advice
conservación *f.* conservation
conservador(a) *adj.* conservative **6**
conservar *v.* to conserve;
  to preserve **2, 5**
construir *v.* to build **2**
consultorio *m.* doctor's office
consumir *v.* to consume
consumo *m.* **de energía**
  energy consumption **5**
contabilidad *f.* accounting
contador(a) *m., f.* accountant **7**
contagiar *v.* to infect; to be
  contagious **5**
contaminación *f.* pollution **5**
  contaminación del aire/del
    agua air/water pollution
contaminado/a *adj.* polluted
contaminar *v.* to pollute **5**
contar (o:ue) *v.* to count; to tell
  contar (con) *v.* to count (on);
    rely on **1**
contentarse con *v.* to be contented/
  satisfied with **1**
contento/a *adj.* happy; content
contestadora *f.* answering machine
contestar *v.* to answer
contigo *fam. pron.* with you
contraseña *f.* password **8**
contratar *v.* to hire **7**
contribuir *v.* to contribute **8**
control *m.* control
  control de armas gun control **7**
  control remoto remote control
controlar *v.* to control
controvertido/a *adj.* controversial **3**
conversación *f.* conversation
  conversación informal *f.* small
    talk **7**

conversar *v.* to converse; to talk;
  to chat **2**
convertirse (e:ie) en (algo) *v.* to turn
  into (something) **10**
convivencia *f.* coexistence **10**
convivir *v.* to live together;
  to coexist **2**
convocar *v.* to summon **6**
cooperar *v.* to cooperate **2**
copa *f.* wineglass; goblet
coquetear *v.* to flirt **1**
coraje *m.* courage **10**
corazón *m.* heart **1**
corbata *f.* tie
cordillera *f.* mountain range **5**
corrector *m.* **ortográfico**
  spell checker **8**
corredor(a) *m., f.* **de bolsa**
  stockbroker
correo *m.* mail; post office
  correo electrónico *m.* e-mail
correr *v.* to run
  correr la voz *v.* to spread the word **9**
cortar *v.* to cut **5**
cortesía *f.* courtesy
cortinas *f., pl.* curtains
corto/a *adj.* short (*in length*)
  a corto plazo *adj.* short-term **7**
corto(metraje) *adj.* short film **1**
cosa *f.* thing
costa *f.* coast **5**
costar (o:ue) *v.* to cost
costumbre *f.* custom; habit **2**
cotidiano/a *adj.* everyday **2**
cráter *m.* crater
crear *v.* to create **8**
crecer *v.* to grow (up) **10**
crecimiento *m.* growth **3**
creencia *f.* belief **4, 6**
creer (en) *v.* to believe (in)
creído/a *adj., p.p.* believed
crema *f.* **de afeitar** shaving cream
criar *v.* to raise (children) **4**
crimen *m.* crime; murder
crisis económica *f.*
  economic crisis **7**
crítico/a de cine *m., f.* film critic **3**
crueldad *f.* cruelty **6**
cruzar *v.* to cross **2**
cuaderno *m.* notebook
cuadra *f.* city block **2**
¿cuál(es)? which?; which one(s)?
  ¿Cuál es la fecha de hoy?
    What is today's date?
cuadro *m.* picture
cuadros *m., pl.* plaid
cuando *conj.* when
¿cuándo? *adv.* when?
¿cuánto/a(s)? *pron.* how much/
  how many?
  ¿Cuánto cuesta...?
    How much does... cost?
  ¿Cuántos años tienes?
    How old are you?

cuarenta *adj.* forty
cuarto *m.* room
   cuarto de baño bathroom
cuarto/a *adj.* fourth
   menos cuarto quarter to (*time*)
   y cuarto quarter after (*time*)
cuatro *adj.* four
cuatrocientos/as *adj.* four hundred
cubierto/a *p.p.* covered
cubiertos *m., pl.* silverware
cubrir *v.* to cover
cuchara *f.* spoon
cucharada *f.* spoonful **5**
   a cucharadas in spoonfuls **5**
cuchillo *m.* knife
cuello *m.* neck
cuenta *f.* bill; account
   cuenta corriente
      checking account **7**
   cuenta de ahorros
      savings account **7**
cuento *m.* short story
cuerpo *m.* body
cuidado *m.* care **2**
cuidadoso/a *adj.* careful **1**
cuidar *v.* to take care (of) **1**
   ¡Cuídense! Take care!
culpa *f.* fault
cultivar *v.* to cultivate **4**
cultivo *m.* farming; cultivation **4**
cultura *f.* culture
cumpleaños *m., sing.* birthday
cumplimentar *v.* to fill in **7**
cumplir años *v.* to have
   a birthday
cuñado/a *m., f.* brother/sister-in law **4**
cuota *f.* installment **9**
cura *m.* priest **10**
curandero/a *m., f.* folk healer **5**
curar *v.* to cure **8**
currículum *m.* résumé
curso *m.* course

danza *f.* dance
dañar *v.* to damage; to break down
dañino/a *adj.* harmful **5**
daño *m.* harm **10**
dar *v.* to give
   dar un consejo *v.* to give advice
   dar un paseo *v.* to take a stroll **2**
   dar una vuelta *v.* to take
      a walk/ride **2**
   dar una vuelta en bicicleta/carro/
   motocicleta *v.* to take a bike/car/
      motorcycle walk **2**
   darse con *v.* to bump into; to
      run into (something)
   darse cuenta *v.* to realize **7**
   dar para vivir *v.* to yield enough to
      live with **7**
   darse prisa *v.* to hurry; to rush

dardos *m., pl.* darts **9**
de *prep.* of; from
   ¿De dónde eres? *fam.*
      Where are you from?
   ¿De dónde es (usted)? *form.*
      Where are you from?

   ¿De parte de quién? Who is
      calling? (*on telephone*)
   ¿de quién…? *sing.* whose…?
   ¿de quiénes…? *pl.* whose…?
   de algodón (made) of cotton
   de aluminio (made) of aluminum
   de buen humor in a good mood
   de compras shopping
   de cuadros plaid
   de excursión hiking
   de hecho in fact **10**
   de ida y vuelta roundtrip
   de la mañana in the morning; A.M.
   de la noche in the evening;
      at night; P.M.
   de la tarde in the afternoon;
      in the early evening; P.M.
   de lana (made) of wool
   de lunares polka-dotted
   de mal humor in a bad mood
   de mi vida of my life
   de moda in fashion
   De nada. You're welcome.
   De ninguna manera. No way.
   de niño/a as a child
   de parte de on behalf of
   de plástico (made) of plastic
   de rayas striped
   de repente suddenly
   de seda (made) of silk
   de vaqueros western (*genre*)
   de vez en cuando
      from time to time
   de vidrio (made) of glass
debajo de *prep.* below; under
deber (+ *inf.*) *v.* should; must;
   ought to
deber (dinero) *v.* to owe (money) **9**
deber *m.* responsibility; obligation
debido a due to (the fact that)
débil *adj.* weak
decepción *f.* disappointment **5**
decidido/a *adj.* decided;
   determined **2**
decidir (+ *inf.*) *v.* to decide
décimo/a *adj.* tenth
decir (e:i) *v.* to say; to tell
   decir la verdad to tell the truth
   decir mentiras to tell lies
   decir que to say that
decisivo/a *m., f* deciding **9**
declaración *f.* testimony **9**
declarar *v.* to declare; to say
dedicarse a *v.* to devote oneself to **6**
dedo *m.* finger
   dedo del pie *m.* toe
defender (e:ie) *v.* to defend **6**

deforestación *f.* deforestation **5**
dejar *v.* to let; to quit; to leave
   behind **10**
   dejar a alguien *v.* to leave
      someone **1**
   dejar de (+ *inf.*) *v.* to stop
      (*doing something*)
   dejar en paz *v.* to leave
      (someone) alone **9**
   dejar plantado/a *v.* to stand
      someone up **1**
   dejar una propina *v.* to leave a tip
del (*contraction of* **de** + **el**) of the;
   from the
delante de *prep.* in front of
   por delante *adv.* ahead (of) **10**
delantero/a *m., f.* forward
   (*sport position*) **9**
delgado/a *adj.* thin; slender
delicioso/a *adj.* delicious
demás *adj.* the rest
demasiado *adj., adv.* too much
democracia *f.* democracy **6**
dentista *m., f.* dentist
dentro de (diez años) within (ten
   years); inside
dependiente/a *m., f.* clerk
deporte *m.* sport **9**
   deportes extremos
      extreme sports **9**
deportista *m.* sports person; athlete **9**
deportivo/a *adj.* sports-related
depositar *v.* to deposit **7**
deprimido/a *adj.* depressed **1**
derecha *f.* right
derecho *adj.* straight (ahead)
   a la derecha de to the right of
derechos *m., pl.* rights **6**
   derechos humanos
      human rights **6**
derogar *v.* to abolish **6**
derrocar *v.* to overflow **6**
derrotar *v.* to defeat **6**
desafiar *v.* to challenge **9**
desafío *m.* challenge **8**
desamparo *m.* helplessness **2**
desaparecer *v.* to disappear **5**
desaparición *f.* disappearance **3**
desaprovechar *v.* to not take
   advantage of **7**
desarrollar *v.* to develop
desarrollo *m.* development **5**
desastre (natural) *m.*
   (natural) disaster
desatender (e:ie) *v.* to neglect **5**
desayunar *v.* to have breakfast
desayuno *m.* breakfast
descafeinado/a *adj.* decaffeinated
descansar *v.* to rest
descargar *v.* to download **8**
descompuesto/a *adj.* not working;
   out of order
desconfiar *v.* to be suspicious,
   to not trust **9, 10**

desconocido/a *m., f.* stranger **2**
desconsiderado/a *m., f.* inconsiderate **3**
descontrolado/a *adj.* out of control **5**
describir *v.* to describe
descrito/a *p.p.* described
descubierto/a *p.p.* discovered
descubrimiento *m.* discovery **7, 8**
descubrir *v.* to discover **8**
desde *prep.* from
desdén *m.* disdain **4**
desear *v.* to wish; to desire
desechable *adj.* disposable **5**
desempleado/a *adj.* unemployed **7**
desempleo *m.* unemployment **7**
desenlace *m.* ending; outcome **2, 8**
deseo *m.* desire **1**
desesperación *f.* desperation **3**
desesperado/a *m., f.* desperate **7**
desgracia *f.* misfortune; tragedy **10**
desgraciado/a *adj.* ungrateful **4**
desierto *m.* desert **5**
desigual *adj.* unequal **6**
desigualdad *f.* inequality **6**
desinterés *m.* lack of interest **5**
desobediencia *f.* disobedience **6**
  desobediencia civil
    civil disobedience **6**
desordenado/a *adj.* disorderly
despacio *adv.* slowly
desaparición *f.* disappearance **4**
despedida *f.* farewell; good-bye
despedir (e:i) *v.* to fire **7**
despedirse (de) (e:i) *v.* to say goodbye (to) **10**
despejado/a *adj.* clear (*weather*)
despertador *m.* alarm clock
despertarse (e:ie) *v.* to wake up
desplazado/a *adj.* documents **2**
despreciar *v.* to look down on **4**
después *adv.* afterwards; then
  después de *conj.* after
  después de que *conj.* after
destacado/a *adj.* prominent **3**
destino *m.* destination **9**
destrozar *v.* to destroy **6**
destruir *v.* to destroy **5**
detenerse (e:ie) *v.* to stop **9**
detrás de *prep.* behind
deuda *f.* debt **7**
día *m.* day
  día de fiesta holiday
diálogo *m.* dialogue **10**
diario *m.* diary; newspaper **3**
diario/a *adj.* daily
dibujar *v.* to draw
dibujo *m.* drawing
  dibujos animados *m., pl.* cartoons
diccionario *m.* dictionary
dicho/a *p.p.* said
diciembre *m.* December
dictadura *f.* dictatorship **6**

diecinueve *adj.* nineteen
dieciocho *adj.* eighteen
dieciséis *adj.* sixteen
diecisiete *adj.* seventeen
diente *m.* tooth
dieta *f.* diet
diez *adj.* ten
difícil *adj.* difficult; hard
difundir (noticias) *v.* to spread (news) **2**
Diga. *interj.* Hello. (*on telephone*)
digno/a *adj.* worthy **4**
diligencia *f.* errand
diminuto/a *adj.* tiny **9**
dinero *m.* money
dirección *f.* address **2**
  dirección electrónica
    e-mail address **8**
director(a) *m., f.* director; (*musical*) conductor **3**
dirigir *v.* to direct
  dirigirse a *v.* to address **7**
disco *m.* **compacto** compact disc (CD)
discoteca *f.* dance club **2**
discriminación *f.* discrimination
discurso *m.* speech
discutir *v.* to argue **1**
disentir *v.* to dissent; to disagree **6**
diseñador(a) *m., f.* designer
diseño *m.* design **9**
disfrutar (de) *v.* to enjoy; to reap the benefits (of) **2**
disgustado/a *adj.* disgusted **1**
disminuir *v.* to decrease; to reduce; to diminish **10**
disparar *v.* to shoot **7**
disparate *m.* silly remark/action; nonsense **4**
disponible (estar) *m., f.* (to be) available **3**
dispuesto/a (a) *adj.* ready, willing (to) **7**
diversidad *f.* diversity **6, 10**
diversión *f.* fun activity; entertainment; recreation
divertido/a *adj.* fun
divertirse (e:ie) *v.* to have fun; to have a good time **9**
divino/a *adj.* beautiful **9**
divorciado/a *adj.* divorced **1**
divorciarse (de) *v.* to get divorced (from) **1**
divorcio *m.* divorce **1**
doblaje *m.* dubbing **3**
doblar *v.* to turn **2**
doble *adj.* double
  doble moral *f.* double standard **6**
doce *adj.* twelve
doctor(a) *m., f.* doctor
documental *m.* documentary **3**
documentos de viaje *m., pl.* travel documents
dolencia *f.* ailment **5**
doler (o:ue) *v.* to hurt

dolor *m.* ache; pain **2**
  dolor de cabeza *m.* headache
doméstico/a *adj.* domestic
dominar *v.* to dominate **9**
domingo *m.* Sunday
don/doña *title of respect used with a person's first name*
donde *adv.* where
  ¿dónde? where?
  ¿Dónde está...? Where is...?
dormir (o:ue) *v.* to sleep
dormirse (o:ue) *v.* to go to sleep; to fall asleep
dormitorio *m.* bedroom
dos *adj.* two
  dos veces *adv.* twice; two times
doscientos/as *adj.* two hundred
drama *m.* drama; play
dramático/a *adj.* dramatic
dramaturgo/a *m., f.* playwright
droga *f.* drug
drogadicto/a *adj.* drug addict
ducha *f.* shower
ducharse *v.* to shower; to take a shower
duda *f.* doubt **10**
dudar *v.* to doubt
dueño/a *m., f.* owner; landlord **7**
dulces *m., pl.* sweets; candy
durante *prep.* during
durar *v.* to last

E

e *conj.* and (*used instead of* **y** *before words beginning with* **i** *and* **hi**)
echar *v.* to throw; to throw away **5**
  echar (una carta) al buzón *v.* to put (a letter) in the mailbox; to mail
  echar de menos *v.* to miss **10**
ecología *f.* ecology
economía *f.* economics
ecoturismo *m.* ecotourism
Ecuador *m.* Ecuador
ecuatoriano/a *adj.* Ecuadorian
edad *f.* age
  edad adulta adulthood **4**
edificio *m.* building **2**
  edificio de apartamentos
    apartment building
editorial *f.* publisher **8**
(en) efectivo *adv., m.* (in) cash
efecto *m.* **invernadero**
    greenhouse effect **5**
efectos *m., pl.* **especiales**
    special effects **3**
egoísta *adj.* selfish **4**
ejecución *f.* execution **6**
ejecutivo(a) *m., f.* executive **7**
ejercer *v.* to exercise, to exert **6**
  ejercer el poder to exercise/ exert power **6**

faltar *v.* to lack; to need
fama *f.* fame **3**
familia *f.* family
familiares *m.* relatives **1**
famoso/a *adj.* famous
fantasma *m.* ghost **9**
fantástico/a *adj.* imaginary **9**
farmacia *f.* pharmacy
fascinar *v.* to fascinate
favorito/a *adj.* favorite
fax *m.* fax (machine)
fe *f.* faith **4**
febrero *m.* February
fecha *f.* date
felicidad *f.* happiness **5**
  ¡Felicidades! Congratulations!
  ¡Felicitaciones! Congratulations!
feliz *adj.* happy
  ¡Feliz cumpleaños!
    Happy birthday!
fenomenal *adj.* great; phenomenal
feo/a *adj.* ugly
feria *f.* fair **9**
festejar *v.* to celebrate **9**
festival *m.* festival
fidelidad *f.* faithfulness **1**
fiebre *f.* fever
fiesta *f.* party
fijarse *v.* to pay attention **3**
fijo/a *adj.* fixed; set
fila *f.* line **2**
fin *m.* end
  fin de semana weekend
finalmente *adv.* finally
financiero/a *adj.* financial **7**
firmar *v.* to sign (*a document*)
física *f.* physics
físico/a *m., f.* physicist **8**
flan (de caramelo) *m.* baked
  (caramel) custard
flauta *f.* flute **3**
flexible *adj.* flexible
flor *f.* flower
foca *f.* seal **5**
folklórico/a *adj.* folk; folkloric
folleto *m.* brochure
fondo *m.* end
forma *f.* shape
formulario *m.* form
fortalecer(se) *v.* to grow stronger;
  to strengthen **1, 6**
forzudo *m.* strongman **9**
foto(grafía) *f.* photograph
fotógrafo/a *m., f.* photographer **3**
fracaso *m.* failure **6**
fraile (fray) *m.* friar; monk
  (Brother) **4**
francés, francesa *adj.* French
frasquito *m.* little bottle **5**
frecuentemente *adv.* frequently
frenos *m., pl.* brakes
fresco/a *adj.* cool

frijoles *m., pl.* beans
frío/a *adj.* cold
frito/a *adj.* fried
frontera *f.* border **10**
fruta *f.* fruit
frutería *f.* fruit store
frutilla *f.* strawberry
fuego *m.* fire **9**
fuente *f.* source **5**
fuente *f.* **de fritada** platter of
  fried food
fuera *adv.* outside
fuerte *adj.* strong
fuerza *f.* force **6**
fumar *v.* to smoke
función *f.* performance **9**
funcionar *v.* to work; to function
fútbol *m.* soccer
fútbol americano *m.* football
futuro/a *adj.* future
  en el futuro in the future

G

gafas (de sol) *f., pl.* (sun)glasses
gafas (oscuras) *f., pl.* (sun)glasses
galaxia *f.* galaxy **8**
galleta *f.* cookie
ganancia *f.* profit
ganar *v.* to win **9**; to earn (*money*)
  ganar las elecciones
    to win elections **6**
  ganar un partido to win a game **9**
  ganarse la vida to earn a living **7**
ganga *f.* bargain
garaje *m.* garage; (mechanic's) repair
  shop; garage (*in a house*)
garganta *f.* throat
garra *f.* claw **9**
gasoducto *m.* gas pipeline **7**
gasolina *f.* gasoline
gasolinera *f.* gas station
gastar *v.* to spend (*money*) **7**
gato *m.* cat
gemelo/a *m., f.* twin **4**
gen *m.* gene **8**
género *m.* genre **3**
genética *f.* genetics **8**
genial *adj.* wonderful **1**
gente *f.* people **2**
geografía *f.* geography
gerente *m., f.* manager **7**
gimnasio *m.* gymnasium
gobernar (e:ie) *v.* to govern **6**
gobierno *m.* government **6**
golf *m.* golf
golpe *m.* blow, hit
  golpe de estado *coup d'état* **6**
golpear *v.* to beat (a drum) **3**
gordo/a *adj.* fat
gozar (de) *v.* to enjoy **10**
grabadora *f.* tape recorder

grabar *v.* to record **3**
  grabar (un CD) to burn (a CD) **8**
gracias *f., pl.* thank you; thanks
  Gracias por todo.
    Thanks for everything.
  Gracias una vez más.
    Thanks again.
gracioso/a *adj.* funny **1**
graduarse (de/en) *v.* to graduate
  (from/in)
gran, grande *adj.* big; large
grasa *f.* fat
gratis *adj.* free of charge
grave *adj.* grave; serious
gravedad *f.* gravity **8**
gravísimo/a *adj.* extremely serious
grillo *m.* cricket
gripe *f.* flu
gris *adj.* gray
gritar *v.* to scream; to shout **9**
grupo *m.* **musical** musical group,
  band **9**
guagua *f.* child **3**
guantes *m., pl.* gloves
guapo/a *adj.* handsome;
  good-looking
guardar *v.* to save (on
  a computer) **8**
guerra *f.* war **6**
  guerra civil civil war **6**
guía *m., f.* guide
guiar *v.* to guide **8**
gustar *v.* to be pleasing to; to like
  Me gustaría... I would like…
gusto *m.* pleasure
  El gusto es mío. The pleasure
    is mine.
  Gusto de verlo/la. *form.* It's nice
    to see you.
  Gusto de verte. *fam.* It's nice to
    see you.
  Mucho gusto. Pleased to meet you.
  ¡Qué gusto volver a verlo/la!
    form. I'm happy to see you again!
  ¡Qué gusto volver a verte!
    fam. I'm happy to see you again!

H

haber (*auxiliar*) *v.* to have
  (done something)
  Ha sido un placer. It's been
    a pleasure.
habitación *f.* room
  habitación doble double room
  habitación individual
    single room
habitante *m., f.* inhabitant **2**
hablar *v.* to talk; to speak
hacer *v.* to do; to make
  Hace buen tiempo. The weather
    is good.
  Hace (mucho) calor. It's (very)
    hot. (*weather*)
  Hace fresco. It's cool. (*weather*)

Hace (mucho) frío. It's (very) cold. (*weather*)

Hace mal tiempo. The weather is bad.

Hace (mucho) sol. It's (very) sunny. (*weather*)

Hace (mucho) viento. It's (very) windy. (*weather*)

hacer caso to obey 3

hacer cola to stand in line; to wait in line 9

hacer diligencias to run errands 2

hacer ejercicio to exercise

hacer ejercicios aeróbicos to do aerobics

hacer ejercicios de estiramiento to do stretching exercises

hacer el papel (de) to play the role (of)

hacer falta to be necessary 5

hacer gimnasia to work out

hacer juego (con) to match (with)

hacer la cama to make the bed

hacer las maletas to pack (one's) suitcases

hacer quehaceres domésticos to do household chores

hacer turismo to go sightseeing

hacer un esfuerzo to make an effort 10

hacer un viaje to take a trip

hacer una excursión to go on a hike; to go on a tour

hacia *prep.* toward

hallazgo *m.* discovery 3

hambre *f.* hunger 7

hamburguesa *f.* hamburger

hasta *prep.* until; toward

Hasta la vista. See you later.

Hasta luego. See you later.

Hasta mañana. See you tomorrow.

hasta que until

Hasta pronto. See you soon.

hay there is; there are

Hay (mucha) contaminación. It's (very) smoggy.

Hay (mucha) niebla. It's (very) foggy.

Hay que... It is necessary that...

No hay duda de... There's no doubt...

No hay de qué. You're welcome.

hazaña *f.* feat 9

hecho *m.* fact 5

hecho/a *p.p.* done

heladería *f.* ice cream shop

helado/a *adj.* iced

helado *m.* ice cream

heredar *v.* to inherit 4

herencia *f.* heritage

herencia cultural cultural heritage 6

hermanastro/a *m., f.* stepbrother/stepsister 4

hermano/a *m., f.* brother/sister

hermano/a gemelo/a *m., f.* twin brother/sister 4

hermano/a mayor/menor *m., f.* older/younger brother/sister

hermanos *m., pl.* siblings (brothers and sisters)

hermoso/a *adj.* beautiful

herramienta *f.* tool 8

heterogéneo/a *adj.* heterogeneous 10

híbrido/a *adj.* hybrid 5

hierba *f.* grass

hijastro/a *m., f.* stepson/stepdaughter

hijo/a *m., f.* son/daughter

hijo/a único/a *m., f.* only child 4

hijos *m., pl.* children

hipocresía *f.* hypocrisy 6

hipódromo *m.* racetrack 9

hiriente *adj.* hurtful 4

historia *f.* history; story

historiador(a) *m., f.* historian 4

hockey *m.* hockey

hogar *m.* home 10

hoja *f.* leaf 5

hola *interj.* hello; hi

hombre *m.* man

hombre de negocios *m.* businessman 7

homenajear a los dioses *v.* to pay homage to the gods 4

homogeneidad *f.* homogeneity 10

honrado/a *adj.* honest 4

hora *f.* hour; the time

horario *m.* schedule 7

horario de trabajo work schedule 7

horno *m.* oven

horno de microondas microwave oven

horóscopo *m.* horoscope 3

horror *m.* horror

de horror horror (genre)

hospital *m.* hospital

hotel *m.* hotel

hoy *adv.* today

hoy día *adv.* nowadays

Hoy es... Today is...

huelga *f.* strike (*labor*) 6

hueso *m.* bone

huésped *m., f.* guest

huevo *m.* egg

huir *v.* to flee 6

humanidad *f.* humankind 10

humanidades *f., pl.* humanities

huracán *m.* hurricane 5

huraño/a *adj.* unsociable 4

I

ida *f.* one way (*travel*)

idea *f.* idea

ideales *m., pl.* principles; ideals 10

idioma *m.* language

idioma oficial *m.* official language 10

iglesia *f.* church

igual *adj.* equal 6

igualdad *f.* equality 6

igualmente *adv.* likewise

ilegal *adj.* illegal 4

ilusión *f.* dream 2

impasible *adj.* impassively 2

imparcial *adj.* impartial; unbiased 3

impedir *v.* to prevent 2

impermeable *m.* raincoat

importante *adj.* important

importar *v.* to be important to; to matter

imposible *adj.* impossible

imprenta *f.* printer 1

impresora *f.* printer

imprimir *v.* to print

improbable *adj.* improbable

impuesto *m.* tax 7

inalámbrico/a *adj.* wireless 8

incapaz *adj.* incapable; incompetent 7

incendio *m.* fire 5

incertidumbre *f.* uncertainty 10

inconformista *adj.* nonconformist 10

increíble *adj.* incredible

independizarse *v.* to become independent 4

indicar el camino *v.* to give directions 2

indiferencia *f.* indifference 7

indignarse *v.* to be outraged 2

individual *adj.* private (*room*)

inesperado/a *adj.* unexpected 2

inestabilidad *f.* instability 10

infección *f.* infection

infidelidad *f.* unfaithfulness 1

inflación *f.* inflation 7

influencia *f.* influence 2

influir *v.* to influence 6

influyente *adj.* influential 3

informar *v.* to inform

informática *f.* computer science 8

informe *m.* report; paper (*written work*) 6

ingeniero/a *m., f.* engineer 8

ingenuo/a *adj.* naïve 2

inglés *m.* English (*language*)

inglés, inglesa *adj.* English

ingresos *m. pl.* income 8

injusticia *f.* injustice 6

injusto/a *adj.* unfair 6

inmigración *f.* immigration 10

inmigrante *m., f.* immigrant 1

innovador(a) *adj.* innovative 8

inocencia *f.* innocence 9

inodoro *m.* toilet

inolvidable *adj.* unforgettable 1

inseguridad *f.* insecurity; lack of safety 6

inseguro/a *adj.* insecure 1

insensible *adj.* insensitive 9

insistir (en) *v.* to insist (on)
insoportable *adj.* unbearable **9**
inspector(a) de aduanas *m., f.*
   customs inspector
instituto *m.* high school **6**
integración *f.* integration **10**
integrarse (a) *v.* to become part (of);
   to fit in **10**
inteligente *adj.* intelligent
intentar *v.* to try
intercambiar *v.* to exchange
interesante *adj.* interesting
interesar *v.* to be interesting to;
   to interest
internacional *adj.* international
Internet Internet **3**
intoxicar *v.* to poison **5**
intruso/a *m., f.* intruder **8**
inundación *f.* flood **5**
inventar *v.* to invent **8**
invento *m.* invention **8**
inversionista *m., f.* investor **7**
invertir (e:ie) *v.* to invest **7**
investigador(a) *m., f.* researcher **8**
investigar *v.* to research;
   to investigate **3**
invierno *m.* winter
invisible *adj.* invisible **9**
invitado/a *m., f.* guest (*at a function*)
invitar *v.* to invite
inyección *f.* injection
ir *v.* to go
   ir a (+ *inf.*) to be going to
     do something
   ir de compras to go shopping
   ir de excursión (a las montañas)
     to go for a hike (in the mountains)
   ir de pesca to go fishing
   ir de vacaciones to go on vacation
   ir en autobús to go by bus
   ir en auto(móvil) to go by
     auto(mobile); to go by car
   ir en avión to go by plane
   ir en barco to go by boat
   ir en metro to go by subway
   ir en motocicleta to go
     by motorcycle
   ir en taxi to go by taxi
   ir en tren to go by train
irreconocible *adj.* unrecognizable **9**
irse *v.* to go away; to leave
italiano/a *adj.* Italian
izquierdo/a *adj.* left
   a la izquierda de to the left of

J

jabón *m.* soap
jamás *adv.* never; not ever
jamón *m.* ham
japonés, japonesa *adj.* Japanese

jardín *m.* garden; yard **10**
jefe/a *m., f.* boss
joven *adj.* young
joven *m., f.* youth; young person
joyería *f.* jewelry store
jubilarse *v.* to retire (*from work*) **7**
juego *m.* game **9**
   juego de mesa board game **9**
jueves *m., sing.* Thursday
juez(a) *m., f.* judge **6**
jugador(a) *m., f.* player
jugar (u:ue) *v.* to play
   jugar a las cartas *f., pl.*
   to play cards
jugo *m.* juice
   jugo de fruta *m.* fruit juice
juguete *m.* toy **7**
juicio *m.* judgment **6**
julio *m.* July
jungla *f.* jungle
junio *m.* June
juntos/as *adj.* together
jurar *v.* to promise **10**
justicia *f.* justice **6**
justo/a *adj.* just; fair **2, 6**
juventud *f.* youth **4**
juzgar *v.* to judge **6**

K

kilómetro *m.* kilometer

L

la *f., sing., def. art.* the
la *f., sing., d.o. pron.* her, it; *form.* you
laboratorio *m.* laboratory
laca *f.* hair spary **9**
ladrillo *m.* brick **8**
ladrón/ladrona *m., f.* thief **6**
lagarto *m.* lizard **5**
lago *m.* lake
laico/a *adj.* secular; lay **6**
lamentable *adv.* regrettable **9**
lamentar *v.* to regret **4**
lámpara *f.* lamp
lana *f.* wool
langosta *f.* lobster
lápiz *m.* pencil
largo/a *adj.* long
   a largo plazo *adj.* long-term **7**
las *f., pl., def. art.* the
las *f., pl., d.o. pron.* them; *form.* you
lástima *f.* shame
lastimar(se) *v.* to injure (oneself) **9**
   lastimarse el pie to injure
     one's foot
lata *f.* (*tin*) can
lavabo *m.* sink
lavadora *f.* washing machine
lavandería *f.* laundromat
lavaplatos *m., sing.* dishwasher

lavar *v.* to wash
   lavar (el suelo, los platos)
     to wash (the floor, the dishes)
lavarse *v.* to wash oneself
   lavarse la cara to wash one's face
   lavarse las manos to wash
     one's hands
lazo *m.* tie **1**
le *sing., i.o. pron.* to/for him; her;
   form. you
   Le presento a… *form.* I would
     like to introduce… to you.
lección *f.* lesson
leche *f.* milk
lechuga *f.* lettuce
leer *v.* to read
   leer correo electrónico
     to read e-mail
   leer un periódico
     to read a newspaper
   leer una revista to read
     a magazine
legal *adj.* legal **4**
leído/a *p.p.* read
lejanía *f.* distance **10**
lejos de *prep.* far from
lengua *f.* language **4**
   lenguas extranjeras *f., pl.*
     foreign languages
   lengua materna
     mother tongue **10**
lenguaje corporal *m.* body language **9**
lentes de contacto *m., pl.*
   contact lenses
   lentes (de sol) (sun)glasses
lentillas *m. pl.* contact lenses **8**
lento/a *adj.* slow
león *m.* lion **5**
les *pl., i.o. pron.* to/for them;
   form. you
letra *f.* lyrics **3**
letrero *m.* sign; billboard **2**
levantar *v.* to lift
   levantar pesas to lift weights
levantarse *v.* to get up
ley *f.* law **6**
liberal *adj.* liberal **6**
libertad *f.* liberty; freedom **6**
   libertad de prensa freedom
     of the press **3**
libre *adj.* free
librería *f.* bookstore
libro *m.* book
licencia de conducir *f.*
   driver's license
ligar *v.* to flirt; to hook up **1**
limón *m.* lemon
limpiar *v.* to clean
limpiar la casa *v.* to clean the house
limpieza *f.* cleaning
   limpieza étnica ethnic cleaning **10**
limpio/a *adj.* clean
línea *f.* line

lío *m.* mess **7**
listo/a *adj.* ready; smart
literatura *f.* literature
llamar *v.* to call
 llamar por teléfono to call
  on the phone
llamarse *v.* to be called; to be named
llanta *f.* tire
llave *f.* key
llegada *f.* arrival
llegar *v.* to arrive
llenar *v.* to fill
 llenar el tanque to fill the tank
 llenar (un formulario) to fill
  out (a form)
lleno/a *adj.* full **2**
llevar *v.* to carry; *v.* to wear; to take
 llevar una vida sana to lead a
  healthy lifestyle
 llevarse bien/mal/fatal (con) to
  get along well/badly/terribly
  (with) **1**
llover (o:ue) *v.* to rain
 Llueve. It's raining.
lluvia *f.* rain **5**
 lluvia ácida acid rain
lo *m., sing. d.o. pron.* him, it; *form.* you
 ¡Lo hemos pasado de película!
  We've had a great time!
 ¡Lo hemos pasado maravillosamente!
  We've had a great time!
 lo mejor the best (thing)
 Lo pasamos muy bien.
  We had a very good time.
 lo peor the worst (thing)
 lo que that which; what
 Lo siento. I'm sorry.
 Lo siento muchísimo. I'm so sorry.
lobo *m.* wolf **5**
loco/a *adj.* crazy
locutor(a) (de radio/televisión) *m., f.*
  (radio/TV) announcer **3**
locutorio *m.* telephone booth **10**
lograr *v.* to attain; to achieve **10**
lomo a la plancha *m.* grilled
  flank steak
los *m., pl., def. art.* the
los *m. pl., d.o. pron.* them; *form.* you
lotería *f.* lottery **9**
lucha *f.* struggle; fight **6**
luchar (contra/por) *v.* to fight;
  to struggle (against/for) **10**
luego *adv.* then; *adv.* later
lugar *m.* place
lujo *m.* luxury **10**
luna *f.* moon **5**
lunares *m.* polka dots
lunes *m., sing.* Monday
luz *f.* light; electricity

M

madera *f.* wood **5**
madrastra *f.* stepmother **4**
madre *f.* mother
madrugada *f.* early morning **9**
madurez *f.* maturity; middle age
maduro/a *adj.* mature **1**
maestro/a *m., f.* teacher
magnífico/a *adj.* magnificent
magia *f.* magic **9**
mago/a *m., f.* magician **9**
maíz *m.* corn
mal, malo/a *adj.* bad
maleducado/a *adj.* ill-mannered **4**
malcriado/a *m., f.* rude **3**
malcriar *v.* to spoil **4**
maleta *f.* suitcase
malgastar *v.* to waste **5**
maltrato *m.* abuse; mistreatment **10**
mamá *f.* mom
manchado/a *adj.* stained **2**
mandar *v.* to order; to send; to mail
mandón/mandona *adj.* bossy **4**
manejar *v.* to drive
manera *f.* way
manifestación *f.* protest
manifestante *m., f.* demonstrator **6**
mano *f.* hand
manta *f.* blanket
mantener (e:ie) *v.* to maintain
 mantenerse en forma to stay
  in shape
mantenimiento *m.* maintenance **10**
mantequilla *f.* butter
manzana *f.* apple
mañana *f.* morning, A.M.; tomorrow
mapa *m.* map
maqueta *f.* model **8**
maquillaje *m.* makeup
maquillarse *v.* to put on makeup
máquina *f.* machine **8**
mar *m.* sea **5**
maravilloso/a *adj.* marvelous
marcar (un gol/un punto) *v.* to score
  (a goal/a point) **9**
marcharse *v.* to leave
mareado/a *adj.* dizzy; nauseated
margarina *f.* margarine
mariscos *m., pl.* shellfish
marrón *adj.* brown
martes *m., sing.* Tuesday
martillo *m.* hammer **8**
marzo *m.* March
más *pron.* more
 más de (+ *number*) more than
 más tarde later (on)
 más... que more... than
masaje *m.* massage
matar *v.* to kill **7**
matarse *v.* to kill oneself **7**
matemáticas *f., pl.* mathematics
matemático/a *m., f.* mathematician **8**

materia *f.* course
matriarcado *m.* matriarchy **2**
matrimonio *m.* marriage **1**
máximo/a *adj.* maximum
mayo *m.* May
mayonesa *f.* mayonnaise
mayor *adj.* older
 el/la mayor *adj.* eldest/oldest
me *sing., d.o. pron.* me; *sing. i.o.*
  pron. to/for me
 Me duele mucho. It hurts me a lot.
 Me gusta... I like…
 No me gustan nada. I don't like
  them at all.
 Me gustaría(n)… I would like…
 Me llamo… My name is…
 Me muero por… I'm dying
  to/for…
mecánico/a *m., f.* mechanic
mediano/a *adj.* medium
medianoche *f.* midnight
medias *f., pl.* pantyhose; stockings
medicamento *m.* medication **5**
medicina *f.* medicine
médico/a *m., f.* doctor; *adj.* medical
medio/a *adj.* half
 medio *m.* **ambiente** environment **5**
 y media thirty minutes past the
  hour (*time*)
 medio/a hermano/a *m., f.* half
  brother/sister **4**
mediodía *m.* noon
medios (de comunicación) *m., pl.*
  means of communication; media **3**
mejor *adj.* better
 el/la mejor *m., f.* the best
mejora *f.* improvement **10**
mejorar *v.* to improve **5**
melocotón *m.* peach
mendigar *v.* to beg **2**
menor *adj.* younger
 el/la menor *m., f.* youngest
menos *adv.* less
 menos cuarto..., menos quince...
  quarter to… (*time*)
 menos de (+ *number*) fewer than
 menos... que less... than
mensaje *m.* message **8**
 mensaje de texto text message **8**
 mensaje electrónico *m.*
  e-mail message
mente *f.* mind **8, 9**
mentira *f.* lie **7**
mentiroso/a *adj.* lying; liar **1**
menú *m.* menu
mercado *m.* market **7**
 mercado al aire libre
  open-air market
merecer *v.* to deserve **1**
merendar (e:ie) *v.* to snack; to have
  an afternoon snack
merienda *f.* afternoon snack
mes *m.* month

mesa *f.* table
mesero/a *m., f.* waiter/waitress
mesita *f.* end table
   mesita de noche night stand
meta *f.* goal **10**
metro *m.* subway **2**
mexicano/a *adj.* Mexican
México *m.* Mexico
mezclar *v.* to mix **10**
mí *pron., obj. of prep.* me
mi(s) *poss. adj.* my
microondas *f., sing.* microwave
   horno *m.* **de microondas**
     microwave oven
miedo *m.* fear **10**
mientras *adv.* while
miércoles *m., sing.* Wednesday
mil *m.* one thousand
   mil millones billion
   Mil perdones. I'm so sorry.
     (lit. A thousand pardons.)
milla *f.* mile
millón *m.* million
millones (de) *m.* millions (of)
milonga *f. type of dance music from the*
   Río de la Plata area in Argentina **9**
mimar *v.* to pamper **4**
mineral *m.* mineral
minuto *m.* minute
mío/a(s) *poss.* my; (of) mine
mirada *f.* gaze
mirar *v.* to look (at); to watch
   mirar (la) televisión
     to watch television
misa *f.* mass **9**
mismo/a *adj.* same
mito *m.* myth **2**
mochila *f.* backpack
moda *f.* fashion
módem *m.* modem
moderno/a *adj.* modern
modo *m.* means; manner **8**
molestar *v.* to bother; to annoy
monitor *m.* (computer) monitor
monitor(a) *m., f.* trainer
mono *m.* monkey **5**
monolingüe *adj.* monolingual **10**
montaña *f.* mountain
montar *v.* **a caballo** to ride a horse
monumento *m.* monument
mora *f.* blackberry
morado/a *adj.* purple
moreno/a *adj.* brunet(te)
morir (o:ue) *v.* to die
mostrador *m.* counter **2**
mostrar (o:ue) *v.* to show
motocicleta *f.* motorcycle
motor *m.* motor
muchacho/a *m., f.* boy; girl
mucho/a *adj., adv.* a lot of; much; many
   (Muchas) gracias. Thank you
     (very much); Thanks (a lot).
   muchas veces *adv.* a lot;
     many times

Muchísimas gracias. Thank you
   very, very much.
   Mucho gusto. Pleased to meet you.
muchísimo very much
mudarse *v.* to move (from one house
   to another) **1, 4**
muebles *m., pl.* furniture
muela *f.* tooth
muerte *f.* death **4**
muerto/a *p.p.* died
mujer *f.* woman
   mujer de negocios *f.*
     business woman **7**
   mujer policía *f.* policewoman **2**
mujeriego *m.* womanizer **9**
multa *f.* fine **8**
mundial *adj.* worldwide
Mundial *m.* World Cup **9**
mundo *m.* world
municipal *adj.* municipal
músculo *m.* muscle
museo *m.* museum **2**
música *f.* music
musical *adj.* musical
músico/a *m., f.* musician **9**
musulmán/musulmana *m., f.*
   Muslim **6**
muy *adv.* very
   Muy amable. That's very kind
     of you.
   (Muy) bien, gracias.
     (Very) well, thanks.

N

nacer *v.* to be born
nacimiento *m.* birth **4**
nacional *adj.* national
nacionalidad *f.* nationality
nada *pron.* nothing; not anything
   nada mal not bad at all
nadar *v.* to swim
nadie *pron.* no one, nobody;
   not anyone
naipes *m., pl.* (playing) cards **9**
naranja *f.* orange
nariz *f.* nose
natación *f.* swimming
natalidad *f.* birthrate **10**
natural *adj.* natural
naturaleza *f.* nature
navegar (en la red, en Internet) *v.*
   to surf (the web, the Internet) **3**
Navidad *f.* Christmas
necesario/a *adj.* necessary
necesitar (+ *inf.*) *v.* to need
necrológica *f.* obituary **9**
negar (e:ie) *v.* to deny
negativo/a *adj.* negative
negocios *m., pl.* business; commerce
negro/a *adj.* black
nervioso/a *adj.* nervous

nevar (e:ie) *v.* to snow
   Nieva. It's snowing.
ni… ni neither… nor
niebla *f.* fog
nieto/a *m., f.* grandson/granddaughter **4**
nieve *f.* snow
ningún; ninguna; ningunos/as *adj.*
   no; not any
ninguno/a(s) *pron.* no; none; not any
niñato/a *m., f.* spoiled brat (Esp.) **4**
niñez *f.* childhood **4**
niño/a *m., f.* child **4**
nivel *m.* level
   nivel de vida standard
     of living **10**
no *adv.* no; not
   ¿no? right?
   No cabe duda de… There is
     no doubt…
   No es así. That's not the way it is.
   No es para tanto. It's not a big deal.
   no es seguro it's not sure
   no es verdad it's not true
   No está nada mal. It's not bad
     at all.
   no estar de acuerdo to disagree
   No estoy seguro. I'm not sure.
   no hay there is/are not
   No hay de qué. You're welcome.
   No hay duda de… There is
     no doubt…
   No hay problema. No problem.
   no más only **3**
   ¡No me diga(s)! You don't say!
   No me gustan nada. I don't like
     them at all.
   no muy bien not very well
   No quiero. I don't want to.
   No sé. I don't know.
   No se preocupe. *form.*
     Don't worry.
   No te preocupes. *fam.*
     Don't worry.
   no tener razón to be wrong
noche *f.* night
nombre *m.* name
   nombre de usuario user name **8**
Norte *m.* North
norteamericano/a *adj.*
   (North) American
nos *pl., d.o. pron.* us; *pl., i.o. pron.*
   to/for us
   Nos divertimos mucho.
     We had a lot of fun.
   Nos vemos. See you.
nosotros/as *sub. pron.* we;
   ob. pron. us
nostalgia *f.* nostalgia **10**
noticias (internacionales/locales/
   nacionales) *f., pl.* (international/
   local/national) news **3**
noticiero *m.* newscast

novecientos/as *adj.* nine hundred
novedad *f.* new development **8**
noveno/a *adj.* ninth
noventa *adj.* ninety
noviembre *m.* November
novio/a *m., f.* boyfriend/girlfriend
nube *f.* cloud
nublado/a *adj.* cloudy
  Está (muy) nublado. It's
   very cloudy.
nuclear *adj.* nuclear
nuera *f.* daughter-in-law **4**
nuestro/a(s) *poss. adj.* our; (of ours)
nueve *adj.* nine
nuevo/a *adj.* new
número *m.* number; (shoe) size;
  m. act **9**
nunca *adj.* never; not ever
nutrición *f.* nutrition
nutricionista *m., f.* nutritionist

O

o *conj.* or
o… o *conj.* either… or
obedecer *v.* to obey
obra *f.* work (*of art, literature,
  music, etc.*)
  obra maestra masterpiece
  obra de teatro theater play **9**
obrero/a *m., f.* blue-collar worker **7**
obtener *v.* to obtain; to get
obvio/a *adj.* obvious
océano *m.* ocean
ochenta *adj.* eighty
ocho *adj.* eight
ochocientos/as *adj.* eight hundred
ocio *m.* leisure **9**
octavo/a *adj.* eighth
octubre *m.* October
ocupación *f.* occupation
ocupado/a *adj.* busy
ocurrir *v.* to occur; to happen
odiar *v.* to hate **1**
Oeste *m.* West
oferta *f.* offer
oficina *f.* office
oficio *m.* trade
ofrecer *v.* to offer
oído *m.* (sense of) hearing; inner ear
oído/a *p.p.* heard
oír *v.* to hear
  Oiga/Oigan. *form., sing./pl.* Listen.
   (*in conversation*)
  Oye. *fam., sing.* Listen.
   (*in conversation*)
ojalá (que) *interj.* I hope (that);
  I wish (that)
ojo *m.* eye
olor *m.* smell **9**
olvidar *v.* to forget
olvido *m.* forgetfulness; oblivion **1**

once *adj.* eleven
ópera *f.* opera
operación *f.* operation
opinar *v.* to express an opinion;
  to think **3**
opresión *f.* oppression **4**
oprimido/a *adj.* oppressed **6**
ordenado/a *adj.* orderly
ordinal *adj.* ordinal (*number*)
oreja *f.* (outer) ear
orgullo *m.* pride
orgulloso/a *adj.* proud **1**
orquesta *f.* orchestra
ortografía *f.* spelling
ortográfico/a *adj.* spelling
os *fam., pl. d.o. pron.* you;
  fam., pl. i.o. pron. to/for you
oso *m.* bear **5**
otoño *m.* autumn
otro/a *adj.* other; another
  otra vez again
oyente *m., f.* listener **3**

P

paciencia *f.* patience **10**
paciente *m., f.* patient
pacífico/a *adj.* peaceful **6**
pacifista *adj.* pacifist **6**
padrastro *m.* stepfather **4**
padre *m.* father
padres *m., pl.* parents
pagar *v.* to pay
  pagar a plazos
   to pay in installments
  pagar al contado to pay in cash
  pagar en efectivo to pay in cash
  pagar la cuenta to pay the bill
página *f.* page
  página principal home page
país *m.* country
paisaje *m.* landscape; scenery **5**
pájaro *m.* bird **5**
palabra *f.* word
pan *m.* bread
  pan tostado *m.* toasted bread
panadería *f.* bakery
pancarta *f.* banner; sign
pantalla *f.* screen **3**
pantalones *m., pl.* pants
  pantalones cortos *m., pl.* shorts
pantuflas *f.* slippers
pañuelo *m.* headscarf **6**
papa *f.* potato
  papas fritas *f., pl.* fried potatoes;
   French fries
papá *m.* dad
papás *m., pl.* parents
papel *m.* paper; role
papeles *m., pl.* documents **3**
papelera *f.* wastebasket
paquete *m.* package

par *m.* pair
  par de zapatos pair of shoes
para *prep.* for; in order to; by;
  used for; considering
  para que so that
parabrisas *m., sing.* windshield
parada *f.* stop **2**
  parada de autobús bus stop **2**
  parada de metro subway stop **2**
parar *v.* to stop **2**
parcial *adj.* biased **3**
parcialidad *f.* bias **3**
parco/a *adj.* tight-lipped **9**
parecer *v.* to seem
parecerse (c:zc) *v.* to resemble;
  to look like **4, 2**
pared *f.* wall **8**
pareja *f.* (married) couple; partner **1**
pariente *m., f.* relative **4, 10**
  parientes *m., pl.* relatives
parque *m.* park **9**
  parque de atracciones
   amusement park **9**
parquear *v.* to park **3**
párrafo *m.* paragraph
parte: de parte de on behalf of
partido *m.* game; match (*sports*)
  partido político *m.*
   political party **6**
partir *v.* to split
pasado/a *adj.* last; past
pasado *p.p.* passed
pasaje *m.* ticket
  pasaje de ida y vuelta *m.* round
   trip ticket
pasajero/a *m., f.* passenger **2**;
  adj. fleeting **1**
pasaporte *m.* passport
pasar *v.* to go through; to pass **6, 9**
  pasar la aspiradora to vacuum
  pasar por el banco to go
   by the bank
  pasar por la aduana to go
   through customs
  pasar tiempo to spend time
  pasarlo bien/mal *v.* to have a
   good/bad time **2**
pasatiempo *m.* pastime; hobby
pasear *v.* to take a walk; to stroll;
  to go for a walk **9**
  pasear en bicicleta to ride
   a bicycle
  pasear por to walk around
pasillo *m.* hallway
pasta *f.* **de dientes** toothpaste
pastel *m.* cake; pie
  pastel de chocolate
   chocolate cake
  pastel de cumpleaños
   birthday cake
pastelería *f.* pastry shop
pastilla *f.* pill; tablet

pata *f.* **de conejo** rabbit's foot **5**
patata *f.* potato
  patatas fritas *f., pl.* fried
    potatoes; French fries
patear *v.* to kick **9**
patente *f.* patent **8**
patinar (en línea) *v.* to (in-line) skate
patineta *f.* skateboard
patio *m.* patio; yard
patria *f.* homeland **1, 4**
pavo *m.* turkey
paz *f.* peace **6**
peatón/peatona *m., f.* pedestrian **2**
pedazo *m.* piece **5**
  pedazo de lata piece of junk **8**
pedir (e:i) *v.* to ask for; to request;
  to order (*food*)
  pedir prestado *v.* to borrow **7**
  pedir un préstamo *v.* to apply
    for a loan
pegar *v.* to hit **6, 8**
peinarse *v.* to comb one's hair
pelear(se) *v.* to fight with (one
  another) **4, 6**
película *f.* movie **3**
peligro *m.* danger **5**
peligroso/a *adj.* dangerous
pelirrojo/a *adj.* red-haired
pelo *m.* hair
pelota *f.* ball
peluquería *f.* beauty salon
peluquero/a *m., f.* hairdresser
penicilina *f.* penicillin
pensar (e:ie) *v.* to think
  pensar (+ *inf.*) *v.* to intend to;
    to plan to (do something)
  pensar en *v.* to think about
pensión *f.* boardinghouse
peor *adj.* worse
  el/la peor *adj.* the worst
pequeño/a *adj.* small
pera *f.* pear
perder (e:ie) *v.* to lose **9**; to miss
  perder las elecciones
    to lose elections **6**
  perder un partido
    to lose a game **9**
pérdida *f.* loss
perdido/a *adj.* lost
Perdón. Pardon me.; Excuse me.
perdonar *v.* to forgive **2**
perezoso/a *adj.* lazy **7**
perfecto/a *adj.* perfect
periódico *m.* newspaper **3**
periodismo *m.* journalism
periodista *m., f.* journalist **3**
permiso *m.* permission
permitir *v.* to allow **2**
pero *conj.* but
perro *m.* dog
persecución *f.* persecution **10**
persiana *f.* shutter **2**
persona *f.* person

personaje *m.* character **9**
  personaje principal *m.*
    main character
pertenecer *v.* to belong **10**
pesas *f. pl.* weights
pesca *f.* fishing
pescadería *f.* fish market
pescado *m.* fish (*cooked*)
pescador(a) *m., f.* fisherman/
  fisherwoman
pescar *v.* to fish
peso *m.* weight
petróleo *m.* oil **5**
pez *m.* fish (*live*) **5**
pie *m.* foot
piedra (esculpida) *f.* (sculpted)
  stone **8**
pierna *f.* leg
pimienta *f.* black pepper
pintar *v.* to paint
pintor(a) *m., f.* painter
pintura *f.* painting; picture
piña *f.* pineapple
piscina *f.* swimming pool
piso *m.* floor (*of a building*)
pista de baile *f.* dance floor **3**
pizarra *f.* blackboard
placer *m.* pleasure
  Ha sido un placer. It's been
    a pleasure.
planchar la ropa *v.* to iron the clothes
planes *m., pl.* plans
planeta *m.* planet **8**
planificar *v.* to plan **8**
plano *m.* blueprint; plan **8**
planta *f.* plant
  planta baja *f.* ground floor
plantar *v.* to plant **5**
plantilla *f.* staff **7**
plástico *m.* plastic
plato *m.* dish (*in a meal*); *m.* plate
  plato principal *m.* main dish
playa *f.* beach
plaza *f.* city or town square **2**
plazos *m., pl.* periods; time
  a corto/largo plazo *adj.*
    short/long-term **7**
pluma *f.* pen
población *f.* population **10**
poblar *v.* to settle; to populate **2**
pobre *adj.* poor
pobreza *f.* poverty **7**
poco/a *adj.* little; few
podar *v.* to prune **5**
poder (o:ue) *v.* to be able to; can
poder *m.* power **6**
poderoso/a *adj.* powerful **4**
poema *m.* poem
poesía *f.* poetry
poeta *m., f.* poet
polémica *f.* controversy **10**
policía *f.* police (force)
policía *m.* policeman **2**

política *f.* politics **6**
político/a *m., f.* politician;
  adj. political **6**
pollo *m.* chicken
  pollo asado *m.* roast chicken
ponchar *v.* to go flat
poner *v.* to put; to place; *v.* to turn on
  (*electrical appliances*)
  poner la mesa *v.* to set the table
  poner un disco compacto *v.*
    to play a CD **9**
  poner una inyección *v.* to give
    an injection
ponerse (+ *adj.*) *v.* to become;
  to put on
  ponerse pesado/a to become
    annoying **1**
por *prep.* in exchange for; for;
  by; in; through; around; along;
  during; because of; on account of;
  on behalf of; in search of; by way
  of; by means of
  por aquí around here
  por delante *adv.* ahead (of) **10**
  por ejemplo for example
  por eso that's why; therefore
  por favor please
  por fin finally
  por la mañana in the morning
  por la noche at night
  por la tarde in the afternoon
  por lo menos at least
  ¿por qué? why?
  Por supuesto. Of course.
  por su cuenta on his/her own **1**
  por teléfono by phone; on the phone
  por último finally
porque *conj.* because
portada *f.* front page; cover **3**
portátil *m.* portable
porvenir *m.* future **5**
  ¡Por el porvenir! Here's to
    the future!
posesivo/a *adj.* possessive
posible *adj.* possible
  (no) es posible it's (not) possible
postal *f.* postcard
postre *m.* dessert
potable *adj.* drinkable **5**
practicar *v.* to practice
  practicar deportes
    to play sports
práctico/a *adj.* useful; practical
precio (fijo) *m.* (fixed; set) price
predecir (e:i) *v.* to predict **10**
preferir (e:ie) *v.* to prefer
pregunta *f.* question
preguntar *v.* to ask (*a question*)
  preguntar el camino to ask
    for directions **2**
prejucio social *m.* social prejudice **4**
premio *m.* prize; award
prender *v.* to turn on

prensa (sensacionalista) *f.* (sensationalist) press **3, 7**
preocupación *f.* concern **10**
preocupado/a (por) *adj.* worried (about) **1**
preocuparse (por) *v.* to worry (about)
preparar *v.* to prepare
preposición *f.* preposition
presagio *m.* omen **10**
prescindir (de) *v.* to do without **10**
presentación *f.* introduction
presentar *v.* to introduce; to present; to put on (*a performance*)
   Le presento a… I would like to introduce (*name*) to you (*form.*)
   Te presento a… I would like to introduce (*name*) to you (*fam.*)
presentimiento *m.* premonition **10**
presidente/a *m., f.* president **6**
presiones *f., pl.* pressures
preso/a *m., f.* prisoner **5**
prestado/a *adj.* borrowed
préstamo *m.* loan
prestar *v.* to lend; to loan **7**
presupuesto *m.* budget **7**
prevenir (e:ie) *v.* to prevent **5**
previo/a *adj.* prior to **9**
previsto/a *adj.* foreseen **10**
primavera *f.* spring
primer, primero/a *adj.* first
primo/a *m., f.* cousin **4**
principal *adj.* main
principio *m.* principle **2**
prisa *f.* haste
   darse prisa *v.* to hurry; to rush
probable *adj.* probable
   (no) es probable it's (not) probable
probar (o:ue) *v.* to taste; to try
probarse (o:ue) *v.* to try on
problema *m.* problem
profesión *f.* profession
profesor(a) *m., f.* teacher
programa *m. program* **3**
   programa (de computación) software **8**
   programa de concursos game show **3**
   programa de entrevistas talk show
   programa de telerrealidad reality show **3**
programador(a) *m., f.* computer programmer
progreso *m.* progress **10**
prohibir *v.* to prohibit; to forbid
promocionarse *v.* to be promoted **7**
promulgar *v.* to enact (a law) **6**
pronombre *m.* pronoun
pronto *adv.* soon
propina *f.* tip
propietario/a *m., f.* owner **8**
propio/a *adj.* own

protagonista *m., f.* protagonist
proteger *v.* to protect **5**
protegido/a *adj.* protected **5**
proteína *f.* protein
protesta *f.* complaint **2**
protestar *v.* to protest **10**
proveniente *adj.* (coming) from **10**
próximo/a *adj.* next
prueba *f.* test; quiz; proof **9**
psicología *f.* psychology
psicólogo/a *m., f.* psychologist
publicar *v.* to publish **3**
publicidad *f.* advertising **3**
público *m.* audience; public **3**
pueblo *m.* town
puente *m.* bridge **2**
puerta *f.* door
Puerto Rico *m.* Puerto Rico
puertorriqueño/a *adj.* Puerto Rican
pues *conj.* well
puesto *m.* position; job **7**
puesto/a *p.p.* put
pulmón *m.* lung **5**
pulsar *v.* to press **4**
puro/a *adj.* pure, clean **5**

que *pron.* that; which; who
   ¿En qué…? In which…?
   ¡Qué…! How…!
   ¡Qué dolor! What pain!
   ¡Qué ropa más bonita! What pretty clothes!
   ¡Qué sorpresa! What a surprise!
   ¿qué? what?
   ¿Qué día es hoy? What day is it?
   ¿Qué hay de nuevo? What's new?
   ¿Qué hora es? What time is it?
   ¿Qué les parece? What do you (*pl.*) think?
   ¿Qué pasa? What's happening?; What's going on?
   ¿Qué pasó? What happened?
   ¿Qué precio tiene? What is the price?
   ¿Qué tal…? How are you?; How is it going?; How is/are…?
   ¿Qué talla lleva/usa? What size do you wear?
   ¿Qué tiempo hace? How's the weather?
quebrar *v.* to go bankrupt **7**
quedar *v.* to be left over; to fit (*clothing*); to be left behind; to be located **2**
quedarse *v.* to stay; to remain **2**
quehaceres domésticos *m., pl.* household chores
quejarse (de) *v.* to complain (about) **4, 7**
quemado/a *adj.* burned (out)

quemar *v.* to burn
querer(se) (e:ie) *v.* to want; to love (each other) **1**
queso *m.* cheese
quien(es) *pron.* who; whom; that
   ¿quién(es)? who?; whom?
   ¿Quién es…? Who is…?
   ¿Quién habla? Who is speaking? (*telephone*)
química *f.* chemistry
químico/a *m., f.* chemist **8**
quince *adj.* fifteen
   menos quince quarter to (*time*)
   y quince quarter after (*time*)
quinceañera *f.* fifteen-year-old girl
quinientos/as *adj.* five hundred
quinto/a *adj.* fifth
quisiera *v.* I would like
quitar *v.* to remove **5**
   quitar el polvo *v.* to dust
   quitar la mesa *v.* to clear the table
   quitarse *v.* to take off
quizás *adv.* maybe

racismo *m.* racism
radio *f.* radio
radioemisora *f.* radio station **3**
radiografía *f.* X-ray
raíz *f.* root **4**
rancho *m.* ranch **10**
rápido/a *adv.* quickly
raro/a *adj.* weird **6**
rascacielos *m.* skyscraper **2**
rasgo *m.* feature
rato *m.* while **6**
ratón *m.* mouse
ratos libres *m., pl.* free time **9**
raya *f.* stripe
razón *f.* reason **10**
realizar *v.* to carry out **8**
realizarse *v.* to become true **4**; *v.* to be fullfilled **10**
rebaja *f.* sale
rebelde *adj.* rebellious **4**
recado *m.* (telephone) message
receta *f.* prescription; recipe **4**
recetar *v.* to prescribe
rechazar *v.* to reject **10**; *v.* to turn down **2**
recibir *v.* to receive
reciclaje *m.* recycling **5**
reciclar *v.* to recycle **5**
recién casado/a *m., f.* newlywed
recogedor *m.* dustpan **4**
recoger *v.* to pick up
recomendar (e:ie) *v.* to recommend
reconocer (c:zc) *v.* to recognize **10**
recordar (o:ue) *v.* to remember
recorrer *v.* to travel (around a city) **2**
recorrido *m.* route; trip **9**

recreo *m.* recreation **9**
recursos *m., pl.* resources **5**
  recurso natural
    natural resource
red *f.* network; the Web **8**
  red de apoyo support network **1**
redactor(a) *m., f.* editor **3**
reducir *v.* to reduce
reemplazar *v.* to replace **8**
refresco *m.* soft drink
refrigerador *m.* refrigerator
refugiado/a *m., f.* refugee **10**
  refugiado/a de guerra *m., f.*
    war refugee **10**
  refugiado/a político/a *m., f.*
    political refugee **10**
regalar *v.* to give (a gift)
regalo *m.* gift
regañar *v.* to scold **4**
regatear *v.* to bargain
región *f.* region; area
regla *f.* rule **6**
regresar *v.* to return
regreso *m.* return **9**
regular *adj.* so-so; OK
reído *p.p.* laughed
reírse (e:i) *v.* to laugh
relaciones *f., pl.* relationships
  relaciones exteriores *f., pl.*
    foreign relations **6**
relajarse *v.* to relax **2**
relato *m.* short story **8**
religión *f.* religion **4**
reloj *m.* clock; watch
remodelar *v.* to remodel **8**
renovable *adj.* renewable **5**
renovar *v.* to renew **7**
renunciar *v.* to quit **7**
repartir *v.* to distribute; hand out
repentino/a *adj.* sudden **2**
repetir (e:i) *v.* to repeat
repleto/a *adj.* crowded **2**
reportaje *m.* (news) report **3**
reportero/a *m., f.* reporter;
  journalist **3**
represa *f.* dam **7**
representante *m., f.* representative
reprochar *v.* to blame **1**
reproductor de DVD *m.*
  DVD player **8**
reproductor de MP3 *m.*
  MP3 player **8**
rescatado/a *adj.* rescued **6**
reseña *f.* review **1**
resfriado *m.* cold (*illness*)
residencia estudiantil *f.* dormitory
residir *v.* to reside **2**
resolver (o:ue) *v.* to solve;
  to resolve **5**
respetar *v.* to respect **4**
respirar *v.* to breathe **5**

respuesta *f.* answer
restaurante *m.* restaurant
resuelto/a *p.p.* resolved
reto *m.* challenge **5**
retroceder *v.* to move backward **2**
reunión *f.* meeting **7**
reunirse (con) *v.* to get
  together (with) **9**
revisar *v.* to check
  revisar el aceite *v.* to check the oil
revista *f.* magazine **3**
revolucionario/a *adj.* revolutionary **8**
rico/a *adj.* rich; *adj.* tasty; delicious
ridículo/a *adj.* ridiculous
riesgo *m.* risk **1**
río *m.* river **5**
riqueza *f.* wealth **7**
riquezas *f., pl.* riches **7**
riquísimo/a *adj.* extremely delicious
ritmo *m.* rhythm **3**
rito sagrado *m.* sacred ritual **4**
rivalidad *f.* rivalry **9**
rodar (o:ue) *v.* to shoot (a movie) **3**
rodeado/a *adj.* surrounded **9**
rodear *v.* to surround **4**
rodilla *f.* knee
rogar (o:ue) *v.* to beg; to plead
rojo/a *adj.* red
romántico/a *adj.* romantic
romper *v.* to break
  romper con *v.* to break up with **1**
  romperse la pierna *v.* to break
    one's leg
rompimiento *m.* breakup **1**
ropa *f.* clothing; clothes
  ropa interior *f.* underwear
rosado/a *adj.* pink
roto/a *adj.* broken
rubio/a *adj.* blond(e)
ruido *m.* noise **9**
ruidoso/a *adj.* noisy **2**
rumorear *v.* to be rumored (that) **10**
ruso/a *adj.* Russian
rutina *f.* routine **5**
  rutina diaria daily routine **5**

S

sábado *m.* Saturday
saber *v.* to know; to know how; to taste
  saber a to taste like
sabrosísimo/a *adj.*
  extremely delicious
sabroso/a *adj.* tasty; delicious
sacar *v.* to take out
  sacar fotos to take photos
  sacar la basura to take out
    the trash
  sacar(se) un diente to have a
    tooth removed
sacerdote *m.* priest **4**
sacrificar *v.* to sacrifice **4**

sacudir *v.* to dust
  sacudir los muebles to dust
    the furniture
sal *f.* salt
sala *f.* living room; room
  sala de emergencia(s)
    emergency room
salario *m.* salary
salchicha *f.* sausage
saldo *m.* balance **10**
salida *f.* departure; exit
salir *v.* to leave; to go out **9**
  salir (con) to go out (with); to date **1**
  salir a comer algo to go out
    to eat **9**
  salir a la venta to go on sale **3**
  salir a tomar algo to go out to
    have a drink **9**
  salir de to leave from
  salir para to leave for (*a place*)
salmón *m.* salmon
salón *m.* **de belleza** beauty salon
saltar *v.* to jump **9**
salud *f.* health
saludable *adj.* healthy
saludar(se) *v.* to greet (each other)
saludo *m.* greeting
  saludos a… greetings to…
salvar *v.* to save **4**
sandalia *f.* sandal
sandía *f.* watermelon
sándwich *m.* sandwich
sangre *f.* blood
sano/a *adj.* healthy
se *ref. pron.* himself; herself;
  itself; *form.* yourself; themselves;
  yourselves
se *impersonal* one
  Se hizo… He/she/it became…
  Se nos dañó… The… broke down.
  Se nos pinchó una llanta.
    We had a flat tire.
secadora *f.* clothes dryer
secarse *v.* to dry oneself
sección de (no) fumar *f.*
  (non) smoking section
sección de sociedad *f.*
  lifestyle section **3**
sección deportiva *f.* sports section **3**
seco/a *adj.* dry **5**
secretario/a *m., f.* secretary
secuencia *f.* sequence
secuestrar *v.* to kidnap; to hijack **6**
secuestro *m.* kidnapping **6**
sed *f.* thirst
seda *f.* silk
sedentario/a *adj.* sedentary; related
  to sitting
seguir (e:i) *v.* to follow; to continue
según according to
segundo/a *adj.* second
seguridad *f.* security; safety **6**

seguro/a *adj.* sure; safe; secure; confident **1**
seis *adj.* six
seiscientos/as *adj.* six hundred
selva *f.* jungle; rainforest **5**
   selva tropical tropical rainforest **5**
semáforo *m.* traffic light **2**
semana *f.* week
   fin *m.* **de semana** weekend
   semana pasada last week
sembrar *v.* to plant **10**
semejante *adj.* similar **10**
semestre *m.* semester
semilla *f.* seed **5**
sendero *m.* trail; trailhead
sensible *adj.* sensitive **1**
sentarse (e:ie) *v.* to sit down
sentido *m.* sense
   sentido común common sense **10**
sentimiento *m.* feeling **1**
sentir(se) (e:ie) *v.* to feel; to be sorry; to regret **1**
   sentirse realizado/a to feel fulfilled **10**
señal *f.* sign **9**
   señal de tráfico road sign **2**
señor (Sr.); don *m.* Mr.; sir
señora (Sra.); doña *f.* Mrs.; ma'am
señorita (Srta.) *f.* Miss
separado/a *adj.* separated **1**
separarse (de) *v.* to separate (from)
septiembre *m.* September
séptimo/a *adj.* seventh
sequía *f.* drought **5**
ser *v.* to be
   ser aficionado/a (a) to be a fan (of)
   ser alérgico/a (a) to be allergic (to)
   ser gratis to be free of charge
   ser parcial to be biased **3**
ser humano *m.* human being **3**
serio/a *adj.* serious
serpiente *f.* snake **5**
serrar *v.* to saw **5**
servilleta *f.* napkin
servir (e:i) *v.* to serve; to help
sesenta *adj.* sixty
setecientos/as *adj.* seven hundred
setenta *adj.* seventy
sexismo *m.* sexism
sexo *m.* gender **4**
sexto/a *adj.* sixth
sí *adv.* yes
si *conj.* if
sí mismo/a himself/herself **4**
SIDA *m.* AIDS
sido *p.p.* been
siempre *adv.* always
siete *adj.* seven
significar *v.* to mean **2**
silbar (a) *v.* to whistle (at) **6, 9**
silla *f.* seat

sillón *m.* armchair
símbolo *m.* symbol **5**
similar *adj.* similar
simpático/a *adj.* nice; likeable
sin *prep.* without
   sin duda without a doubt
   sin embargo however
   sin que *conj.* without
sincerarse *v.* to come clean **9**
sindicato *m.* labor union **7**
sino *conj.* but (rather)
síntoma *m.* symptom
sitio *m.* **web** website **3**
situado/a *p.p.* located
smog *m.* smog **5**
sobre *m.* envelope; *prep.* on; over
sobrevivir *v.* to survive **4**
sobrino/a *m., f.* nephew/niece **4**
socio/a *m., f.* partner; member **7**
sociología *f.* sociology
sofá *m.* couch; sofa
sol *m.* sun **5**
solar *adj.* solar
soldado *m., f.* soldier
soleado/a *adj.* sunny
soledad *f.* loneliness
solicitar *v.* to apply **7**
solicitud (de trabajo) *f.* (job) application
sólo *adv.* only
solo/a *adj.* alone **10**
soltero/a *adj.* single **1**
solución *f.* solution
sombrero *m.* hat
someterse a *v.* to undergo **8**
Son las dos. It's two o'clock.
sonar (o:ue) *v.* to ring
sonreído *p.p.* smiled
sonreír (e:i) *v.* to smile
soñar (o:ue) *v.* to dream
   soñar con to dream about **1**
sopa *f.* soup
soportar *v.* to put up with **5**
sorprender *v.* to surprise
sorprendido/a *m., f.* surprised **2**
sorpresa *f.* surprise
sospecha *f.* suspicion **3**
sospechar *v.* to suspect **7**
sospechoso/a *adj.* suspicious **8**
sótano *m.* basement; cellar
soy I am
   Soy de… I'm from…
   Soy yo. That's me.
su(s) *poss. adj.* his; her; its; *form.* your; their
subir *v.* to go up; to upload (*on a computer*) **2, 8**
subir(se) a *v.* to get on/into (*a vehicle*)
subsistir *v.* to survive **2**
subtítulos *m., pl.* subtitles **3**
suburbio *m.* suburb **2**
suceder *v.* to happen

sucio/a *adj.* dirty
sucre *m.* former Ecuadorian currency
sudar *v.* to sweat
suegro/a *m., f.* father/mother-in-law **4**
sueldo *m.* salary **7**
   sueldo mínimo minimum wage **7**
suelo *m.* floor; ground **3**
sueño *m.* sleep
suerte *f.* luck
suéter *m.* sweater
sufrir *v.* to suffer
   sufrir muchas presiones to be under a lot of pressure
   sufrir una enfermedad to suffer an illness
sugerir (e:ie) *v.* to suggest
sumiso/a *adj.* submissive **4**
superar(se) *v.* to overcome; to better oneself **4, 10**
supermercado *m.* supermarket
superpoblación *f.* overpopulation **10**
supersticioso/a *m., f.* superstitious **10**
supervivencia *f.* survival **8**
suponer *v.* to suppose
Sur *m.* South
surgir *v.* to emerge, to arise **10**
suscribirse (a) *v.* to subscribe (to) **3**
sustantivo *m.* noun
sustituir *v.* to substitute **8**
suyo(s)/a(s) *poss.* (of) his/her; (of) hers; (of) its; (of); *form.* your; (of) yours; (of) their

T

tacaño/a *adj.* cheap; stingy **1**
tal vez *adv.* maybe
talentoso/a *adj.* talented
talla *f.* size
   talla grande *f.* large (*size*)
taller *m.* **mecánico** garage; mechanic's repairshop
tamaño *m.* size **8**
también *adv.* also; too
tambor *m.* drum **3**
tampoco *adv.* neither; not either
tan *adv.* so
   tan… como as… as
   tan pronto como *conj.* as soon as
tanque *m.* tank
tanto *adv.* so much
   tanto… como as much… as
   tantos/as… como as many… as
tarde *adv.* late; *f.* afternoon; evening; P.M.
tarea *f.* homework
tarjeta *f.* (post) card
   tarjeta de débito debit card **7**
   tarjeta de crédito credit card **7**
   tarjeta postal postcard
taxi *m.* taxi

taza *f.* cup

te *sing., fam., d.o. pron.* you; *sing., fam., i.o. pron.* to/for you

   Te presento a... *fam.* I would like to introduce… to you

   ¿Te gustaría? Would you like to?

   ¿Te gusta(n)... ? Do you like…?

té *m.* tea

   té helado iced tea

teatro *m.* theater **9**

techo *m.* ceiling

teclado *m.* keyboard

técnico/a *m., f.* technician

tejido *m.* weaving

teleadicto/a *m., f.* couch potato

(teléfono) celular *m.* cell (phone) **8**

telenovela *f.* soap opera **3**

telepatía *f.* telepathy **9**

telescopio *m.* telescope **8**

teletrabajo *m.* telecommuting

televidente *m., f.* television viewer **3**

televisión *f.* television

televisión por cable *f.* cable television

televisor *m.* television set

tembloroso/a *adj.* trembling **4**

temer *v.* to fear

temor *m.* fear **6**

temperatura *f.* temperature

tempestuoso/a *adj.* stormy **1**

temporada *f.* season **3**

temprano *adv.* early

tendero/a *m., f.* storekeeper **7**

tenedor *m.* fork

tener *v.* to have

   tener... años to be… years old

   Tengo... años. I'm… years old.

   tener buena fama to have a good reputation **3**

   tener (mucho) calor to be (very) hot

   tener celos (de) to be jealous (of) **1**

   tener conexiones *v.* to have connections; to have influence **7**

   tener (la) culpa to be at fault **1**

   tener (mucho) cuidado to be (very) careful

   tener derecho a to have the right to **6**

   tener dolor to have a pain

   tener éxito to be successful

   tener fiebre to have a fever

   tener (mucho) frío to be (very) cold

   tener ganas de (+ *inf.*) to feel like (doing something)

   tener (mucha) hambre *f.* to be (very) hungry

   tener mala fama to have a bad reputation **3**

   tener (mucho) miedo (de) to be (very) afraid (of); to be (very) scared (of)

   tener miedo (de) que to be afraid that

tener planes to have plans

tener (mucha) prisa to be in a (big) hurry **1**

tener que (+ *inf.*) *v.* to have to (*do something*)

tener razón *f.* to be right

tener (mucha) sed *f.* to be (very) thirsty

tener (mucho) sueño to be (very) sleepy

tener (mucha) suerte to be (very) lucky

tener tiempo to have time

tener una cita to have a date; to have an appointment

tener vergüenza (de) to be ashamed (of) **1**

tenis *m.* tennis

tensión *f.* tension

teoría *f.* theory **8**

tercer, tercero/a *adj.* third

terminar *v.* to end; to finish

   terminar de (+ *inf.*) *v.* to finish (*doing something*)

ternura *f.* tenderness **2**

terremoto *m.* earthquake **5**

terreno *m.* terrain **8**

terrible *adj.* terrible

territorio *m.* territory **10**

terrorismo *m.* terrorism **6**

terrorista *m., f.* terrorist **6**

testigo *m., f.* witness **9**

ti *prep., obj. of prep., fam.* you

tibio/a *m., f.* warm **3**

tiempo *m.* time; weather

   tiempo libre free time **9**

tienda *f.* shop; store

   tienda de campaña tent

tierra *f.* land; earth; soil **5**

Tierra *f.* Earth **5**

tigre *m.* tiger **5**

timidez *f.* shyness

tímido/a *adj.* shy **1**

tinto/a *adj.* red (wine)

tío/a *m., f.* uncle; aunt

   tío/a abuelo/a *m.* great uncle/aunt **4**

   tíos *m., pl.* aunts and uncles

tira cómica *f.* comic strip **3**

titular *m.* headline **3**

título *m.* title

tiza *f.* chalk

toalla *f.* towel

tobillo *m.* ankle

tocadiscos compacto *m., sing.* compact disc player

tocar *v.* to play (*a musical instrument*) **3**; to touch

tocho *m.* tome **8**

todavía *adv.* yet; still

todo *m.* everything

   en todo el mundo throughout the world

Todo está bajo control. Everything is under control.

todo derecho straight (ahead)

todo/a(s) *adj.* all; whole

todos *m., pl.* all of us; *m., pl.* everybody; everyone

   ¡Todos a bordo! All aboard!

   todos los días *adv.* every day

tomar *v.* to take; to drink

   tomar clases *f., pl.* to take classes

   tomar el sol to sunbathe

   tomar el pelo to pull someone's leg **10**

   tomar en cuenta to take into account

   tomar fotos *f., pl.* to take photos

   tomar la temperatura to take someone's temperature

tomate *m.* tomato

tono *m.* volume of sound **10**

tonto/a *adj.* silly; fool; foolish **10**

torcerse (o:ue) (el tobillo) *v.* to sprain (one's ankle)

torcido/a *adj.* twisted; sprained

tormenta *f.* storm

tornado *m.* tornado

torpe *adj.* clumsy **4**

tortilla *f.* tortilla

   tortilla de maíz corn tortilla

tortuga *f.* **(marina)** (sea) turtle **5**

tos *f., sing.* cough

toser *v.* to cough

tostado/a *adj.* toasted

tostadora *f.* toaster

tóxico/a *adj.* toxic **5**

trabajador(a) *adj.* hard-working **7**

trabajar *v.* to work

trabajo *m.* job; work

traducir *v.* to translate

traer *v.* to bring

tráfico *m.* traffic **2**

tragedia *f.* tragedy

traído/a *p.p.* brought

traje *m.* suit

   traje de baño *m.* bathing suit

trámite *m.* process **9**

trampa *f.* trap **6**

tranquilo/a *adj.* calm; quiet **1**

   Tranquilo. Don't worry.; Be cool.

transbordador espacial *m.* space shuttle **8**

transmisión *f.* broadcast **3**

transmitir *v.* to broadcast **3**

transporte *m.* transportation **2**

   transporte público public transportation **2**

tras *prep.* after **3**

trasnochar *v.* to stay up late **9**

tratar de (+ *inf.*) *v.* to try (*to do something*)

trato *m.* treatment **2**

travesía *f.* voyage **9**

trece *adj.* thirteen
treinta *adj.* thirty
  y treinta thirty minutes past
    the hour (*time*)
tren *m.* train
tres *adj.* three
trescientos/as *adj.* three hundred
tribunal *m.* court **6**
trimestre *m.* trimester; quarter
triste *adj.* sad
tronco *m.* trunk **5**
trotamundos *m., f.* globetrotter **1**
tú *fam. sub. pron.* you
  Tú eres... You are…
tu(s) *fam. poss. adj.* your
turismo *m.* tourism
turista *m., f.* tourist
turístico/a *adj.* touristic
tuyo/a(s) *fam. poss. pron.* your;
  (of) yours

U

ubicado/a *adj.* located **8**
último/a *adj.* last
un, uno/a *indef. art.* a; one
uno/a *m., f., sing. pron.* one
  a la una at one o'clock
  una vez once; one time
  una vez más one more time
único/a *adj.* only
unido/a *adj.* close-knit **4**
universidad *f.* university; college
universo *m.* universe **8**
unos/as *m., f., pl., indef. art.* some
unos/as *pron.* some
urbanizar *v.* to urbanize **5**
urgente *adj.* urgent
usar *v.* to wear; to use
usted (Ud.) *form., sing.* you
  ustedes (Uds.) *form., pl.* you
útil *adj.* useful
utilidad *f.* usefulness **5**
uva *f.* grape

V

vaca *f.* cow
vacaciones *f. pl.* vacation
vacío/a *adj.* empty **2**
valer la pena *v.* to be worth it **9**
valle *m.* valley
valoración *f.* assessment **7**
valorar *v.* to value **2**
valores *m., pl.* values **10**
vamos let's go
vanguardia *f.* vanguard **8**
vaquero *m.* cowboy
  de vaqueros *m., pl.* western (genre)
varios/as *adj. m., f., pl.* various;
  several
vaso *m.* glass

veces *f., pl.* times
vecino/a *m., f.* neighbor
veinte *adj.* twenty
veinticinco *adj.* twenty-five
veinticuatro *adj.* twenty-four
veintidós *adj.* twenty-two
veintinueve *adj.* twenty-nine
veintiocho *adj.* twenty-eight
veintiséis *adj.* twenty-six
veintisiete *adj.* twenty-seven
veintitrés *adj.* twenty-three
veintiún, veintiuno/a *adj.* twenty-one
vejez *f.* old age **4**
velocidad *f.* speed
  velocidad máxima *f.* speed limit
vencer *v.* to defeat **9**
vendedor(a) *m., f.* salesman/
  saleswoman **7**
vender *v.* to sell
venir *v.* to come
venta *f.* sale **7**
ventana *f.* window
ver *v.* to see
  a ver *v.* let's see
  ver películas *f., pl.* to see movies
verano *m.* summer
verbo *m.* verb
verdad *f.* truth
  ¿verdad? right?
verde *adj.* green
verduras *f., pl.* vegetables
vergüenza *f.* embarrassment
vertiginoso/a *adj.* dizzying **9**
vestido *m.* dress
vestirse (e:i) *v.* to get dressed
vez *f.* time
viajar *v.* to travel
viaje *m.* trip
viajero/a *m., f.* traveler
víctima *f.* victim **6**
victoria *f.* victory **6**
vida *f.* life
  vida laboral *f.* working life **7**
  vida nocturna *f.* nightlife **2**
video *m.* video
video musical *m.* music video **3**
video(casete) *m.* video(cassette)
videocasetera *f.* VCR
videoconferencia *f.* videoconference
videojuego *m.* video game **9**
vidrio *m.* glass
viejo/a *adj.* old
viento *m.* wind
viernes *m., sing.* Friday
vigilar *v.* to watch; keep an eye on;
  keep watch on **3**
vinagre *m.* vinegar
vino *m.* wine
  vino blanco *m.* white wine
  vino tinto *m.* red wine
violencia *f.* violence **6**
violonchelo *m.* cello **3**

visitar *v.* to visit
  visitar monumentos *m., pl.*
    to visit monuments
visto/a *p.p.* seen
vitamina *f.* vitamin
viudo/a *adj.* widower/widow **9**
vivienda *f.* housing; home **2**
vivir *v.* to live
vivo/a *adj.* bright; lively; living
volante *m.* steering wheel
volar (o:ue) *v.* to fly
volcán *m.* volcano
vóleibol *m.* volleyball
voltear *v.* to turn back **7**
voluntad *f.* will **1**
volver (o:ue) *v.* to return
volver a ver(te, lo, la) *v.* to see (you,
  him, her) again
vos *pron.* you
vosotros/as *form., pl.* you
votar *v.* to vote
vuelta *f.* return trip
vuelto/a *p.p.* returned
vuestro/a(s) *poss. adj.* your;
  fam. (of) yours

Y

y *conj.* and
  y cuarto quarter after (time)
  y media half-past (time)
  y quince quarter after (time)
  y treinta thirty (minutes past the
    hour)
  ¿Y tú? *fam.* And you?
  ¿Y usted? *form.* And you?
ya *adv.* already
yacimiento *m.* deposit **7**
yerno *m.* son-in-law **4**
yo *sub. pron.* I
  Yo soy... I'm…
yogur *m.* yogurt

Z

zanahoria *f.* carrot
zapatería *f.* shoe store
zapatos de tenis *m., pl.* tennis
  shoes; sneakers

English-Spanish

A

a un/(a) *m., f., sing.; indef. art.* **1**
@ (*symbol*) arroba *f.* **8**
A.M. mañana *f.*
able: be able to poder (o:ue) *v.*
aboard a bordo
abolish derogar *v.* **6**
abuse abusar *v.* **6**
abuse abuso *m.* **6**; maltrato *m.* **10**
accent acento *m.* **10**
accident accidente *m.*
accompany acompañar *v.*
account cuenta *f.*
  on account of por *prep.*
accountant contador(a) *m., f.* **7**
accounting contabilidad *f.*
ache dolor *m.*
achieve lograr *v.* **10**
acid ácido/a *adj.*
  acid rain lluvia ácida
acquainted: be acquainted with
  conocer *v.*
act actuar *v.* **9**; número *m.* **9**
action (genre) de acción *f.*
active activo/a *adj.*
activist activista *m., f.* **6**
actor actor *m.,* actriz *f.* **3**
actress actriz *f.* **3**
adapt acomodarse *v.* **10**;
  adaptarse *v.* **10**
addict (drug) drogadicto/a *adj.*
additional adicional *adj.*
address dirección *f.* **2**; dirigirse *v.* **7**
adjective adjetivo *m.*
administrative administrativo/a *adj.* **7**
adolescence adolescencia *f.* **4**
adolescent adolescente *m., f.* **4**
adult adulto/a *m., f.* **4**
adulthood edad adulta *f.* **4**
advance avance *m.* **8**
advanced avanzado/a *adj.* **8**
adventure (genre) de aventura *f.*
advertise anunciar *v.*
advertisement anuncio *m.* **3**
advertising publicidad *f.* **3**
advice consejo *m.*
  give advice dar consejos
advise aconsejar *v.*
advisor consejero/a *m., f.*;
  asesor(a) *m., f.* **7**
aerobic aeróbico/a *adj.*
  aerobics class clase de
    (ejercicios) aeróbicos
  to do aerobics hacer (ejercicios)
    aeróbicos
affected afectado/a *adj.*
be affected (by) estar *v.*
  afectado (por)
affection afecto *m.* **9**
affectionate cariñoso/a *adj.* **1**

affirmative afirmativo/a *adj.*
afraid: be (very) afraid (of) tener
  (mucho) miedo (de)
  be afraid that tener miedo (de) que
after después de *prep.*; después de
  que *conj.*; tras *prep.* **3**
afternoon tarde *f.*
afterward después *adv.*
again otra vez
age edad *f.*; envejecer *v.* **2**
agree concordar *v.*
agree estar *v.* de acuerdo
  I agree (completely). Estoy
    (completamente) de acuerdo.
  I don't agree. No estoy de acuerdo.
agreement acuerdo *m.*
ahead (of) por delante *adv.* **10**
AIDS SIDA *m.*
ailment dolencia *f.* **5**
air aire *m.*
  air pollution contaminación
    del aire
airplane avión *m.*
airport aeropuerto *m.*
alarm clock despertador *m.*
alcohol alcohol *m.*
alcoholic alcohólico/a *adj.*
alien extranjero/a *m., f.*;
  extraterrestre *adj.* **8**
all todo(s)/a(s) *adj.*
  All aboard! ¡Todos a bordo!
  all of us todos
  all over the world en todo
    el mundo
allergic alérgico/a *adj.*
  be allergic (to) ser alérgico/a
alleviate aliviar *v.*
allow permitir *v.* **10**
almost casi *adv.*
alone solo/a *adj.* **10**
along por *prep.*
already ya *adv.*
also también *adv.*
alternator alternador *m.*
although aunque *conj.*
aluminum aluminio *m.*
  (made) of aluminum de aluminio
always siempre *adv.*
American (North)
  norteamericano/a *adj.*
amnesty amnistía *f.* **10**
among entre *prep.*
amuse oneself entretenerse (e:ie) *v.* **9**
amusement diversión *f.*
amusement park parque *m.*
  de atracciones **9**
ancestor antepasado *m.* **4**
and y, e (*before words beginning with*
  i *or* **hi**)
  And you? ¿Y tú? *fam.*;
    ¿Y usted? *form.*
angry enojado/a *adj.* **1**
  get angry (with) enojarse *v.* (con) **1**
animal animal *m.*

ankle tobillo *m.*
anniversary aniversario *m.*
  (wedding) anniversary
    aniversario *m.* (de bodas)
announce anunciar *v.*
announcer (TV/radio) locutor(a) *m.,*
  f. (de televisión/radio) **3**
annoy molestar *v.*
annoying pesado/a *adj.* **1**
another otro/a *adj.*
answer contestar *v.*; respuesta *f.*
answering machine contestadora *f.*
antibiotic antibiótico *m.*
anticipate anticipar *v.* **10**
antidote antídoto *m.* **5**
anxious ansioso/a *adj.* **1**
any algún, alguno/a(s) *adj.*
anyone alguien *pron.*
anything algo *pron.*
apartment apartamento *m.*
apartment building edificio
  de apartamentos
appear aparecer *v.*
appetizers entremeses *m., pl.*
applaud aplaudir *v.* **9**
apple manzana *f.*
appliance (electric) electrodoméstico *m.*
applicant aspirante *m., f.* **7**
application solicitud *f.*
  job application solicitud de trabajo
apply (*for a job*) solicitar *v.* **7**
  apply for a loan pedir (e:ie) *v.*
    un préstamo
appointment cita *f.*
  have an appointment tener *v.*
    una cita
appreciate apreciar *v.*
April abril *m.*
aquatic acuático/a *adj.*
archaeologist arqueólogo/a *m., f.*
architect arquitecto/a *m., f.*
area región *f.*
argue discutir *v* **1**
arise surgir *v.* **10**
arm brazo *m.*
armchair sillón *m.*
army ejército *m.* **6**
around por *prep.*
  around here por aquí
arrange arreglar *v.*
arrival llegada *f.*
arrive llegar *v.*
art arte *m.*
  (fine) arts bellas artes *f., pl.*
article *m.* artículo
artist artista *m., f.*
artistic artístico/a *adj.*
arts artes *f., pl.*
as como
  as a child de niño/a
  as... as tan... como
  as many... as tantos/as... como
  as much... as tanto... como
  as soon as en cuanto *conj.*;
    tan pronto como *conj.*

ask (*a question*) preguntar *v.*
  ask for pedir (e:i) *v.*
  ask for directions preguntar
    el camino *v.* 2
asparagus espárragos *m., pl.*
aspirin aspirina *f.*
assessment valoración *f.* 7
assimilate asimilar *v.* 10
assimilation asimilación *f.* 10
astronaut astronauta *m., f.* 8
astronomer astrónomo/a *m., f.* 8
at a *prep.*; en *prep.*
  at + *time* a la(s) + *time*
  at home en casa
  at least por lo menos
  at night por la noche
  at the end (of) al fondo (de)
  At what time…? ¿A qué hora…?
  At your service. A sus órdenes.
athlete atleta *m., f.*; deportista
  m., f. 9
ATM cajero *m.* automático 7
attach (a file) adjuntar
  (un archivo) *v.* 8
attain alcanzar *v.* 8; lograr *v.* 10
attend asistir (a) *v.*
attic altillo *m.*
attitude actitud *f.* 10
attract atraer *v.* 10
audience público *m.* 3
August agosto *m.*
aunt tía *f.* 4
  aunts and uncles tíos *m., pl.*
authority autoridad *f.* 6
automobile automóvil *m.*; carro *m.*;
  coche *m.*
autumn otoño *m.*
available (to be) disponible (estar)
  m., f. 3
avenue avenida *f.* 2
avoid evitar *v.*
award premio *m.*

B

backpack mochila *f.*
bad mal, malo/a *adj.*
  have a bad reputation tener (e:ie)
    mala fama *v.* 3
  It's bad that… Es malo que…
  It's not at all bad. No está nada mal.
bag bolsa *f.*
bakery panadería *f.*
balance *m.* saldo 10
balanced equilibrado/a *adj.*
balcony balcón *m.*
ball pelota *f.*; balón *m.* 9
banana banana *f.*
band banda *f.*; conjunto/grupo *m.*
  musical 9
bank banco *m.*
bankruptcy bancarrota *f.* 7
banner pancarta *f.* 4

bargain ganga *f.*; regatear *v.*
baseball (*game*) béisbol *m.*
basement sótano *m.*
basketball (*game*) baloncesto *m.*
bass bajo *m.* 3
bathe bañarse *v.*
bathing suit traje *m.* de baño
bathroom baño *m.*; cuarto de baño *m.*
be ser *v.*; estar *v.*
  be at fault tener la culpa *v.* 1
  be ashamed tener vergüenza 1
  be biased ser parcial 3
  be contagious contagiar 5
  be distressed afligirse 10
  be enough alcanzar 4
  be fullfilled realizarse 10
  be located quedar 2
  be lost estar perdido/a 2
  be necessary hacer falta 5
  be on sale estar a la venta 7
  be outraged indignarse *v.* 2
  be paid cobrar 7
  be pregnant estar embarazada 10
  be promoted ascender;
    promocionarse 7
  be rumored (that) rumorear 10
  be suspicious desconfiar 10
  be under pressure estar
    bajo presión 7
  be unemployed estar en paro *v.* 7
  be worth it valer la pena 9
  be… years old tener… años
beach playa *f.*
beans frijoles *m., pl.*
bear oso *m.* 5
beat (*a drum*) golpear *v.* 3
beautiful hermoso/a *adj.*
beauty belleza *f.*
  beauty salon peluquería *f.*;
    salón *m.* de belleza
because porque *conj.*
  because of por *prep.*
become (+ *adj.*) ponerse;
  convertirse *v.*
  become annoying ponerse *v.*
    pesado/a 1
  become enriched
    enriquecerse *v.* 10
  become extinct extinguirse *v.* 5
  become independent
    independizarse *v.* 4
  become informed (about)
    enterarse (de) *v.* 3
  become part (of) integrarse (a) *v.* 10
  become true realizarse *v.* 4
bed cama *f.*
  go to bed acostarse (o:ue) *v.*
bedroom alcoba *f.*; dormitorio *m.*;
  recámara *f.*
beef carne de res *f.*
  beef soup caldo de patas
been sido *p.p.*
beer cerveza *f.*

before antes *adv.*; antes de *prep.*;
  antes (de) que *conj.*
beg rogar (o:ue) *v.*; mendigar *v.* 2
begin comenzar (e:ie) *v.*;
  empezar (e:ie) *v.*
behalf: on behalf of de parte de
behind detrás de *prep.*
being (human) ser humano *m.*
belief creencia *f.* 4, 6
believe (in) creer *v.* (en); creer *v.*
believed creído/a *p.p.*
bellhop botones *m., f. sing.*
belong pertenecer *v.* 10
below debajo de *prep.*
beloved amado/a *m., f.* 1
belt cinturón *m.*
benefit beneficio *m.*
beside al lado de *prep.*
besides además (de) *adv.*
best mejor *adj.*
  the best el/la mejor *m., f.*;
    lo mejor *neuter*
best friend *f.* comadre 10
bet apostar (o:ue) *v.* 9
better mejor *adj.*
  It's better that… Es mejor que…
better oneself superarse *v.* 10
between entre *prep.*
beverage bebida *f.*
  alcoholic beverage
    bebida alcohólica *f.*
bias parcialidad *f.* 3
biased parcial *adj.* 3
bicycle bicicleta *f.*
big gran, grande *adj.*
bilingual bilingüe *adj.* 10
bill cuenta *f.*
billboard letrero *m.* 2
billion mil millones
billiards billar *m.* 9
biology biología *f.*
biochemical bioquímico/a *adj.* 8
biochemist bioquímico/a *m., f.* 8
biologist biólogo/a *m., f.* 8
bird ave *f.*; pájaro *m.* 5
birth nacimiento *m.* 4
birthday cumpleaños *m., sing.*
  have a birthday cumplir *v.* años
birthrate natalidad *f.* 10
black negro/a *adj.*
black hole agujero negro *m.* 8
blackberry mora *f.*
blackboard pizarra *f.*
blackmail chantajear *v.* 6
blame reprochar *v.* 1
blanket manta *f.*
block (city) cuadra *f.* 2
blog blog *m.* 8
blond(e) rubio/a *adj.*
blood sangre *f.*
blouse blusa *f.*
blue azul *adj. m., f.*
blue-collar worker obrero/a *m., f.* 7

blueprint plano *m.* **8**
boad game juego *m.* de mesa **9**
boarding house pensión *f.*
boat barco *m.*
body cuerpo *m.*
   body language lenguaje
     corporal *m.* **9**
bone hueso *m.*
book libro *m.*
bookcase estante *m.*; estantería *f.* **3**
bookshelves estante *m.*
bookstore librería *f.*
boot bota *f.*
border frontera *f.* **10**
bore aburrir *v.*
bored aburrido/a *adj.*
   be bored estar *v.* aburrido/a
   get bored aburrirse *v.*
boring aburrido/a *adj.* **9**
born: be born nacer *v.*
borrow pedir (e:ie) *v.* prestado **7**
borrowed prestado/a *adj.*
boss jefe/a *m., f.*
bossy mandón/mandona *adj* **4**
bother molestar *v.*
bottle botella *f.*
   bottle of wine botella de vino
   little bottle frasquito *m.* **5**
bottom fondo *m.*
boulevard bulevar *m.*
bowling boliche *m.* **9**
box caja *f.*
boy chico *m.*; muchacho *m.*
boyfriend novio *m.*
brakes frenos *m., pl.*
bread pan *m.*
break romper *v.*
   break (one's leg) romperse
     (la pierna)
   break down dañar *v.*
   The… broke down. Se nos
     dañó el/la…
   break up (with) romper (con) **1**
breakfast desayuno *m.*
   have breakfast desayunar *v.*
breakthrough avance *m.* **8**
breakup rompimiento *m.* **1**
breathe respirar *v.* **5**
brick ladrillo *m.* **8**
bridge puente *m.* **2**
bring traer *v.*
broadcast transmisión *f.* **3**;
   transmitir *v.*; emitir *v.* **3**
brochure folleto *m.*
broken roto/a *adj.*
   be broken estar roto/a
brother hermano *m.*
   brother-in-law cuñado *m.* **4**
   brothers and sisters
     hermanos *m., pl.*
brought traído/a *p.p.*
brown café *adj.*; marrón *adj.*

brunet(te) moreno/a *adj.*
brush cepillar *v.*
   brush one's hair cepillarse el pelo
   brush one's teeth cepillarse
     los dientes
buddy colega *m., f.* **4**
budget presupuesto *m.* **7**
build construir *v.* **2**
building edificio *m.* **2**
bump into (*something accidentally*)
   darse con; (*someone*) encontrarse *v.*
burial entierro *m.* **2**
burn (a CD) grabar (un CD) *v.* **8**
burned (out) quemado/a *adj.*
buried enterrado/a *adj.* **9**
burst estallar *v.* **9**
bury enterrar (e:ie) *v.* **9**
bus autobús *m.*
   bus station estación *f.*
     de autobuses **2**
   bus stop parada *f.* de autobús **2**
business negocios *m. pl.*
   Business Administration
     Comercio *m.* **7**
   business-related comercial *adj.*
businessman hombre *m.*
   de negocios **7**
businesswoman mujer *f.*
   de negocios **7**
busy ocupado/a *adj.*; liado/a *adj.* **1**
but pero *conj.*; (**rather**) sino *conj.*
   (*in negative sentences*)
butcher carnicero/a *m., f.* **10**
butcher shop carnicería *f.*
butter mantequilla *f.*
buy comprar *v.*
by por *prep.*; para *prep.*
   by means of por *prep.*
   by phone por teléfono
   by plane en avión
   by way of por *prep.*
bye chau *interj. fam.*

C

cabin cabaña *f.*
cable television televisión *f.*
   por cable *m.*
café café *m.*
cafeteria cafetería *f.*
caffeine cafeína *f.*
cake pastel *m.*
   chocolate cake pastel
     de chocolate
calculator calculadora *f.*
call llamar *v.*
   be called llamarse *v.*
   call on the phone llamar
     por teléfono
calm tranquilo/a *adj.* **1**
calorie caloría *f.*
camera cámara *f.*

camp acampar *v.*
can (*tin*) lata *f.*
can poder (o:ue) *v.*
Canadian canadiense *adj.*
candidate aspirante *m., f.*;
   candidato/a *m., f.*
candy dulces *m., pl.*
capable capaz *adj.* **7**
capital city capital *f.*
car coche *m.* **5**; carro *m.*;
   auto(móvil) *m.*
caramel caramelo *m.*
card tarjeta *f.*; (*playing*) carta *f.* **9**
care cuidado *m.* **2**
   Take care! ¡Cuídense! *v.*
   take care of cuidar *v.* **1**
career carrera *f.*
careful cuidadoso/a *adj.* **1**
   be (very) careful tener *v.*
     (mucho) cuidado
caress acariciar *v.* **9**
caretaker ama *m., f.* de casa
carpenter carpintero/a *m., f.*
carpet alfombra *f.*
carrot zanahoria *f.*
carry llevar *v.*
carry out realizar *v.* **8**
cartoons dibujos *m, pl.* animados
case: in case (that) en caso (de) que
cash (a check) cobrar *v.* (un cheque)
   cash (en) efectivo
   cash register caja *f.*
   pay in cash pagar *v.* al contado;
     pagar en efectivo
cashier cajero/a *m., f.* **2**
cat gato *m.*
cause causa *f.* **10**
caution cautela *f.* **9**
CD-ROM CD-ROM *m.* **8**
ceiling techo *m.*
celebrate celebrar *v.*; festejar *v.* **9**
celebration celebración *f.*;
   quinceañera *f.*
cell célula *f.* **8**; celda *f.* **6**
cell (phone) (teléfono) celular *m.* **8**
cellar sótano *m.*
cello violonchelo *m.* **3**
censor censor(a) *m., f.* **6**
censorship censura *f.* **3**
cereal cereales *m., pl.*
certain cierto *m.*; seguro *m.*
   it's (not) certain (no) es
     cierto/seguro
certainty certeza *f.* **10**
chalk tiza *f.*
challenge reto *m.* **5**; desafío *m.* **8**;
   desafiar *v.* **9**
champagne champán *m.*
championship campeonato *m.* **9**
change cambiar *v.* (de)
channel (*TV*) canal *m.*
chaos caos *m.* **10**
chapel capilla *f.* **9**

character (*fictional*) personaje *m.* **9**;
  carácter *m.* **4**
  (main) character *m.* personaje
    (principal); protagonista *m., f.*
characteristic característica *f.* **2**
charge cobrar *v.* **7**
chat conversar *v.*; charlar *v.* **3, 9**
chauffeur conductor(a) *m., f.*
cheap (*inexpensive*) barato/a *adj.*;
  (*stingy*) tacaño/a *adj.* **1**
cheat engañar *v.* **1**
check comprobar (o:ue) *v.*; revisar *v.*;
  (*bank*) cheque *m.*
  check the oil revisar el aceite
checking account cuenta *f.* corriente **7**
cheese queso *m.*
chef cocinero/a *m., f.*
chemist químico/a *m., f.* **8**
chemistry química *f.*
chess ajedrez *m.* **4**
chest of drawers cómoda *f.*
chicken pollo *m.*
child niño/a *m., f.* **4**; guagua *f.* **3**
childhood niñez *f.* **4**
children hijos *m., pl.*
Chinese chino/a *adj.*
chocolate chocolate *m.*
  chocolate cake pastel *m.*
    de chocolate
cholesterol colesterol *m.*
choose escoger *v.*
chop (*food*) chuleta *f.*
Christmas Navidad *f.*
church iglesia *f.*
cinema cine *m.* **3**
citizen ciudadano/a *adj.*
city ciudad *f.* **2**
  city hall ayuntamiento *m.* **2**
civil civil *adj.*
  city block cuadra *f.* **2**
  civil disobedience
    desobediencia civil *f.* **6**
  civil war guerra civil *f.* **6**
civilization civilización *f.* **4**
citizen ciudadano/a *m., f.* **2**
clap aplaudir *v.* **9**
class clase *f.*
  take classes tomar *v.* clases
classical clásico/a *adj.*
classmate compañero/a *m., f.*
  de clase
claw garra *f.* **9**
clay barro *m.* **8**
clean limpio/a *adj.*; puro/a *adj.* **5**;
  limpiar *v.*
clean the house limpiar *v.* la casa
clear (*weather*) despejado/a *adj.*
  clear the table quitar *v.* la mesa
  It's (very) clear. (*weather*)
    Está (muy) despejado.
clerk dependiente/a *m., f.*
climb escalar
  climb mountains escalar montañas

climbing: mountain climbing
  alpinismo *m.*; andinismo *m.* **9**
clinic clínica *f.*
clock reloj *m.*
clone clon *m.* **8**; clonar *v.* **8**
close cerrar (e:ie) *v.*
close-knit unido/a *adj.* **4**
closed cerrado/a *adj.*
closet armario *m.*
clothes ropa *f.*
  clothes dryer secadora *f.*
clothing ropa *f.*
cloud nube *f.*
cloudy nublado/a *adj.*
  It's (very) cloudy. Está
    (muy) nublado.
clumsy torpe *adj.* **4**
coast costa *f.* **5**
coat abrigo *m.*
coexist convivir *v.* **2**
coexistence convivencia *f.* **10**
coffee café *m.*
  coffee maker cafetera *f.*
cold frío *m.*; (*illness*) resfriado *m.*
  be (*feel*) **(very) cold** tener
    (mucho) frío
  It's (very) cold. (*weather*) Hace
    (mucho) frío.
collect coleccionar *v.* **9**
college universidad *f.*
collision choque *m.*
color color *m.*
comb one's hair peinarse *v.*
come venir *v.*
  come clean sincerarse *v.* **9**
comedy comedia *f.* **9**
comfortable cómodo/a *adj.* **10**
comic strip tira cómica *f.* **3**
coming from proveniente *adj.* **10**
commerce negocios *m., pl.*
commercial anuncio *m.* **3**;
  comercial *adj.*
commitment compromiso *m.* **1**
common común *adj.*
  common sense sentido *m.* común **10**
communicate (with) comunicarse *v.* (con)
communication comunicación *f.*
  means of communication
    medios *m. pl.* de comunicación
community comunidad *f.*
compact disc (CD)
  disco *m.* compacto
  compact disc player tocadiscos
    m. sing. compacto
company compañía *f.*; empresa *f.* **7**
comparison comparación *f.*
competent capaz *adj.* **7**
complain (about) quejarse (de) *v.* **4, 7**
complaint protesta *f.* **2**
completely completamente *adv.*
composer compositor(a) *m., f.*
computer computadora *f.*
  computer disc disco *m.*
  computer monitor monitor *m.*

computer programmer
  programador(a) *m., f.*
  computer science computación *f.*;
    informática *f.* **8**
concern preocupación *f.* **10**
concert concierto *m.* **9**
condemned condenado/a *adj.* **8**
conductor (musical) director(a) *m., f.*
confident seguro/a *adj.* **1**
confirm confirmar *v.*; comprobar
  (o:ue) *v.* **8**
  confirm a reservation confirmar
    una reservación
conformist conformista *adj.* **10**
confused confundido/a *adj.*
congested congestionado/a *adj.*
Congratulations! ¡Felicidades!;
  f., pl. ¡Felicitaciones!;
  enhorabuena *f.* **1**
conquest conquista *f.* **4**
conservation conservación *f.*
conservative conservador(a) *adj.* **6**
conserve conservar *v.*
consultant asesor(a) *m., f.* **7**
consume consumir *v.*
contact lenses lentillas *m. pl.* **8**
container envase *m.*
contamination contaminación *f.*
content contento/a *adj.*
  to be contented with
    contentarse con *v.* **1**
contest concurso *m.*
continue seguir (e:i) *v.*
contribute contribuir *v.* **8**
control control *m.*; controlar *v.*
  be under control estar bajo control
controversial controvertido/a *adj.* **3**
controversy polémica *f.* **10**
conversation conversación *f.*
converse conversar *v.*
cook cocinar *v.*; cocinero/a *m., f.*
cookie galleta *f.*
cool fresco/a *adj.*
  Be cool. Tranquilo.
  It's cool. (*weather*) Hace fresco.
cooperate cooperar *v.* **2**
corn maíz *m.*
corner esquina *f.* **2**
cost costar (o:ue) *v.*
cotton algodón *m.*
  (made of) cotton de algodón
couch sofá *m.*
couch potato teleadicto/a *m., f.*
cough tos *f.*; toser *v.*
counselor consejero/a *m., f.*
count (on) contar (o:ue) *v.* (con) **1**
counter mostrador *m.* **2**
country (*nation*) país *m.*
countryside campo *m.*
coup d'état golpe de estado *m.* **6**
(married) couple pareja *f.* **1**
courage coraje *m.* **10**
course curso *m.*; materia *f.*

court tribunal *m.* **6**
courtesy cortesía *f.*
cousin primo/a *m., f.* **4**
cover portada *f.* **3**; cubrir *v.*
 cover one's own expenses
 autosubvencionarse *v.* **8**
covered cubierto/a *p.p.*
cow vaca *f.*
crafts artesanía *f.*
craftsmanship artesanía *f.*
crash choque *m.* **2**
crater cráter *m.*
crazy loco/a *adj.*
create crear *v.* **8**
credit crédito *m.*
 credit card tarjeta *f.* de crédito **7**
crime crimen *m.*; delito *m.* **3**
cross cruzar *v.* **2**
crowded repleto/a *adj.* **2**
cruelty crueldad *f.* **6**
cultivate cultivar *v.* **4**
cultivation cultivo *m.* **4**
cultural cultural *adj.* **10**
 cultural heritage
 herencia cultural *f.* **10**
culture cultura *f.*
cup taza *f.*
cure curar *v.* **8**
currency exchange cambio *m.*
 de moneda
current events actualidad *f.*;
 actualidades *f., pl.* **3**
curtains cortinas *f., pl.*
custard (baked) flan *m.*
custom costumbre *f.* **2**
customer cliente/a *m., f.*
customs aduana *f.* **10**
 customs inspector inspector(a)
 m., f. de aduanas
cut cortar *v.* **5**
cyber space ciberespacio *m.* **8**
cybercafé cibercafé *m.*
cycling ciclismo *m.*

D

dad papá *m.*
daily diario/a *adj.*
 daily routine rutina *f.* diaria **5**
dam represa *f.* **7**
damage dañar *v.*
dance bailar *v.*; danza *f.*; baile *m.*
 dance club discoteca *f.* **2**
 dance floor pista *f.* de baile **3**
dancer bailarín/bailarina *m., f.*
danger peligro *m.* **5**
dangerous peligroso/a *adj.*
dare atreverse *v.*
daring atrevido/a *adj.*
darts dardos *m., pl.* **9**
date (*appointment*) cita *f.* **1**;
 (*calendar*) fecha *f.*; (*someone*) salir
 v. con (alguien)
 blind date cita a ciegas **1**
 have a date tener una cita

daughter hija *f.*
daughter-in-law nuera *f.* **4**
dawn amanecer *m.* **9**
day día *m.*
 day before yesterday
 anteayer *adv.*
deal trato *m.*
 It's not a big deal.
 No es para tanto.
 You've got a deal! ¡Trato hecho!
death muerte *f.* **4**
debit card tarjeta *f.* de débito **7**
debt deuda *f.* **7**
decaffeinated descafeinado/a *adj.*
deceased fallecido/a *adj.* **9**
deceive engañar *v.* **1**
December diciembre *m.*
decide decidir *v.* (+ *inf.*)
decided decidido/a *adj. p.p.*
deciding decisivo/a *f., m.* **9**
declare declarar *v.*
decrease disminuir *v.* **10**
defeat derrotar *v.* **6**; vencer *v.* **9**
defend defender (e:ie) *v.* **6**
deforestation deforestación *f.* **5**
delete borrar *v.* **8**
delicious delicioso/a *adj.*; rico/a *adj.*;
 sabroso/a *adj.*
delighted encantado/a *adj.*
demand exigir *v.* **7**
demanding exigente *adj.* **4**
democracy democracia *f.* **6**
demonstrator manifestante *m., f.* **6**
dentist dentista *m., f.*
deny negar (e:ie) *v.*
 not to deny no dudar
department store almacén *m.* **7**
departure salida *f.*
deposit depositar *v.* **7**;
 yacimiento *m.* **7**
quarry cantera *f.* **7**
depressed deprimido/a *adj.* **1**
describe describir *v.*
described descrito/a *p.p.*
desert desierto *m.* **5**
deserve merecer *v.* **1**
design diseño *m.* **9**
designer diseñador(a) *m., f.*
desire desear *v.*; deseo *m.* **1**
desk escritorio *m.*
desperate desesperado/a *adj.* **7**
desperation desesperación *f.* **3**
dessert postre *m.*
destination destino *m.* **9**
destroy destruir *v.* **5, 6**
determined decidido/a *adj.* **2**
develop desarrollar *v.*
devote oneself to dedicarse a *v.* **6**
development desarrollo *m.* **5**
dialogue diálogo *m.* **10**
diary diario *m.*
dictatorship dictadura *f.* **6**
dictionary diccionario *m.*

die morir (o:ue) *v.*
died muerto/a *p.p.*
diet dieta *f.*; alimentación *f.*
 balanced diet dieta equilibrada
 be on a diet estar a dieta
difficult difícil *adj.*
digital camera cámara *f.* digital **8**
diminish disminuir *v.* **10**
dining room comedor *m.*
dinner cena *f.*
 have dinner cenar *v.*
direct dirigir *v.*
director director(a) *m., f.* **3**
dirty ensuciar *v.*; sucio/a *adj.*
 get (something) dirty ensuciar *v.*
disagree no estar de acuerdo *v.*;
 disentir *v.* **6**
disappear desaparecer *v.* **5**
disappearance desaparición *f.* **3**
disappointment decepción *f.* **5**
disaster desastre *m.*
discover descubrir *v.*; (*find out*)
 averiguar *v.*
discovered descubierto/a *p.p.*
discovery hallazgo *m.* **3**;
 descubrimiento *m.* **7, 8**
discrimination discriminación *f.*
disdain desdén *m.* **4**
dish plato *m.*
 main dish *m.* plato principal
dishwasher lavaplatos *m., sing.*
disk disco *m.*
disorderly desordenado/a *adj.*
disposable desechable *adj.* **5**
dissent disentir *v.* **6**
distance *f.* lejanía **10**
distress angustia *f.* **7**
distribute repartir *v.* **4**
dive bucear *v.*
diversity diversidad *f.* **6, 10**
divorce divorcio *m.* **1**
divorced divorciado/a *adj.* **1**
 get divorced (from)
 divorciarse (de) *v.* **1**
dizzy mareado/a *adj.*
dizzying vertiginoso/a *adj.* **9**
DNA ADN *m.* **8**
do hacer *v.*
 do aerobics hacer
 (ejercicios) aeróbicos
 do as a custom/habit
 acostumbrar *v.* **10**
 do household chores hacer
 quehaceres domésticos
 do stretching exercises hacer
 ejercicios de estiramiento
 (I) don't want to. No quiero.
 do without prescindir (de) *v.* **10**
doctor doctor(a) *m., f.*; médico/a *m., f.*
documentary (*film*) documental *m.* **3**
documents papeles *m., pl.* **3**
dog perro *m.*

domestic doméstico/a *adj.*
   domestic appliance
      electrodoméstico *m.*
dominate dominar *v.* 9
done hecho/a *p.p.*
door puerta *f.*
dormitory residencia *f.* estudiantil
double doble *adj.*
   double room habitación *f.* doble
   double standard doble moral *f.* 6
doubt duda *f.* 10; dudar *v.*
   There is no doubt that...
      No cabe duda de...
      No hay duda de...
Down with... ! ¡Abajo el/la...!
download descargar *v.* 8
downtown centro *m.*
drama drama *m.*
dramatic dramático/a *adj.*
draw dibujar *v.*
drawing dibujo *m.*
dream ilusión *m.* 2; soñar (o:ue) *v.* 1
dress vestido *m.*
   get dressed vestirse (e:i) *v.*
drink beber *v.*; bebida *f.*; tomar *v.*
drinkable potable *adj.* 5
drive conducir *v.*; manejar *v.*
driver conductor(a) *m., f.* 2
drought sequía *f.* 5
drown ahogar(se) *v.* 5
drug droga *f.*
   drug addict drogadicto/a *adj.*
drum tambor *m.* 3
drunk borracho/a *adj.* 2
dry seco/a *adj.* 5
dry oneself secarse *v.*
dubbing doblaje *m.* 3
during durante *prep.*; por *prep.*
dust sacudir *v.*; quitar *v.* el polvo
   dust the furniture sacudir
      los muebles
dustpan recogedor *m.* 4
DVD player reproductor *m.* de DVD 8

E

each cada *adj.*
eagle águila *f.* 5
ear (outer) oreja *f.*
early temprano *adv.*
early morning madrugada *f.* 9
earn ganar *v.*
   earn a living ganarse la vida *v.* 7
earth tierra *f.* 5
Earth Tierra *f.* 5
earthquake terremoto *m.* 5
ease aliviar *v.*
east Este *m.*
   to the east al este
easy fácil *adj. m., f.*
eat comer *v.*
ecology ecología *f.*

economic económico/a *adj.* 7
   economic crisis
      crisis *f.* económica 7
economics economía *f.*
ecotourism ecoturismo *m.*
ecstatic enloquecido/a *adj.* 9
Ecuador Ecuador *m.*
Ecuadorian ecuatoriano/a *adj.*
editor redactor(a) *m., f.* 3
effective eficaz *adj. m., f.*
effects (special)
   efectos *m.* especiales 3
effort esfuerzo *m.* 10
egg huevo *m.*
eight ocho *adj.*
eight hundred ochocientos/as *adj.*
eighteen dieciocho *adj.*
eighth octavo/a *adj.*
eighty ochenta *adj.*
either... or o... o *conj.*
elderly person anciano/a *m., f.*
eldest el/la mayor
elect elegir (e:i) *v.* 6
election elecciones *f. pl.*
electric appliance
   electrodoméstico *m.*
electrician electricista *m., f.*
electricity luz *f.*
elegant elegante *adj.*
elevator ascensor *m.*
eleven once *adj.*
e-mail correo *m.* electrónico
   e-mail address
      dirrección *f.* electrónica 8
   e-mail message
      mensaje *m.* electrónico
   read e-mail leer *v.*
      el correo electrónico
embarrassed avergonzado/a *adj.*
embarrassment vergüenza *f.*
embodiment encarnación *f.* 9
embrace (each other) abrazar(se) *v.*
emerge surgir *v.* 10
emergency emergencia *f.*
   emergency room sala *f.*
      de emergencia
emigrant emigrante *m., f.* 10
emigrate emigrar *v.* 1
employee empleado/a *m., f.* 7
employment empleo *m.*
empty vacío/a *adj.* 2
enact (a law) promulgar *v.* 6
end fin *m.*; terminar *v.*
   end table mesita *f.*
ending desenlace *m.* 2
energy energía *f.* 5
   energy consumption consumo *m.*
      de energía 5
   nuclear energy energía nuclear 5
   renewable energy
      energía renovable 5
   solar energy energía solar 5
   wind energy energía eólica 5

engaged: get engaged (to)
   comprometerse (con) *v.*
engagement compromiso *m.* 1
engineer ingeniero/a *m., f.* 8
English (*language*) inglés *m.*; inglés,
   inglesa *adj.*
enigma enigma *f.* 8
enjoy disfrutar (de) *v.*; gozar (de)
   v. 2, 10
enough bastante *adv.*
entertain entretener *v.* 3
entertaining entretenido/a *adj.* 9
entertainment diversión *f.*
entrance entrada *f.*
envelope sobre *m.*
envious envidioso/a *adj.* 8
environment medio ambiente *m.* 5
equal igual *adj.* 6
equality igualdad *f.* 6
equipped equipado/a *adj.*
erase borrar *v.* 8
eraser borrador *m.*
erosion erosión *f.* 5
errand diligencia *f.*
establish establecer *v.*
   establish oneself establecerse *v.* 10
estimate calcular *v.* 3
ethical ético/a *adj.* 8
ethnic cleansing
   limpieza étnica *f.* 10
ethnic group etnia *f.* 4
evening tarde *f.*
event acontecimiento *m.* 3
every day todos los días
everyday cotidiano/a *adj.* 2
everybody todos *m., pl.*
everything todo *m.*
   Everything is under control.
      Todo está bajo control.
evidence prueba *f.* 9
exactly (time) en punto
exam examen *m.*
excellent excelente *adj.*
excess exceso *m.*
   in excess en exceso
exchange intercambiar *v.*
   in exchange for por
excited emocionado/a *adj.* 1
exciting emocionante *adj.*
excluded excluido/a *adj.* 10
excursion excursión *f.*
excuse disculpar *v.*
Excuse me. (*May I?*) Con permiso.;
   (*I beg your pardon.*) Perdón.
execution ejecución *m.* 6
executive ejecutivo/a *m., f.* 7
exhausted agotado/a *adj.* 7
exercise ejercicio *m*;
   hacer *v.* ejercicio
   exercise (power) ejercer
      (el poder) *v.* 6
exert (power) ejercer (el poder) *v.* 6
exile exiliado/a *m., f.* 10

exit salida *f.*
expect anticipar *v.* **10**
expensive caro/a *adj.*
experience experiencia *f.*
experiment experimento *m.* **8**
explain explicar *v.*
explore explorar *v.* **8**
express (an opinion) opinar *v.* **3**
expression expresión *f.*
extinction extinción *f.*
extraterrestrial extraterrestre *adj.* **8**
extreme sports deportes extremos
  m., pl. **9**
extremely delicious riquísimo/a *adj.*
extremely serious gravísimo *adj.*
eye ojo *m.*
  keep an eye on vigilar *v.* **3**

F

fabulous fabuloso/a *adj.*
face cara *f.*
facing enfrente de *prep.*
fact hecho *m.* **5**
  in fact de hecho
failure fracaso *m.* **6**
faith fe *f.* **4**
faithfulness fidelidad *f.* **1**
fair justo/a *adj.* **2, 6**; feria *f.* **9**
fall (down) caerse *v.*
  fall asleep dormirse (o:ue) *v.*
  fall in love (with)
    enamorarse (de) *v.* **1**
fall (season) otoño *m.*
fallen caído/a *p.p.*
fame fama *f.* **3**
family familia *f.*
famous famoso/a *adj.*
fan aficionado/a *adj.* **9**
  be a fan (of) ser aficionado/a (a)
fantastic chévere *adj.* **4**
far from lejos de *prep.*
farewell despedida *f.*
farm cultivar *v.* **4**
farming cultivo *m.* **4**
fascinate fascinar *v.*
fashion moda *f.*
  be in fashion estar de moda
fast rápido/a *adj.*
fat gordo/a *adj.*; grasa *f.*
father padre *m.*
father-in-law suegro *m.* **4**
fault culpa *f.*
favorite favorito/a *adj.*
fax (machine) fax *m.*
fear miedo *m.* **10**; temor *m.* **6**
fear temer *v.*
feat hazaña *f.* **9**
feature rasgo *m.*; facciones *f., pl.* **2**
February febrero *m.*
feel sentir(se) (e:ie) *v.* **1**
  feel fulfilled sentirse realizado/a *v.* **10**
  feel like (*doing something*) tener
    ganas de (+ *inf.*); apetecer **4**

feeling sentimiento *m.* **1**
festival festival *m.*
fever fiebre *f.*
  have a fever tener *v.* fiebre
few pocos/as *adj. pl.*
  fewer than menos de (+ *number*)
fiancé(e) *m., f.* prometido/a **1**
field cancha *f.* **9**
field: major field of study
  especialización *f.*
fifteen quince *adj.*
  fifteen-year-old girl quinceañera *f.*
fifth quinto/a *adj.*
fifty cincuenta *adj.*
fight luchar, pelear *v.* **6, 10**
  fight for/against luchar
    (por/contra) *v.*
  fight with (one another)
    pelear(se) *v.* **4**
fight lucha *f.* **6**
figure (*number*) cifra *f.*
file archivo *m.*
fill llenar *v.*
  fill in cumplimentar *v.* **7**
  fill out (a form) llenar
    (un formulario)
  fill the tank llenar el tanque
film critic crítico/a de cine *m., f.* **3**
finally finalmente *adv.*; por último;
  por fin
financial financiero/a *adj.* **7**
find encontrar (o:ue) *v.*
  find (each other) encontrar(se)
  find out averiguar
fine multa *f.* **8**
  That's fine. Está bien.
(fine) arts bellas artes *f., pl.*
finger dedo *m.*
finish terminar *v.*
  finish (*doing something*)
    terminar *v.* de (+ *inf.*)
fire incendio *m.* **5**; despedir (e:i)
  v. **7**; botar *v* **4**; fuego *m.* **9**
  fire station estación *f.*
    de bomberos **2**
firefighter bombero/a *m., f.*
firm compañía *f.*; empresa *f.*
first primer *adj.*; primero/a *adj.*
fish (*food*) pescado *m.*; pescar *v.*;
  (*live*) pez *m.* **5**
  fish market pescadería *f.*
fisherman pescador *m.*
fisherwoman pescadora *f.*
fishing pesca *f.*
fit (*clothing*) quedar *v.*
  fit in integrarse (a) *v.* **10**
five cinco *adj.*
five hundred quinientos/as *adj.*
fix arreglar *v.* **10**
fixed fijo/a *adj.*
flag bandera *f.* **6**
flank steak lomo *m.*
flat tire: We had a flat tire. Se nos
  pinchó una llanta.

flee huir *v.* **6**
fleeting pasajero/a *adj.* **1**
flexible flexible *adj.*
flirt coquetear *v.* **1**
flood inundación *f.* **5**
floor (*of a building*) piso *m.*; suelo *m.*
  dance floor pista *f.* de baile **3**
  ground floor planta *f.* baja
  top floor planta *f.* alta
flower flor *f.*
flu gripe *f.*
flute flauta *f.* **3**
fly volar *v.*
fog niebla *f.*
folk folklórico/a *adj.*
  folk healer curandero/a *m., f.* **5**
follow seguir (e:i) *v.*
food comida *f.*; alimento
fool tonto/a *m., f.*; bobo/a *m., f.* **6, 10**
foolish tonto/a *adj.*
foot pie *m.*
football fútbol *m.* americano
for para *prep.*; por *prep.*
  for example por ejemplo
  for me para mí
forbid prohibir *v.*
force fuerza *f.* **6**
foreign extranjero/a *adj.*
  foreign languages
    lenguas extranjeras *f., pl.*
  foreign relations
    relaciones exteriores *f., pl.* **6**
foreseen previsto/a *adj.* **10**
forest bosque *m.* **5**
forget olvidar *v.*
forgetfulness olvido *m.* **1**
forgive perdonar *v.* **2**
fork tenedor *m.*
form formulario *m.*
forty cuarenta *adj.*
forward (*sports position*)
  delantero/a *m., f.* **9**
four cuatro *adj.*
four hundred cuatrocientos/as *adj.*
fourteen catorce *adj.*
fourth cuarto/a *adj.*
free libre *adj. m., f.*
  be free (of charge) ser gratis
  free time tiempo libre;
    ratos libres **9**
freedom (of the press) libertad *f.*
  (de prensa) **3, 6**
freezer congelador *m.*
French francés, francesa *adj.*
  French fries papas *f., pl.*
    fritas; patatas *f., pl.* fritas
frequently frecuentemente *adv.*; con
  frecuencia *adv.*
friar (monk) fraile (Fray) *m.* **4**
Friday viernes *m., sing.*
fried frito/a *adj.*
  fried potatoes papas *f., pl.* fritas;
    patatas *f., pl.* fritas
friend amigo/a *m., f.*

friendly amable *adj.*
friendship amistad *f.* **1**
from de *prep.*; desde *prep.*;
  proveniente *adj.* **10**
  from the United States
    estadounidense *adj.*
  from time to time de vez
    en cuando
  He/She/It is from… Es de…
  I'm from… Soy de…
front page portada *f.* **3**
fruit fruta *f.*
  fruit juice jugo *m.* de fruta
  fruit store frutería *f.*
fuel combustible *m.* **5**
fulfill (a dream) alcanzar (un sueño) *v.* **10**
full lleno/a *adj.* **2**
fun divertido/a *adj.*
  fun activity diversión *f.*
  have fun divertirse (e:ie) *v.*
function funcionar *v.*
funny gracioso/a *adj.* **1**
furniture muebles *m., pl.*
furthermore además (de) *adv.*
future futuro *adj.*; porvenir *m.* **5**
  Here's to the future!
    ¡Por el porvenir!
  in the future en el futuro

G

gain weight aumentar *v.* de peso;
  engordar *v.*
galaxy galaxia *f.* **8**
game juego *m.*; (*match*) partido *m.*
  game show programa *m.*
    de concursos **3**
garage (*in a house*) garaje *m.*; garaje
  m.; taller (mecánico)
garden jardín *m.* **10**
garlic ajo *m.*
gas pipeline gasoducto *m.* **7**
gas station gasolinera *f.*
gasoline gasolina *f.*
gaze mirada *f.*
gender sexo *m.* **4**
gene gen *m.* **8**
generation gap brecha generacional *f.* **4**
genetics genética *f.* **8**
genre género *m.* **3**
geography geografía *f.*
German alemán, alemana *adj.*
get conseguir (e:i) *v.* **9**; obtener *v.*
  get along well/badly/terribly (with)
    llevarse bien/mal/fatal (con) **1**
  get angry enojarse *v.* **1**
  get bored aburrirse *v.*
  get off of (a vehicle)
    bajar(se) de *v.* **2**
  get on/into (a vehicle)
    subir(se) a *v.* **2**
  get out of (a vehicle)
    bajar(se) de *v.*

get tickets conseguir (e:i) *v.*
    entradas **9**
  get together (with) reunirse
    (con) *v.* **9**
  get up levantarse *v.*
  get upset afligirse *v.* **2**
  get worse empeorar *v.* **5**
ghost fantasma *m.* **9**
gift regalo *m.*
girl chica *f.*; muchacha *f.*
girlfriend novia *f.*
give dar *v.*; (*as a gift*) regalar *v.*
  give directions indicar *v.* el camino **2**
  give up ceder *v.* **6**
glass (*drinking*) vaso *m.*; vidrio *m.*
  (made) of glass de vidrio
glasses gafas *f., pl.*
  sunglasses gafas *f., pl.* de sol
globetrotter trotamundos *m., f.* **1**
gloves guantes *m., pl.*
go ir *v.*
  go away irse
  go bankrupt quebrar *v.* **7**
  go by boat ir en barco
  go by bus ir en autobús
  go by car ir en auto(móvil)
  go by motorcycle ir en moto(cicleta)
  go by taxi ir en taxi
  go by the bank pasar por el banco
  go down bajar(se) *v.* **2**
  go for a walk pasear *v.* **9**
  go on a hike (in the mountains)
    ir de excursión (a las montañas)
  go on sale salir a la venta *v.* **3**
  go out salir *v.* **9**
  go out to eat salir a comer algo **9**
  go out to have a drink salir a
    tomar algo **9**
  go out (with) salir *v.* (con) **1**
  go up subir *v.* **2**
  go with acompañar *v.*
  Let's go. Vamos.
goal meta *f.* **10**
goblet copa *f.*
going to: be going to (*do something*)
  ir a (+ *inf.*)
golf golf *m.*
good buen, bueno/a *adj.*
  Good afternoon. Buenas tardes.
  Good evening. Buenas noches.
  Good idea. Buena idea.
  Good morning. Buenos días.
  Good night. Buenas noches.
  have a good reputation
    tener (e:ie) buena fama *v.* **3**
  It's good that… Es bueno que…
goodbye adiós *interj.*
  say goodbye (to)
    despedirse (e:i) *v.* (de)
good-looking guapo/a *adj.*
goods bienes *m., pl.* **7**
gossip chisme *m.* **1**
govern gobernar (e:ie) *v.* **6**
government gobierno *m.* **6**
graduate (from/in) graduarse *v.*
  (de/en)

grains cereales *m., pl.*
granddaughter nieta *f.* **4**
grandfather abuelo *m.*
grandmother abuela *f.*
grandparents abuelos *m., pl.*
grandson nieto *m.* **4**
grant beca *f.* **7**
grape uva *f.*
grass hierba *f.*
grave grave *adj.*
gravity gravedad *f.* **8**
gray gris *adj. m., f.*
great fenomenal *adj.*;
  chévere *adj.* **4**
great aunt tía abuela *f.* **4**
great-grandfather bisabuelo *m.* **4**
great-grandmother bisabuela *f.* **4**
great uncle tío abuelo *m.* **4**
green verde *adj.*
greenhouse effect
  efecto invernadero *m.* **5**
greet (each other) saludar(se) *v.*
greeting saludo *m.*
  Greetings to… Saludos a…
grilled (*food*) a la plancha
  grilled flank steak
    lomo a la plancha
ground suelo *m.* **3**
  ground floor planta baja *f.*
grow (up) aumentar; crecer *v.* **10**
growth crecimiento *m.* **3**
guess adivinar *v.* **3, 10**
guest (*at a house/hotel*) huésped *m., f.*;
  (*invited to a function*)
  invitado/a *m., f.*
guide guía *m., f.*; guiar *v.* **8**
gun arma *f.*
  gun control control *m.* de armas **7**
gymnasium gimnasio *m.*

H

habit costumbre *f.* **2**
hair pelo *m.*
hairdresser peluquero/a *m., f.*
hair spray *f.* laca **10**
half medio/a *adj.*
  half-brother/sister
    medio/a hermano/a *m., f.* **4**
  half-past… (*time*) … y media
hallway pasillo *m.*
ham jamón *m.*
hamburger hamburguesa *f.*
hammer martillo *m.* **8**
hand mano *f.*
hand out repartir; entregar *v.* **10**
Hands up! ¡Manos arriba!
handsome guapo/a *adj.*
happen ocurrir *v.*; suceder *v.*
happiness alegría *f.*; felicidad *f.* **5**
Happy birthday! ¡Feliz cumpleaños!
happy alegre *adj.*; contento/a *adj.*;
  feliz *adj. m., f.*
  be happy alegrarse *v.* (de)
harass acosar *v.* **7**

hard difícil *adj.*
hard-working trabajador(a) *adj.* **7**
hardly apenas *adv.* **3**
harm daño *m.* **10**
harmful dañino/a *adj.* **5**
haste prisa *f.*
hat sombrero *m.*
hate odiar *v.* **1**
have tener (e:ie)
  have a bad reputation tener *v.* mala fama **3**
  have a bad time pasarlo mal *v.* **2**
  have connections tener conexiones *v.* **7**
  have a good reputation tener buena fama **3**
  have a good time divertirse (e:ie); pasarlo bien **2, 9**
  Have a good trip! ¡Buen viaje!
  have influence tener conexiones **7**
  have the right to tener derecho a **6**
  have time tener tiempo
    have to (*do something*) tener que (+ *inf.*); deber (+ *inf.*)
  have a tooth removed sacar(se) un diente
he él *m., sing., pron.*
head cabeza *f.*
headache dolor *m.* de cabeza
headline titular *m.* **3**
headscarf pañuelo *m.* **6**
health salud *f.*
healthy saludable *adj.*; sano/a *adj.*
  lead a healthy lifestyle llevar *v.* una vida sana
hear oír *v.*
heard oído/a *p.p.*
hearing: sense of hearing oído *m.*
heart corazón *m.* **1**
heat calor *m.*
Hello. Hola.; (*on the telephone*) Aló.; ¿Bueno?; Diga.
help ayudar *v.*; servir (e:i) *v.*
  help each other ayudarse *v.* **1**
helplessness desamparo *m.* **2**
her su(s) *poss. adj.*
  (of) hers suyo(s)/a(s) *poss.*
her la *f., sing., d.o. pron.*
  to/for her le *f., sing., i.o. pron.*
here aquí *adv.*
  Here it is. Aquí está.
herself sí misma **4**
heritage ascendencia *f.* **4**
heterogeneous heterogéneo/a *adj.* **10**
Hi. Hola. *interj.*
hide esconder *v.*
high alto/a *adj.*
  high school instituto *m.* **6**
highway autopista *f.*; carretera *f.*
hijack secuestrar *v.* **6**
hike excursión *f.*
  go on a hike hacer una excursión; ir de excursión
hiker excursionista *m., f.*

hiking de excursión
him: to/for him le *m., sing., i.o. pron.*
himself sí mismo **4**
hire contratar *v.* **7**
his su(s) *poss. adj.*
  (of) his suyo(s)/a(s) *poss. pron.*
his lo *m., sing., d.o. pron.*
historian historiador(a) *m., f.* **4**
history historia *f.*
hit pegar *v.* **6, 8**
hobby pasatiempo *m.*; afición *f.* **7**
hockey hockey *m.*
holiday día *m.* de fiesta
home casa *f.*; hogar *m.*; vivienda *f.* **2, 10**
  home page página *f.* principal
  home country patria *f.* **1**
homeland patria *f.* **4**
homesickness añoranza *f.* **10**
homework tarea *f.*
homogeneity homogeneidad *f.* **10**
honest honrado/a *adj.* **4**
hood capó *m.*; cofre *m.*
hook up ligar *v.* **1**
hope esperar *v.* (+ *inf.*); esperar *v.*; esperanza *f.* **4**
  I hope (that) ojalá (que)
horoscope horóscopo *m.* **3**
horror (genre) de horror *m.*
hors d'oeuvres entremeses *m., pl.*
horse caballo *m.*
hospital hospital *m.*
host anfitrión *m.* **9**
hostess anfitriona *f.* **9**
hot: be (*feel*) **(very) hot** tener (mucho) calor
  It's (very) hot. Hace (mucho) calor.
hotel hotel *m.*
hour hora *f.*
house casa *f.*
household chores quehaceres *m. pl.* domésticos
housekeeper ama *m., f.* de casa
housing vivienda *f.* **2**
How…! ¡Qué…!
  how ¿cómo? *adv.*
  How are you? ¿Qué tal?
  How are you? ¿Cómo estás? *fam.*
  How are you? ¿Cómo está usted? *form.*
  How can I help you? ¿En qué puedo servirles?
  How did it go for you…? ¿Cómo le/les fue…?
  How is it going? ¿Qué tal?
  How is/are…? ¿Qué tal…?
  How is the weather? ¿Qué tiempo hace?
  How much/many? ¿Cuánto/a(s)?
  How much does… cost? ¿Cuánto cuesta…?
  How old are you? ¿Cuántos años tienes? *fam.*
however sin embargo

hug (each other) abrazar(se) *v.*
human humano/a *adj.*
  human being ser humano *m.*
  human rights derechos humanos *m., pl.* **6**
humanities humanidades *f., pl.*
humankind humanidad *f.* **10**
hundred cien, ciento *adj.; m.*
hunger hambre *f.* **7**
hungry: be (very) hungry tener *v.* (mucha) hambre
hunt cazar *v.* **5**
hurricane huracán *m.* **5**
hurry apurarse *v.*; darse prisa *v.*
  be in a (big) hurry tener *v.* (mucha) prisa
hurt doler (o:ue) *v.*
  It hurts me a lot… Me duele mucho…
hurtful hiriente *adj.* **4**
husband esposo *m.* **4**
hybrid híbrido/a *adj.* **5**
hypocrisy hipocresía *f.* **6**

I

I yo *pron., m., sing.*
  I am… Yo soy…
  I hope (that) Ojalá (que) *interj.*
  I wish (that) Ojalá (que) *interj.*
ice cream helado *m.*
  ice cream shop heladería *f.*
iced helado/a *adj.*
  iced tea té *m.* helado
idea idea *f.*
ideals ideales *m., pl.* **10**
if si *conj.*
ill-mannered maleducado/a *adj.* **4**
illiterate analfabeto/a *adj.* **6**
illness enfermedad *f.*
imaginary fantástico/a *adj.* **9**
immigrant inmigrante *m., f.* **1**
immigration inmigración *f.* **10**
impartial imparcial *adj.* **3**
impassively impasible *adj.* **2**
important importante *adj.*
  be important to importar *v.*
  It's important that… Es importante que…
impossible imposible *adj.*
  it's impossible es imposible
imprison encarcelar *v.* **6**
improbable improbable *adj.*
  it's improbable es improbable
improve mejorar *v.* **5**
improvement mejora *f.* **10**
in en *prep.*; por *prep.*
  in the afternoon de la tarde; por la tarde
  in a bad mood de mal humor
  in the direction of para *prep.*
  in the early evening de la tarde

in the evening de la noche;
por la noche
in fact de hecho *adv.* **10**
in front of delante de *prep.*
in a good mood de buen humor
in the morning de la mañana;
por la mañana
in love (with) enamorado/a (de)
in search of por *prep.*
incapable incapaz *adj.* **7**
income ingresos *m. pl.* **8**
incompetent incapaz *adj.* **7**
inconsiderate desconsiderado/a
m., f. **3**
increase aumento *m.*
incredible increíble *adj.*
indifference indiferencia *f.* **7**
inequality desigualdad *f.* **6**
infect contagiar *v.* **5**
infection infección *f.*
inferiority complex complejo de
inferioridad *m.* **8**
inflation inflación *f.* **7**
influence influir *v.* **6**
influence influencia *f.* **2**
influential influyente *adj.* **3**
inform informar *v.*
informed: become informed about
enterarse (de) *v.* **3**
inhabitant habitante *m., f.* **2**
inherit heredar *v.* **4**
injection inyección *f.*
give an injection poner *v.*
una inyección
injure (oneself) lastimar(se) *v.* **9**
injure (one's foot) lastimarse *v.*
(el pie)
injustice injusticia *f.* **6**
inner ear oído *m.*
innocence inocencia *f.* **9**
innovative innovador(a) *adj.* **8**
insecure inseguro/a *adj.* **1**
insecurity inseguridad *f.* **6**
insensitive insensible *adj.* **9**
inside dentro *adv.*
insincere falso/a *adj.* **1**
insist (on) insistir (en) *v.*
instability inestabilidad *f.* **10**
installment *f.* cuota **10**
installments: pay in installments
pagar *v.* a plazos
instrument: play an instrument tocar
v. (un instrumento) **3**
integration integración *f.* **10**
intelligent inteligente *adj.*
intend to pensar *v.* (+ *inf.*)
interest interesar *v.*
interesting interesante *adj.*
be interesting to interesar *v.*
international internacional *adj.*
international news noticias *f.*
internacionales **3**
Internet Internet **3**

interview entrevista (laboral) *f.* **7**;
entrevistar *v.* **3**
interviewee entrevistado/a *m., f.* **7**
interviewer entrevistador(a) *m., f.* **7**
introduction presentación *f.*
**I would like to introduce (name)
to you...** Le presento a... *form.*;
Te presento a... *fam.*
intruder intruso/a *m., f.* **8**
invent inventar *v.* **8**
invention invento *m.* **8**
invest invertir (e:ie) *v.* **7**
investigate investigar *v.* **3**
investor inversionista *m., f.* **7**
invisible invisible *adj.* **9**
invite invitar *v.*
iron hierro *m.*
iron (clothes) planchar *v.* (la ropa)
isolated aislado/a *adj.* **4**
it lo/la *sing., d.o., pron.*
Italian italiano/a *adj.*
its su(s) *poss. adj.*;
suyo(s)/a(s) *poss. pron.*
It's me. Soy yo.

jacket chaqueta *f.*
jail celda *f.* **6**
(jail) cell celda *f.* **6**
January enero *m.*
Japanese japonés, japonesa *adj.*
jealous celoso/a *adj.* **1**;
envidioso/a *adj.* **8**
to be jealous (of) tener
celos (de) **1**
jealousy celos *m., pl.* **1**
jeans bluejeans *m., pl.*
jewelry store joyería *f.*
job empleo *m.*; puesto *m.*;
trabajo *m.* **7**
job application solicitud *f.*
de trabajo
jog correr *v.*
journalism periodismo *m.*
journalist periodista *m., f.* **3**;
reportero/a *m., f.*
joy alegría *f.*
give joy dar *v.* alegría
joyful alegre *adj.*
judge juez(a) *m., f.* **6**
judge juzgar *v.* **6**
judgment juicio *m.* **6**
juice jugo *m.*
July julio *m.*
jump saltar *v.* **9**
June junio *m.*
jungle selva, jungla *f.*
just apenas *adv.* **3**; justo/a *adj.* **2**
have just done something
acabar de (+ *inf.*)
justice justicia *f.* **6**

keep conservar *v.*
keep an eye on vigilar *v.* **3**
keep watch on vigilar *v.* **6**
key llave *f.*; clave *f.* **8**
keyboard teclado *m.*
kick patear *v.* **9**
kid chaval(a) *m., f.* **6**
kidnap secuestrar *v.* **6**
kidnapping secuestro *m.* **6**
kill matar *v.* **7**
kill oneself matarse *v.* **7**
kilometer kilómetro *m.*
kind: That's very kind of you.
Muy amable.
kiss beso *m.*
kiss (each other) besar(se) *v.* **1**
kitchen cocina *f.*
knee rodilla *f.*
knife cuchillo *m.*
know saber *v.*; conocer *v.*
knowledge conocimiento *m.* **4**
know how saber *v.*

labor union sindicato *m.* **7**
laboratory laboratorio *m.*
lack faltar *v.*
lack (of) falta (de) *f.* **10**
lack of interest desinterés *m.* **5**
lack of safety inseguridad *f.* **6**
lazy perezoso/a *adj.* **7**
lake lago *m.*
lamp lámpara *f.*
land tierra *f.* **5**; aterrizar *v.* **8**
landlord dueño/a *m., f.*
landscape paisaje *m.* **5**
language lengua *f.* **4**
official language
lengua *f.* oficial **10**
laptop (computer)
computadora *f.* portátil **8**
large grande *adj.*
large (*clothing size*) talla grande
last durar *v.*; pasado/a *adj.*;
último/a *adj.*
last name apellido *m.*
last night anoche *adv.*
last week semana *f.* pasada
last year año *m.* pasado
late atrasado/a *adj.* **2**
late tarde *adv.*
later (on) más tarde
See you later. Hasta la vista.;
Hasta luego.
laugh reírse (e:i) *v.*
laughed reído *p.p.*
laundromat lavandería *f.*
law ley *f.* **6**
lawyer abogado/a *m., f.* **6**

lay laico/a *adj.* **6**
lazy perezoso/a *adj.*
lead encabezar *v.* **6**
leaf hoja *f.* **5**
learn aprender *v.* (a + *inf.*)
least, at por lo menos *adv.*
leave salir *v.*; irse *v.*; abandonar *v.* **1**;
  marcharse *v.*
  leave a tip dejar una propina
  leave behind dejar *v.* **10**
  leave for (*a place*) salir para
  leave from salir de
  leave someone dejar a alguien *v.* **1**
  leave (someone) alone dejar en
  paz *v.* **9**
left izquierdo/a *adj.*
  be left over quedar *v.*
  to the left of a la izquierda de
leg pierna *f.*
leisure ocio *m.* **9**
lemon limón *m.*
lend prestar *v.* **7**
less menos *adv.*
  less… than menos… que
  less than menos de (+ *number*)
lesson lección *f.*
let dejar *v.*
let's see a ver
letter carta *f.*
lettuce lechuga *f.*
liar mentiroso/a *m., f.* **1**
liberal liberal *adj.* **6**
liberty libertad *f.*
library biblioteca *f.*
license (*driver's*) licencia *f.* de conducir
lie mentira *f.* **7**
life vida *f.*
  of my life de mi vida
lifestyle: lead a healthy lifestyle
  llevar una vida sana
  lifestyle section sección *f.*
  de sociedad **3**
lift levantar *v.*
  lift weights levantar pesas
light luz *f.*
  traffic light semáforo *f.* **2**
like como *adv.*; gustar *v.*
  I don't like them at all.
  No me gustan nada.
  I like… Me gusta(n)…
  like this así *adv.*
  like very much encantar *v.*;
  fascinar *v.*
  Do you like…? ¿Te gusta(n)…?
likeable simpático/a *adj.*
likewise igualmente *adv.*
line línea *f.*; cola (*queue*) *f.*; fila *f.* **2**
link enlace *m.* **8**
lion león *m.* **5**
listen (to) escuchar *v.*
  Listen! (*command*) ¡Oye! *fam., sing.*;
  ¡Oiga/Oigan! *form., sing./pl.*
  listen to music escuchar música
  listen (to) the radio escuchar
  la radio

listener oyente *m., f.* **3**
literature literatura *f.*
little (*quantity*) poco/a *adj*; poco *adv.*
live vivir *v.*; en directo/vivo **3**
  live together convivir *v.* **2**
lively animado/a *adj.* **9**
living room sala *f.*
lizard lagarto *m.* **5**
loan préstamo *m.*; prestar *v.*
lobster langosta *f.*
local: local news
  noticias *f.* locales **3**
located situado/a *adj.*;
  ubicado/a *adj.* **8**
  be located quedar *v.*
loneliness soledad *f.*
long largo/a *adj.*
  long term a largo plazo *adj.* **7**
  to long for *v.* anhelar **10**
look facha *f.* **10**
look (at) mirar *v.*
  look down on despreciar *v.* **4**
  look for buscar *v.*
  look like parecerse (c:zc) *v.* **2, 4**
lose perder (e:ie) *v.* **9**
  lose a game perder un partido **9**
  lose elections perder
  las elecciones **6**
  lose weight adelgazar
loss pérdida *f.*
lost perdido/a *adj.* **2**
  be lost estar perdido/a **2**
lot, a muchas veces *adv.*
lot of, a mucho/a *adj.*
lottery lotería *f.* **9**
love (*another person*) querer (e:ie) *v.*;
  (*each other*) amarse; quererse (e:ie)
  v. **1**; (*inanimate objects*) encantar *v.*;
  amor *m.*
  in love enamorado/a *adj.* **1**
  I loved it! ¡Me encantó!
  unrequited love amor no
  correspondido *m.* **9**
luck suerte *f.*
lucky: be (very) lucky tener
  (mucha) suerte
luggage equipaje *m.*
lunch almuerzo *m.*
  have lunch almorzar (o:ue) *v.*
lung pulmón *m.* **5**
luxury lujo *m.* **10**
lyrics letra *f.* **3**
lying mentiroso/a *adj.* **1**

M

ma'am señora (Sra.); doña *f.*
machine máquina *f.* **8**
mad enojado/a *adj.* **1**
magazine revista *f.* **3**
magnificent magnífico/a *adj.*
magic magia *f.* **9**
magician mago/a *m., f.* **9**

mail correo *m.*; enviar *v.*; mandar *v.*; echar
  una carta al buzón
  mail carrier cartero *m.*
mailbox buzón *m.*
main principal *adj.*
maintain mantener *v.*
maintenance mantenimiento *m.* **10**
major especialización *f.*
make hacer *v.*
  make an effort hacer
  un esfuerzo **10**
  make the bed hacer la cama
makeup maquillaje *m.*
  put on makeup maquillarse *v.*
mall centro comercial *m.* **2**
man hombre *m.*
manage administrar *v.* **7**
manager gerente *m., f.* **7**
manner modo *m.* **8**
manufacture fabricar *v.* **8**
many mucho/a *adj.*
  many times muchas veces
map mapa *m.*
March marzo *m.*
margarine margarina *f.*
marinated fish ceviche *m.*
  lemon-marinated shrimp
  ceviche *m.* de camarón
marital status estado *m.* civil
market mercado *m.* **7**
  open-air market mercado al
  aire libre
marriage matrimonio *m.* **1**
married casado/a *adj.* **1**
  get married (to) casarse (con) *v.* **1**
marry casar *v.*
marvelous maravilloso/a *adj.*
marvelously maravillosamente *adv.*
mask: ski mask pasamontañas
  m., sing.
mass misa *f.* **9**
massage masaje *m.*
masterpiece obra maestra *f.*
match (*sports*) partido *m.*
match (with) hacer *v.* juego (con)
mathematician matemático/a *m., f.* **8**
mathematics matemáticas *f., pl.*
matriarchy matriarcado *m.* **2**
matter importar *v.*
mature maduro/a *adj.* **1**
maturity madurez *f.*
maximum máximo/a *adj.*
May mayo *m.*
maybe tal vez; quizás
mayonnaise mayonesa *f.*
mayor alcalde(sa) *m., f.* **2**
me me *sing., d.o. pron.*
  to/for me me *sing., i.o. pron.*
meal comida *f.*
mean significar *v.* **2**
means modo *m.* **8**
means of communication
  medios *m., pl.* de comunicación
meat carne *f.*

mechanic mecánico/a *m., f.*
  mechanic's repair shop
    taller mecánico
media medios *m., pl.*
  (de comunicación) **3**
medical médico/a *adj.*
medication medicamento *m.* **5**
medicine medicina *f.*
medium mediano/a *adj.*
meet (each other) encontrar(se) *v.*;
  conocerse(se) *v.*
meeting reunión *f.* **7**
member socio/a *m., f.* **7**
menu menú *m.*
mess lío *m.* **7**
message recado *m.*; mensaje *m.* **8**
  text message mensaje de texto **8**
Mexican mexicano/a *adj.*
Mexico México *m.*
microwave microondas *f.*
  microwave oven horno *m.*
    de microondas
middle age madurez *f.*
midnight medianoche *f.*
mile milla *f.*
milk leche *f.*
million millón *m.*
  million of millón de
mind mente *f.* **8, 9**
mine mío/a(s) *poss.*
mineral mineral *m.*
  mineral water
    agua *f.* mineral
minimum mínimo/a *adj.* **7**
  minimum wage
    sueldo *m.* mínimo **7**
minute minuto *m.*
mirror espejo *m.*
misfortune desgracia *f.* **10**
Miss señorita (Srta.) *f.*
miss perder (e:ie) *v*; echar *v.* de
  menos *v.* **10**; extrañar *v.* **10**
mistaken equivocado/a *adj.*
mistreatment maltrato *m.* **10**
mix mezclar *v.* **10**
mock burlarse (de) *v.* **10**
model maqueta *f.* **8**
modem módem *m.*
modern moderno/a *adj.*
mom mamá *f.*
Monday lunes *m., sing.*
money dinero *m.*
monitor monitor *m.*
monkey mono *m.* **5**
monolingual monolingüe *adj.* **10**
month mes *m.*
monument monumento *m.*
mood ánimo *m.* **1**
moon luna *f.* **5**
more más
  more… than más… que
  more than más de (+ *number*)
morning mañana *f.*

mother madre *f.*
  mother tongue lengua materna *f.* **10**
mother-in-law suegra *f.* **4**
motor motor *m.*
motorcycle motocicleta *f.*
mountain montaña *f.*
mountain range cordillera *f.* **5**
mouse ratón *m.*
mouth boca *f.*
move (*from one house to another*)
  mudarse *v.* **1, 4**
  move away alejarse *v.* **9**
  move backward retroceder *v.* **2**
movie película *f.* **3**
  movie star estrella *f.* de cine **3**
  movie theater cine *m.* **2**
  new movie estreno *m.* **3**
  shoot (a movie) rodar (o:ue) *v.* **3**
movies cine *m.* **3**
MP3 player reproductor *m.* de MP3 **8**
Mr. señor (Sr.); don *m.*
Mrs. señora (Sra.); doña *f.*
much mucho/a *adj.*
  very much muchísimo/a *adj.*
mud barro *m.* **8**
multinational multinacional *adj. m., f.* **7**
  multinational company
    empresa *f.* multinacional **7**
municipal municipal *adj.*
murder crimen *m.*
muscle músculo *m.*
museum museo *m.* **2**
mushroom champiñón *m.*
music música *f.*
  music video video *m.* musical **3**
musical musical *adj.*
  musical group conjunto/grupo *m.*
    musical **9**
musician músico/a *m., f.* **9**
Muslim musulmán/musulmana *adj.* **6**
must deber *v.* (+ *inf.*)
  It must be… Debe ser…
my mi(s) *poss. adj.*; mío/a(s) *poss pron.*
myth mito *m.* **2**

N

naïve ingenuo/a *adj.* **2**
name nombre *m.*
  be named llamarse *v.*
  in the name of a nombre de
  last name apellido *m.*
  My name is… Me llamo…
  user name nombre de usuario **8**
napkin servilleta *f.*
national nacional *adj.*
  national news noticias *f., pl.*
    nacionales **3**
nationality nacionalidad *f.*
natural natural *adj.*
  natural disaster desastre *m.* natural
  natural resource recurso *m.* natural
nature naturaleza *f.*

nauseated mareado/a *adj.*
navy armada *f.* **6**
near cerca de *prep.*
neaten arreglar *v.*
necessary necesario/a *adj.*
  It is necessary that…
    Hay que…
neck cuello *m.*
need faltar *v.*; necesitar *v.* (+ *inf.*)
negative negativo/a *adj.*
neglect desatender (e:ie) *v.* **5**
neighbor vecino/a *m., f.*
neighborhood barrio *m.* **2**
neither tampoco *adv.*
neither… nor ni… ni *conj.*
nephew sobrino *m.* **4**
nervous nervioso/a *adj.*
network cadena *f.* **3**; red *f.* **1**
never nunca *adj.*; jamás
new nuevo/a *adj.*
new movie estreno *m.* **3**
new development novedad *f.* **8**
newlywed recién casado/a *m., f.*
news noticias *f., pl.* **3**;
  actualidades *f., pl.*
  international news
    noticias internacionales **3**
  local news noticias locales **3**
  national news
    noticias nacionales **3**
  news report reportaje *m.* **3**
newscast noticiero *m.*
newspaper periódico *m.* **3**;
  diario *m.* **3**
next próximo/a *adj.*
  next to al lado de *prep.*
nice simpático/a *adj.*; amable *adj.*
nickname apodo *m.* **4**
niece sobrina *f.* **4**
night noche *f.*
  night stand mesita *f.* de noche
nightlife vida *f.* nocturna **2**
nine nueve *adj.*
nine hundred novecientos/as *adj.*
nineteen diecinueve *adj.*
ninety noventa *adj.*
ninth noveno/a *adj.*
no no; ningún, ninguno/a(s) *adj.*
  no one nadie *pron.*
  No problem. No hay problema.
  no way de ninguna manera
nobody nadie *pron.*
noise ruido *m.* **9**
noisy ruidoso/a *adj.* **2**
nonconformist inconformista *adj.* **10**
none ningún, ninguno/a(s) *adj., adv.*
noon mediodía *m.*
nor ni *conj.*
North Norte *m.*
  to the north al norte
nose nariz *f.*
nostalgia nostalgia *f.* **10**
not no *adv.*
  not any ningún, ninguno/a(s) *adj., adv.*

not anyone nadie *pron.*
not anything nada *pron.*
not bad at all nada mal
not either tampoco *adv.*
not ever nunca *adv.*; jamás *adv.*
not trust desconfiar *v.* **10**
not very well no muy bien
not working descompuesto/a *adj.*
notebook cuaderno *m.*
nothing nada *pron.*
noun sustantivo *m.*
November noviembre *m.*
now ahora *adv.*
nowadays hoy día *adv.*
nuclear nuclear *adj. m., f.*
   nuclear energy energía nuclear
number número *m.*
nurse enfermero/a *m., f.*
nutrition nutrición *f.*
nutritionist nutricionista *m., f.*

O

oatmeal avena *f.* **3**
oblivion olvido *m.* **1**
o'clock: It's… o'clock Son las...
   It's one o'clock. Es la una.
obey obedecer *v.*; hacer caso **3**
obituary necrológica *f.* **9**
obligation deber *m.*
obtain conseguir (e:i) *v.*; obtener *v.*
obvious obvio/a *adj.*
   it's obvious es obvio
occupation ocupación *f.*
occur ocurrir *v.*
October octubre *m.*
of de *prep.*
   Of course. Claro que sí.;
     Por supuesto.
offer oferta *f.*; ofrecer (c:zc) *v.*
office oficina *f.*
   doctor's office consultorio *m.*
official oficial *adj.*
   official language lengua oficial *f.* **10**
often a menudo *adv.*
Oh! ¡Ay!
oil aceite *m.*; petróleo *m.* **5**
OK regular *adj.*
   It's okay. Está bien.
old viejo/a *adj.*
old age vejez *f.* **4**
older mayor *adj.*
   older brother, sister
     hermano/a mayor *m., f.*
oldest el/la mayor
omen presagio *m.* **10**
on en *prep.*; sobre *prep.*
   go on sale salir a la venta *v.* **3**
   keep an eye on vigilar *v.* **3**
   on behalf of por *prep.*
   on the dot en punto
   on time a tiempo
   on top of encima de
once una vez

one un, uno/a *adj.; m., f.; sing. pron.*
   one hundred cien(to)
   one million un millón
   one more time una vez más
   one thousand mil
   one time una vez
onion cebolla *f.*
online en línea *adj.* **8**
only sólo *adv.*; único/a *adj.*;
   no más *adv.* **3**
   only child hijo/a único/a *m., f.* **4**
open abierto/a *adj.*; abrir *v.*
open-air al aire libre
opera ópera *f.*
   soap opera telenovela *f.* **3**
operation operación *f.*
opinion opinión *f.*
   express an opinion opinar *v.* **3**
opposite enfrente de *prep.*
oppresion opresión *f.* **4**
oppressed oprimido/a *adj.* **6**
or o *conj.*
orange anaranjado/a *adj.*; naranja *f.*
orchestra orquesta *f.*
order mandar; (*food*) pedir (e:i) *v.*
   in order to para *prep.*
orderly ordenado/a *adj.*
ordinal (*numbers*) ordinal *adj.*
other otro/a *adj.*
ought to deber *v.* (+ *inf.*) *adj.*
our nuestro/a(s) *poss. adj.; poss. pron.*
out of control descontrolado/a *adj.* **5**
out of order descompuesto/a *adj.*
out of place desplazado/a *adj.* **2**
outcome desenlace *m.* **2, 8**
outdoors al aire libre **5**
outskirts alrededores *m., pl.* **2**
oven horno *m.*
over sobre *prep.*
overcome superar *v.* **4**
overpopulation superpoblación *f.* **10**
overthrow derrocar *v.* **6**
overwhelmed agobiado/a *adj.* **1**
owe (money) deber *v.* (dinero) **9**
own propio/a *adj.*
   on his/her own por su cuenta. **1**
owner dueño/a *m., f.* **7**; propietario/a
   m., f. **8**
ozone layer capa *f.* de ozono **5**

P

p.m. tarde *f.*
pacifist pacifista *adj.* **6**
pack (one's suitcases) hacer *v.*
   las maletas
package paquete *m.*
padlock candado *m.* **9**
page página *f.*
   front page portada *f.* **3**
pain dolor *m.* **2**
   have a pain tener *v.* dolor
paint pintar *v.*

painter pintor(a) *m., f.*
painting pintura *f.*
pair par *m.*
   pair of shoes par *m.* de zapatos
pamper mimar *v.* **4**
pants pantalones *m., pl.*
pantyhose medias *f., pl.*
paper papel *m.*; (*report*) informe *m.*
Pardon me. (*May I?*) Con permiso.;
   (*Excuse me.*) Perdón.
parents padres *m., pl.*; papás *m., pl.*
park estacionar *v.*; aparcar *v.* **5**;
   parquear *v.* **3**; parque *m.*
parking lot estacionamiento *m.* **2**
parking space aparcamiento *m.* **5**
partner (*one of a married couple*)
   pareja *f.*; socio/a *m., f.* **7**
party fiesta *f.*
   party pooper aguafiestas *m., f.* **9**
pass pasar *v.* **6**
   pass a law aprobar (o:ue)
     una ley *v.* **6**; **9**
passed pasado/a *p.p.*
passenger pasajero/a *m., f.* **2**
passport pasaporte *m.*
password contraseña *f.* **5**
past pasado/a *adj.*
pastime pasatiempo *m.*
pastry shop pastelería *f.*
patent patente *f.* **8**
patience paciencia *f.* **10**
patient paciente *m., f.*
patio patio *m.*
pay pagar *v.*
   pay attention fijarse *v.* **3**
   pay the bill pagar la cuenta
   pay homage to the gods
     homenajear a los dioses *v.* **4**
   pay in cash pagar *v.* al contado;
     pagar en efectivo
   pay in installments pagar *v.*
     a plazos
   pay raise aumento *m.* de sueldo **7**
pea arveja *m.*
peace paz *f.* **6**
peaceful pacífico/a *adj.* **6**
peach melocotón *m.*
pear pera *f.*
pedestrian peatón/peatona *m., f.* **2**
pen pluma *f.*
pencil lápiz *m.*
penicillin penicilina *f.*
people gente *f.* **2**
pepper (black) pimienta *f.*
per por *prep.*
perfect perfecto/a *adj.*
performance espectáculo *m.* **9**
perhaps quizás; tal vez *adv.*
permission permiso *m.*
persecution persecución *f.* **10**
person persona *f.*
   person in charge
     encargado/a *m., f.* **5**
personality carácter *m.* **4**
pharmacy farmacia *f.*

phenomenal fenomenal *adj.*
photograph foto(grafía) *f.*
photographer fotógrafo/a *m., f.* **3**
physical (exam) examen *m.* médico
physician doctor(a), médico/a *m., f.*
physicist físico/a *m., f.* **8**
physics física *f. sing.*
pick up recoger *v.*
picture cuadro *m.*; pintura *f.*
pie pastel *m.*
piece pedazo *m.* **5**
   piece of junk pedazo de lata **8**
pill (tablet) pastilla *f.*
pillow almohada *f.*
pineapple piña *f.*
pink rosado/a *adj.*
place lugar *m.*; poner *v.*
plaid de cuadros
planet planeta *m.* **8**
plan plano *m.* **8**; planificar *v.* **8**
plans planes *m., pl.*
   have plans tener planes
plant planta *f.*; plantar *v.* **5**;
   sembrar *v.* **10**
plastic plástico *m.*
   (made) of plastic de plástico
plate plato *m.*
   platter of fried food
      fuente *f.* de fritada
play drama *m.*; comedia *f.*; jugar
   (u:ue) *v.*; (*a musical instrument*)
   tocar *v.*; (*a role*) hacer el papel de;
   (*cards*) jugar a (las cartas); (*sports*)
   practicar deportes; poner *v.* **9**
   play a CD poner un disco compacto **9**
   play an instrument tocar *v.* **3**
player jugador(a) *m., f.*
playwright dramaturgo/a *m., f.*
plead rogar (o:ue) *v.*
pleasant agradable *adj.*
please por favor
Pleased to meet you. Mucho gusto.;
   Encantado/a. *adj.*
pleasing: be pleasing to gustar *v.*
pleasure gusto *m.*; placer *m.*
   It's a pleasure to… Gusto de
      (+ *inf.*)
   It's been a pleasure. Ha sido
      un placer.
   The pleasure is mine.
      El gusto es mío.
poem poema *m.*
poet poeta *m., f.*
poetry poesía *f.*
poison intoxicar *v.* **5**
police (force) policía *f.*
   police station comisaría *f.* **2**
policeman policía *m.* **2**
policewoman mujer policía *f.* **2**
political político/a *adj.*
   political exile exiliado/a político/a
      m., f. **10**
   political party partido político **6**
   political refugee
      refugiado/a político/a **10**

politician político/a *m., f.* **6**
politics política *f.* **6**
polka-dotted de lunares
poll encuesta *f.*
pollute contaminar *v.* **5**
polluted contaminado/a *m., f.*
   be polluted estar contaminado/a
pollution contaminación *f.* **5**
pool piscina *f.*
poor pobre *adj.*
populate poblar *v.* **2**
population población *f.* **10**
pork cerdo *m.*
   pork chop chuleta *f.* de cerdo
portable portátil *adj.*
   portable computer
      computadora *f.* portátil
position puesto *m.*; cargo *m.*
possessive posesivo/a *adj.*
possible posible *adj.*
   it's (not) possible
      (no) es posible
post office correo *m.*
postcard postal *f.*
poster cartel *m.*
potato papa *f.*; patata *f.*
pothole agujero *m.* **2**
pottery cerámica *f.*
poverty pobreza *f.* **7**
power poder *m.* **6**
powerful poderoso/a *adj.* **4**
practical práctico/a *adj.*
practice entrenarse *v.*; practicar *v.*
praise elogiar *v.* **6**
predict predecir (e:i) *v.* **10**
prefer preferir (e:ie) *v.*
pregnant embarazada *adj.* **6**
premiere estreno *m.* **3**
premonition presentimiento *m.* **10**
prepare preparar *v.*; capacitar *v.* **8**
preposition preposición *f.*
prescribe (*medicine*) recetar *v.*
prescription receta *f.*
present regalo *m.*; presentar *v.*
preserve conservar *v.* **2, 5**
president presidente/a *m., f.* **6**
press prensa *f.* **3, 7**; pulsar *v.* **4**
   freedom of the press
      libertad *f.* de prensa **3**
   sensationalist press
      prensa sensacionalista **3**
pressure presión *f.*
   be under a lot of pressure sufrir
      muchas presiones
pretty bonito/a *adj.*; bastante *adv.*
prevent prevenir (e:ie) *v.* **5**;
   impedir *v.* **2**
price precio *m.*
   (fixed, set) price precio *m.* fijo
pride orgullo *m.*
priest sacerdote *m.* **4**; cura *m.* **6**
principles ideales *m., pl.* **10**
print estampado/a *adj.*; imprimir *v.*

printer impresora *f.*; imprenta *f.* **1**
prior to previo/a *adj.* **9**
prison cárcel *f.* **6**
   (prison) cell celda *f.*
prisoner preso/a *m., f.* **5**
private (*room*) individual *adj.*
prize premio *m.*
probable probable *adj.*
   it's (not) probable (no) es probable
problem problema *m.*
process trámite *m.* **9**
profession profesión *f.*
professor profesor(a) *m., f.*
profit ganancia *f.*
program programa *m.*
programmer programador(a) *m., f.*
progress progreso *m.* **10**
prohibit prohibir *v.*
prominent destacado/a *adj.* **3**
promise jurar *v.* **10**
promotion (*career*) ascenso *m.*
pronoun pronombre *m.*
proof prueba *f.* **9**
protect proteger *v.* **5**
protected protegido/a *adj.* **5**
protein proteína *f.*
protest protestar *v.* **10**;
   manifestación *f.*
proud orgulloso/a *adj.* **1**
prove comprobar (o:ue) *v.* **8**
provided (that) con tal (de) que *conj.*
prune podar *v.* **5**
psychologist psicólogo/a *m., f.*
psychology psicología *f.*
public público *m.* **3**
   public ransportation
      transporte *m.* público **2**
publish publicar *v.* **3**
publisher editorial *f.* **8**
Puerto Rican puertorriqueño/a *adj.*
Puerto Rico Puerto Rico *m.*
pull tirar; sacar *v.*
   pull a tooth sacar una muela
   pull someone's leg tomar
      el pelo *v.* **10**
punish castigar *v.*
punishment castigo *m.* **3**
pupil alumno/a *m., f.* **6**
purchase compra *f.* **7**
purchases compras *f., pl.*
pure puro/a *adj.* **5**
purple morado/a *adj.*
purse bolsa *f.*
put poner *v.*; puesto/a *p.p.*
   put (a letter) in the mailbox
      echar (una carta) al buzón
   put on (a performance) presentar *v.*
   put on (clothing) ponerse *v.* **7**
   put on makeup maquillarse *v.* **7**
   put up with aguantar *v.*; soportar *v.* **5**

Q

qualified capacitado/a *adj.* **7**
quality calidad *f.*
quarry cantera *f.* **7**
quarter (*academic*) trimestre *m.*
   quarter after (*time*) y cuarto;
     y quince
   quarter to (*time*) menos cuarto;
     menos quince
question pregunta *f.*
quickly rápido *adv.*
quiet tranquilo/a *adj.*
quit dejar *v.*; renunciar *v.* **7**
quiz prueba *f.*

R

rabbit's foot pata de conejo *f.* **5**
race carrera *f.* **9**
   racetrack hipódromo *m.* **9**
racism racismo *m.*
radio (*medium*) radio *f.* **3**
   radio (set) radio *m.*

   radio announcer locutor(a) *m., f.*
     de radio **3**
   radio station radioemisora *f.* **3**
rain llover (o:ue) *v.*; lluvia *f.* **5**
   It's raining. Llueve.;
     Está lloviendo.
raincoat impermeable *m.*
rainforest bosque *m.* tropical;
   selva *f.* **5**
   tropical rainforest
     selva tropical *f.* **5**
raise (*salary*) aumento de sueldo
raise (*children*) criar *v.* **4**
ranch rancho *m.* **10**
rather bastante *adv.*
reach alcanzar *v.* **8**
   reach a goal alcanzar
     una meta *v.* **10**
read leer *v.*; leído/a *p.p.*
   read e-mail leer correo electrónico
   read a magazine leer una revista
   read a newspaper
     leer un periódico
ready listo/a *adj.*; dispuesto/a (a) *adj.* **7**
   (Are you) ready? ¿(Están) listos?
reality: reality show programa *m.*
   de telerrealidad **3**
realize darse cuenta de *v.* **7**
reap the benefits (of) *v.* disfrutar *v.* (de)
reason razón *f.* **10**
rebellious rebelde *adj.* **4**
receive recibir *v.*
recipe receta *f.* **4**
recognize reconocer (c:zc) *v.* **10**
recommend recomendar (e:ie) *v.*
record grabar *v.* **3**

recreation diversión *f.*; recreo *m.* **9**
recycle reciclar *v.* **5**
recycling reciclaje *m.* **5**
red rojo/a *adj.*
red-haired pelirrojo/a *adj.*
reduce reducir *v.*; disminuir *v.* **10**
   reduce stress/tension aliviar
     el estrés/la tensión
refrigerator refrigerador *m.*
refugee refugiado/a *m., f.* **10**
   political refugee
     refugiado/a político/a **10**
   war refugee refugiado/a
     de guerra **10**
region región *f.*
regret arrepentirse *v.*; lamentar *v.* **4**;
   sentir (e:ie) *v.*
regrettable lamentable *adv.* **9**
rehearse ensayar *v.* **3**
reject rechazar *v.* **10**
related to sitting sedentario/a *adj.*
relative pariente *m., f.* **4, 10**
   relatives familiares *m., pl.* **1**;
     parientes *m., pl.* **4**
relax relajarse *v.* **2**
release (a movie) estrenar *v.*
   (una película) **9**
relieve aliviar *v.* **5**
relieved aliviado/a *adj.* **9**
religion religión *f.* **4**
rely (on) contar (o:ue) (con) *v.* **1**
remain quedarse *v.*
remember acordarse (o:ue) *v.* (de);
   recordar (o:ue) *v.*
remodel remodelar *v.* **8**
remote control control remoto *m.*
remove quitar *v.* **5**
renew renovar *v.* **7**
renewable renovable *adj.* **5**
rent alquilar *v.*; (*payment*) alquiler *m.*
repeat repetir (e:i) *v.*
replace reemplazar *v.* **8**
report informe *m.* **6**; reportaje *m.*
   news report reportaje *m.* **3**
reporter reportero/a *m., f.* **3**
representative representante *m., f.*
reputation: have a good/bad
   reputation tener buena/mala fama
    v. **3**
request pedir (e:i) *v.*
rescued rescatado/a *adj.* **6**
research investigar *v.* **3**
researcher investigador(a) *m., f.* **8**
resemble parecerse (c:zc) *v.* **4**
reservation reservación *f.*
reside residir *v.* **2**
resign (from) renunciar (a) *v.*
resolve resolver (o:ue) *v.* **5**
resolved resuelto/a *p.p.*
resources recursos *m., pl.* **5**
respect respetar *v.* **4**

responsibility deber *m.*;
   responsabilidad *f.*; compromiso *m.* **1**
rest descansar *v.*
restaurant restaurante *m.*
résumé currículum *m.*
retire (from work) jubilarse *v.* **7**
return regreso *m.* **9**
returned vuelto/a *p.p.*
review reseña *f.* **1**
revolutionary revolucionario/a *adj.* **8**
rhythm ritmo *m.* **3**
rice arroz *m.*
rich rico/a *adj.*
riches riquezas *f., pl.* **7**
ride a bicycle pasear *v.* en bicicleta
ride a horse montar *v.* a caballo
ridiculous ridículo/a *adj.*
   it's ridiculous es ridículo
right derecha *f.*
   be right tener razón
   right? (*question tag*) ¿no?;
     ¿verdad?
   right away enseguida *adv.*
   right here aquí mismo
   right now ahora mismo
   right there allí mismo
   to the right of a la derecha de
rights derechos *m.*
ring (*a doorbell*) sonar (o:ue) *v.*
rise ascender *v.* **7**
risk riesgo *m.* **1**
rivalry rivalidad *f.* **9**
river río *m.* **5**
road camino *m.*
   road sign señal de tráfico *f.* **2**
roast asado/a *adj.*
   roast chicken pollo *m.* asado
rollerblade patinar *v.* en línea
romantic romántico/a *adj.*
room habitación *f.*; cuarto *m.*
   living room sala *f.*
roommate compañero/a *m., f.*
   de cuarto
root raíz *f.* **4**
roundtrip de ida y vuelta
   roundtrip ticket pasaje *m.* de
    ida y vuelta
rout recorrido *m.* **9**
routine rutina *f.*
rubble escombros *m., pl.* **2**
rude malcriado/a *m., f.* **3**
rug alfombra *f.*
ruin arruinar *v.* **8**
rule regla *f.* **6**
run correr *v.*; administrar *v.* **7**
   run errands hacer diligencias **2**
   run into (*have an accident*)
    chocar (con) *v.*; (*meet*
    accidentally) encontrar(se)
    (o:ue) *v.*; (*run into some*
    thing) darse (con) *v.*
   run into (each other)
    encontrar(se) (o:ue) *v.*
rush apurarse, darse prisa *v.*
Russian ruso/a *adj.*

S

sacred ritual rito sagrado *m.* 4
sacrifice sacrificar *v.* 4
sad triste *adj.*
  it's sad es triste
safe seguro/a *adj.*
safety seguridad *f.* 6
said dicho/a *p.p.*
salad ensalada *f.*
salary salario *m.*; sueldo *m.*
sale rebaja *f.*; venta *f.* 7
  go on sale salir a la venta *v.* 3
salesman vendedor *m.* 7
saleswoman vendedora *f.* 7
salmon salmón *m.*
salt sal *f.*
same mismo/a *adj.*
sandal sandalia *f.*
sandwich sándwich *m.*; bocata *f.* 10
Saturday sábado *m.*
sausage salchicha *f.*
save salvar *v.* 4; (*on a computer*) guardar *v.* 8
  save (money) ahorrar *v.* 7
savings ahorros *m., pl.* 7

  savings account cuenta *f.* de ahorros 7
saw serrar *v.* 5
say decir *v.*; declarar *v.*
say (that) decir (que) *v.*
  say goodbye despedirse (e:i) *v.* 10
  say the answer decir la respuesta
scale escama *f.* 9
scandal escándalo *m.* 6
scant escaso/a *adj.* 5
scarce escaso/a *adj.* 5
scarcely apenas *adv.*
scared: be (very) scared (of) tener (mucho) miedo (de)
scene escena *f.* 9
scenery paisaje *m.* 5
schedule horario *m.*
school escuela *f.*
science *f.* ciencia
  science fiction ciencia *f.* ficción
scientist científico/a *m., f.* 8
scold regañar *v.* 4
score (a goal/a point) marcar *v.* (un gol/un punto); anotar *v.* un gol 9
scream chillar *v.* 4
screen pantalla *f.* 3
scuba dive bucear *v.*
sculpt esculpir *v.*
sculptor escultor(a) *m., f.*
sculpture escultura *f.*
sea mar *m.* 5
seal foca *f.* 5
search búsqueda *f.* 9
  search engine buscador *m.* 8
season temporada *f.* 3; estación *f.*; época *f.* 1
seat silla *f.*
second segundo/a *adj.*; *m., f.*

secretary secretario/a *m., f.*
lifestyle section sección *f.* de sociedad 3
sports section sección *f.* deportiva 3
secure seguro/a *adj.* 1
secular laico/a *adj.* 6
security seguridad *f.* 6
sedentary sedentario/a *adj.*
see ver *v.*
  see (you, him, her) again volver a ver(te, lo, la)
  see movies ver películas
  See you. Nos vemos.
  See you later. Hasta la vista.; Hasta luego.
  See you soon. Hasta pronto.
  See you tomorrow. Hasta mañana.
seed semilla *f.* 5
seem parecer *v.*
seen visto/a *p.p.*
self-esteem autoestima *f.* 4
selfish egoísta *adj.* 4
sell vender *v.*
semester semestre *m.*
send enviar; mandar *v.*
sensationalist: sensationalist press prensa *f.* sensacionalista 3
sensitive sensible *adj.* 1
separate (from) separarse *v.* (de)
separated separado/a *adj.* 1
September septiembre *m.*
sequence secuencia *f.*
serious grave *adj.*
serve servir (e:i) *v.*
set (*fixed*) fijo *adj.*
  set the table poner la mesa
settle poblar *v.* 2
seven siete *adj.*
seven hundred setecientos/as *adj.*
seventeen diecisiete *adj.*
seventh séptimo/a *adj.*
seventy setenta *adj.*
several varios/as *adj. pl.*
sexism sexismo *m.*
shaman chamán *m.* 5
shame (*pity*) lástima *f.*; (*embarassment, remorse*) vergüenza *f.*
  it's a shame es una lástima
shampoo champú *m.*
shape forma *f.*
  be in good shape estar en buena forma
  stay in shape mantenerse en forma
share compartir *v.* 1
sharp (*time*) en punto
shave afeitarse *v.*
shaving cream crema *f.* de afeitar
she ella *f., sing. pron.*
shellfish mariscos *m., pl.*
ship barco *m.*
shirt camisa *f.*
shoe zapato *m.*

shoe size número *m.*
shoe store zapatería *f.*
tennis shoes zapatos *m., pl.* de tenis
shoot disparar *v.* 7
  shoot a movie rodar (o:ue) *v.* 3
shop tienda *f.*
shopping, to go ir *v.* de compras
  shopping mall centro *m.* comercial
short (*in height*) bajo/a *adj.*; (*in length*) corto/a *adj.*
  short film cortometraje *m.* 9
  short story cuento *m.*; relato *m.* 8
  short term a corto plazo *adv.* 7
shortage escasez *f.* 7
shorts pantalones cortos *m., pl.*
should (*do something*) deber *v.* (+ *inf.*)
shout gritar *v.* 9
show espectáculo *m.* 9; mostrar (o:ue) *v.*
  game show programa *m.* de concursos 3; concurso *m.*
  reality show programa *m.* de telerrealidad 3
shower ducha *f.*; ducharse *v.*
shrimp camarón *m.*
shutter persiana *f.* 2
shy tímido/a *adj.* 1
shyness timidez *f.*
siblings hermanos/as *pl.*
sick enfermo/a *adj.*
  be sick estar enfermo/a
  get sick enfermarse *v.*
  get sick (of) (*be fed up*) estar harto *v.* 1
sidewalk acera *f.* 2
sign firmar *v.*; letrero *m.* 2; pancarta *f.*; señal *f.* 9
silence silencio *m.*
silence callar *v.*
silk seda *f.*
  (made of) de seda
silly tonto/a *adj.*
similar semejante *adj.* 10
since desde *prep.*
sing cantar *v.*
singer cantante *m., f.* 3
single soltero/a *adj.* 1
  single room habitación *f.* individual
sink lavabo *m.*
sir señor (Sr.); don *m.*
sister hermana *f.*
sister-in-law cuñada *f.* 4
sit down sentarse (e:ie) *v.*
six seis *adj.*
six hundred seiscientos/as *adj.*
sixteen dieciséis *adj.*
sixth sexto/a *adj.*
sixty sesenta *adj.*
size talla *f.*; tamaño *m.* 8
  shoe size número *m.*
(in-line) skate patinar (en línea)
skateboard andar en patineta *v.*

ski esquiar *v.*
  ski mask pasamontañas *m., sing.* **3**
skiing esquí *m.* **9**
  cross country skiing esquí
    de fondo **9**
  downhill skiing esquí alpino **9**
  water-skiing esquí acuático
skirt falda *f.*
sky cielo *m.*
skyscraper rascacielos *m.* **2**
sleep dormir (o:ue) *v.*; sueño *m.*
  go to sleep dormirse (o:ue) *v.*
sleepy: be (very) sleepy tener
  (mucho) sueño
slender delgado/a *adj.*
slim down adelgazar *v.*
slippers pantuflas *f.*
slow lento/a *adj.*
slowly despacio *adv.*
small pequeño/a *adj.*
  small talk conversación informal *f.* **7**
smart listo/a *adj.*
smell olor *m.* **9**
smile sonreír (e:i) *v.*
smiled sonreído *p.p.*
smog smog *m.* **5**
smoggy: It's (very) smoggy. Hay
  (mucha) contaminación.
smoke fumar *v.*
smoking section sección *f.* de fumar
  (non) smoking section *f.* sección
    de (no) fumar
snack merendar *v.*;
  afternoon snack merienda *f.*
  have a snack merendar *v.*
snake serpiente *f.* **5**
sneakers los zapatos de tenis *m., pl.*
sneeze estornudar *v.*
snow nevar (e:ie) *v.*; nieve *f.*
snowing: It's snowing. Nieva.;
  Está nevando.
so (*in such a way*) así *adv.*; tan *adv.*
  so much tanto *adv.*
  so-so regular *adj.*
  so that para que *conj.*
soap jabón *m.*
  soap opera telenovela *f.* **3**
soccer fútbol *m.*
social prejudice prejuicio social *m.* **4**
sociology sociología *f.*
sock(s) calcetín (calcetines) *m.*
sofa sofá *m.*
soft drink refresco *m.*
software programa *m.*
  (de computación) **8**
soil tierra *f.*
solar solar *adj. m., f.*
  solar energy energía solar
sold out agotado/a *adj.* **9**
soldier soldado *m., f.*
solution solución *f.*
solve resolver (o:ue) *v.* **5**

some algún, alguno/a(s) *adj.*; unos/as
  pron. m., f., pl; indef. art.
somebody alguien *pron.*
someone alguien *pron.*
something algo *pron.*
sometimes a veces *adv.*
son hijo *m.*
song canción *f.*
son-in-law yerno *m.* **4**
soon pronto *adv.*
  See you soon. Hasta pronto.
soothe aliviar *v.* **5**
sorry: be sorry sentir (e:ie) *v.*
  I'm sorry. Lo siento.
  I'm so sorry. Mil perdones.;
    Lo siento muchísimo.
soul alma *f.* (*but:* el alma) **1**
  soulmate alma gemela **1**
soundtrack banda *f.* sonora **3**
soup caldo *m.*; sopa *f.*
source fuente *f.* **5**
South Sur *m.*
  to the south al sur
space espacio *m.* **8**
space shuttle
  transbordador *m.* espacial **8**
Spain España *f.*
Spanish (*language*) español *m.*;
  español(a) *adj.*
spare (free) time ratos libres
speak hablar *v.*
special: special effects
  efectos *m.* especiales **3**
specialized especializado/a *adj.* **8**
species especie *f.* **5**
  endangered species especie en
    peligro (de extinción) **5**
spectacular espectacular *adj.*
spectator espectador(a) *m., f.* **9**
speech discurso *m.*
speed velocidad *f.*
  speed limit velocidad *f.* máxima
spell checker
  corrector *m.* ortográfico **5**
spelling ortografía *f.*; ortográfico/a *adj.*
spend (*money*) gastar *v.* **7**
spirit (*soul*) alma *f.*;
  (*mood*) ánimo *m.* **1**
spoil malcriar *v.* **4**
spoiled brat niñato/a *m., f.* **4**
spoon (*table or large*) cuchara *f.*
spoonful cucharada *f.* **5**
  in spoonfuls a cucharadas **5**
sport deporte *m.*
  sports club club *m.* deportivo **9**
  sports-related deportivo/a *adj.*
  sports section
    sección *f.* deportiva **3**
spouse esposo/a *m., f.*
sprain (one's ankle) torcerse
  (o:ue) *v.* (el tobillo)
sprained torcido/a *adj.*
  be sprained estar torcido/a

sprawl expansión *f.* **5**
  urban sprawl expansión urbana **5**
spread esparcir *v.*; difundir *v.* **2, 10**
  spread news difundir *v.* **2**
  spread the word correr *v.* la voz **9**
spring primavera *f.*
spy espiar *v.* **6**
(city or town) square plaza *f.*
square plaza *f.* **2**
stadium estadio *m.* **2**
staff plantilla *f.* **7**
stage etapa *f.*
stained manchado/a *adj.* **2**
stairs escalera *f.*
stairway escalera *f.*
stamp estampilla *f.*
stand in line hacer *v.* cola
stand (someone) up
  dejar *v.* plantado/a **1**
standard of living nivel *m.* de vida
  f. **10**; calidad *f.* de la vida *f.* **1**
star estrella *f.* **8**
  movie star estrella de cine **3**
  shooting star estrella fugaz **8**
start (*a vehicle*) arrancar *v.*;
  (*establish*) establecer *v.*
station estación *f.* **2**
  bus station estación *f.*
    de autobuses **2**
  fire station estación *f.*
    de bomberos **2**
  police station estación *f.*
    de policía **2**
  radio station radioemisora *f.* **3**
  subway station estación *f.*
    del metro **2**
  train station estación *f.* de trenes **2**
statue estatua *f.*
status: marital status
  estado *m.* civil
stay quedarse *v.* **2**
  stay in shape mantenerse
    en forma
  stay up late trasnochar *v.* **9**
steak bistec *m.*
steering wheel volante *m.*
step etapa *f.*
stepbrother hermanastro *m.* **4**
stepdaughter hijastra *f.*
stepfather padrastro *m.* **4**
stepmother madrastra *f.* **4**
stepsister hermanastra *f.* **4**
stepson hijastro *m.*
stereo estéreo *m.*
still todavía *adv.*
stingy tacaño/a *adj.* **1**
stock market bolsa *f.* de valores **7**
stockbroker corredor(a) *m., f.*
  de bolsa
stockings medias *f., pl.*
stomach estómago *m.*
stone piedra *f.* **8**
  sculpted stone piedra esculpida **8**

stop parar *v.*; detenerse (e:ie) *v.* **2, 9**
  stop (*doing something*) dejar de (+ *inf.*)
stop parada *f.* **2**
  bus stop parada *f.* de autobús **2**
  subway stop parada *f.* de metro **2**
store tienda *f.*
  storekeeper tendero/a *m., f.* **7**
storm tormenta *f.*
stormy tempestuoso/a *adj.* **1**
story cuento *m.*; historia *f.*
stove cocina, estufa *f.*
straight derecho *adj.*
  straight (ahead) derecho
straighten up arreglar *v.*
strange extraño/a *adj.*
  it's strange es extraño
strawberry frutilla *f.*; fresa *f.*
street calle *f.* **2**
strengthen fortalecer *v.* **6**
stress estrés *m.*
stressed (out) estresado/a *adj.* **7**
stretching estiramiento *m.*
  do stretching exercises hacer ejercicios; *m. pl.* de estiramiento
strict estricto/a *adj.* **4**
strike (*labor*) huelga *f.* **6**
stripe raya *f.*
  striped de rayas
stroll pasear *v.*
strong fuerte *adj.*
  to grow stronger fortalecerse *v.* **1**
  strongman forzudo *m.* **9**
struggle lucha *f.* **6**
struggle (for/against) luchar *v.* (por/contra)
student estudiante *m., f.*; estudiantil *adj.*; alumno/a *m., f.* **6**
study estudiar *v.*
stuffed-up (*sinuses*) congestionado/a *adj.*
stupendous estupendo/a *adj.*
style estilo *m.* **3**
submissive sumiso/a *adj.* **4**
subscribe (to) suscribirse (a) *v.* **3**
substitute sustituir *v.* **8**
subtitles subtítulos *m., pl.* **3**
suburb suburbio *m.* **2**
suburbs afueras *f., pl.* **2**
subway metro *m.* **2**
  subway station estación *f.* del metro
  subway stop parada *f.* del metro **2**
success éxito *m.* **3**
successful exitoso/a *adj.* **7**
  be successful tener éxito
such as tales como
sudden repentino/a *adj.* **2**
suddenly de repente *adv.*
suffer sufrir *v.*
  suffer an illness sufrir una enfermedad
suffocate ahogarse *v.* **5**
sugar azúcar *m.*

suggest sugerir (e:ie) *v.*
suit traje *m.*
suitable apto/a *adj.* **7**
suitcase maleta *f.*
summer verano *m.*
summon convocar *v.* **6**
sun sol *m.* **5**
sunbathe tomar *v.* el sol
Sunday domingo *m.*
(sun)glasses gafas *f., pl.* (oscuras/de sol); lentes *m. pl.* (oscuros/de sol)
sunny: It's (very) sunny. Hace (mucho) sol.
superiority complex complejo de superioridad *m.* **8**
supermarket supermercado *m.*
superstitious supersticioso/a *adj.* **10**
supply abastecer *v.* **7**
support apoyo *m.*
  support (each other) apoyar(se) *v.* **4**
  support network red *f.* de apoyo *m.* **1**
suppose suponer *v.*
sure seguro/a *adj.*
  be sure estar seguro/a
surf (*the Internet/web*) navegar *v.* (en Internet/en la red) **3**
surprise sorprender *v.*; sorpresa *f.*
surprised sorprendido/a *adj.* **2**
surround rodear *v.* **4**
surrounded rodeado/a *m., f.* **9**
survey encuesta *f.*
survival supervivencia *f.* **8**
survive subsistir *v.* **2**
suspect sospechar *v.* **7**
suspicion sospecha *f.* **3**
suspicious sospechoso/a *adj.* **8**
sweat sudar *v.*
sweater suéter *m.*; chompa *f.* **3**
sweep the floor barrer *v.* el suelo
sweetie chato/a *m., f.* **3**
sweets dulces *m., pl.*
swim nadar *v.*
swimming natación *f.*
  swimming pool piscina *f.*
symbol símbolo *m.* **5**
symptom síntoma *m.*

T

table mesa *f.*
tablespoon cuchara *f.*
tablet (*pill*) pastilla *f.*
take tomar *v.*; llevar *v.*;
  (not) take advantage of (des)aprovechar *v.* **7**; explotar *v.* **9**
  take a bath bañarse *v.*
  take care of cuidar *v.*

take a bike/car/motorcycle ride dar una vuelta en bicicleta/carro/ motocicleta *v* **2**
take off quitarse *v.*
take out the trash *v.* sacar la basura
take photos tomar *v.* fotos; sacar *v.* fotos
take a risk arriesgarse *v.* **10**
take (*wear*) **a shoe size** calzar *v.*
take a shower ducharse *v.*
take someone's temperature tomar *v.* la temperatura
take a stroll dar un paseo *v.* **2**
take a walk/ride dar una vuelta *v.* **2**
talented talentoso/a *adj.*
talk hablar *v.*; conversar *v.* **2**
  talk show programa *m.* de entrevistas
tall alto/a *adj.*
tank tanque *m.*
tape recorder grabadora *f.*
taste probar (o:ue) *v.*; saber *v.*
  taste like saber a
tasty rico/a *adj.*; sabroso/a *adj.*
tax impuesto *m.* **7**
taxi taxi *m.*
tea té *m.*
teach enseñar *v.*
teacher profesor(a) *m., f.*; maestro/a *m., f.*
team equipo *m.* **9**
technician técnico/a *m., f.*
telecommuting teletrabajo *m.*
telepathy telepatía *f.* **9**
telephone teléfono
  cellular telephone teléfono *m.* celular
  telephone booth locutorio *m.* **10**
telescope telescopio *m.* **8**
television televisión *f.*
  television set televisor *m.*
  television viewer televidente *m., f.* **3**
tell contar *v.*; decir *v.*
tell (that) decir *v.* (que)
  tell lies decir mentiras
  tell the truth decir la verdad
temperature temperatura *f.*
ten diez *adj.*
tenderness ternura *f.* **2**
tennis tenis *m.*
  tennis shoes zapatos *m., pl.* de tenis
tension tensión *f.*
tent tienda *f.* de campaña
tenth décimo/a *adj.*
terrain terreno *m.* **8**
terrible terrible *adj. m., f.*
  it's terrible es terrible
terrific chévere *adj.*
territory territorio *m.* **10**
terrorism terrorismo *m.* **6**
terrorist terrorista *m., f.* **6**

test prueba *f.*; examen *m.*
testimony declaración *f.* **9**
text message mensaje *m.* de texto
thank agradecer *v.* **4**
Thank you. Gracias. *f., pl.*
  Thank you (very much).
    (Muchas) gracias.
  Thank you very, very much.
    Muchísimas gracias.
  Thanks (a lot). (Muchas) gracias.
  Thanks again. (*lit. Thanks one
    more time.*) Gracias una vez
    más/de nuevo.
  Thanks for everything. Gracias
    por todo.
that que; quien(es); lo que *pron.*
  that (one) ése; ésa; eso *pron.*;
    ese; esa; *adj.*
  that (*over there*) aquél, aquélla,
    aquello *pron.*; aquel, aquella *adj.*
  that which lo que *conj.*
  that's me soy yo
  That's not the way it is. No es así.
  that's why por eso
the el *m.*, la *f. sing.*; los *m.*, las *f., pl.*
theater teatro *m.* **9**
  theater play obra *f.* de teatro **9**
their su(s) *poss. adj.*;
  suyo/a(s) *poss. pron.*
them los/las *pl., d.o. pron.*
  to/for them les *pl., i.o. pron.*
then (*afterward*) después *adv.*; (*as a
  result*) entonces *adv.*; (*next*) luego
  adv.; pues *adv.*
theory teoría *f.* **8**
there allí *adv.*
  There is/are… Hay…
  There is/are not… No hay…
therefore por eso
these éstos; éstas *pron.*;
  estos; estas *adj.*
they ellos *m.*, ellas *f. pron.*
thief ladrón/ladrona *m., f* **6**
thin delgado/a *adj.*
thing cosa *f.*
think opinar *v.* **3**; pensar (e:ie) *v.*;
  (*believe*) creer *v.*
  think about pensar en *v.*
third tercero/a *adj.*
thirst sed *f.*
thirsty: be (very) thirsty tener
  (mucha) sed
thirteen trece *adj.*
thirty treinta *adj.*
thirty (*minutes past the hour*)
  y treinta; y media *adj.*
this este; esta *adj.*;
  éste, ésta, esto *pron.*
  This is… (*introduction*) Éste/a es…
  This is he/she. (*on telephone*)
    Con él/ella habla.
those ésos; ésas *pron.*; esos; esas *adj.*

those (over there) aquéllos; aquéllas
  pron.; aquellos; aquellas *adj.*
thousand mil *adj.*
threat amenaza *f.* **6**
threaten amenazar *v.* **5**
three tres
three hundred trescientos/as *adj.*
throat garganta *f.*
through por *prep.*
throughout: throughout the world
  en todo el mundo
throw away echar *v.* **5**
throw out botar *v.*
Thursday jueves *m., sing.*
thus (*in such a way*) así *adj.*
ticket boleto *m.*; entrada *f.* **6, 9**;
  pasaje *m.*
tie (*clothing*) corbata *f.*; empate *m.* **9**;
  (*link*) lazo *m.* **1**; (*a game*) empatar *v.* **9**
tiger tigre *m.* **5**
tight-lipped parco/a *adj.* **9**
time vez *f.*; tiempo *m.*
  have a good/bad time pasarlo
    bien/mal
  We had a great time. Lo pasamos
    de película.
  What time is it? ¿Qué hora es?
  (At) What time…? ¿A qué hora…?
times veces *f., pl.*
  many times muchas veces
  two times dos veces
tiny diminuto/a *adj.* **9**
tip propina *f.*
tire llanta *f.*
tired cansado/a *adj.*
  be tired estar cansado/a
to a *prep.*
toast (*drink*) brindar *v.* **9**
toast pan *m.* tostado
toasted tostado/a *adj.*
  toasted bread pan tostado *m.*
toaster tostadora *f.*
today hoy *adv.*
  Today is… Hoy es…
toe dedo *m.* del pie
together juntos/as *adj.*
toilet inodoro *m.*
tolerate aguantar *v.* **5**
tomato tomate *m.*
tome tocho *m.* **8**
tomorrow mañana *f.*
  See you tomorrow. Hasta mañana.
tongue lengua *f.* **10**
  mother tongue lengua materna *f.* **10**
tonight esta noche *adv.*
too también *adv.*
  too much demasiado *adv.*;
    en exceso
tool herramienta *f.* **8**
tooth diente *m.*
  toothpaste pasta *f.* de dientes
tornado tornado *m.*
tortilla tortilla *f.*

touch tocar *v.*;
tour an area recorrer *v*; excursión *f.*
tourism turismo *m.*
tourist turista *m., f.*; turístico/a *adj.*
toward hacia *prep.*; para *prep.*
towel toalla *f.*
town pueblo *m.*
toxic tóxico/a *adj.* **5**
toy juguete *m.* **7**
trade oficio *m.*
traffic circulación *f.*; tráfico *m.* **2**
  traffic light semáforo *f.* **2**
tragedy desgracia *v.* **10**; tragedia *f.*
trail sendero *m.*
  trailhead sendero *m.*
train entrenarse *v.*; tren *m.*
  train station estación *f.*
    (de) tren *m.* **2**
trainer entrenador(a) *m., f.*
translate traducir *v.*
transportation (public)
  transporte *m.* público **2**
trap trampa *f.* **6**
trash basura *f.* **5**
travel viajar *v.*
  travel agent agente *m., f.*
    de viajes
travel (*around a city*) recorrer *v.* **2**
traveler viajero/a *m., f.*
  (traveler's) check cheque
    (de viajero)
treadmill cinta caminadora *f.*
trembling tembloroso/a *adj.* **4**
tree árbol *m.* **5**
trick engañar *v.*
trillion billón *m.*
trimester trimestre *m.*
trip viaje *m.*; recorrido *m.* **9**
  take a trip hacer un viaje
tropical forest bosque *m.* tropical
true verdad *adj.*
  it's (not) true (no) es verdad
trunk baúl *m.*; tronco *m.* **5**
trust confianza *f.* **5**
trust (in) confiar (en) *v.* **1, 6**
truth verdad *f.*
try intentar *v.*; probar (o:ue) *v.*
  try (*to do something*) tratar de
    (+ *inf.*)
  try on probarse (o:ue) *v.*
t-shirt camiseta *f.*
Tuesday martes *m., sing.*
tuna atún *m.*
turkey pavo *m.*
turn doblar *v.* **2**
  turn back voltear *v.* **7**
  turn down rechazar *v.* **2**
  turn into (*something*) convertirse
    (e:ie) en (algo) *v.* **10**
  turn off (*electricity/appliance*)
    apagar *v.*
  turn on (*electricity/appliance*)
    poner *v.*; prender *v.*

turtle tortuga *f.* 5
   sea turtle tortuga marina 5
twelve doce *adj.*
twenty veinte *adj.*
twenty-eight veintiocho *adj.*
twenty-five veinticinco *adj.*
twenty-four veinticuatro *adj.*
twenty-nine veintinueve *adj.*
twenty-one veintiún *adj.*;
   veintiuno/a *adj. m. f,*
twenty-seven veintisiete *adj.*
twenty-six veintiséis *adj.*
twenty-three veintitrés *adj.*
twenty-two veintidós *adj.*
twice dos veces
twin gemelo/a *m., f.*
   twin brother hermano gemelo
     m. 4
   twin sister hermana gemela *f.* 4
twisted torcido/a *adj.*
   be twisted estar torcido/a
two dos *adj.*
   two hundred doscientos/as *adj.*
   two times dos veces
type escribir a máquina *v.* 4

U

ugly feo/a *adj.*
unbearable insoportable *adj.* 9
unbiased imparcial *adj.* 3
uncertainty incertidumbre *f.* 10
uncle tío *m.* 4
under bajo *adv.*; debajo de *prep.*
undergo someterse a *v.* 8
understand comprender *v.*; entender
   (e:ie) *v.*
understanding comprensión *f.* 4;
   entendimiento *m.* 10
understanding comprensivo/a *adj.*
underwear ropa interior
unemployed desempleado/a *adj.* 7
unemployment desempleo *m.* 7
unequal desigual *adj.* 6
unethical poco ético/a *adj.* 8
unexpected inesperado/a *adj.* 2
unfair injusto/a *adj.* 6
unfaithffulness infidelidad *f.* 1
unforgettable inolvidable *adj.* 1
unfriendly antipático/a *adj.* 4
ungrateful desgraciado/a *m., f.* 4
union unión *f.* 7
   labor union sindicato *m.* 7
United States Estados Unidos
   (EE.UU.) *m. pl.*
universe universo *m.* 8
university universidad *f.*
unless a menos que *adv.*
unmarried soltero/a *adj.*
unrecognizable irreconocible *adj.* 4
unsociable huraño/a *adj.* 4
until hasta *prep.*; hasta que *conj.*
up arriba *adv.*
   up-to-date actualizado/a *adj.* 3
upload subir *v.* 8

upset disgustado/a *adj.* 1
urbanize urbanizar *v.* 5
urgent urgente *adj.*
   It's urgent that... Es urgente que...
us nos *pl., d.o. pron.*
   to/for us nos *pl., i.o. pron.*
use usar *v.*
use up agotar *v.* 5
used for para *prep.*
useful útil *adj.*; práctico/a *adj.*
usefulness utilidad *f.* 5
user name nombre de usuario 8

V

vacation vacaciones *f., pl.*
   be on vacation estar
     de vacaciones
   go on vacation ir
     de vacaciones
vacuum pasar *v.* la aspiradora
   vacuum cleaner aspiradora *f.*
valley valle *m.*
value valorar *v.* 2
values valores *m., pl.* 10
vanguard vanguardia *f.* 8
various varios/as *adj. pl.*
VCR videocasetera *f.*
vegetables verduras *pl., f.*
verb verbo *m.*
very muy *adv.*
   very much muchísimo *adv.*
   (Very) well, thank you. (Muy)
     bien, gracias.
victim víctima *f.* 6
victory victoria *f.* 6
video video *m.*
   music video video *m.* musical 3
   video camera cámara *f.* de video
   video(cassette) video(casete) *m.*
   videoconference
     videoconferencia *f.*
   video game videojuego *m.* 9
viewer: television viewer
   televidente *m., f.* 3
vinegar vinagre *m.*
violence violencia *f.* 6
visit visitar *v.*
   visit monuments
     visitar monumentos
vitamin vitamina *f.*
volcano volcán *m.*
volleyball vóleibol *m.*
volume of sound *m.* tono 10
vote votar *v.* 6
voyage travesía *f.* 9

W

wage sueldo *m.* 7
wait (for) esperar *v.* (+ *inf.*)
   wait in line hacer *v.* cola 9
waiter/waitress camarero/a;
   mesero/a *m., f.*
wake up despertarse (e:ie) *v.*;
   amanecer *v.* 10

walk caminar *v.*
   take a walk pasear *v.*;
   walk around pasear por
wall pared *f.* 8
wallet cartera *f.*
want querer (e:ie) *v.*
war guerra *f.* 6
   war refugee refugiado/a
     de guerra 10
warehouse almacén *m.* 7
warm tibio/a *m., f.* 3
warm (oneself) up calentarse
   (e:ie) *v.*
warming calentamiento *m.* 5
wash lavar *v.*
   wash one's face/hands lavarse
     la cara/las manos
   wash (the floor, the dishes)
     lavar (el suelo, los platos)
   wash oneself lavarse *v.*
washing machine lavadora *f.*
waste malgastar *v.* 5
wastebasket papelera *f.*
watch vigilar *v.* 3; mirar *v.*; reloj *m.*
   watch television mirar
     (la) televisión
water agua *f.*
   water pollution contaminación
     del agua
   water-skiing esquí *m.* acuático
way manera *f.*
we nosotros(as) *m., f.*
Web red *f.* 8
weak débil *adj. m., f.*
   weakling enclenque *adj.* 4
wealth riqueza *f.* 7
weapon arma *f.* (*but:* el arma) 6
wear llevar *v.*; usar *v.*
wear warm clothes abrigarse *v.* 3
weather tiempo *m.*
   The weather is bad. Hace
     mal tiempo.
   The weather is good. Hace
     buen tiempo.
weaving tejido *m.*
web red *f.*
   surf the web navegar *v.* en la red 3
website sitio *m.* web 3
wedding boda *f.*
Wednesday miércoles *m., sing.*
week semana *f.*
weekend fin *m.* de semana
weight peso *m.*
   lift weights levantar *v.* pesas *f., pl.*
weird raro/a *adj.* 6
welcome bienvenido(s)/a(s) *adj.*
well pues *adv.*; bueno *adv.*
   (Very) well, thanks. (Muy)
     bien, gracias.
well-being bienestar *m.* 2
well organized ordenado/a *adj.*
well-mannered (bien) educado/a *adj.* 4
West Oeste *m.*
   to the west al oeste
western (*genre*) de vaqueros

whale ballena *f.* **5**
what lo que *pron.*
what? ¿qué?
  At what time…? ¿A qué hora…?
  What a pleasure to… ! ¡Qué
    gusto (+ *inf.*)…!
  What day is it? ¿Qué día es hoy?
  What do you guys think? ¿Qué
    les parece?
  What happened? ¿Qué pasó?
  What is today's date? ¿Cuál
    es la fecha de hoy?
  What nice clothes! ¡Qué ropa
    más bonita!
  What size do you take? ¿Qué
    talla lleva/usa?
  What time is it? ¿Qué hora es?
  What's going on? ¿Qué pasa?
  What's happening? ¿Qué pasa?
  What's. . . like? ¿Cómo es...?
  What's new? ¿Qué hay de nuevo?
  What's the weather like? ¿Qué
    tiempo hace?
  What's wrong? ¿Qué pasó?
  What's your name? ¿Cómo se
    llama usted? *form.*
  What's your name? ¿Cómo te
    llamas (tú)? *fam.*
when cuando *conj.*
When? ¿Cuándo?
where donde
where (to)? (*destination*) ¿adónde?;
  (*location*); ¿dónde?
  Where are you from? ¿De dónde
    eres (tú)? *fam.*; ¿De dónde es
    (usted)? *form.*
    Where is…? ¿Dónde está...?
    (to) where? ¿adónde?
which que *pron.*; lo que *pron.*
which? ¿cuál?; ¿qué?
  In which…? ¿En qué...?
  which one(s)? ¿cuál(es)?
while mientras *adv.*; rato *m.* **6**
whistle (at) silbar (a) *v.* **6, 9**
white blanco/a *adj.*
  white wine vino blanco
who que *pron.*; quien(es) *pron.*
who? ¿quién(es)?
Who is…? ¿Quién es...?
  Who is calling? (*on telephone*)
    ¿De parte de quién?
  Who is speaking? (*on telephone*)
    ¿Quién habla?
whole todo/a *adj.*
whom quien(es) *pron.*
whose? ¿de quién(es)?
why? ¿por qué?
widow viuda *f.* **9**
widowed viudo/a *adj.* **1**
widower viudo *m.* **9**
wife esposa *f.* **4**
will voluntad *f.* **1**

willing (to) dispuesto/a (a) *adj.* **7**
win ganar *v.* **9**
  win a game ganar un partido **9**
  win elections ganar
    las elecciones **6**
wind viento *m.*
window ventana *f.*
windshield parabrisas *m., sing.*
windy: It's (very) windy. Hace
  (mucho) viento.
wine vino *m.*
  red wine vino tinto
  white wine vino blanco
wineglass copa *f.*
wing(s) el ala *f.* /las alas **9**
winter invierno *m.*
wireless inalámbrico/a *adj.* **8**
wish desear *v.*; esperar *v.*
  I wish (that) ojalá (que)
with con *prep.*
  with me conmigo
  with you contigo *fam.*
within (ten years) dentro de (diez
  años) *prep.*
without sin *prep.*; sin que *conj.*
witness testigo *m., f.* **9**
wolf lobo *m.* **5**
woman mujer *f.*
womanizer mujeriego *m.* **9**
wonderful genial *adj.* **1**
wood madera *f.* **5**
wool lana *f.*
  (made of) wool de lana
word palabra *f.*
work trabajar *v.*; funcionar *v.*; trabajo *m.*
  work (*of art, literature, music,*
    etc.) obra *f.*
  work out hacer gimnasia
  work schedule horario *m.*
    de trabajo **7**
working life vida laboral *f.* **7**
world mundo *m.*
World Cup Mundial *m.* **9**
worldwide mundial *adj.*
worried (about) preocupado/a (por)
  adj. **1**
worry (about) preocuparse *v.* (por)
  Don't worry. No se preocupe.
    form.; Tranquilo.; No
    te preocupes. *fam.*
worse peor *adj.*
worst el/la peor, lo peor
worthy digno/a *adj.* **4**
Would you like to…?
  ¿Te gustaría…? *fam.*
write escribir *v.*
  write a letter/post card/e-mail
  message escribir una carta/postal/
    mensaje electrónico
writer escritor(a) *m., f*

written escrito/a *p.p.*
wrong equivocado/a *adj.*
  be wrong no tener razón

X

X-ray radiografía *f.*

Y

yard jardín *m.*; patio *m.*
year año *m.*
  be… years old tener… años
yellow amarillo/a *adj.*
yes sí *interj.*
yesterday ayer *adv.*
yet todavía *adv.*
yield enough to live on dar para
  vivir *v.* **7**
yogurt yogur *m.*
You tú *fam.*, usted (Ud.) *form. sing.*;
  vosotros/as *m., f. fam.*; ustedes
  (Uds.) *form. pl.*
  (to, for) you te *fam. sing.*; os *fam.*
    pl.; le *form. sing.*; les *form. pl.*
  you te *fam., sing.*; lo/la *form.,*
    sing.; os *fam., pl.*; los/las
    form., pl, d.o. pron.
You don't say! ¡No me digas! *fam.*;
  ¡No me diga! *form.*
You are. . . Tú eres…
You're welcome. De nada.; No hay
  de qué.
young joven *adj.*
  young person joven *m., f.*
  young woman señorita (Srta.) *f.*
younger menor *adj.*
younger: younger brother, sister
  hermano/a *m., f.* menor
youngest el/la menor *m., f.*
youngster chaval(a) *m., f.* **6**
your su(s) *poss. adj. form.*
  your tu(s) *poss. adj. fam. sing.*
  your vuestro/a(s) *poss. adj.*
    form. pl.
  your(s) suyo(s)/a(s)
    poss. pron. form.
your(s) tuyo(s)/a(s) *poss.*
  fam. sing.
  your(s) vuestro(s)/a(s) *poss. fam.*
youth juventud *f.* **4**

Z

zero cero *m.*

Index

Credits

Every effort has been made to trace the copyright holders of the works published herein. If proper copyright acknowledgment has not been made, please contact the publisher and we will correct the information in future printings.

Photography and Art Credits

All images © Vista Higher Learning unless otherwise noted.

Cover: ByeByeTokyo/iStockphoto.

Lesson 1: 2: Aldomurillo/iStockphoto; **3:** (b) J. Emilio Flores/Corbis Historical/Getty Images; **4:** (l) Anne Loubet; (tm) Edyta Pawlowska/Fotolia; (bm) ImageShop/Corbis; (tr) Pixland/Jupiterimages; (mr) FotoliaI/Fotolia; (br) Ant236/Fotolia; **8:** Courtesy of Network Ireland Television; **12–13:** Colorblind/Corbis; **13:** (tl) AO Images/PacificCoastNews/Newscom; (mr) Helga Esteb/Shutterstock; (ml) Noppasin Wongchum/123RF; (br) Eddie Moore/ZUMA Press/Newscom; **14:** (l) Digital Catwalk/Retna/Photoshot/Newscom; (inset left) Patrick McMullan Co./PMC/Sipa USA/Newscom; (r) From *In the Time of the Butterflies* by Julia Alvarez ©2010 by Julia Alvarez. Courtesy of Algonquin Books; (inset right) Peggy Peattie/ZUMA Press/Newscom; **15:** (t) *Earache Treatment* (1989), Carmen Lomas Garza. Alkyd and oil on canvas. 17 1/8 X 15 1/8 in. (43.4 X 38.3 cm). Hirshhorn Museum and Sculpture Garden, Smithsonian Institution, Museum Purchase, 1995. Photography by Ricardo Blanc; (b) Aldamisa Entertainment/Photos 12/Alamy; (inset) Patrick McMullan Co./PMC/Sipa USA/Newscom; **16:** (b) Philip Gould/Corbis Documentary/Getty Images; **21:** (l, r) Martín Bernetti; (m) José Blanco; **24:** Janet Dracksdorf; **25:** (tl) Ali Burafi; (tm) Janet Dracksdorf; (tr) José Blanco; (bl) Paola Rios-Schaaf; (bm) Oscar Artavia Solano; (br) Martín Bernetti; **27:** Shironosov/iStockphoto; **28:** (tl, tr, br) Martín Bernetti; (tm) PM Images/Getty Images; (bl) Paula Díez; (bm) Reed Kaestner/Corbis; **32:** J. Emilio Flores/Corbis Historical/Getty Images; **33:** Aldo Murillo/iStockphoto; **35:** Jean-Régis Roustan/Roger-Viollet/The Image Works; **36:** (foregound) Josh Westrich/Corbis/Getty Images; (background) Image Source/Corbis.

Lesson 2: 40: Don Mason/Blend Images/Corbis; **41:** (b) Todd Coleman **42:** (tl) Ferenc Szelepcsenyi/Fotolia; (tm) Lauren Krolick; (m) Paula Díez; (bl) Luis Sandoval Mandujano/iStockphoto; (bm) David R. Frazier Photolibrary, Inc/Alamy; (br) Stockbyte/Getty Images; **50:** (bl) Stockcam/iStockphoto; (br) Monica Rodriguez/Media Bakery; **50–51:** (t) Wojtek Buss/AGE Fotostock; **51:** (tl) Vario Images GmbH & Co.KG/Alamy; (mr) Grigorev Mikhail/Shutterstock; (ml) Fotointeractiva/123RF; (br) Christian Rodriguez/Bloomberg/Getty Images; **52:** (l) *Autorretrato con mono* (1938), Frida Kahlo. Oil on Masonite. Oil on Masonite, support: 16 x 12 in; framed: 19 1/2 x 15 1/2 x 1 1/2 in. Albright-Knox Art Gallery/Art Resource, NY/©2017 Banco de México Diego Rivera Frida Kahlo Museums Trust, Mexico, D.F./Artists Rights Society (ARS), New York; (r) SUN/Newscom; **53:** (t) Featureflash Photo Agency/Shutterstock; (b) Detail of *Batalla de los Aztecas y Españoles* (1929-1930), Diego Rivera. Fresco, 4.35 x 5.24 meters. Palace of Cortes, Cuernavaca, Mexico. Schalkwijk/Art Resource, NY/©2017 Banco de México Diego Rivera Frida Kahlo Museums Trust, Mexico, D.F./Artists Rights Society (ARS), New York; **54:** Buddy Mays/Corbis Documentary/Getty Images; **58:** Mark Lewis/Alamy; **61:** James W. Porter/Corbis/Getty Images; **62:** Angus McComiskey/Alamy; **70:** Todd Coleman; **71:** *Autorretrato como tehuana* (1943), Frida Kahlo. Oil on masonite, 76 x 61 cm. The Jacques and Natasha Gelman Collection of Mexican Art, Mexico City, D.F., Mexico. Erich Lessing/Art Resource, NY/©2017 Banco de México Diego Rivera Frida Kahlo Museums Trust, Mexico, D.F./Artists Rights Society (ARS), New York; **73:** Courtesy of Mercè Rodriguez; **74:** Adan Perez/EyeEm/Getty Images.

Lesson 3: 80: Franckreporter/iStockphoto; **81:** (b) Maremagnum/Photolibrary/Getty Images; **82:** (tl) Courtesy of Facebook ©2017; (tm) Tsian/Fotolia; (tr) José Blanco; (m) Damir Karan/iStockphoto; (b) Pascal Pernix; **90–91:** Ocean/Corbis; **91:** (t) Lucas Vallecillos/VWPics/Newscom; (mt) Maremagnum/Photolibrary/Getty Images; (mb) Luis Alcala del Olmo/El Nuevo Dia de Puerto Rico/Newscom; (b) Bob Krist/Corbis Documentary/Getty Images; **92:** (l) *Vegetación Tropical* (1948), Wifredo Lam. Moderna Museet. Estocolmo, Suecia. ©2017 Artists Rights Society (ARS), New York/ADAGP, Paris. (tr) Alberto Cristofari/Contrasto/Redux; (br) Jacket cover from *La Casa de La Laguna* by Rosario Ferré. Used by permission of Vintage Books, a division of Penguin Random House LLC; **93:** (l) Monica Davey/EPA/Newscom; (r) Courtesy of Ediciones de La Discreta S.L.; (inset) Graham Tim/Corbis Historical/Getty Images; **94:** Patrick Eden/Alamy; **99:** Hugh Burden/Masterfile; **104:** Alberto E. Tamargo/Sipa USA/Newscom; **110:** Goodshoot/Photononstop; **112:** (t) Patrik Giardino/Corbis/Getty Images; (bl) John Parra/

Wire Image/Getty Images; (bm) Comstock/Corbis; (br) Lawrence Manning; **113:** (t) Pascal Pernix; (b) Ingram Publishing/Alamy; **115:** Photo courtesy of Oriol Miralles; **116:** Chris Knorr/Design Pics/Corbis.

Lesson 4: 120: Kevin Kozicki/Media Bakery; **121:** (b) Danny Lehman/Corbis; **122:** Elena Ray/ Fotolia; **123:** Randy Faris/Corbis/VCG/Getty Images; **126:** Courtesy of ECAM; **130–131:** Danny Lehman/ Corbis/VCG/Getty Images; **131:** (t) Charles O. Cecil/Danita Delimont Photography/Newscom; (mr) Kent Gilbert/AP Images; (ml) Alberto Lowe/Reuters; (b) Esteban Felix/AP Images; **132:** (t) Oscar Elias/ Newscom; (b) *Dos peras en un paisaje* (1973), Armando Morales. Mary-Anne Martin Fine Art/©2017 Artists Rights Society (ARS), New York/ADAGP, Paris; **133:** (t) Richard Bickel; (inset) Danny Lehman/ Corbis; (b) *Caserio* by Mauricio Puente, El Salvador. Photo courtesy of Mauricio R. Puente; **134:** Joson/ Media Bakery; **137:** Oleg Gekman/123RF; **140:** (both) Martín Bernetti; **142:** (all) Paula Díez; **146:** Danny Lehman/Corbis Documentary/Getty Images; **147:** Martin Norris/Alamy; **149:** Win McNamee/Getty Images; **150:** (t) AFP/Getty Images; (b) White House Press Office/ZUMA Press/Newscom; **151:** Jared Wickerham/Getty Images; **153:** Toni Albir/EPA Photo EFE/Newscom; **154:** Long10000/123RF.

Lesson 5: 158: Martín Bernetti; **159:** (b) Sipa Press Pixelformula/SIPA/Newscom; **160:** (tl) Corel/Corbis; (tm) Martín Bernetti; (tr) Janet Dracksdorf; (ml) Vrabelpeter1/Fotolia; (mr) Carsten Reisinger/Fotolia; (bl) Frank Burek/Corbis; (br) Anne Loubet; **168:** (b) Edwin de Jongh/123RF; **168–169:** (t) Martín Bernetti; **169:** (t) Martín Bernetti; (m) Paola Rios-Schaaf; (b) Daryl Benson/Masterfile; **170:** (tl) Sipa Press Pixelformula/SIPA/Newscom; (inset) Carlos Alvarez/Getty Images; (r) Piero Pomponi/Liaison/Getty Images; **171:** (tl) *President Charles DeGaulle* (1967), Marisol Escobar. Mixed media: wood, plaster and mirror. Dimensions: 107 1/4 x 86 1/4 x 31 7/8 in. Smithsonian American Art Museum, Washington, DC/Art Resource, NY/Licensed by VAGA, New York, NY; (tr) Oscar White/Corbis Historical/Getty Images; (b) AP Images; **172:** Fotos 593/Fotolia; **177:** Szefei/Shutterstock; **179:** Medioimages/Photodisc/ Getty Images; **188:** Amazon-Images/Alamy; **189:** Martín Bernetti; **190:** Corbis; **191:** AP Images; **192:** Scott Picunko/Illustration Source.

Lesson 6: 196: Juan Carlos Lucas/NurPhoto/Getty Images; **197:** (b) Christophe Simon/AFP/Getty Images; **198:** (t) Gary Yim/Shutterstock; (m) Ernesto Arias/EFE/Newscom; (b) Leo Ramirez/AFP/ Getty Images; **201:** (l) Katie Wade; (ml) Martín Bernetti; (mr, r) José Blanco; **206:** (bl) Lars Rosen Gunnilstram; (br) Eric Wheater/Lonely Planet Images/Getty Images; **206–207:** (t) Hubert Stadler/Corbis Documentary/Getty Images; **207:** (tl) Beyond Fotomedia GmbH/Alamy; (tr, br) Lauren Krolick; (bl) Martín Bernetti; **208:** (l) Book cover from *Hija de la Fortuna* by Isabel Allende. Copyright ©1999 por Isabel Allende. Reprinted by permission of HarperCollins Publishers; (m) Christophe Simon/AFP/Getty Images; (r) El Mercurio de Chile/Newscom; **209:** (t) Luis Hernán Herreros Infante; (m) *L'Etang de No.* (1958), MATTA. Oil on canvas, 293 x 200 cm. Musée National d'Art Moderne, Centre Georges Pompidou, Paris, France/CNAC/MNAM/Dist. RMN-Grand Palais/Art Resource, NY/©2017 Artists Rights Society (ARS), New York/ADAGP, Paris; (b) Marc Alex/AFP/Getty Images; **210:** Lauren Krolick; **215:** Prathan Chorruangsak/Shutterstock; **218:** Lauren Krolick; **222:** Martín Bernetti; **223:** (l) Ekaterina Pokrovsky/ Fotolia; (r) Jorg Hackemann/Shutterstock; **226:** (l) Bettmann/Getty Images; (r) World History Archive/ Newscom; **229:** Ezequiel Scagnetti/ZUMA Press/Newscom; **230:** (bird) Daniel Hernanz Ramos/Moment Open/Getty Images; (branches) Andrean Richardo/EyeEm/Getty Images.

Lesson 7: 234: Cecilie Arcurs/iStockphoto; **235:** (b) Courtesy of Ariel Plá; **236:** (tl) WavebreakMediaMicro/ Fotolia; (tm) Kritchanut/Fotolia; (tr) Michaeljung/iStockphoto; (bm, br) Martín Bernetti; **240:** (poster background) Ragma Images/Shutterstock; **244:** (b) South America Photos/Alamy; **244–245:** (t) Theo Allofs/Corbis Documentary/Getty Images; **245:** (tl) David Rumsey Map Collection; (tr) Travelscape Images/Alamy; (bl) María Eugenia Corbo; (br) Brian Atkinson/Alamy; **246:** *Familia Quechua* (1939), Arturo Reque Meruvia. Image courtesy of Arturo Reque Cereijo, España; (br) Jesus Umbria Digital Press Photos/Newscom; **247:** (t) *Altamar* (2000), Graciela Rodo Boulanger. Courtesy of Sandra Boulanger; (b) Courtesy of Ariel Plá; **248:** Steve Humphreys/iStockphoto; **260:** (tl, br) Paula Díez; (tm) Janet Dracksdorf; (tr) Rossy Llano; (bl) AJR Images/Fotolia; (bm) Darío Eusse Tobón; **262:** AGE Fotostock/ SuperStock; **265:** Quim Llenas/Cover/Getty Images; **266:** Jupiter Images/Brand X/Alamy.

Lesson 8: 270: Ocean/Corbis; **271:** (b) Matyas Rehak/123RF; **272:** (tl) Luca di Filippo/iStockphoto; (tm) Ugurhan Betin/iStockphoto; (tr) Giovanni Benintende/Shutterstock; (b) Denys Prykhodov/Shutterstock; **275:** Alphaspirit/Shutterstock; **279:** (l) L. Amica/Shutterstock; (m) Clearviewstock/Fotolia; (r) Fuse/Getty Images; **280:** (b) Hadynyah/Vetta/Getty Images; **280–281:** (top spread) Putt Sakdhnagool/Moment Open/ Getty Images; **281:** (tl) Jarno Gonzalez Zarraonandia/Shutterstock; (tr) Matyas Rehak/123RF; (bl) Photocech/Deposit Photos; (br) Martín Bernetti; **282:** (l) Manuel H De Leon/EPA/Newscom; (r) Maritza López; **283:** (l) *Cajamarca* (1959), Fernando de Szyszlo. Oil on canvas 50 x 36". Collection OAS AMA/Art Museum of Americas; (r) Courtesy of Music MGP (Peru); **284:** Jgz/Fotolia; **292:** Martín Bernetti; **294:** Cristina Monaro/Forrest J. Ackerman Collection/Corbis Historical/Getty Images;

296: Mick Roessler/Corbis; 297: (t) Christian Vinces/Shutterstock; (b) Bettmann/Getty Images; 298: (m) Paola Rios; 299: (tr) Imagen del video *Flores para Pedro Orgambide,* de la Fundación Biblioteca Virtual Miguel de Cervantes; 300–301: Image Source/Corbis.

Lesson 9: 304: Justin Lewis/The Image Bank/Getty Images; 305: Andrew Alvarez/AFP/Getty Images; 306: (tl) Imag'In Pyrénées/Fotolia; (tm) Krzysiek/Fotolia; (tr) Martín Bernetti; (ml) FogStock LLC/Photolibrary; (mm) John James Wood/Photolibrary; (mr) Anne Loubet; (bl) Dmitri Mikitenko/Fotolia; (br) Gene Chutka/Getty Images; 314: José Blanco; 314–315: Eduardo Rivero/Shutterstock; 315: (tl, tr) María Eugenia Corbo; (bl) Ali Burafi; (br) Andres Stapff/Reuters; 316: (l) Andrew Alvarez/AFP/Getty Images; (r) Horacio Villalobos/Corbis Historical/Getty Images; 317: (tl) Album/Art Resource, NY; (tr) MG/EFE/Newscom; (b) Ali Burafi; 318: María Eugenia Corbo; 321: Janet Dracksdorf; 330: (tl) Cultura RM Exclusive/Ben Pipe Photography/Getty Images; (tr, bl) María Eugenia Corbo; (br) Janet Dracksdorf; 333: Karen Zarate/El Comercio de Peru/Newscom; 334: (water) Rafinaded/Shutterstock; (tank) Colin Hutton/History Channel/Everett Collection.

Lesson 10: 340: Duane Osborn/Somos Images/Corbis; 341: (b) Jose Jordan/AFP/Getty Images; 342: (tl) Tomas Bravo/Reuters; (tr) Paula Díez; (m) Tom Grill/Corbis; (b) Janet Dracksdorf; 350: (b) José Ignacio Soto/Fotolia; 350–351: Marco Cristofori/Corbis/Getty Images; 351: (tl) Vladimir Sazonov/Fotolia; (tr) Marc Dozier/Hemis/Alamy; (bl) Lunamarina/Fotolia; (br) *Las Meninas* (1656), Diego Velasquez. Museo del Prado Madrid. Gianni Dagli Orti/REX/Shutterstock; 352: (t) Jose Jordan/AFP/Getty Images; (b) Andy Kropa/Invision/AP Images; 353: (t) Neil Hall/Reuters/Newscom; (b) Fernando Villar/EFE/Newscom; 354: Diomedia/Alamy; 361: SW Productions/Photodisc/Getty Images; 368: Bloomberg/Getty Images; 370: (t) Mariaplr/Shutterstock; (b) Digital Vision/Getty Images; 371: Bettmann/Getty Images; 373: Carlos Mario Lema Notimex/Newscom; 374: SambaPhoto/Nelson Kon/Getty Images.

Manual de gramática: 385: Paula Díez; 392: (all) Martín Bernetti; 398: Martín Bernetti; 415: Paula Díez.

Back Cover: Demaerre/iStockphoto.

Text Credits

page 36   "Poema 20", Veinte poemas de amor y una canción desesperada. © 1924, Fundación Pablo Neruda.
page 74   Courtesy of Mercè Sarrias Fornés.
page 116 Courtesy of Ginés Cutillas.
page 154 © Augusto Monterroso.
page 192 © Jaime Sabines, "La luna", reprinted by permission of the Sabines family.
page 230 From Memoria del fuego: El siglo del viento. Copyright © 1986 by Eduardo Galeano. Published by Siglo XXI de Espana Editores, S.A. By permission of Susan Bergholz Literary Services, New York, NY and Lamy, NM. All rights reserved.
page 266 JUAN MADRID. "La mirada", Cuentos del asfalto © Juan Madrid, 1987.
page 300 By permission of Susana Fitere.
page 334 © Pablo de Santis c/o Schavelzon Graham Agencia Literaria www.schavelzongraham.com.
page 374 Gabriel Garcia Marquez, "Algo muy grave va a suceder en este pueblo" © Gabriel Garcia Marquez, 2003.

Short Film Credits

page 8   Courtesy of Network Ireland Television.
page 46   By permission of IMCINE.
page 86   Courtesy of Yecid Benavides, Yecid Benavides Jr. and Johanan Benavides.
page 126 Courtesy of ECAM.
page 164 By permission of Gaizka Urresti.
page 202 By permission of Xavi Sala Camarena.
page 240 By permission of El medano producciones.
page 276 By permission of Mateo Ramirez Louit.
page 310 By permission of Martin Piroyansky.
page 346 Courtesy of Content Line.

TV Clip Credits

page 33   Courtesy of Univision Communications, Inc.

page 71   Courtesy of Mariana Price.

page 113   Courtesy of Noticias SIN.

page 151   © 2013 Noticiero Univision.

page 189   Courtesy of Agencia EFE.

page 227   Courtesy of ANA INES CIBILS, MATHILDE BELLENGER/AFPTV/AFP.

page 263   © Leticia Carbajal Diconca, Reza Nourmamode/AFPTV/AFP.

page 331   Courtesy of Tango Films.

page 371   Courtesy of Iberoamerica TV/Edwin Gonzalez.